献给我的父亲和母亲

周杨 ◎ 著

无声胜有声

中古中国墓葬音乐文物
与礼乐文化

上海古籍出版社

周杨，受业于北京大学考古文博学院，现任厦门大学历史与文化遗产学院助理教授，专业方向为历史时期考古。曾在《中国国家博物馆馆刊》《考古学报》《考古与文物》《敦煌研究》《故宫博物院院刊》《古代文明》等刊物上发表专业论文十数篇。

序

我在阅读初稿时，仿佛在文字中听到了琵琶曲《十面埋伏》中那俄而无声、徐而察之、起伏不定、波澜不惊的声音。我走神了，并被感动，正如他早年所说"我的耳边会时不时响起那些我并未听过的声音"。

周杨在本科三年级时，来找我指导学年论文，他说对音乐和丝绸之路有兴趣。我建议他先选择丝绸之路上最具代表性的一种乐器，用传统考古学的基本方法进行梳理。随后，他写出了《敦煌莫高窟所见琵琶图像的初步研究》，从此开始了他对古代音乐和乐器的研究。

我一向主张做研究要从兴趣出发，这样会有动力，有激情，能长久。可是音乐史的研究已经成果斐然，其中的音乐考古也不是全新领域，如何突破？如何深入？可见的现象是，由于时代的局限，以往的研究通常是从文献到文献，运用考古资料不多，也不充分。如果以考古发现特别是新发现的音乐类文物为切入点，定会有所收获。然而在考古学领域，音乐考古是边缘，涉足的人不多。我们认为，音乐考古并非边角碎料，反而十分重要，因为音乐贯穿人的生老病死，陪伴人的一生，也贯穿于政治、社会、娱乐与人心等方方面面，能揭示人性、礼俗、社会风貌和历史变迁。考古发现的实物材料，恰好提供了此前不曾有的观察角度。

撰写大学本科的学年论文，要学会收集、梳理资料，算是基础训练。毕业论文则要求更高，不仅要面对更多的资料和信息，还要提出问题并尝试解决问题。其过程枯燥而烦琐，要有极大的热情和孜孜不倦的精神，周杨做到了。他收罗积累了大量资料，完成了学士学位论文《隋唐时期北方地区墓葬乐舞图像研究》。文中不仅观察到乐舞组合形式的时代变化，更敏锐地注意到隋唐之际、高宗武周时期、玄宗时期等几个关系到隋唐时期音乐发展的重要时间节点，还发现音乐文化的形成与发展常以地域、礼俗和文化传统为动力。这篇论文后来经过修改，以《此处无声胜有声》为名刊出[1]，那是他正式发表的第一篇文章。而本书的书名也正是由此而来。

我曾问他完成学士学位论文的感受如何，他只是略带羞涩地说："我的耳边会时不时响起那些我并未听过的声音。"简短的回答，表明他已经由"兴趣"进入"境界"，一定能够继续发展下去。

果然，他的硕士学位论文是《隋唐时期琵琶研究》，延续、加深了本科学年论文，运用的资料不仅有石窟寺壁画，还补充了乐器实物、墓葬壁画、葬具图像、陶俑和器物装饰等多方面的内容，像是"十面埋伏"后的一次冲锋，在解决乐器形制变化和传播演变的基础上，有意识地将其纳入文化史和政治史的视野下来观察，与本科论文相比是个飞跃。抛开论文内容，记得我在阅读初稿时，仿佛在文字中听到了琵琶曲《十面埋伏》中那俄而无声、徐而察之、起伏不定、波澜不惊的声音。我走神了，并被感动，正如他早年所说"我的耳边会时不时响起那些我并未听过的声音"。

---

[1] 见《两个世界的徘徊——中古时期丧葬观念风俗与礼仪制度学术研究论文集》，科学出版社，2016年。

周杨的研究，没有在"十面埋伏"后陷入"四面楚歌"。从学年论文的基础训练，到本科论文的个案探索，再到硕士论文的综合研究，不断的尝试，不断的突破，使我对他后续的博士论文又多了几分信心。

音乐，有的和谐悦耳，有的杂乱无章，有的充斥着愤怒与躁动，有的显示出浴血鏖战。写有关音乐的学术文章，过程也如同音乐，背后有枯燥、快乐、沮丧、兴奋，人生的情感大都能体验。

从事古代音乐研究，光有兴趣不行，还要有特殊的知识结构。好在周杨喜欢音乐，还下功夫学习了乐器和音乐学等相关知识，甚至还有实践的经验。本以为进入博士阶段，有些万事俱备，只欠东风了。然而，他博士入学后突然说，想换一个题目试试，转向十六国时期墓葬的研究。我不知道是兴趣的转移还是畏难情绪的影响，但还是支持他按照个人的意愿进行。而在这时，他出现家庭变故，有了一系列的个人遭遇，突然要承受巨大的生活和精神压力。令人欣慰的是，他没有倒下或走向沉沦，迷茫恍惚的时间很短。我清楚地记得，在他 26 岁生日时，在张家口草原天路的朔风中跑了一个 26 公里，此后以更加昂扬和积极的状态站立起来，开始自己博士阶段的后半程。

也许是音乐在召唤，他再次回到最初的起点，重新回到音乐考古的研究道路上。人们都说音乐有独特的魅力和力量，能够在忧伤时给予慰藉，可以舒缓压力，是身心健康的守护者，还能培养创造力和解决问题的能力。在那之后，他正式开始博士论文的写作。个人的经历或许也让他对易逝而无常的声音，有了更为深刻的理解。用无声的文字、图像、器物来解读有声的音乐，他似乎找到了路径，对音乐史上的众多议题开始有了整体设想，找到了研究方向。

从这本书中不难看到，他跳出了以往以朝代为中心或以地域为中心的研究思路，把 3—9 世纪作为攻关时段，从墓葬与现实礼俗的互动、中外文化的交流、时代风尚与观念的形成等不同视角，全景式地呈现了中国中古时期音乐的发展与变迁。他还跳出了以往仅从表演的角度进行观察的窠臼，站在礼乐制度或礼乐文化的高度，着重讨论以汉唐为中心的中古时期，礼乐文化经历的重塑与转型。

考古研究方法的运用，是本书的特点。周杨将看似纷繁而无序的音乐类文物，归纳为鼓吹乐、燕乐、百戏—散乐、高士雅音等不同类型，使不同属性的音乐文物变得有章可循。他提出了各类音乐组合的形成逻辑，不同类型组合出现、发展和消亡的历史契机与内在原因。当然，书中并未忽视对文献材料的细致梳理，结合相关记载归纳出音乐的不同功能，并将其与音乐文物建立起合理的关联。

如果说本书搭建了中古中国墓葬出土音乐文物的分类与研究框架，厘清了中古中国礼乐文化发展的基本线索，那么书中提出了"墓葬礼乐符号"概念，并通过具体的案例加以阐释，由此归纳出中古时期礼乐文化发展的"雅俗关系"与"胡汉关系"两条线索，还讨论了在"声与政通"的观念之下，"礼制"与"礼俗"这两个相互影响的用乐传统，正是在上述两条线索的综合作用下形成的，这些内容颇有独到见解和启发意义。由于大多数考古材料都有较为明确的年代和情境信息，这就大大增强了观点的可信度，同时辅以大量的考古材料图片，增加了本书的丰富性和可读性。

考古学面对的是零散的材料，从破碎中去钩稽并缀合出完整而具体的历史，似乎永远都会留下遗憾。从这个意义上讲，所谓"无声胜有声"，其中的"胜"并非划分高下之意，而是对这种客观现象的理解与自洽。换言之，我们所看到的、听到的，是否一定就是历史的真相？也许更多的真相藏在可辨声音的背后。随着此类考古材料的增多、学科研究议题的扩展以及研究者知识结构的丰富，探索还会深入，不过这部系统讨论中古中国墓葬音乐文物的著作，大约可以说是该领域研究的一座里程碑。

这本书经历了长期的酝酿打磨，贯穿了周杨本科至今的学习、研究历程，也像一串串跳动的音符，记录了他的生命体验。对于声音意义的不断求索，既是周杨对考古学研究更多可能性的探索与尝试，其实也是他认识自己的过程。

当这部书稿摆在我面前时，我想起了《列子·汤问》那个"高山流水"的故事，想到伯牙和钟子期，想到他们的知音之情。我见证了周杨本科、硕士与博士阶段的努力，仿佛又看到他在无声之中的徘徊与坚持，感受着各种声音对他的启发与熏陶。任何研究都不会有终点，就像攀登群山一样，研究者会不断地将自己重新融入更广阔的天地之中。如今他又在新的天地里开始探索，相信他会用自己的方式演奏出新的乐章。

齐东方

2023 年 11 月

肆 / 中古中国墓葬遗存中的其他类型音乐组合 167

一、"高士雅音"组合 170

二、"房中乐"组合 175

三、女骑乐组合 183

四、装饰形式 184

伍 / 中古中国墓葬礼乐符号的重塑与构建 187

一、北朝至隋唐墓葬礼乐符号的重塑 190

二、南朝墓葬礼乐符号的建构 202

三、小结：南北朝墓葬礼乐符号的殊途同归 215

陆 / 墓葬礼乐符号与中古时期的礼乐建设 217

一、"雅俗分野"与礼乐秩序的重构 219

二、"胡汉并流"与华夷秩序的重建 228

三、墓葬礼乐符号与现实礼乐建设 233

结　语 289

插图索引 293

表格索引 301

参考文献 302

后　记 321

目录

序 齐东方 1

绪 论 1
一、引言 3
二、音乐文物研究述评 7
三、本书结构 13

壹 / 中古中国墓葬遗存中的鼓吹乐组合 21
一、「鼓吹乐」的概念厘定 23
二、鼓吹乐组合的形成、发展与消亡 26

贰 / 中古中国墓葬遗存中的燕乐组合 67
一、「燕乐」的概念厘定 69
二、燕乐组合的溯源 70
三、燕乐组合的发展、演变与转型 81

叁 / 中古中国墓葬遗存中的百戏与散乐组合 145
一、「散乐」的概念厘定 148
二、中晚唐时期散乐组合的形成与来源 152
三、五代十国墓葬图像中的散乐组合 155
四、辽宋时期墓葬图像中的散乐组合 164

绪论

引言
音乐文物研究述评
本书结构

一、引　　言

文字、图像和声音，是人类记录自身历史的几种基本方式，它们共同构成了人类文明的不同面相。其中，以文字为主体的书写传统构成了历史记录的主体，图像的记录传统则构成了与文字相辅相成的另一面。相比之下，在留声机等录音设备诞生以前，声音很难被长久而真切地记录下来。除了通过各种不同形式的乐谱，或是利用现代手段对金石乐器进行测音，人们对声音的记录主要依靠一代又一代的口耳相传，或是文字与图像的描绘。

据传，古希腊数学家毕达哥拉斯从铁匠打铁的声音中，意识到声音的比例关系，进而创制了和谐悦耳的音阶。中国古代的《吕氏春秋》则记载，远古时期的音乐家伶伦从凤凰的鸣叫声中辨识出了十二律。此后，他与荣将铸造了十二口乐钟以应和五音。这些传说未必都是真实发生的历史事件，但它们却揭示出不同文明对于声音和音乐的理解。那么，中国的古人是如何理解声音和音乐的呢？

《毛诗序》中有云：

> 情动于中而形于言，言之不足故嗟叹之，嗟叹之不足故永歌之，永歌之不足，不知手之舞之，足之蹈之也。[1]

此间寥寥数语便阐释出音乐与人心的关系，以及从声到乐的不同层次。声、音、乐的关系究竟如何，《礼记·乐记》有载：

> 凡音之起，由人心生也。人心之动，物使之然也，感于物而动，故形于声。声相应，故生变，变成方，谓之音。比音而乐之，及干戚、羽旄，谓之乐。[2]
>
> 凡音者，生人心者也。情动于中，故形于声；声成文，谓之音。[3]

其中，"声"是人们有感于外物而自发形成的，正如言之不足后的"嗟叹"。变化的"声"经过有序的排列形成音阶和音律，则是"音"，亦如嗟叹之后的"咏歌"。将这些"音"配合着舞蹈演奏出来，则是"乐"。由此可见，我们今天所理解的音乐，在中国古人看来都源自人心之动而产生的"声"，其后则要融入各种丰富的形式和内容。尽管声音的存续

---

[1]〔清〕阮元校刻：《十三经注疏·毛诗正义》卷一，中华书局，2009年，第563页。
[2]〔清〕阮元校刻：《十三经注疏·礼记正义》卷三十七，中华书局，2009年，第3310页。
[3]《十三经注疏·礼记正义》卷三十七，第3311页。

在时间的长河中只有短暂的一瞬，但音乐并非只是空气中的振动，它们会形成有形的图景，在其后的历史中不断地打动人心。

音乐最动人之处在于，它能够引领人们摆脱外在的拘束达到一种本真的状态。《世说新语·容止第十四》中记载了这样一条史料：

> 或以方谢仁祖不乃重者。桓大司马曰："诸君莫轻道，仁祖企脚北窗下弹琵琶，故自有天际真人想。"[1]

其中的谢仁祖名叫谢尚，他是谢鲲之子，东晋名相谢安的堂兄。作为东晋时期谢氏家族兴起的关键人物，谢尚自幼器宇不凡，在宴会上得到了"座中颜回"的盛赞，更被王导以王戎比之。上述史料的大意是，当时有人在品藻人物时，将某人比作谢尚一类的人物，同时表现出轻视的态度，时任大司马的桓温解嘲道："谢尚跷着脚在北窗下弹琵琶的时候，真让人觉得他就是望尘莫及的神仙一般。"对于桓温之言是褒是贬，历来各有不同见解，但"天际真人"无疑是东晋上流社会理想的人格状态。那么，何以"企脚北窗下弹琵琶"让人有这种观感呢？何德章先生通过挖掘文本中"北窗""琵琶"等内容所蕴含的背景信息，指出所谓的"天际真人"是主客在私密环境中放浪形骸、无须故作高雅的放达姿态，这正是当时上流人士所崇尚的潮流。[2]

然而，我们还是要追问，这种"预流"究竟是源自内心之动，还是受另外的动力所驱使？北宋郭茂倩在《乐府诗集》中辑录有一首《大道曲》云：

> 青阳二三月，柳青桃复红。车马不相识，音落黄埃中。

他同时引用了《乐府广题》中的一条题记：

> 《乐府广题》曰："谢尚为镇西将军，尝着紫罗襦，据胡床，在市中佛国门楼上弹琵琶，作《大道曲》。市人不知是三公也。"[3]

《大道曲》中"柳青桃红"的春日盛景与"车马不识""音落黄埃"的怅惘气氛形成鲜明对比，而谢尚本人的奇装异曲也掩盖了他的真正志趣。《晋书》中记载谢尚"善音乐，博

---

[1]〔南朝宋〕刘义庆撰，余嘉锡笺疏：《世说新语》，中华书局，2007年，第734页。
[2]何德章：《史料辨析方法与史料实证素养的培养》，《历史教学问题》2022年第1期，第132～133页。
[3]〔北宋〕郭茂倩：《乐府诗集》卷七十五《杂曲歌辞十五·大道曲》，中华书局，1979年，第1061页。

综众艺"。他曾配合殷浩北伐，于邺城获得传国玺，并在牛渚采制石磬，在寿春采拾中原乐人以备太乐。东晋礼乐制度重建，谢尚功不可没。上述这些举措，并非一个追求"天际真人"的善乐者所能为之。魏晋时期善乐者众多，前有嵇康抚琴守操，后有荀勖协定管律，其间还有阮咸父子奏阮协律。从嵇康奏出广陵绝响，到荀勖在名义上统一律制，其中固然体现着政治主导与话语权的转移更替，实则也伴随着时代背景之下个人情感和志趣的悄然变迁。从宏观上讲，如果说荀勖协定律制是三分归晋后礼乐建设中顺理成章的一部分，那么谢尚之举在中原离乱、南北对峙的局面中，则具有更深刻的政治和文化意义，关系到南北文化正统争夺的关键。但是，文中的"胡床""佛国门楼""琵琶"等物事都是东汉以来由域外输入的，显然与谢尚所求的"华夏正声"相背离，那么我们该如何理解这种矛盾？

谢尚为镇西将军时，桓、谢两家相互掣肘之矛盾已如暗潮涌动，面对实力尚不平衡的现实，谢尚选择了蛰伏。由此观之，谢尚的"北窗企脚"与"佛门奏乐"，就都带有一种欲盖弥彰的做作之嫌，"车马不识""音落黄埃"既是其隐于闹市的心理写照，也是东晋礼乐重建过程中的真实处境。若以更大的时间尺度来观察，车马世世代代皆会来往不停，但再美妙的声音终将走向绝响，面对纷杂熙攘的声音，无声才是历史的常态。不过，人们还是有意地将这些无声的图景以有形的方式描绘出来，而这些有形的画面所指向的，往往并非音乐情动于中的本真一面。非独谢尚本人，魏晋南北朝时期的士人们在论及音乐时，都会产生面向自我本真还是面向现实秩序的纠结，这种内心的纠结看似矛盾，却是我们进入中古时期礼乐文化的重要切入点：作为艺术的音乐，面向的是个体的人心；但是作为现实秩序的音乐，则面向政治、社会与礼俗。

世界上不同的文明在其物质文化中都有对于音乐的描绘，古埃及的墓室壁画中即出现过演奏阿夫洛斯管的乐人形象；古希腊的陶器上，经常绘有演奏里拉琴的乐人形象；古代印度和古代波斯的建筑雕刻中，也出现过演奏乌德一类弹拨乐器的乐人形象。这些图像化的音乐形象，有的关乎生死，有的关乎纪功，有的关乎宗教，但它们都与特定文化背景下的仪式有关，具有不同的文化内涵。对于中华文明而言，从新石器时代到商周、秦汉时期，考古遗存中有无数的乐器实物，也有大量涉及音乐主题的绘画和雕塑。到了中古时期，这些遗存则更为丰富，同时也有了更为可观的表现形式。这些物质化和图像化的音乐，对于不同的人而言有着不同的意义。那么，对于考古学家和历史学家来说，它们意味着什么呢？

中国是礼乐之邦，礼乐文明是中华文明的特质。"礼"是中国传统文化的核心，贯穿于观念、伦理、风俗、制度等各方面之中。作为"礼"的另一面，"乐"与"礼"相须为用，相辅相成。先秦时期，"礼"为"理"，"乐"为"节"，彼此互达，从而实现不"素"

绪 论 5

不"偏"。[1]以礼乐制度为基础建立的理想化政治蓝图，在《礼记·乐记》中有所描绘："礼以道其志，乐以和其声，政以一其行，刑以防其奸。礼、乐、刑、政，其极一也。所以同民心而出治道也。"[2]这一思想一直影响到汉唐时期各政权的政治与文化建设。到了宋代，郑樵给出了更为全面的总结："礼乐相须以为用，礼非乐不行，乐非礼不举。"[3]凡此论述的底层逻辑，在于先秦以来形成的"声与政通"的基本观念，音乐不仅代表着人情与人心，更是作为现实秩序，构成了礼乐制度的组成部分。

《礼记·乐记》所言"乐统同，礼辨异"，揭示了"礼"和"乐"和而不同的两面。先秦时期，礼的核心是等级与宗法，其背后其实是两套秩序，一套是政治面向上的等级秩序，另一套则是社会面向上的伦理秩序。在此框架下，"乐"主要表现为以大型钟磬为核心的乐悬组合。"金石以动之，丝竹以行之"，是对其生动的描绘。随着秦汉帝国的统一和扩张，特别是汉武帝以降郡县制度全面推行，分封制与其背后的宗法制度走向瓦解，礼乐制度中的"乐钟制度"亦随之式微。从战国秦汉至魏晋南北朝的音乐实践中，中国的基本乐器组合从以金石为主、以大型钟磬为核心，转变为以丝竹为核心。这一转变的背后，既有中外文化交流提供现实动力，同时也以中古时期礼乐制度的重建为背景。随着秦汉帝国崩溃，胡族政权相继登上历史舞台，外来文化因素不断涌入，"乐"在观念意识与物质文化的呈现方面也不断丰富。同时，新的社会现实推动着礼乐文化开始突破宫廷和特定的人群，"礼"与"俗"被同时纳入礼乐框架内。这些不仅表现在音乐组合形式的变化和乐舞种类的丰富上，也表现在上层所垄断的音乐资源逐渐主动或被动地下达地方，中央在与周边地区的互动中扩大了礼乐所涵盖的边界与外延。

中古时期是礼乐文化发展的全新阶段，中华文明在碰撞与交融中走向开放与包容，同时也面临着许多前所未有的新挑战。礼乐制度开始以新的面貌呈现，礼乐文化也表现出更为丰富的内涵，这些内容在墓葬语境下有所表现。对于墓葬遗存中大量的音乐类文物，我们固然可以将其视作研究音乐和舞蹈的具象材料，但更应意识到，它们具备着更为深刻的意义。那么，它们究竟与礼乐文化有无关联？具体又有怎样的互动呢？这就需要我们从考古学和历史学的视角，对这些音乐文物进行长时段的系统梳理和分类，并进行全方位的理解和把握。

---

[1]《礼记·仲尼燕居》载："礼也者，理也；乐也者，节也。"又"达于礼而不达于乐，谓之素；达于乐而不达于礼，谓之偏"。详见《十三经注疏·礼记正义》，第3502~3503页。
[2]《十三经注疏·礼记正义》，第3311页。
[3] [宋]郑樵：《通志》卷四十九《乐略》，中华书局，1987年，第883页。

二、音乐文物研究述评

音乐文物是与音乐文献互补的一类实物资料。相比文献资料，它们具有更加直观具体、承载信息更加丰富的优势，但同时也存在相对零散、难以辨识、不易统筹等劣势。以学术史视角观察，音乐文物的发现与研究伴随着多学科交叉的过程，音乐史学与考古学是其中两条最主要的脉络，二者相互交织并逐渐形成了"音乐考古"这一分支。

早在宋人研究中，已经涉及一些出土的钟磬之属的古乐器。其研究主要局限在乐器的形制、铭文和年代方面。[1] 20世纪20年代，在新文化运动的推动下，老一代考古学家向达先生已经开始关注魏晋隋唐时期的音乐流变，他在《龟兹苏祗婆琵琶七调考原》一文中，已经试图从实证角度揭示隋代以后乐律变化的历史渊源。[2] 20世纪30年代，刘复先生发起并主持对故宫和天坛藏清宫乐器的测音研究；同时，他还发现并记录了龙门等地北魏、唐代乐舞造像。[3] 从这时起，音乐考古不再局限于乐器外观、重量、年代和铭文训诂，而是转向了音乐性能与流传渊源，即开始关注音乐本体。但总体来说，其研究对象单一、研究手段原始、相关资料匮乏则是难以避免的问题。20世纪40年代，日本学者田边尚雄先生发表论著《中国音乐史》，[4] 开始从文献和考古材料两个方面入手，旁征博引，不仅关注中国音乐发展状况，更关注其来源，并将目光投向更广泛的地区。

20世纪50～70年代，随着田野考古工作的展开，考古出土的音乐文物逐渐增多，学者们意识到单纯依靠正史和传世文献来研究中国音乐史存在很大的局限性，于是开始在研究中采用考古材料。杨荫浏先生的《中国音乐史纲》[5] 和李纯一先生的《中国古代音乐史稿（第一分册）》[6] 都是这一时期音乐史研究的结晶。前者开始关注和引用大量音乐考古材料作为史论支撑，后者更是一反"从文献到文献"的旧传统，将考古材料放到了首位。

这一时期的日本，林谦三先生在《东亚乐器考》中以西方现代乐器的分类方法，对东亚传统乐器进行了系统性的专门研究。[7] 不过，限于当时中国相关文物的匮乏及资料传播的限制，他对不同乐器的形制界定、在中国的流传和分布，无从作更为具体的研究

---

[1] 例如王黼《宣和博古图》、薛尚功《钟鼎彝器款识法帖》等。
[2] 向达：《龟兹苏祗婆琵琶七调考原》，载《唐代长安与西域文明》，重庆出版社，2009年，第199～216页。
[3] 王清雷：《中国音乐考古学与刘半农》，载王子初编《中国音乐考古80年》，上海音乐学院出版社，2012年，第16～39页。
[4] （日）田边尚雄著，陈清泉译：《中国音乐史》，上海书店，1984年。该书于2015年由山西人民出版社再版。
[5] 杨荫浏：《中国音乐史纲》，上海万叶书店，1952年。
[6] 李纯一：《中国古代音乐史稿（第一分册）》，音乐出版社，1958年。
[7] （日）林谦三著，钱稻孙译：《东亚乐器考》，人民音乐出版社，1999年。另有上海书店出版社1962年中译本初版、2013年中译版。

分析。著名音乐史学家岸边成雄先生,则写就了以《唐代音乐史的研究》为代表的一系列涉及唐代音乐研究的著作,其中大部分内容基于文献史料,但也涉及中国当时发现的大部分考古材料。[1]此外,他对日本奈良东大寺正仓院藏乐器进行了专题性的介绍,对其中各种唐代乐器进行了细致论述。[2]作为音乐史家,他已经开始从制度角度考虑音乐史的发展,在当时有这样的眼光是了不起的。

20世纪70～90年代是中国考古的大发现时期,特别是1977年曾侯乙墓的发现具有划时代的意义。以此为契机,从乐器本身延伸出来的音律音响、乐悬制度、历史背景、文化地域、冶金制造、工艺美术等问题开始被广泛讨论,后来音乐考古中的一些研究范式由此提出。这一时期音乐文物大量出现,既包括乐器实物,也包括涉及音乐组合的图像资料及陶俑等,学者们此时也开始对乐舞主题进行专门的研究。[3]但从整体来看,这一阶段的主要工作仍然是对基础材料的描述和整理,尚未明确提出具体的历史议题。

20世纪80年代之后,在多学科交叉理念增强的背景下,在传统音乐史学中,考古材料的应用成为了重要特点。音乐史学者和考古学者都在不同层面作了巨大努力,但是由于学科语言、研究方法和核心议题的差别,二者尚未找到一个进一步深入的交汇点。

20世纪末至今,在上述阶段材料积累的基础上,相关的资料集成和研究开始涌现。在资料方面,由黄翔鹏、王子初先生主编的《中国音乐文物大系》问世。这套书在全国文物普查的基础上分类编纂,以省区为划分依据,基本涵盖了我国目前出土及散见的大部分音乐文物材料,可谓音乐考古的百科全书。[4]孺子莘先生编《中国石窟寺乐舞艺术》则对石窟寺壁画中所涉乐舞题材资料进行了汇总,为我们进行相关的研究提供了便利。[5]此外,金维诺先生主编《中国美术全集》集成了中国各时期各类文物,其中音乐文物占有相当比重。[6]以徐光冀先生主编《中国出土壁画全集》为代表的一批墓葬壁画图录,

---

[1] (日)岸边成雄著,黄志炯、梁在平译:《唐代音乐史的研究》,(台北)中华书局,1973年;(日)岸边成雄著,王耀华译、陈以章校:《古代丝绸之路上的音乐》,人民音乐出版社,1988年。

[2] (日)岸边成雄:《天平のひびき—正仓院的乐器》,音乐之友社,1984年;(日)岸边成雄著,席臻贯译:《大佛开眼式——正仓院的乐器(上)(中)(下)》,《交响》1984年第4期,第48～52页;《交响》1989年第3期,第73～80、44页;《交响》1989年第4期,第48～52页;《日本正仓院乐器的起源——古代丝绸之路的音乐(上)》,《中央音乐学院学报》1984年第3期,第43～46页;《日本正仓院乐器的起源——古代丝绸之路的音乐(下)》,《中央音乐学院学报》1984年第4期,第49～54页。

[3] 张英群:《安阳隋代张盛墓出土的舞乐俑试探》,《中原文物》1983年第4期,第78～81页;周伟洲:《西安地区部分出土文物中所见的唐代乐舞形象》,《文物》1978年第4期,第74～80页;周伟洲:《从郑仁泰墓出土的乐舞俑谈唐代音乐和礼仪制度》,《文物》1980年第7期,第42～46页;秦序:《唐李寿墓石刻壁画与坐、立部伎的出现年代》,《中国音乐学》1991年第2期,第7～15页;孙机:《唐李寿墓石椁线刻〈仕女图〉〈乐舞图〉散记》,《文物》1996年第5期,第33～49页;1996年第6期,第56～68页。

[4] 由黄翔鹏、王子初主编的《中国音乐文物大系》由(郑州)大象出版社出版,共14册,出版年月各有差异。

[5] 孺子莘:《中国石窟寺乐舞艺术》,人民音乐出版社,2009年。

[6] 金维诺主编:《中国美术全集》,黄山书社,2010年。

为我们研究墓葬中的乐舞图像提供了条件。[1]

在研究方面，由于基础材料研究立足点的差别、学科方法论的差异以及研究视角的不同，以往对于音乐史及音乐文物的研究形成了几种不同的取向。传统音乐史学在研究理路上，主要立足点或是音乐构成形态特征的演变，[2]或是音乐的功能及文化特质，[3]或是乐制或乐律的历时性发展，[4]或是历史文献中的用乐及相关考证，[5]或是对古代乐器的复原。[6]考古及美术史学者在对音乐文物进行研究时，主要着力点或在于对乐器、乐舞类型的辨识，[7]或是对乐器、乐舞的系统整理归纳。[8]此外，还有学者对石窟寺中的乐舞图

---

[1] 徐光冀主编：《中国出土壁画全集》，科学出版社，2011年。
[2] 杨荫浏：《中国古代音乐史稿》，人民音乐出版社，1981年；黄翔鹏：《溯流探源——中国传统音乐研究》，人民音乐出版社，1993年。
[3] 柏红秀：《唐代宫廷音乐文艺研究》，南京大学出版社，2010年；李西林：《唐代音乐文化研究》，文化艺术出版社，2014年。
[4] 王光祈：《王光祈音乐论著二种》，上海书店出版社，2011年。
[5] 李方元、李渝梅：《北魏宫廷音乐机构考》，《音乐研究》1999年第2期，第40～46页；孙晓辉：《两唐书礼乐志研究》，扬州大学博士学位论文，2001年；刘怀荣：《南北朝及隋代乐府官署演变考》，《黄钟》2004年第2期，第53～59页；郑祖襄：《唐宋"雅、清、燕"三乐辨析》，《音乐研究》2007年第1期，第38～49页；杨唯伟：《魏晋南北朝黄门乐考》，《天津音乐学院学报》2011年第3期，第39～43、68页；任中敏著，张长彬校理：《敦煌曲研究》，凤凰出版社，2013年；任中敏著，樊昕、王立增辑校：《唐艺研究》，凤凰出版社，2013年；〔唐〕崔令钦撰，任中敏笺订：《教坊记笺订》，凤凰出版社，2013年；柏互玖：《唐代礼乐大曲研究》，《中国音乐学》2013年第2期，第56～61页；张丹阳：《教坊曲〈文溆子〉考》，《中国音乐学》2014年第3期，第46～51页；葛晓音：《初盛唐清乐从属关系质疑》，《北京大学学报（哲学社会科学版）》1994年第4期，第94～97、128页；葛晓音：《从日本雅乐看唐参军和唐大曲的表演形式》，《北京大学学报（哲学社会科学版）》2015年第3期，第114～126页。
[6] 张寅：《龟兹乐器的历史流变及音响特性——以达玛沟三弦琵琶为例》，天津大学出版社，2013年。
[7] 周伟洲：《唐韩休墓"乐舞图"探析》，《考古与文物》2015年第6期，第73～79页；周伟洲：《新出土中古有关胡族文物研究》，社会科学文献出版社，2016年；李梅田：《西曲歌与文康舞：邓县南朝画像砖墓乐舞图新释》，《故宫博物院院刊》2016年第4期，第82～94、161～162页。
[8] 萧亢达著《汉代乐舞百戏艺术研究》一书，从考古材料出发，对两汉的音乐文物资料进行了系统梳理。他以中国传统的八音为分类框架对乐器进行了讨论，又分别从社会生活和中外交流两个角度讨论了两汉时期的歌舞和百戏。此外，他在绪论部分对汉代的乐舞管理机构、乐人的社会身份、汉乐的品级和雅俗问题进行了文献层面的梳理，是对汉代礼制与音乐结合的一种尝试。详见萧亢达：《汉代乐舞百戏艺术研究》，文物出版社，1991年（该书修订版于2010年由文物出版社出版）。牛龙菲著《敦煌壁画乐史资料总录与研究》一书对敦煌石窟壁画中的音乐图像进行了较广泛的收录，并结合音乐史文献进行了整理，详见牛龙菲：《敦煌壁画乐史资料总录与研究》，敦煌文艺出版社，1996年。黄敬刚著《中国先秦音乐文物考古与研究》一书通过对先秦时期音乐文物进行时代、地域、文化类型、器物质地、形制与音律特征进行整理和比较，探讨了先秦乐器和音乐起源、音乐形态的演变规律等问题，详见黄敬刚：《中国先秦音乐文物考古与研究》，人民出版社，2018年。贺志凌《筚篥考》一书通过图像与实物对筚篥的渊源和流变进行了全方位的考察，详见贺志凌：《筚篥考》，人民音乐出版社，2022年。另有一系列硕博论文，对相关主题进行了系统研究。参见柏进波：《北朝墓葬音乐文物的考古发现与研究》，北京大学硕士学位论文，2006年；刘洋：《唐代宫廷乐器组合研究》，中国艺术研究院博士学位论文，2008年；肖尧轩：《克孜尔石窟壁画中的伎乐及其乐队组合形式》，中国艺术研究院硕士学位论文，2009年；黄云：《隋唐粟特乐器研究——以西安地区6～8世纪墓葬为例》，中国艺术研究院硕士学位论文，2010年；贾嫚：《唐代长安乐舞图像编年与研究》，西安美术学院博士学位论文，2012年（博士论文现已出版，参见《唐代长安乐舞研究：以西安地区出土文物乐舞图像为中心》，中国社会科学出版社，2014年）；周杨：《隋唐时期琵琶研究》，北京大学硕士学位论文，2013年。

像进行了综合研究，并取得了显著的成果。[1] 考古学与音乐史学相结合，形成了音乐考古这一新兴的支流，并出现了诸多专门性的著作。[2] 这一领域的研究主要趋向于两个方面：对于中古时期以前的音乐文物，研究主要是对其进行测音及复原等；而对中古以降的音乐文物，则主要侧重于对各类图像中的音乐组合进行研究。在此过程中，一些综合考古与文献材料的断代史性质的音乐研究出现。[3]

在多学科交织的背景下，单纯依靠传统理路，很难再提出新的问题，也很难在传统问题上取得突破性进展。近年来，学者们开始尝试将音乐与音乐文物纳入新的框架下来思考，由此产生了几种不同的取向。其中第一种是受历史学影响，旨在考察音乐及音乐文物在制度和文化传统中的历史功能。胡鸿在《能夏则大与渐慕华风——政治体视角下的华夏与华夏化》中，提出西汉帝国在扩张过程中构建出两种华夷秩序：一种是现实层面，一种是符号层面，礼乐制度即是华夷秩序中符号系统的一部分，[4] 这为我们重新思考音乐文物提供了新的视角。前些年，以韩休墓乐舞壁画出土为契机，学者们开始反思这些音乐题材壁画所反映的制度性特点。例如，郑岩先生提出这类壁画并不基于写实，而是呈现出一种程序化倾向；这些内容或取材于世俗生活中流行的绘画题材，但多由制度和传统所决定。[5] 程旭先生提出此类壁画是一种程序化的内容，是唐代丧葬制度、习俗所决定的，是一种"流行且被认可的粉本"。[6] 这些都为我们重新审视中国古代，特别是中古时期音乐文物的功能与内涵提供了宝贵的思路。第二种取向是在近些年"丝绸之路"研究的热潮下，许多学者从中外文化交流

---

[1] 霍旭初：《克孜尔石窟壁画乐舞形象考略》，《文艺研究》1995年第5期，第138~146页；朱晓峰：《唐代莫高窟壁画音乐图像研究》，甘肃教育出版社，2020年；朱晓峰：《榆林窟壁画乐舞图像及研究》，文物出版社，2023年。

[2] 王子初先生的一系列研究，初步构建了音乐考古的学科框架。详见王子初：《中国音乐考古学》，福建教育出版社，2004年；《音乐考古》，文物出版社，2006年；《中国音乐考古80年》，上海音乐学院出版社，2012年；《中国音乐考古论纲（上编·上册）》，科学出版社，2022年。由秦旭、李宏锋、曹贞华等编的《中国古代物质文化史·乐器卷》，以物质文化为切入点，以时代为叙述线索，从长时段的视角，梳理了从新石器时代到明清器乐和乐器的发展，同时还对历代的律制和音乐机构进行了介绍。该书结合了许多较新的出土材料，是对杨荫浏先生《中国古代音乐史稿》的进一步丰富，但是对部分考古材料的年代判定尚可商榷。详见秦旭、李宏锋、曹贞华等：《中国古代物质文化史·乐器卷》，开明出版社，2015年。方建军在其研究中明确界定了音乐考古学的学科定位和基本方法，并阐释了音乐考古与音乐史的关系。详见方建军：《音乐考古与音乐史》，人民音乐出版社，2011年；《音乐考古学研究》，中央音乐学院出版社，2019年。

[3] 吕净植：《北魏音乐研究》，吉林大学博士学位论文，2016年；孙伟刚、梁勉：《考古陕西——陕西古代音乐文物》，陕西人民出版社，2016年；王希丹：《集安高句丽墓壁画的音乐考古学研究》，人民音乐出版社，2019年。

[4] 胡鸿：《能夏则大与渐慕华风——政治体视角下的华夏与华夏化》，北京师范大学出版社，2017年。

[5] 郑岩：《论韩休墓壁画乐舞图的语言与意象》，《古代墓葬美术研究》第四辑，湖南美术出版社，2017年，第215~228页。

[6] 程旭：《唐韩休墓〈乐舞图〉属性及相关问题研究》，《文博》2015年第6期，第21~25页。

的视角去观察中古时期的音乐，并以此为线索来研究这一时期的音乐文物。[1]第三种取向是将音乐纳入礼制框架、从礼乐关系的视角出发进行讨论。其中，在礼乐文化的视角下，同样也因学科不同而有着不同的研究思路。在考古学框架下的礼制文化探索中，此类研究主要集中于对先秦钟磬制度的考察上。[2]就中古时期的礼制与礼乐问题而言，以往虽有学者涉足，但其研究大多局限于文献范畴，较少有人将考古出土的音乐文物纳入其中。[3]

在礼乐文化与礼俗互动的视野下，对礼制与音乐进行系统研究的，以项阳先生为代表。他将"乐"与"礼"作为一个整体来考察，以礼为基，以乐观礼。换言之，他走出了音乐史学及音乐考古领域名物、图像考证及测音、复原等传统理路，转而以历史人类学的田野考察为基础，从制度和观念的角度寻找突破口，并进行了一系列具有开创性的尝试。[4]同时期，日本学者渡边信一郎也在国家层面讨论了中国古代礼制与乐制的相关问题，将音乐研究纳入政治史研究的框架下。[5]

以上各类研究各有所长，但也不可避免地存在各种问题或不足。

首先是研究内容及深度的问题。许多研究尚停留在音乐史文献或是考古材料的资料汇编层面，缺乏对这些材料进一步的阐释。资料的刊布如何更加准确地反映音乐文物的

---

[1] 最早以丝绸之路和文化交流为线索进行音乐研究的是我国学者常任侠，日本学者岸边成雄亦有专著，详见常任侠：《丝绸之路与西域文化艺术》，上海文艺出版社，1981年；（日）岸边成雄著，王耀华译：《古代丝绸之路的音乐》，人民音乐出版社，1988年。近十多年来随着国内对"丝绸之路"研究的热情高涨，出现了一些相关的综合研究，例如魏晶：《唐以前制度文化中原与西域的音乐交流与传播》，中国艺术研究院硕士学位论文，2005年；李强、宋博年：《丝绸之路音乐研究》，新疆人民出版社，2010年；吴洁：《从丝绸之路上的乐器、乐舞看我国汉唐时期胡、俗乐的融合》，上海音乐学院博士学位论文，2017年；赵维平：《丝绸之路上的音乐史研究：胡乐的传来及其历史迹象》，上海音乐出版社，2021年。

[2] 常怀颖：《西周钟镈组合与器主身份、等级研究》，《考古与文物》2010年第2期，第51～59页；常怀颖：《论商周之际铙钟随葬》，《江汉考古》2014年第1期，第54～64页；朱晓芳：《两周乐钟的发现与研究》，《中原文物》2012年第6期，第45～51页；张闻捷：《周代葬钟制度与乐悬制度》，《考古学报》2017年第1期，第49～74页；王清雷：《也谈海昏侯墓编钟》，《中国音乐》2017年第3期，第83～92页。

[3] 刘斌：《六朝鼓吹乐及其与"五礼"制度的关系研究（上）（下）》，《天津音乐学院学报》2007年第1期，第41～50、66页；《天津音乐学院学报》2007年第2期，第11～17页。

[4] 项阳：《以乐观礼》，北京时代华文书局，2015年；《接通的意义——历史人类学视阈下的中国音乐文化史研究》，中国文联出版社，2014年。在项阳之前，即有人开始从礼乐视角观察音乐，如王秀臣：《礼藏于乐：礼乐文化的形态原型》，《湖南大学学报（社会科学版）》2006年第1期，第56～60页；许结：《五礼规制：中国古代礼乐制度（三）》，《古典文学知识》2002年第2期，第106～113页；许结：《雅乐新声：中国古代礼乐制度（四）》，《古典文学知识》2002年第3期，第108～112页。项阳对"礼乐"的概念和实体进行了最为全面系统的论述，同时还关注到礼俗的互动与接通问题。在他进行礼乐问题研究之前，曾对山西的乐户问题从文献学、社会学、民俗学、音乐学、历史学、考古学等层面进行过系统观察，因而在深入理解"俗"的基础上，对于"礼"的解读也有更全面的思考。

[5] （日）渡边信一郎：《中国古代の楽制と国家》，（京都）文理阁，2013年。

信息，如何去理解这些实物资料与文献史料的互证与冲突，音乐文物作为物质性材料如何与文本相结合，并揭示其背后的政治、制度、文化及观念层面的内容等，都应当是中古时期音乐考古的内容和方向。

其次是方法论层面的问题。一方面，当前许多研究缺乏基础的考古学分析过程，只是对资料进行编年或单线式排列。对考古材料的分析，首先要准确把握其年代信息和具体的出土情境，无论是图像材料还是实物资料，脱离了这些基础信息的分析过程，都难以做到全面和准确。许多研究基于不尽翔实的文献材料进行主观比对考证，既存在着文实不对的风险，又常常导致时空错乱的问题。另一方面，许多研究缺乏相对完整的观察视角，在谈及音乐文物时，常常只关注音乐文物本体，一些与音乐间接有关的内容，如乐器的使用痕迹、演奏手法、演奏者的服饰和身份、墓主人的身份信息和墓葬的背景信息等内容则往往被忽略。在对音乐文物系统梳理时，应注意到材料所处的情境（context）。除此之外，作为一种非纪实性的符号材料，墓葬中的"音乐"与"舞蹈"就不能简单地与某一具体乐舞种类相对应。一些研究由于缺乏对语境的完整认知，对音乐文物的年代尚存误判，导致整个研究的不可靠。在对音乐文物进行研究时，我们应当立足一种合适的联结方式，使得考古材料能够最大限度地回归到历史语境之中；我们应找出物质性层面能够最直接或是最切中要害的细节，因为这些细节往往触及音乐史及社会发展过程中的一些核心问题，也常常关系到音乐文物本身的年代信息。

再次是史料的使用问题。一些研究在史料的使用上，没能真正将文献史料和考古材料很好地结合起来。有的则是对考古材料在使用上过于盲目，并未对基础材料进行全面辨析即直接使用现有结论。还有的是单纯介绍材料，缺乏对文献更为细致的解读，由此导致考古材料与历史问题的脱节。

最后是音乐文物的命名问题。不同的乐器，在文献中名称纷杂多样，即便是同一件乐器，在不同历史时期也会产生名称变化的现象。此外，不同的乐曲或舞蹈在名称和曲式上随着时间变化亦会出现各种讹误，这就使得在研究时往往产生基础性的错误，或是张冠李戴，或是无中生有，由此造成概念的混淆。

综上可见，现阶段我们对于音乐文物的研究存在以下几个难点。在基础材料的梳理上，其主要难点并不在于材料的缺少，而在于材料的统筹与研究框架的搭建。在研究问题的深入上，难点不在于其表面形态的分析和艺术表现性的梳理，而在于其背后内涵的发掘以及制度和文化层面的反思。在礼乐文化的视角下观察，还应当充分关注各学科对于礼制的研究。就此而言，目前无论是在历史学领域还是在考古学领域，都已经取得了较为丰硕的成果，它们为我们通过音乐文物来讨论礼乐文化提供了参考的方向。[1]此外，既往研究中，对礼乐文化的讨论多以两周或秦汉时期为主，对于中古时期则着墨甚少。事实上，中古时期是中国传统礼乐制度的重建阶段，礼乐文化也在新的时代背景下具有更为多元的表现形式，丰富的文献史料和考古资料都为我们讨论相关议题奠定了基础。

三、本书结构

（一）核心问题

中国古代的音乐文物不但形式庞杂，同时还出现于墓葬、石窟寺、窖藏、日常生活器物装饰等多种情境之下。无论何种情境，其在形式表现上都源自现实。然而，不同的情境却有着不同内涵指向，需要我们去加以分辨。本书的研究对象聚焦于中古时期墓葬中的音乐文物，如何对其辨识、整理和解释，首先需要我们去理解何为墓葬。墓葬是人们对死亡的一种处理方式，是丧葬活动的中间环节。它也是现实世界的一面镜子，映射着现实中制度与文化的轮廓。墓葬同时还是物质与观念交汇的空间，其中的图像与随葬品，往往可以作为现实礼俗互动过程中具象化和可视化的符号。邢义田先生指出，在物质文化领域，抽象的秩序往往通过有形的符号得以明确化和可视化。[2]墓葬中的音乐文物便体现着这种符号性秩序，相比活态的仪式而言，它们从静态的角度体现着礼制与礼俗的互动关系。

在三国两晋南北朝时期，墓葬的形制、装饰图像以及随葬品组合都发生了诸多变化，

---

[1] 历史学领域对礼制的综合性研究有如下代表：胡戟：《中华文化通志·礼仪志》，上海人民出版社，1998年；任爽：《唐代礼制研究》，东北师范大学出版社，1999年；梁满仓：《魏晋南北朝五礼制度考论》，社会科学文献出版社，2009年；陈戍国：《中国礼制史·魏晋南北朝卷》，湖南教育出版社，2011年。同时还有以丧葬或服冕为主题的专题性研究，如阎步克：《服周之冕——〈周礼〉六冕礼制的兴衰变异》，中华书局，2009年；吴丽娱：《终极之典——中古丧葬制度研究》，中华书局，2012年；王贞平：《唐代宾礼研究》，中西书局，2017年；顾涛：《汉唐礼制因革谱》，上海书店出版社，2018年。考古学领域对礼制的研究则侧重于丧葬礼制，其中从考古材料出发对先秦礼制进行探索的代表有：徐坚：《时惟礼崇：东周之前青铜兵器的物质文化研究》，上海古籍出版社，2014年；张闻捷：《楚国青铜礼器制度研究》，厦门大学出版社，2015年；高崇文：《古礼足征——礼制文化的考古学研究》，上海古籍出版社，2016年。对中古时期礼制文化进行研究的重要研究如下：齐东方：《唐代的丧葬观念习俗与礼仪制度》，《考古学报》2006年第1期，第59～81页；齐东方：《试论西安地区唐代墓葬的等级制度》，《纪念北京大学考古专业三十周年论文集》，文物出版社，1990年，第286～309页；齐东方：《略论西安地区发现的唐代双室砖墓》，《考古》1990年第9期，第858～862、789页；李如森：《汉代丧葬礼俗》，沈阳出版社，2003年；沈睿文：《唐陵的布局——空间与秩序》，北京大学出版社，2009年。

[2] 邢义田：《从制度的"可视性"谈汉代的印绶和鞶囊》，载阎步克、邢义田、邓小南编《多面的制度：跨学科视野下的制度研究》，生活·读书·新知三联书店，2021年，第43～106页。

其中很重要的一个时代特点就在于，音乐元素在墓葬装饰和随葬品中大量出现，并且整体上都具有一种符号化和模式化特点，与这一时期现实中礼乐重建进程存在一定相关性。墓葬这一考古情境，一方面为我们提供了墓主人的身份与背景信息，同时也为我们提供了相对准确的空间与位置，通过这些内容，我们可以看到音乐元素背后的礼俗指向。在礼乐文化视野下，音乐既可以表达人的情感，同时也具备着多方面的功能。项阳先生指出，在音乐"为用"的理念下，中国的用乐传统形成了两大体系，即"礼乐"与"俗乐"。前者代表国家在场，后者对应世俗人情，二者在纵向层面上具有"礼制"与"礼俗"之分。[1]本书在讨论礼乐文化时，正是通过墓葬情境，将种类繁杂的音乐文物置于礼乐制度与礼俗互动的框架下来观察的。

通过系统梳理中古时期墓葬中的音乐文物，我们试图解决以下问题：

其一，中古时期墓葬中繁复的"音乐文物"，其类型与组合是否有规律可循？是否可以根据其形态与组成划分为不同的脉络和系统？在"音乐文物"这一主流之下，每一支流又是如何随时代变化发展演变的？

其二，不同脉络与系统下的"音乐文物"组合，在不同的历史时期形成或消亡、结合或分离的原因与契机是什么？

其三，现实中的"礼乐建设"是如何作用于墓葬"音乐文物"上的？墓葬语境下，音乐文物在物质文化层面的发展变化，在多大程度上体现出现实的制度、文化与观念？

（二）时空与材料框架

为了回答这些问题，我们需要对中古时期墓葬中的音乐文物进行细致梳理，这无疑是一项艰苦而烦琐的工作。除了前文中提到的资料外，系统爬梳考古报告和零散发表的简报是必不可少的环节。但是本书的写作并非为了完成一套资料汇编，因此还要对搜集到的资料有所取舍。首先，受篇幅所限，同类性质的材料反复出现多次的，我往往选择更有代表性的予以论述；在发掘报告或简报中提到但并未给出明确线图或照片的，我未予以收录；早年印刷质量较差且日后并未再行刊布的，我未予以收录；部分新近刊布但并不影响本书结论的，我暂未收录，待日后修订再论。在材料的使用上，我选用的基本上都是严格经过考古发掘并具有相对完整的考古情境的资料，以期做到对年代和背景信息的准确把握。

对这些资料进行梳理，还需要将其置于合理的时空框架下。首先是时间框架，任何历史分期与时间框架的提出，其目的都是寻找历史变化的关键点，进而在共性分析的基

---

[1] 项阳：《周公制礼作乐与礼乐、俗乐类分》，《中国音乐学》2013年第1期，第54~63页。

础上找出差异性。对此，我在时间上采用了"中古"的概念，[1]旨在考察汉唐时期"礼制"重建的背景下，物质文化层面的"乐"，在制度和文化层面中变化发展的历程。"中古"这一说法未必很准确，但是大体上可涵盖本文所讨论的时代。墓葬制度、葬俗与其中的文化因素，相比现实中的朝代更迭，往往具有更明显的传承性与发展惯性，墓葬中的音乐文物亦是如此。秦汉帝国向隋唐帝国的转变，很大程度上伴随着胡族的融入与华夷秩序的重建；而由唐至宋的变革中，又伴随着政治文化的转变与礼俗的接通。墓葬所见音乐文物在形式与组合上的变化与发展，实际上同时伴随着两个过程展开，很难简单以"汉唐时期"概括。因此，本文所论"音乐文物"所处墓葬的时代，主体在汉魏至五代；但涉及其源流问题，上限则可追溯至战国，下限则顺流至辽宋。

在此大的时间框架下，我首先从考古材料出发进行梳理，针对墓葬所见"音乐文物"在类型和组合上的差别进行时代划分。在此基础上，再结合文献中的礼乐建设发展历程对其予以整合。物质文化的发展，本身与现实制度、文化与观念的发展在时间上存在错位；墓葬情境作为物质文化的一部分，与物质文化的发展并不能完全同步。因而，墓葬中的"音乐文物"在反映现实层面，客观上会存在一定的时间差，但整体上，还是能够勾勒出中古时期礼乐文化的发展轨迹的。

其次是空间的框架。孤立的背景情境如单一的墓葬或零散的器物，很多时候只能提供一种资料式的参考，无法全面地对"音乐文物"进行客观有效的切入和展开。因此，历时性基础上的分区必不可少。需要注意的是，分区不等于简单的资料分布，区域的划分应当基于礼乐发展的内在逻辑和讨论问题的具体指向。本书重点讨论中古时期"礼乐文化"的重建与转型，就要揭示出每个阶段背后发展的动力所在，"音乐文物"材料实际上便是这些动力作用所形成的种种"史相"。因此，当音乐文物资料能够反映其动力的来源，其分区才有意义。在此前提下，本文在地域框架的讨论中，提出"政治核心区"与"文化缓冲区"两个概念。

"政治核心区"是指中古时期以各政权都城或陪都为中心的区域，如长安、洛阳、邺城、平城、建业（建康）、晋阳等。政治中心是中古时期礼乐文化建设的动力来源，同时

---

[1] 中国史分期中的"中古"概念，是"二战"后日本学界在重建中国史学的背景下提出的。它是由内藤湖南为首的京都学派提出的分期框架下，对六朝隋唐时期的统称。与之相对的，以前田直典、西嶋定生等人为代表的历史研究会则将这一时期视作"秦汉延长线上的古代"。其中，内藤湖南认为，划分时代应当以文化的变迁为基准，他以皇帝政治运作方式的转变与中国和周边民族关系的消长为分期的内外着眼点。在皇帝政治运作方式层面，他将上古至唐代划为贵族政治的时代，并以秦汉为界分为两期，六朝隋唐时期即是"贵族政治最鼎盛的时期"。在胡汉关系层面，他认为中国的古代是汉文化向胡族地区发展扩大的时代，中世是受到汉文化影响的胡族反过来打入中国内地的时代。在此流向的反转中有着东汉至西晋长达200年的过渡期，在这一过渡期内，自汉向胡的流向暂停了活动。详见（日）谷川道雄：《魏晋南北朝隋唐史学的基本问题》，中华书局，2012年，第3～15页。

也具有较强的文化辐射能力，礼乐文化范畴下的各种物质文化符号会在这一区域内形成并直接显现。"文化缓冲区"是指中原王朝沦陷后，在华夏边缘地区保留此前核心区文化的区域，如魏晋十六国时期的东北、河西等地区。这些地区既保留了以往的中原文化或此前政治核心区的制度因素，同时又是域外文化传入和融合的桥头堡。在很大程度上，这些地区是后续政权在进行礼乐建设时文化因素的来源地，同时也是礼乐文化在转型过程中所要辐射和影响的前沿。此外，中古时期在都城地区之外，由于移民等现象造成飞地式的文化迁移，在特定区域的物质文化层面也有所表现，音乐文物构成其中一大标志，这些地区也纳入"文化缓冲区"之列。

（三）思路与方法

考古学研究是实证性研究，因此要立足于考古材料。但同时也应看到，材料背后所凝聚的观念力量是客观存在的，对于材料的梳理和分类要取决于研究的目的。在对考古材料进行细分时，应当是朝向研究层面的细分，而不能仅停留在材料梳理层面的细分。在墓葬情境下，"音乐文物"材料与墓葬背景情境皆完备者往往较少，通常会呈现出以下三种情况：一是材料反映的音乐题材信息相对完整但是背景情境已经严重丧失；二是背景情境相对完整但是材料主题相对残缺；三是背景情境已完全脱离的孤立组合。对此，我首先基于背景情境相对完整，且其中音乐组合相对齐全的墓葬为主要立足点。其他三类材料则根据具体情况纳入进来。在具体叙述上，针对北魏以前墓葬多缺少纪年的情况，我在各时期首先对墓葬的时代与地域加以概述，在此基础上再综合归纳其类型与组合。北魏以后，则以纪年墓为基本坐标，非纪年墓辅之，故省去时代与地域一节，直接按照各时期进行叙述。

在梳理材料的过程中，音乐文物的定名与分类关乎讨论的整体性，因此并不是可以随意忽略的细节问题。以往受材料刊布情况、研究者误读或是缺乏系统性整理的影响，众研究对于音乐文物中乐器或乐舞的定名常出现分歧，例如中古时期的琵琶类、笛箫类与筝类及鼓类乐器，在定名上往往出现混淆，由此也催生了众多辨识性的研究。这些基础性的辨识对于音乐文物年代的修正和文化指向性的参考具有重要意义。关键性乐器种类往往带有鲜明的族群、文化或是身份指向性，例如以琵琶、竖箜篌为代表的胡族传统乐器往往与胡乐相关，带有身份等级标识的编钟、编磬等往往指向所谓"华夏正声"。

但是，我们同时需要注意到，相对于单个乐器而言，组合的意义更为重要，同一组合来表现不同文化传统的乐曲在音乐史中是常见的。不同的乐舞组合形式或是特殊的乐器种类，常常会被特定的阶层喜好、接受或垄断，从而就成了一种身份标识，超越物质和文本两个层面，具有了符号意义。因而，本文所谓"音乐文物"，主要以"组合"进行表述。"音乐文物"是一个集合式的概念，无论是乐器实体，还是俑群、壁画、墓葬及葬具装饰，或是器物装饰，皆纳入"音乐文物"的概念下统一分析。

此外，文献材料与考古材料的关系在于，考古材料搭建起的基本脉络，需要文献材料进行联结和贯通。考古材料作为一种物质化的形式表现，相对于文本，其出现往往存在滞后性，在物质文化和意识观念变化频繁的时期，这种滞后性往往会造成文本与物质的错位，甚至造成考古材料与文献记载的全然对立。因此，在考古材料缺失的关键性节点，我以文献材料的缀合作为联结；而在文本层面无法厘清的环节，我则以考古材料作为更直接的依据。

（四）章节安排

通过考古类型学、文化因素分析法，我对上述材料进行了初步的分类。在此基础上，结合文献，从音乐功能和属性出发，我对音乐文物进行了更为具体的划分。进而，通过细读文献，并引入物质文化研究中的情境分析方法[1]，我对这些资料进行了解读。通过上述过程，我的研究最后解决了如下问题：

1. 搭建了中古中国墓葬所出音乐文物的分类与研究框架

本书的第壹至肆章，主要对中古中国墓葬所出音乐文物进行了分类，并系统梳理了每一类型发展变化的过程，由此搭建起全书基本的研究框架。

中古时期墓葬所见音乐文物，主要以俑群、墓室壁画、葬具图像及器物装饰等形式呈现。它们虽然形式繁复，但基于基本组合形式以及所呈现音乐的不同功能，总体上可归为四大系统组合，即"鼓吹乐组合""燕乐组合""百戏—散乐组合""高士雅音组合"。这些音乐文物在不同时代虽然存在不同的表现形式，但总体上都具备一定的程式化与符号化特点。

"鼓吹乐组合"基于音乐的政治功能，反映的是礼乐制度中的等级秩序。其概念的形成经历了复杂的嬗变，经历了由"乐"至"功"，进而由"功"及"礼"的话语转化，由此建立起礼乐文化的联结。在音乐文物中，它们有多种类型，但逐渐形成了"军乐系"与"卤簿系"的二元组合形式。在丧葬活动中，以"鼓吹乐组合"为主体的"鼓吹制

---

[1] 徐坚先生通过梳理伦福儒归纳的三种情境（基体、出处、关联），提出了理想状况下的情境应当分为物质性情境（器物组合）、空间性情境（器物和器物组合的空间位置关系）与学术史情境（研究者的阶级立场、职业背景和理论偏好影响材料收集）。参见徐坚：《时惟礼崇：东周之前青铜兵器的物质文化研究》，上海古籍出版社，2014年，第87页。他同时在该书第1页给出了裴利斯·布劳恩对物质文化研究的定义，即"通过研究物质理解文化，揭示特定时代、特定社区和社会的信仰——价值、观念、态度和预设"。

度",取代先秦时期"葬钟制度",成为墓葬中用以建立等级阶序的基本形式。其在墓葬中的具体使用,则受到身份、等级、性别等不同因素的影响。

"燕乐组合"和"高士雅音组合"均基于音乐的社会功能,反映的是礼乐制度中的伦理秩序。其中,"燕乐组合"反映的是宴飨用乐,在墓葬中常以壁画、乐俑组合形式表现,此外在各类葬具及器物装饰中,这类组合也作为装饰样式被加以描绘,用以体现音乐"正交接""通伦理"的社会意义,其使用并不以等级和身份为界限。"高士雅音组合"是在南北朝时期南北对峙的背景下产生的,南朝政权通过塑造高士奏乐的形象,以表现"无声之乐"的社会意义,进而与北朝政权进行文化正统性的争夺,但其使用往往具有等级界限。

"百戏—散乐组合"基于音乐的娱乐功能。如果说上述几类组合反映的是礼乐文化中"礼制"的面向,那么"百戏—散乐组合"反映的是礼乐文化中"礼俗"的面向。此类组合的使用不以等级和身份为依据,其在墓葬中的出现与消失具有鲜明的时代性,很大程度上以当时礼乐路线的实施为契机。在具体的使用上,该组合既可以融入鼓吹乐之中,亦可融于燕乐组合之中,其使用由音乐的使用场合及背后的"雅""俗"关系所决定。

2. 提出了各类音乐组合的形成逻辑

本书的第伍章,主要结合《礼记·乐记》中的相关记载,对上述各类音乐组合的形成逻辑加以阐释,并提出其出现、发展和消亡的历史契机与内在原因。

在墓葬情境下,上述不同的音乐组合,往往代表着超出个人喜好的制度要求,反映着礼制与礼俗的不同层面,我们将其统称为"墓葬礼乐符号"。它们是华夏礼乐制度与礼乐文化在墓葬中的具象表现,是国家权力支配者用以建立统治秩序与文化正统性的手段之一。其本身具有一定的制度化意义,同时也是礼乐文化与礼乐观念的物质载体。其塑造与建构的过程以墓葬文化的传统为现实来源,以音乐的功能为理论依据,以礼乐观念的发展为内在动力。

在隋唐帝国形成前,墓葬礼乐符号的塑造与建构经历了"自发期"与"自觉期"两个阶段。"自发期"即东汉至北魏平城时期,这一时期又可以西晋灭亡为界分为前后两期。前一时期内,随着礼乐观念与墓葬制度的变化,墓葬中各个系统的音乐组合都保留了较多的汉制遗绪;后一时期内,随着胡族政权纳入华夏体系内,其通过对汉制因素截取、嫁接,并与自身文化系统相协调,从而建立自身之正朔。"自觉期"即北魏洛阳时代以降的南北朝后期,这一时期内,伴随着南北文化正统争夺,南北双方分别建立起不同形式的礼乐符号。其礼乐路线虽有所差别,但基本逻辑皆基于《礼记·乐记》中对音乐功能的阐述,其不同组合的分类亦以《周礼》所提供的框架为蓝本。其具体的表现形式则基于战国秦汉以来的丧葬传统：以车马仪仗为核心的"出行组合"与以宴饮乐舞为核心的"宴飨组合"，构成了墓葬礼制组合的基本主线。其中，燕乐组合的发展是基于"宴飨组合"的传统，鼓吹乐在很大程度上是音乐元素与出行组合传统的嫁接。与之相应的，"高士雅音"组合，则是音乐元素与高士题材传统的嫁接。

其中，北朝至隋唐墓葬中将"鼓吹乐"与"燕乐"相结合，形成了"二元式"的礼乐符号。这种"二元式"礼乐符号兼具音乐的政治与社会双重功能，并与统治者的治国理念联结在一起。所谓"文武之道，一张一弛"，音乐亦是统治者用以"饰喜"与"饰怒"的形式化表现。南朝承东晋而来，以"华夏礼乐衣冠继承者"自居，用以标榜其文化正统之地位。其墓葬采用"高士雅音组合"与"鼓吹乐组合"相结合的形式，用以塑造墓葬礼乐符号。相比北朝，南朝墓葬礼乐符号当为时代之支流，但体现出南朝政权不同于北方政权的礼乐观念。

3. 厘清了中古中国礼乐文化发展的基本线索

本书第陆章的前两节，主要提出中古中国礼乐文化发展的两条线索，并结合文献阐述其形成过程。

礼乐观念的发展是"墓葬礼乐符号"形成的内在动力。其形成与变化的过程，揭示出中古时期礼乐文化发展的两条线索，即"雅俗"与"胡汉"。其中，"雅俗关系"反映着纵向层面的政治阶序，"胡汉关系"则体现出横向层面的华夷秩序。"礼制"与"礼俗"这两个相互影响的用乐传统，正是在纵横两个层面的综合作用下形成的。

在"雅俗关系"层面，自东汉末至北朝逐渐形成了音乐的"雅俗分野"，自中晚唐至辽宋则逐渐形成了音乐的"雅俗共赏"。事实上，与俗乐相对的"雅乐"，在概念上涉及两个划分标准。其一是作为审美标准而言，存在着"雅郑"或"雅俗"之分。其二则是作为音乐品名，雅乐专指用于祭祀和大型朝会的礼仪性音乐。然而，两种标准往往在使用中存在着混淆，造成我们对于"雅乐"之名的理解有误。

先秦时期，"雅"与"夏"相同，王畿之地的音乐被称为"雅乐"。[1]因此，以"雅"为正的观念是以地域划分而产生的。至东周时期，在"礼崩乐坏"的时代语境下，"雅乐"的概念从周代王畿之乐进一步扩展为"合于礼制"的音乐，即所谓"先王之乐""古乐""德音"。由此，"雅乐"从一个地域性的概念发展为一个伦理性的概念。两汉时期宫廷音乐中的"雅乐"，最早见于《后汉书》所列《汉乐四品》中，其划分标准在于仪式场合的差别。可见，先秦两汉礼乐制度中的"雅乐"，并非出于审美所言，而是植根于其礼

---

[1] 王灼撰，彭东焕、王映珏笺证：《碧鸡漫志笺证》，巴蜀书社，2019年，第281页。

乐观念之中。汉魏以降,"雅"成了历代郊庙等仪式音乐的基本规范要求,以娱乐性为主旨的俗乐与不合古制的胡乐,也就自然地被排斥在"雅乐"范畴之外。

魏晋时期,随着文学之风的转变与玄学的兴起,不同的名士集团相继出现,以审美为标准的"雅俗"观念出现。符合名士集团所倡导的审美取向则为雅,反之即为俗。所谓的琴、阮等乐器,正是于此时被建构为"雅士"的符号的。至南北朝时期,在礼制重建的背景下,出于文化正统争夺的需要,南北方分别建立了不同的礼乐符号。由此,以审美为标准的雅俗观念融入礼乐文化的范畴之中。礼乐文化的"雅俗分野"由此产生,进而成为建构文化正统与等级界限的基础与来源。

与雅乐、俗乐的对立分野相呼应的,是胡乐与汉乐之间的融合与博弈。胡乐西来是中古中国音乐发展的时代特点之一,胡乐是伴随着胡族移民进入中原的外来音乐,汉乐则是承自汉魏传统的华夏正声。胡乐极大地丰富了华夏本土的音乐形式,同时也不可避免地对其背后的话语主导权进行着冲击。华夷双方碰撞与交融的过程中,音乐的发展也呈现出"胡汉并流"的现象,由此形成了隋唐时期雅乐、俗乐与胡乐三乐并立的格局。这一格局既是隋唐统治者制定礼乐路线时所面临的现实形势,也是中古时期礼乐文化发展的核心脉络。

4. 建立了中古中国墓葬所出音乐文物与现实礼乐建设间的联系

本书第陆章的第三节,结合文献说明了现实礼乐建设会直接或间接地作用于墓葬所出的音乐文物之上,通过观察墓葬礼乐符号的变化,也可管窥现实中不同时期礼乐建设的差异。

随着隋唐大一统帝国的建立,墓葬礼乐符号也基本形成,其变化的过程反映的是不同政治话语的此消彼长,同时也揭示出丧葬习俗与社会风尚的时代变化。不同时期礼乐路线的制定,会在墓葬所出的音乐文物上有所反映。相比于前代,中古时期是礼乐制度发展的新阶段,如何平衡雅乐、俗乐与胡乐的礼乐文化格局,是南北朝至隋唐统治者们所面对的重要议题。

安史之乱的爆发,客观上刺激了胡乐与汉乐的对立,同时也消弭了雅乐与俗乐的界线。自中晚唐至辽宋,在官方自上而下的推动与民间自下而上的渗透过程中,文学艺术中"以俗为尚"的观念成为一时之风,音乐功能和审美层面表现出"雅俗共赏"的特点。与之相应,墓葬中特定的音乐题材,亦逐渐从墓葬礼制转变为一般的葬俗,普遍地出现于日常生活而不仅限于特定的仪式场合。这种"礼俗接通"的特点,基于唐宋之间政治、社会的结构性变化,构成了唐宋间礼乐文化的时代转向。

壹

中古中国墓葬遗存中的鼓吹乐组合

「鼓吹乐」的概念厘定

鼓吹乐组合的形成、发展与消亡

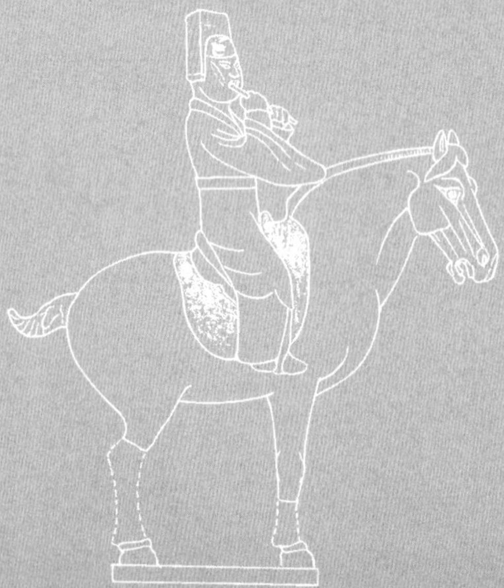

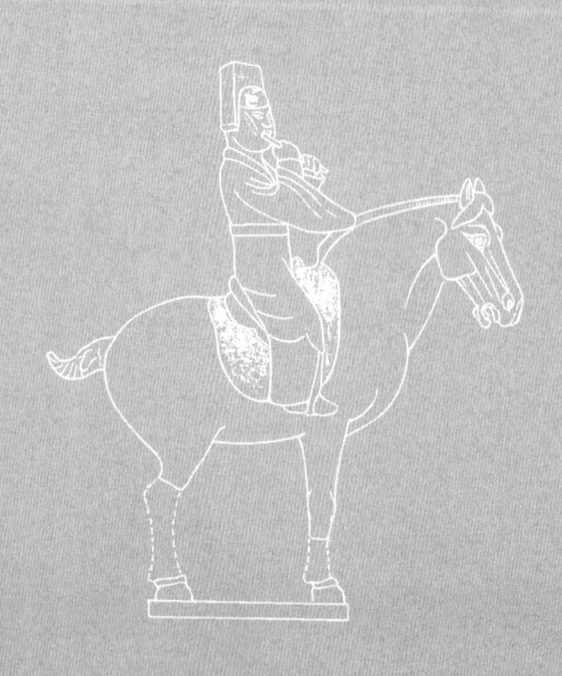

一、"鼓吹乐"的概念厘定

"鼓吹"一词频见于文献史料中。其内涵和外延因时代变化而有所差异，且在不同场合各有所指。此前的考古报告及相关研究在叙述时，对其使用往往不加辨析，从而引起不必要的混淆和误解。因此，我们首先应当爬梳文献，厘清"鼓吹"概念的变化。

"鼓吹"一词在文献中最早见于《汉书·叙传》：

> 始皇之末，班壹避地于楼烦，致马牛羊数千群。值汉初定，与民无禁，当孝惠、高后时，以财雄边，出入弋猎，旌旗鼓吹。[1]

有学者据此指出，"鼓吹乐"的诞生是受到北方民族的影响，或言其与军事活动有关。[2] 亦有学者根据蔡邕《礼乐志》载"汉乐四品……其四曰短箫铙歌，军乐也"，指出其自产生之后即作为军乐使用。[3] 然而，当我们仔细梳理文献后便可发现，"鼓吹"在汉晋之际其概念发生了变化，因此不可一概而论。

《后汉书·礼仪志中》注引蔡邕《礼乐志》载：

> 汉乐四品：一曰《大予乐》，典郊庙、上陵、殿诸食举之乐……二曰《周颂雅乐》，典辟雍、飨射、六宗、社稷之乐……三曰《黄门鼓吹》，天子所以宴乐群臣……其《短箫铙歌》，军乐也。[4]

又《宋书》卷二十《乐志二》载：

> 蔡邕论叙汉乐曰：一曰郊庙神灵，二曰天子享宴，三曰大射辟雍，四曰短箫铙歌。[5]

又《隋书》卷十三《音乐上》载：

---

[1] 〔东汉〕班固：《汉书》卷一百上《叙传》，中华书局点校本，1962年，第4197~4198页。
[2] 萧亢达：《汉代乐舞百戏艺术研究》，文物出版社，2010年，第194页。
[3] 岳起、刘卫鹏：《关中地区十六国墓的初步认定——兼谈咸阳平陵十六国墓出土的鼓吹俑》，《文物》2004年第8期，第47页。
[4] 〔南朝宋〕范晔：《后汉书》志第五《礼仪中·朝会》，中华书局点校本，1965年，第3131~3132页。
[5] 〔梁〕沈约：《宋书》卷二十《乐志》，中华书局点校本，1974年，第565页。

> 汉明帝时，乐有四品，一曰大予乐，郊庙、上陵之所用焉……二曰雅颂乐，辟雍、飨射之所用焉……三曰黄门鼓吹乐，天子宴群臣之所用焉……四曰短箫铙歌乐，军中之所用焉。[1]

又《通典》卷一百四十一《乐一》载：

> 时乐四品：一曰大予乐，郊庙、上陵之所用焉；二曰雅颂乐，辟雍、乡射之所用焉；三曰黄门鼓吹乐，天子宴群臣之所用也；四曰短箫铙歌乐，军中之所用也。[2]

通观上述文献可见，蔡邕在列举汉乐四品时，只提到了三品，"短箫铙歌"是从属于黄门鼓吹还是另为"第四品"并不得而知。《宋书·乐志》对其进行了重新归纳，将第三品"黄门鼓吹"列在第二位，并改作"天子宴享"，同时将"短箫铙歌"列在第四位。《隋书·音乐志》中将二者整合并再次进行了调整，即肯定了"短箫铙歌"作为汉乐"第四品"，但沿用了"黄门鼓吹"之名。杜佑《通典》沿用了《隋书·音乐志》之说。萧亢达先生通过考证，认为"短箫铙歌"虽为蔡邕所漏载，但应当为汉乐之第四品无误。[3] 由此可见，"鼓吹"之名，最早在汉代时出自"黄门鼓吹"，是天子宴飨之乐，并不是军乐，作为汉乐第四品的"短箫铙歌"才是军乐的称谓。

又《晋书》卷二十一《礼下》载：

> 升平八年，[4] 台符问："迎皇后大驾应作鼓吹不？"博士胡讷议："临轩《仪注》阙，无施安鼓吹处所，又无举麾鸣钟之条。"太常王彪之以为："婚礼不乐，鼓吹亦乐之总名。《仪注》所以无者，依婚礼。今宜备设而不作。"时用此议。[5]

此为东晋时关于皇后大驾是否使用鼓吹的讨论，从中可知，时人将"鼓吹"作为"乐之总名"理解。可见自东汉至东晋的百余年间，"鼓吹"还可作为笼统指代音乐的泛称。

《宋书》卷十九《乐志一》载：

> 鼓吹，盖短箫铙哥。蔡邕曰："军乐也，黄帝岐伯所作，以扬德建武，劝士讽

---

[1]〔唐〕魏徵等：《隋书》卷十三《音乐上》，中华书局点校本，1973年，第286页。
[2]〔唐〕杜佑撰，王文锦、王永兴等点校：《通典》卷一百四十一《乐一》，中华书局点校本，1988年，第3595页。
[3] 同前揭《汉代乐舞百戏艺术研究》，第31页。
[4] 升平年号仅有五年，故"八年"之数当有谬误。
[5]〔唐〕房玄龄等：《晋书》卷二十一《礼下》，中华书局点校本，1974年，第668页。

敌也。"《周官》曰："师有功则恺乐。"《左传》曰，晋文公胜楚，"振旅，凯而入"。《司马法》曰："得意则恺乐恺哥。"雍门周说孟尝君，"鼓吹于不测之渊"。说者云，鼓自一物，吹自竽、籁之属，非箫、鼓合奏，别为一乐之名也。然则短箫铙哥，此时未名鼓吹矣。应劭《汉卤簿图》，唯有骑执箛。箛即笳，不云鼓吹。而汉世有黄门鼓吹。汉享宴食举乐十三曲，与魏世鼓吹长箫同。长箫短箫，《伎录》并云：丝竹合作，执节者哥。又《建初录》云，《务成》《黄爵》《玄云》《远期》，皆骑吹，曲非鼓吹曲。此则列于殿庭者为鼓吹，今之从行鼓吹为骑吹，二曲异也。[1]

从中可知，在南朝刘宋时，"鼓吹"成了"汉乐四品"中"短箫铙歌"的专指。然而，此时无论是概念，还是曲目，经过魏晋之乱已然混淆，故而又产生了"鼓吹"与"骑吹"之别，即在汉代列于殿庭之上的"黄门鼓吹"为"鼓吹"，当时仪仗中的"从行鼓吹"为"骑吹"。"短箫铙歌"是汉代的军乐，那么，"鼓吹"是何时开始指称军乐的呢？

《宋书》卷十九《乐一》载：

又孙权观魏武军，作鼓吹而还，此又应是今之鼓吹。魏、晋世，又假诸将帅及牙门曲盖鼓吹，斯则其时谓之鼓吹矣。[2]

孙吴之军乐号为"鼓吹"，据此可知"鼓吹"作为军乐之名，不晚于三国时期。《宋书·乐志》对于"鼓吹"概念的界定自身存在矛盾和某些犹豫不决，很可能由于其对汉乐在分类取舍问题上的不明所致。但从文献大致可知，在南北朝时期，汉代宴享之乐可沿用"鼓吹"之名，但"鼓吹"于时已多指代作为军乐的"短箫铙歌"。

前人在讨论鼓吹乐时，多引用北宋郭茂倩编《乐府诗集》，但其中所言距汉魏之时已近千年。其言"然则黄门鼓吹、短箫铙歌与横吹曲，得通名鼓吹，但所用异尔"。[3]此处不言"骑吹"而言"横吹"者，西晋时崔豹《古今注》中给出了解释。

《古今注》载：

横吹，胡乐也。张博望入西域，传其法西京，唯得《摩诃》《兜勒》二曲，李延年因胡曲更造新声二十八解，乘舆以为武乐。后汉以给边将，和帝时万人将军用之。[4]

---

[1]《宋书》卷十九《乐志一》，第558～559页。
[2]《宋书》卷十九《乐志一》，第559页。
[3]〔宋〕郭茂倩编《乐府诗集》卷十六《鼓吹曲辞一》，中华书局，1979年，第224页。
[4]〔西晋〕崔豹《古今注》，中华书局，1985年，第11页。

又《晋书》卷二十三《乐下》载：

> 汉时有短箫铙歌之乐……列于鼓吹，多序战阵之事。[1]
>
> 鼓角横吹曲……胡角者，本以应胡笳之声，后渐用之横吹。有双角，即胡乐也。张博望入西域，传其法于西京，惟得《摩诃兜勒》一曲。李延年因胡曲更造新声二十八解，乘舆以为武乐。后汉以给边将，和帝时，万人将军得用之。[2]

由此可知，"横吹"本名"鼓角横吹"，本出自胡乐，因使用胡乐之胡角而得名，与"短箫铙歌"并为军乐。《乐府诗集》卷二十一所言"有箫笳者为鼓吹……有鼓角者为横吹"当为后世之理解。"短箫铙歌"作为"振旅献捷"之乐，应源自汉代中原传统，"鼓角横吹"则是由胡乐传统改造而来的。

综上所述，文献中"鼓吹"之名始于汉代，起初专指天子宴飨之乐，至东晋时亦可泛指各种音乐。作为特定音乐形式的"鼓吹乐"借用了"鼓吹"之名，但是其内涵在各个时期并不完全一致。东汉以降，鼓吹乐逐渐融入军乐范畴，至南北朝前期专指军乐。南北朝后期至隋唐时期，鼓吹乐在五礼之中的各种场合均有使用，成为礼乐制度的核心组成部分。从组合形式来看，鼓吹乐在狭义上可分为两个部分，第一个部分即是汉代"黄门鼓吹"范畴下的天子殿庭之鼓吹、出行卤簿之骑吹；第二个部分则是军乐范畴下的"短箫铙歌"与"鼓角横吹"。"汉乐四品"中"黄门鼓吹"分野出的"殿庭鼓吹"，在东汉及南北朝前期常与百戏等相互杂糅，进入隋唐后则被纳入燕乐范畴。其分野出的"卤簿鼓吹"则在南北朝后期与"军乐系鼓吹"合流，进入隋唐后纳入"鼓吹乐"范畴。本书所论"鼓吹乐"，针对"鼓吹乐"的狭义层面而言。在物质文化层面，其主要表现为墓葬中的鼓吹乐俑群及壁画、画像砖中的鼓吹乐图像。汉唐墓葬所出的坐乐俑群，当为汉代"黄门鼓吹"范畴下殿庭鼓吹的物化表现，其后被隋唐时期的燕乐所继承发展，我们将在第贰章中讨论。

二、鼓吹乐组合的形成、发展与消亡

汉唐墓葬音乐文物中的鼓吹乐组合，其主要表现形式为画像砖图像、墓室壁画与乐俑三种。其中乐俑体量最大，亦为北朝后期至隋唐时期鼓吹乐组合的主要形式。其中画

---

[1]《晋书》卷二十三《乐下》，第701页。
[2]《晋书》卷二十三《乐下》，第715页。

像砖形式出现最早，在东汉时便已出现。墓室壁画和乐俑出现于魏晋十六国时期，其中乐俑是此类组合的主流，其基本形制在南北朝文化正统争夺过程中定型，至隋唐时成为墓葬制度的一部分，于安史之乱后在墓葬中消亡。

（一）转向：东汉至魏晋十六国时期

汉魏之际，"鼓吹"的概念出现分野，墓葬中"鼓吹乐组合"的形成，亦由此肇始。杨泓、萧亢达等先生曾对汉代的鼓吹乐有所论述，[1] 但目前考古所见汉代鼓吹乐材料实际甚少，其年代大约在东汉中晚期。[2] 其主要将音乐元素与出行题材相结合，通常表现为骑乐组合。乐者头戴平巾帻，身着袍服，衣着具有仪式化特点。用乐配置主要为羽葆建鼓、金钲、排箫、鼗鼓及笳等，这些内容在四川成都出土汉代画像砖中有所表现（图1-1）。

鼓吹乐俑最早出现于三国后期。史载，曹操平定荆州，获杜夔，使其创定雅乐，后世文献载"复先代古乐，自夔始也"。[3] 非独庙堂雅乐，"鼓吹乐"的基本形式亦于此时奠定。从前文引"孙权观魏武军，作鼓吹而还"，可知在汉魏之际，新兴政权皆对东汉以来形成的"鼓吹"之制进行了发展和革新。墓葬中的鼓吹乐俑，亦由孙吴率先创制。在南京幕府东路发现的孙吴建衡三年（271）丁奉墓中，出土一套釉陶质地的鼓吹乐组合，其人物服饰与用乐组合均与东汉画像石中所见有所差别。相比之下，北方曹魏政权受

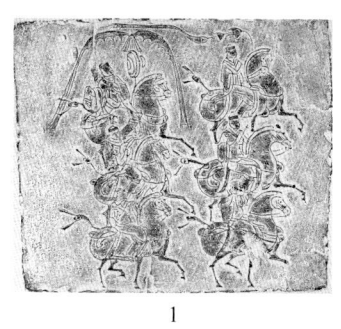

图1-1 东汉墓葬图像所见鼓吹乐组合
1.四川扬子山M1出土画像砖；2.四川成都新都区马家乡出土画像砖；3.山东临沂北寨村出土画像石

---

[1] 杨泓：《逝去的风韵——杨泓谈文物》，中华书局，2007年，第164～171页；萧亢达：《汉代乐舞百戏艺术研究》，文物出版社，2010年，第194～197页。
[2] 目前所见最早的鼓吹乐图像见于东汉晚期的成都扬子山一号墓中，以画像砖图像形式表现。详见于豪亮：《记成都扬子山一号墓》，《文物参考资料》1955年第9期。此外，在东汉晚期的临沂北寨山汉墓画像石图像中亦可见车骑图像中设置建鼓的"鼓车"。详见南京博物院：《沂南古画像石墓发掘报告》，文化部文物管理局，1956年。
[3] 《通典》卷一百四十一《乐一》，第3596页。

"薄葬"之风影响，都城地区墓葬制度逐渐从"汉制"向"晋制"过渡，[1]墓葬中壁画不再出现，随葬品组合也逐渐简化，我们很难从墓葬中窥得"鼓吹乐"端倪。

丁奉葬时，北方已进入西晋，其政治核心区延续了曹魏的薄葬之风，丧葬中的"晋制"也正式确立，在墓葬中尚未见到鼓吹乐组合。西晋统一后，墓葬中的鼓吹乐俑仍然仅见于文化缓冲区内。永嘉之乱后，五胡政权相继入主中原，并在不同程度上进行了礼乐重建的尝试。三国后期始见的鼓吹乐俑，即是在这一时期逐渐发展起来的。在这一时期的东北地区，墓葬则保留了汉代多室并绘制壁画的传统。在其所绘出行仪仗队列中有专门的鼓吹队列，可与鼓吹乐俑形成参照。

1. 鼓吹乐俑

魏晋十六国时期，出土鼓吹乐俑的墓葬主要有：长沙金盆岭M21、[2]西安草场坡M1、[3]西安洪庆原梁猛墓、[4]咸阳平陵M1、[5]西安凤栖原M9、[6]彭阳新集M1。[7]以下我们以表格形式，结合墓葬年代及其背景信息对其进行叙述（表1-1）。

据表1-1可知，魏晋十六国时期鼓吹乐俑尚有文、武之分。具有文官特点的鼓吹乐组合如长沙金盆岭M21者，保留了汉乐四品中"黄门鼓吹"之遗绪，并作为出行卤簿出现的"从行骑吹"，在北朝晚期即发展为"卤簿系鼓吹"。与此相对，十六国时期具有武吏特点的鼓吹队列则具有明显的军乐特征，是汉魏"短箫铙歌—鼓角横吹"系统的发展，在北朝晚期则发展为"军乐系鼓吹"。其中，后者又有骑行鼓吹与步行鼓吹之分，平陵M1所出是一套较完整的骑行鼓吹，彭阳新集M1是一套较完备的步行鼓吹，西安草场坡M1、梁猛墓所出则为骑、步组合。

目前所见鼓吹乐俑多分布于墓室内或壁龛中，服饰常常具备一定的身份指向。我们首先根据乐俑的衣冠服饰，不妨将长沙金盆岭M21出土的鼓吹乐俑分为A型，即"卤簿系鼓吹"，此类组合头戴进贤冠、身着袍服，均骑马奏乐，乐器种类较为单一，基本不见大角、长鸣一类乐器。将丁奉墓出土的"短箫铙歌—鼓角横吹"系统发展而来的，作为鼓

---

[1] 齐东方：《中国古代丧葬中的晋制》，《考古学报》2015年第3期，第345～366页。
[2] 湖南省博物馆：《长沙两晋南朝隋墓发掘报告》，《考古学报》1959年第3期，第70～105、139～160页。
[3] 陕西省文物管理委员会：《西安南郊草厂坡村北朝墓的发掘》，《考古》1959年第6期，第285～287、325～326页。
[4] 西安市文物保护考古研究院：《陕西西安洪庆原十六国梁猛墓发掘简报》，《考古与文物》2018年第4期，第42～52、2、129页。
[5] 咸阳市文物考古研究所：《咸阳十六国墓》，文物出版社，2006年。
[6] 西安市文物保护考古研究院：《西安凤栖原十六国墓发掘简报》，《文博》2014年第1期，第10～17、78～79页。
[7] 宁夏固原博物馆：《彭阳新集北魏墓》，《文物》1988年第9期，第26～42、99～101页。

表 1-1　魏晋十六国时期墓葬出土鼓吹乐俑一览表

墓葬名称	墓葬年代	墓葬背景	鼓吹乐俑形制、组合信息
长沙金盆岭M21	西晋永宁二年（302）	凸字形砖室墓；墓室内四周	骑马乐俑2件，青瓷质地，高约23.5厘米。乐俑头戴进贤冠、身着长袍，吹管。
西安草场坡M1	无纪年，推断年代为前秦初期	南北向长斜坡墓道前后室方形土洞墓；位于西侧小龛中	骑、步组合。骑马击鼗鼓俑2件、骑马吹角俑2件、步行击鼓俑2件。皆陶质，分为骑、步两组，皆为行伍装扮。骑马乐俑头上戴帕，高39厘米。步行俑头戴圆顶帽，高29厘米。其中一人击枴鼓，一人击次枴鼓。
西安洪庆原梁猛墓	无纪年，推断年代为前秦初期	南北向长斜坡墓道前后室土洞墓；位于墓室内，以多枝灯为中心，与坐乐俑组合相对	骑、步组合。骑马鼓吹乐俑4件，步行鼓吹乐俑6件。骑马鼓吹乐俑皆陶质，长36.2～36.4、通高37.2厘米。其表面涂红、黑、白三彩，头戴兜鍪，身披鳞甲。其中1件已不可辨，2件执提鼓击之，[1] 1件吹角。步行乐俑与骑马者衣着相同，其中4人分别抬两鼓，高29.5厘米；2人击鼓，高29厘米。所抬枴鼓带鼓架，在上方、两侧开孔固定，鼓两面墨绘莲花。
咸阳平陵M1	无纪年，推断年代为后秦时期	南北向带斜坡墓道、带天井土洞墓；位于墓室东部，以多枝灯为中心，与坐乐俑组合相对	骑乐组合，共16件，皆彩绘陶质，有枣红、白、褐黄三色。通高39.5～45、长32.8～33、宽12～12.4厘米。其中吹角俑8件，击鼗鼓俑7件，吹排箫俑1件。乐工骑马上，皆着行伍所戴圆顶帽，上身着交领紧袖衣，下身穿直筒裤，足蹬靴。其队列之中未见步行鼓吹俑。
西安凤栖原M9	无纪年，推断为后秦至北魏初年	南北向带斜坡墓道带天井土洞墓；以多枝灯为中心，与坐乐俑组合相对，陈于棺床前	步行组合，共4件，通体施彩，头戴兜鍪，身着右衽紧袖短衣，圆领外翻，背部正中有一道衣缝。通高26.4～28.2厘米。原简报将其定为男侍俑，但其手及手臂中空且有插槽，参照同时期安岳M3壁画中二人抬鼓的图像，推断其应为鼓吹乐俑中位于前部的抬鼓手。
彭阳新集M1	无纪年，推断为北魏建立后尚未统一北方时	南北向带斜坡墓道、带天井土洞墓；位于墓室前部中央	步行组合，共10件，泥质灰陶，通高39.3～45.3厘米。其中吹角俑8件，击鼓俑2件，皆身首分制后套接为一体。头皆戴圆顶合欢帽，身着短袄长裤或束腰长袍；其中吹角俑皆留八字胡，击鼓俑则面目清秀。

吹乐俑B型，即"军乐系鼓吹"，此类组合在服饰上多呈现出军事特征或胡族特点，系对汉魏"短箫铙歌—鼓角横吹"系统的发展。其中，在B型序列下，我们将草场坡M1、梁猛墓中步行和骑行鼓吹皆有者作为Ba型，将平陵M1中骑行鼓吹乐组合作为Bb型，将彭阳新集M1中步行鼓吹乐组合作为Bc型（图1-2）。在具体用乐配置上，当时"卤簿系

[1]《周礼·夏官》有"师帅执提"之说，推测其为"执提"之俑，故其所执即提鼓。

壹｜中古中国墓葬遗存中的鼓吹乐组合

图1-2 魏晋十六国墓葬中的鼓吹乐俑
1. 长沙金盆岭M21（A型）；2、3、4、5.西安草场坡M1（Ba型）
6、7.彭阳新集M1（Bc型）；8、9、10.咸阳平陵M1（Bb型）

鼓吹"的基本乐器为管。"军乐鼓吹系"的基本乐器有鼓（枹鼓）、錞鼓、胡角（长鸣、中鸣）[1]、排箫。其组合呈现出"短箫铙歌"与"鼓角横吹"两系交织的现象，其中排箫、錞鼓为"短箫铙歌"一系的基本乐器，枹鼓及胡角则为"鼓角横吹"一系的基本乐器。

2. 墓室壁画

与鼓吹乐俑相比，墓室壁画对鼓吹乐的表现则更为全面具体，我们以朝鲜安岳冬寿墓为例说明。安岳M3位于朝鲜黄海北道安岳，是一座南北向的多室石板墓，由羡室、前室、后室、东西侧室、回廊组成。在各室的石壁上绘有壁画，内容包括墓主夫妇对坐、出行图、汲水图、庖厨图、奏乐图等，出行图中涉及鼓吹乐组合。此墓于前室进西侧室的左壁"帐下督"上面题有墨书题记纪年，为"永和十三年"。冬寿原为前燕将领，后投奔高句丽，其事迹宿白先生曾进行过详细考证。[2] 前燕慕容儁于永和九年（353）称帝改元，但墓主冬寿仍奉东晋"永和"年号，故知此墓年代为公元357年，即十六国中前期。此墓壁画内容宏大而完整，杨泓先生指出其与辽东地区甚至中原地区墓葬存在一定的模仿和继承关系。[3]

---

[1]《宋书·乐志》中作"胡角"；《唐六典》中作"长鸣、中鸣"。
[2] 宿白：《朝鲜安岳所发现的冬寿墓》，《文物参考资料》1952年第1期，第101～104页。
[3] 杨泓：《高句丽壁画石墓》，《文物参考资料》1958年第4期，第12～21页。后收入所撰《汉唐美术考古和佛教美术》，科学出版社，2000年。

在墓葬前室南壁的上下两段分别绘有步行吹角、摇鼗击鼙鼓的人物（图1-3：1、2）。在后室东面向北至其末端的回廊壁上，则画有一列由250多人组成的出行队列，包括车舆、武士、铠马、侍卫和鼓吹乐队（图1-3：3）。其中鼓吹乐队及其使用的乐器，已有学者撰文进行分析讨论。[1] 细察之，在整个出行队列中，鼓吹乐组合可分为三组：第一组由前后相随、击鼓吹角的二人组成，其中击鼓者分持鼗鼓和鼙鼓。第二组由三组钲鼓组合构成，位于骑兵队列之后、牛车之前，上、中、下三队两两组合，分别抬"枫鼓""次枫鼓"与"金钲"，[2] 其上各施羽葆；第三组位于牛车后、整体队末，由四名骑马乐手组成，自左向右分别演奏建鼓、排箫、横笛、铜铙。整体来看，其鼓吹乐组合由骑、步组成，亦有前、后部之分。其中的骑乐组合，与东汉临沂北寨山、成都扬子山画像石（砖）图像所见相似。

从地域上看，汉晋时期墓葬中的鼓吹乐组合最先出现于文化缓冲区内，至十六国时期，墓葬鼓吹乐组合则兴起于政治核心区内。通过对墓葬背景综合分析，关中地区十六国时期的鼓吹乐俑在年代上多为前秦至后秦时期。从组合形式上看，这一时期的鼓吹乐兼具汉乐遗绪，又有时代新风，大致形成了"卤簿系"与"军乐系"两系组合。壁画较为全面地反映出此时鼓吹乐的构成及用乐形式，即以牛车为中心，分为前、后两部，骑、

图1-3 冬寿墓壁画所见鼓吹乐组合
1、2.冬寿墓前室南壁上、下"鼓吹乐"人物；3.冬寿墓后室东北壁"出行图"所见"鼓吹乐组合"

---

[1] 武家昌：《冬寿墓壁画中的乐器及相关问题》，《博物馆研究》2006年第1期，第41～52页。
[2] 前人研究称其为"钟"，参考《唐六典》，定为"金钲"为宜。

步皆有。其具体组合形式是对真实情况的截取，客观上并不完整。尚未形成定制的多样化形式，体现出这一时期政治与文化的多元与杂糅。整体来看，这一时期的鼓吹乐俑及壁画，尚未构成明确的等级标识，但已经能够反映出等级、身份与性别的指向性。

（二）往复发展：从平城到洛阳

鲜卑拓跋部自力微时起，开始由部落联盟向国家转变，并在猗卢统治时期开始形成国家。此间转变之历程，以往学者皆有讨论。[1] 淝水之战两年后（386），道武帝拓跋珪于牛川重建代国，自称"魏王"，并于同年迁都盛乐。皇始三年（398），道武帝改国号为"魏"，并迁都平城。北魏在进行征服战争的同时，也在政治和文化领域走上了华夏化的轨道。[2] 从北魏平城时代到洛阳时代，北魏墓葬中的音乐文物，为我们勾勒出一条礼乐文化视角下的华夏化线索。其中，墓葬中的鼓吹乐组合在这一时期得到了重塑发展，并在平城时代与洛阳时代形成了不同的特点。

图 1-4　山西大同北魏沙岭壁画墓出土车马出行图

---

[1] 唐长孺：《拓跋国家的建立及其封建化》，《魏晋南北朝史论丛》，商务印书馆，2017年，第191～245页；逯耀东：《从平城到洛阳：拓跋魏文化转变的历程》，中华书局，2006年；李凭：《北魏平城时代》，上海古籍出版社，2011年；倪润安：《光宅中原——拓跋至北魏的墓葬文化与社会演进》，上海古籍出版社，2017年。本书在2020年和2022年分别进行了再版。

[2] 加拿大汉学家蒲立本（Edwin George Pulleyblank）在论述楚国的建立及其文化的发展时，使用了"华夏化"的概念，参见 Edwin G. Pulleyblank, "The Chinese and Their Neighbors in Prehistoric and Early Historic Times", in David. N. Keightley ed., *The Origins of Chinese Civilization*, Berkeley/Los Angeles, CA: University of California Press, 1983. pp. 411-466；王明珂在论述华夏族群边缘形成与扩张时，引入了"华夏化"的概念，详王明珂《华夏边缘：历史记忆与族群认同》，浙江人民出版社，2013年；罗新从历史学角度对这一概念作出进一步归纳，详罗新《王化与山险——中古早期南方诸蛮历史命运之概观》，《历史研究》2009年第2期，第4～20页；胡鸿在其著作中则对这一概念作出辨析和明确的界定，即"从非华夏的身份转变为自认且被承认的华夏身份"，详胡鸿《能夏则大与渐慕华风——政治体视角下的华夏与华夏化》，北京师范大学出版社，2017年，第17页。

图 1-5 北魏平城时代墓葬所见"鸡冠帽"鼓吹乐俑
1、2. 大同宋绍祖墓；3. 大同司马金龙墓

壹 | 中古中国墓葬遗存中的鼓吹乐组合　33

1. 北魏平城时代

北魏平城时代是北朝民族融合与文化交流的关键时期，其发展脉络此前已有学者以专著形式进行过讨论。[1] 倪润安先生则从墓葬材料出发，将拓跋珪重建代国至文成帝驾崩这一阶段列为北魏早期，将献文帝即位至孝文帝迁洛这一阶段列为北魏中期，将孝文帝迁洛后至孝武帝永熙三年北魏灭亡列为北魏晚期。其中，平城时代又可以文成帝驾崩（465）为界分为前后两期。[2] 本文在进行相关论述时，参照其年代框架。

北魏平城时代前期，政治核心区墓葬中的鼓吹乐组合以壁画的形式出现，但并未成为主流和制度性标识，仅作为墓葬文化因素延续下来，以山西大同沙岭M7[3]为例。沙岭M7是一座东西向长斜坡墓道单室砖墓。其中所出彩绘漆皮残缺的隶书题记，揭示出墓主人或为破多罗太夫人。有学者考证其年代为太延元年（435），[4] 亦有学者认为其夫、子是在北魏统一关陇之时由后秦或大夏迁来的移民。[5] 该墓在其甬道及墓室四壁皆有壁画，其中鼓吹乐组合作为壁画中"车马出行图"的一部分，出现于墓室北壁下部（图1-4）。

组合队列自西而东，第一排是6名持缰的导骑，其后一排是6名骑马吹角者。在吹角者身后两侧是两列持矛执弓的兵士。中部车前为步行鼓吹队列，可分为两组：一组位于前部，成两列前行，皆头戴毡帽。上列扛幡持节，下列以二人抬鼓组合列于排头，其后三人手持乐器跟随。抬鼓者及扛幡持节者服饰为上襦下袴，所抬之鼓上饰羽葆。身后三人则身着红色交领长袍，分别执筝、节鼓、洞箫。位于其后的是一组"百戏组合"，以撑杆者为中心，其前为一持腰鼓者。在整个队列后部为骑马队列，由于东部壁画残损，或存在后部鼓吹。

文化缓冲区内的墓葬主要位于关陇地区的后秦、大夏故地，以西安顶益制面厂M205、M217[6]为例。两墓均为南北向长斜坡墓道土洞墓，从其随葬品组合判断，年代约在北魏初入关中前后，其鼓吹乐组合延续了该地此前的乐俑传统。其中，顶益制面厂M205出土骑马鼓吹乐俑共10件，位于墓室前部东西两侧。乐俑皆着风帽，高32～35厘米。乐俑大多已残，从其演奏姿势推断有击鼓俑、排箫俑、吹笳俑、持筝俑。M217出土鼓吹乐俑共19件，位于墓门处两侧中部，形制与M205所出相似。乐俑皆已残损，身

---

[1] 李凭：《北魏平城时代》，上海古籍出版社，2011年。
[2] 倪润安：《光宅中原——拓跋至北魏的墓葬文化与社会演进》，上海古籍出版社，2017年，第123、173、223页。
[3] 大同市考古研究所：《山西大同沙岭北魏壁画墓发掘简报》，《文物》2006年第10期，第4～24页。
[4] 赵瑞民、刘俊喜：《大同沙岭北魏壁画墓出土漆皮文字考》，《文物》2006年第10期，第78～81页。
[5] 殷宪：《贺多罗即破多罗考》，《学习与探索》2009年第5期，第227～233页。
[6] 陕西省考古研究所：《西安北郊北朝墓清理简报》，《考古与文物》2005年第1期，第7～16页。

着鲜卑装，头戴风帽。其中骑马鼓吹乐俑15件，6件双手位于口前作吹奏状，乐器不明，推测为笳及排箫；3件作击鼓状。步行鼓吹俑4件，乐器不明。两墓中还各出1件骑马鼓吹俑，手持板状物，上刻五条阴刻线，似为战国以来秦地所流行的"五弦筑"，极具地域特色。

平城时代后期，受墓葬中"晋制"的影响，京畿地区的墓葬在葬俗中开始间接地接受西晋俑制。[1]在此背景下，墓葬中鼓吹乐组合也从壁画形式转向俑群形式，并在太和年间出现制度化的趋向。相关墓葬以宋绍祖墓[2]与司马金龙墓[3]为例。

宋绍祖墓是一座坐北朝南的长斜坡墓道两天井单室砖墓。从其中所出墓砖志文内容可知，该墓年代为大代太和元年（477），墓主宋绍祖为"幽州刺史、敦煌公"。墓葬出土32件骑马鼓吹俑，位于墓室内石椁东侧。乐者皆头戴黑色鸡冠帽，身着交领窄袖襦袴，足蹬靴；马及鞍皆朱色或白色，辔头齐全，乐俑长30.4～31、高31.8～32.4厘米（图1-5：1、2）。其所执乐器皆已腐朽或丢失，从陶俑演奏姿势看，可推断有鼓、角（长鸣）、排箫。宋绍祖墓的鼓吹乐俑是北魏中期政治核心区墓葬的新特点，其中乐俑的衣冠相比其前后时期也独具特点。

司马金龙墓是一座南北向长斜坡墓道多室砖墓。根据墓表所记可知，墓主为北魏"琅琊王"司马金龙及其夫人。司马金龙卒于北魏太和八年（484），其父司马楚之为逃亡北魏的东晋宗室，北魏以其晋宗室后裔身份来树立正统，司马金龙亦在北魏荣兴。其中骑马鼓吹俑数量不明，原简报将此类俑统称为"骑马武士俑"，共分为铠马武士和轻骑兵两种，共88件，长29.2、高30.5厘米。其中所谓"轻骑兵"者，集中位于前室，头戴鸡冠帽，造型与宋绍祖墓所出骑马鼓吹俑相似，故我们认为其不是轻骑兵，应是骑马鼓吹俑（图1-5：3）。

2. 北魏洛阳时代

随着孝文帝迁都洛阳，墓葬"晋制化"的程度进一步加深。墓葬俑群种类虽然丰富，但在晋制"禁乐"的传统影响下，此前已初具规模的鼓吹乐俑群，突然消失在墓葬之中。不仅如此，在一段时间内，俑群中与音乐有关的元素亦不再出现。鼓吹乐俑再次出现于墓葬中时，北魏王朝已进入垂暮之期。我们仅能从政治核心区的零星墓葬中，缀

---

[1] 杨泓：《北朝陶俑的源流、演变及其影响》，《中国考古学研究——夏鼐先生考古五十年纪念论文集》，文物出版社，1986年，第269页。
[2] 山西省考古研究所、大同市考古研究所：《大同市北魏宋绍祖墓发掘简报》，《文物》2001年第7期，第19～39页。
[3] 山西省大同市博物馆、山西省文物工作委员会：《山西大同石家寨北魏司马金龙墓》，《文物》1972年第3期，第20～29页。

合出残存的组合形式,这些墓葬以洛阳元邵墓、[1]偃师南蔡庄联体砖厂 M2、[2]洛阳北陈村王温墓[3]为例（表 1-2）。这些墓葬多为长斜坡墓道带天井土洞墓,鼓吹乐俑通常位于墓室内。

表 1-2 北魏洛阳时期墓葬出土鼓吹乐俑统计表

墓葬名称	墓葬年代	墓主身份	鼓吹乐俑形制、组合信息
洛阳元邵墓	北魏武泰元年（528）	孝文帝之孙、清河王元怿之子元邵	骑、步鼓吹乐组合。其中骑马鼓吹俑6件,通身施粉彩,高24.8、长21厘米。均头戴风帽,身着左衽宽袖衣。其中4件击鼙鼓,2件执鼗鼓。步行鼓吹俑共11件,高18.5～19厘米,头戴赤色风帽,上身着左衽短衫,下着长裤,腰间置节鼓。
偃师南蔡庄联体砖厂 M2	无纪年,推断与元邵墓相当	不详	步行组合,可分为两组：一组头戴风帽、身着左衽宽袖短袍,腰间束带,缚裤,全身涂红彩。其中4件左手举鼗鼓,腰间挎节鼓；另有5件所持不明。另一组头戴平巾帻,身穿红色白边宽袖短袍,所持乐器可辨识的仅有排箫。
洛阳北陈村王温墓	北魏太昌元年（532）	安东将军	步行鼓吹乐俑4件,属步行组合。其头部已失,残高13.5厘米,身着宽袖短袍,腰间置节鼓。

北魏洛阳时代后期重新兴起的鼓吹乐俑,在造型、衣着等方面与平城时代墓葬所见已明显不同,在衣冠服饰上与汉晋以来的洛阳传统一脉相承,在乐器组合上又与关陇地区十六国墓葬所出有所关联。元邵作为皇室成员,其墓葬级别高于王温墓。由此推测,在随葬鼓吹乐组合的墓葬中,骑、步鼓吹乐组合 Ba 型所示等级应比步行组合 Bc 型较高。从衣着及冠饰看,乐俑可分为头戴平巾帻与风帽两种,这揭示出源自汉代黄门鼓吹的"卤簿系鼓吹"与源自短箫铙歌—鼓角横吹的"军乐系鼓吹"两个传统开始加以区分。从乐俑的乐器组合来看,汉制传统的鼗鼓与节鼓组合,成为此后北方常见的鼓类组合；中原传统的排箫又与胡族喜用的大角、长鸣有机组合。其中,元邵墓所出鼓吹乐俑继承 Ba 型骑、步鼓吹乐组合而来,不妨列为 Ba 型 II 式。南蔡庄 M2、王温墓与邢氏墓所出鼓吹乐俑继承 Bc 型步行鼓吹俑而来,但其中皆不见关陇地区喜用的大角（长鸣）一类,而是采用汉制乐器。我们不妨将此类列为 Bc 型 II 式（图 1-6：2）。

---

[1] 洛阳市博物馆：《洛阳北魏元邵墓》,《考古》1973年第4期,第218～224、243页。
[2] 偃师市商城博物馆：《河南偃师两座北魏墓发掘简报》,《考古》1993年第5期,第414～425页。
[3] 洛阳市文物工作队：《洛阳孟津北陈村北魏壁画墓》,《文物》1995年第8期,第26～35页。

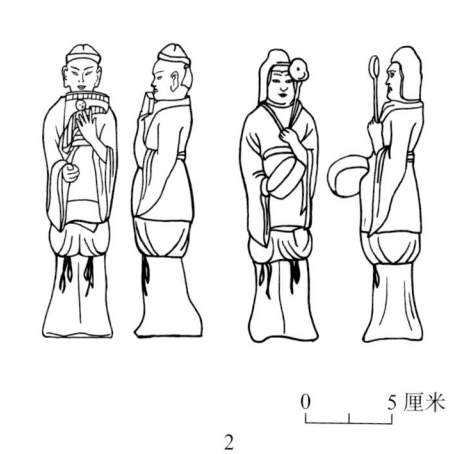

图 1-6　北魏洛阳时代墓葬所见鼓吹乐俑
1. 元邵墓；2. 偃师南蔡庄 M2

（三）昙花一现的复归：南朝

永嘉之乱后，晋室南渡。东晋虽以华夏礼乐衣冠之正统自居，但礼乐建设却一度中断。东晋墓葬延续了"晋制"的"禁乐"传统，墓葬文化中鲜见音乐元素。东晋覆亡后，南朝政权在与北方进行文化正统争夺过程中，开始在墓葬中重新塑造礼乐符号，其表现之一即是墓葬中东汉传统鼓吹乐图像的再现。然而，鼓吹乐组合在南朝墓葬中虽断续出现，但未能形成主流，其在政治核心区与文化缓冲区内表现形式也各有不同。

1. 政治核心区

六朝时期，南方地区除孙吴政权曾短暂定都于武昌（今湖北鄂州）外，政治核心区墓葬皆以建业（建康）为中心。此间墓葬所见鼓吹乐组合以模印拼镶砖画的形式表现，所出墓葬以丹阳建山金家村墓、[1] 丹阳胡桥吴家村墓、[2] 丹阳鹤仙坳墓[3] 与襄阳狮子冲墓[4] 为例，主要处于齐、梁时期。其中，襄阳狮子冲墓据墓砖纪年可知，M1 年代为梁武帝"中大通式年（530）"，M2 年代为梁武帝"普通七年（526）"；其他二墓未见纪年材料，

---

[1] 尤振克：《江苏丹阳县胡桥、建山两座南朝墓葬》，《文物》1980年第2期，第1～17页。
[2] 尤振克：《江苏丹阳县胡桥、建山两座南朝墓葬》，《文物》1980年第2期，第1～17页。
[3] 南京博物院：《江苏丹阳胡桥南朝大墓及砖刻壁画》，《文物》1974年第2期，第44～56页。
[4] 襄阳狮子冲墓在简报中仅刊布了竹林七贤砖画，但据发掘者称，在"竹林七贤图"之下存在车马仪仗组合，限于条件并未发掘和刊布。由此可知，该墓砖画图像中亦应存在鼓吹乐组合。

壹 | 中古中国墓葬遗存中的鼓吹乐组合

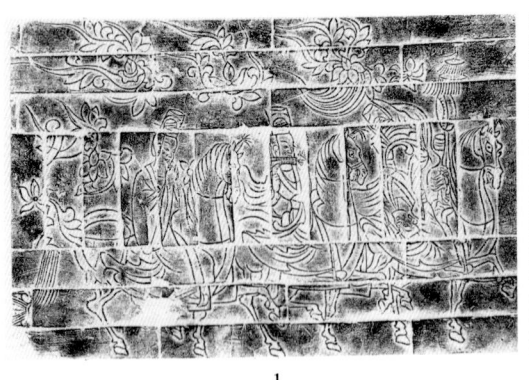

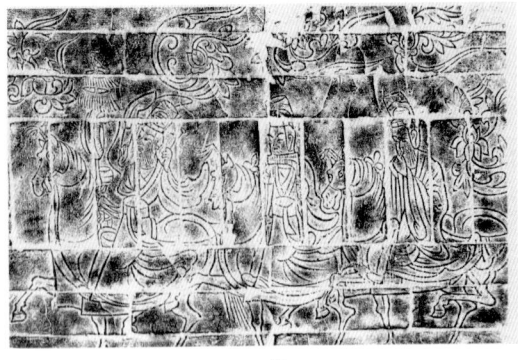

图 1-7　江苏丹阳金家村南朝墓出土画像砖所见鼓吹乐组合
1. 东壁　2. 西壁

但目前学界普遍认为其年代在南齐时期。[1]三墓中以丹阳金家村墓壁画保存较为完整，以下即以该墓为例进行介绍。

丹阳金家村墓是一座"凸"字形单室砖墓。其墓室内装饰有多组拼镶砖画，在两壁上栏绘有"羽人戏龙""羽人戏虎""竹林七贤与荣启期"等图，两壁下栏则分别绘制由四组单幅画面组成的仪卫图像，各幅之间由花纹砖相隔。由外而内依次为甲骑具装、持戟侍卫、羽葆仪仗、骑马鼓吹。除骑马鼓吹外，其旁砖文依次注为"具张""垣载""护迅"。具体到鼓吹乐组合，其作为仪卫图的一部分，分布在墓室东、西两壁上（图 1-7）。

由图可知，该组合为一组骑行鼓吹乐组合：三人一组，皆头戴笼冠，身着褒衣博带式袍服。为首之人马上设羽葆建鼓，其左手执鼗鼓，右手击建鼓；第二人手执排箫吹奏；第三人双手握笳吹奏。其中"羽葆建鼓"是具有等级标识意义的符号。此类组合是由汉代"黄门鼓吹"系统发展至南北朝时期形成的"卤簿系鼓吹"的典型组合形式，与成都扬子山 M1 画像砖所见鼓吹乐组合基本一致。北齐、北周墓葬俑群中所见"笼冠骑马鼓吹"组合在服饰与用乐配置上与之相似，其年代较之晚，或由此借鉴而来。不过，该墓所见鼓吹乐组合中缺少"军乐系鼓吹"组合配器，其规模也显然不可与北朝整合后的鼓吹规模同日而语。

2. 文化缓冲区

南北朝时期，位于南北政权边界的汉中地区、南阳地区、青齐地区三地，作为南北方文化缓冲区的重叠区域，既是南北要冲，同时也是南北朝文化的碰撞与汇聚之处，其间墓葬呈现出文化多元化的特点。

---

［1］　耿朔：《层累的图像——拼砌砖画与南朝艺术》，人民美术出版社，2020 年。

汉中地区墓葬中的鼓吹乐组合以乐俑形式出现，以安康长岭墓[1]和张家坎墓[2]为例。安康长岭墓是一座长方形砖室墓。所出陶俑以鞍马、牛车为中心，以仪仗俑群为主体，共65件。简报中可见身挎节鼓的男立俑（图1-8：1），应为鼓吹乐组合的一部分。安康张家坎墓是一座长方形券顶单室砖墓。墓砖为长条形浅灰色绳纹小砖，面向墓室的砖面均模印人物画像和各种纹饰，其中画像砖中不见鼓吹乐图像。出土纪年砖中阳文刻"天监五年太岁丙戌十月二十日"，可知墓葬年代为梁武帝时期，这也为安康长岭墓与邓县学庄墓提供了一个年代参考。值得注意的是，该墓中所出铜镜一枚，其表面铸有一周铭文，共42字："青盖作竟（镜）四夷服，多贺国家人民息。胡虏殄灭天下复，风雨时节五谷熟。长保二亲得天力，传告后世乐无极。"铭文具有鲜明的"华夷之辨"色彩，对墓主的边将身份具有一定指向性。从残破陶俑中可见手持大角、头戴宽檐帽的陶俑（图1-8：2），其服饰、造型皆与安康长岭墓所出鼓吹乐俑一致。此外，残存陶俑头中可见头戴平巾帻与介帻者，其中头戴介帻者脑后皆留有巴蜀地区氐羌文化中的"魋髻"。[3]

南阳地区墓葬中的鼓吹乐组合，同时以壁画和乐俑形式表现，以邓县学庄墓[4]为例。该墓是一座"凸"字形单室券顶砖墓。墓中所见画像内容、年代及铭文等方面，自20世

图1-8 南朝文化缓冲区墓葬出土鼓吹乐俑
1.安康长岭墓；2.安康张家坎墓；3.邓县学庄墓

---

[1] 李启良、徐信印：《陕西安康长岭南朝墓清理简报》，《考古与文物》1986年第3期，第16~21页。
[2] 安康历史博物馆：《陕西安康市张家坎南朝墓葬发掘纪要》，《华夏考古》2008年第3期，第47~54页。
[3] 西晋左思《魏都赋》言："或魋髻而左言，或镂肤而钻发，或明发而嬽歌，或浮泳而卒岁。"又杨雄《蜀记》曰："蜀之先代人，椎结左语，不晓文字。"参见〔清〕高步瀛：《文选李注义疏》，中华书局，1985年，第1461页。又《史记·西南夷列传》："西南夷君长以什数，夜郎最大；其西靡莫之属以什数，滇最大；自滇以北君长以什数，邛都最大……此皆魋髻，耕田，有邑聚……此皆巴蜀西南外蛮夷也。"参见司马迁：《史记》卷一百一十六《西南夷列传》，中华书局，1982年，第2991页。
[4] 河南省文化局文物工作队：《邓县彩色画像砖墓》，文物出版社，1958年。

壹 | 中古中国墓葬遗存中的鼓吹乐组合　39

纪50年代末发现以来，学界多有讨论。[1]其年代以往多有争议，学界目前观点集中于南朝齐、梁时期，本文认为其年代当在南梁后期、侯景乱梁前后。

墓葬中的鼓吹乐组合分别以乐俑和画像砖图像的形式表现，我们首先考察鼓吹乐俑。由于被盗严重，墓葬中的陶俑材料背景信息有所缺失。从现有材料中，我们首先可将仪仗俑组合和侍女俑组合区分开来。在仪仗组合中，参考安康张家坎墓所出鼓吹乐俑的服饰信息，可划分出头戴宽檐帽或武弁的武士系统与头戴平巾帻的文士系统。其中，头戴宽檐帽与头戴平巾帻的陶俑，分别身挎一件节鼓，当为鼓吹队列的一员（图1-8：3）。由此可知，其鼓吹乐组合由两个系统组成，分别代表文、武之象。追溯渊源，当分属汉代"短箫铙歌"与"鼓角横吹"两个系列。

画像砖中的鼓吹乐组合位于墓室东壁上。整体来看，这些画像砖图像表现的是以"牛车"为中心的仪仗队列。其鼓吹乐组合为步行组合，分别位于第二柱与第六柱上，以"牛车"为中心可分为前、后两组：第一组位于前部，共4人，皆头戴宽檐帽，身着朱裤衣，下身穿赤袴。头两人持大角（长鸣），其姿态为向上吹奏，大角之上挂幡；后两人腰间挎节鼓，左手执鼖鼓，右手持鼓槌击鼓（图1-9：1）。第二组位于后部，共5人，衣着头饰与步行武士相同。第一人吹横笛；第二人吹排箫；第三、第四人吹角（中鸣），其持角方向朝下；第五人吹觱篥（图1-9：2）。需要注意的是，鼓吹乐组合中并无羽葆，揭示其身份距王、侯尚有距离。

通过相互参照可以发现，南朝墓葬所见鼓吹乐组合在政治核心区与文化缓冲区内，呈现出一定差别。在政治核心区，墓葬图像中的鼓吹乐组合表现出"卤簿系鼓吹"的特

图1-9 河南邓县学庄墓出土画像砖所见鼓吹乐组合

---

[1] 柳涵：《邓县画象砖墓的时代和研究》，《考古》1959年第5期，第255～263页；宿白：《北朝造型艺术中人物形象的变化》，刊于所撰《中国石窟寺研究》，文物出版社，1996年，第35页；李梅田：《论南北朝交接地区的墓葬——以陕南、豫南鄂北、山东地区为中心》，《东南文化》2004年第1期，第27～31页；韦正：《汉水流域四座南北朝墓葬的时代和归属》，《文物》2006年第2期，第33～39页；林树中：《从"战马"画像砖题字考证邓县墓的年代与墓主》，《南京艺术学院学报（美术与设计）》2015年第1期，第1～3页；郑岩：《魏晋南北朝壁画墓研究》，文物出版社，2016年，第71页。

点，即骑行组合，头戴笼冠，手持羽葆建鼓以彰显等级与身份。在文化缓冲区内，俑群组合与画像砖图像表现为以牛车为中心的步行鼓吹乐组合，分为前后两部。前部用乐形式为长鸣与鼗鼓组合，后部用乐形式为横笛、排箫、中鸣、觱篥，鼓上不设羽葆，这是魏晋时期北方的传统。

（四）分裂中的整合：东魏—北齐与西魏—北周

北魏分裂后，分别以邺城—晋阳和关陇地区为中心，建立起东魏—北齐和西魏—北周两支政权。双方对于北魏洛阳时代墓葬文化的接受程度有所不同，但在礼制新建与南朝刺激的双重背景下，双方都保留并发展了北魏末期重兴的鼓吹乐组合。

1. 东魏—北齐

东魏迁邺后，其间大量的工匠和居民来自洛阳，墓葬中鼓吹乐俑的类型与组合形式也基本上沿袭了洛阳时代晚期的特点。在壁画方面，东魏—北齐高等级墓葬常在墓道中绘制大规模的仪卫图像，这是对汉魏以来墓葬壁画中出行图的发展，且规模上远超前代。壁画中保留了部分鼓吹乐元素，虽不完整，但带有更加鲜明的军乐特征和等级指向。在地域上，有学者将东魏墓葬分为邺城、青齐、冀定三个文化区，将北齐墓葬格局划分为邺城—晋阳地区和东方地区[1]。邺城和晋阳地区无疑是东魏—北齐时期的政治核心区，东方地区则相当于这一时期的文化缓冲区；其中，邺城和晋阳在发展、定位上又呈现出文武分重、胡汉分治的特点[2]，晋阳作为陪都，其外围的朔州、寿阳等地亦为当时的文化缓冲区。

（1）邺城地区

东魏—北齐时期，邺城地区墓葬中的鼓吹乐组合主要以鼓吹乐俑形式出现，这些墓葬包括尧赵氏墓、[3]茹茹公主墓、[4]湾漳大墓、[5]元良墓、[6]高润墓、[7]贾宝墓[8]（表1-3）。其基本形制多为长斜坡墓道方形砖室墓，规模与等级相关，鼓吹乐俑通常位于墓室中部。

邺城是东魏—北齐的政治、文化中心，也是探讨该时期墓葬文化的基本切入点。通过上述材料可知，该时期出土鼓吹乐俑的墓葬，其墓主身份主要为北齐皇室成员、北齐

---

[1] 倪润安：《北齐墓葬文化格局论》，《故宫博物院院刊》2015年第2期，第49~72页。
[2] 同前揭《光宅中原——拓跋至北魏的墓葬文化与社会演进》，第277页。
[3] 磁县文化馆：《河北磁县东陈村东魏墓》，《考古》1977年第6期。第391~400页。
[4] 磁县文化馆：《河北磁县东魏茹茹公主墓发掘简报》，《文物》1984年第4期，第1~9页。
[5] 中国社科院考古研究所、河北省文物研究所：《磁县湾漳北朝壁画墓》，科学出版社，2000年。
[6] 磁县文物保管所：《河北磁县北齐元良墓》，《考古》1997年第3期，第33~39页。
[7] 磁县文化馆：《河北磁县北齐高润墓》，《考古》1979年第3期，第235~243页。
[8] 河南省文物局：《安阳北朝墓葬》，文物出版社，2013年。

表 1-3　东魏—北齐邺城地区墓葬出土鼓吹乐俑一览表

墓葬名称	墓葬年代	墓主身份	鼓吹乐俑形制、组合信息
尧赵氏墓	东魏武定五年（547）	散骑常侍尧荣之妻赵胡仁	步行组合，共9件，均高22.4厘米。头戴红彩风帽，内穿圆领窄袖衫，外斜披套衣，身挂节鼓，一手抬起击之。
茹茹公主墓	东魏武定八年（550）	高欢第九子高湛之妻郁久闾叱地连	骑、步组合。骑马鼓吹乐俑共29件，高27厘米。头戴风帽，穿开领广袖衫，左手曲举及肩，右手下垂。步行鼓吹乐俑共30件，高22~23厘米，皆头戴风帽，身穿圆领窄袖衫，左披套衣，下着袴褶。腰间置节鼓，一手击之。
湾漳大墓	公元560年前后（据原报告）	推测为文宣帝高洋	骑、步组合。步行乐俑95件，高26~26.9厘米，均头戴小风帽（从后向上卷起），上身内穿圆领窄袖衣，外着右衽广袖褶服，袒露右臂，腰扎宽带，下着袴褶。所奏乐器已残失，从姿态推测可能有觱篥、横笛、排箫、竖箜篌、鼓等。骑马乐俑通高30.5~32.4厘米，上穿右衽宽袖褶服，下着袴褶。可分两组，一组24件，均头戴风帽；一组15件，均头戴笼冠。
元良墓	北齐天保四年（553）	元佑之子	步行组合，共8件，皆头戴红彩风帽，内穿圆领长袖衫，左肩斜挎衣带，前腰间挂节鼓，双手一上一下作击鼓状。
高润墓	北齐武平七年（576）	高欢第十四子、文昭王	骑、步组合。骑马乐俑17件，步行乐俑33件。骑马乐俑的形制、组合与湾漳大墓所出类似，通高26.6~36.6厘米。步行乐俑高22~23厘米，头戴红彩风帽，内穿圆领窄袖衫，外斜披套衣。其中29件腰挂节鼓；4件左手上托，似为扶角吹奏。
贾宝墓	北齐武平四年（573）	北齐车骑大将军、扶沟县令	共8件，高21.5~22厘米。均头戴风帽，衣着造型与高润墓所出步行鼓吹乐俑服饰基本相同。

重臣与前朝勋贵。鼓吹乐俑群可分为"骑、步组合"与"步行组合"两种。不同之处在于，在"骑、步组合"中，以"风帽"与"笼冠"为代表的两类组合，分别承续此前所分"军乐系鼓吹"与"卤簿系鼓吹"的两套组合，此时被合为一处固定下来。其中"风帽式"鼓吹乐组合是对此前"军乐系鼓吹"下 Ba 型 Ⅱ 式组合的发展；"笼冠式"鼓吹乐组合则是承自南朝画像砖所描绘的鼓吹乐形象而来，为北朝此前所没有。在两套组合外，还有大量头戴平巾帻的骑、步陶俑，其手中持有各类仪仗物，亦当从属于仪仗队列，但其上没有乐器配置。总体来看，这种二元式的鼓吹乐组合形式，其实是对汉代以来"黄门鼓吹""短箫铙歌—鼓角横吹"等多系统鼓吹乐元素的整合，我们不妨将其列为鼓吹乐俑 Ca 型（图 1-10：1、3、4）。在步行鼓吹乐俑即 Bc 型组合中，其配置采用较为整齐划一的节鼓组合，鼗鼓则不再使用，不妨将其列为 Bc 型 Ⅲ 式（图 1-10：2）。

值得注意的是，骑、步组合仅出现于北齐皇室成员墓葬中，步行鼓吹乐组合则出现在前朝勋贵及当朝官员墓葬中。其中贾宝"扶沟县令"的职事官品级并不高，他是依靠"车骑大将军"之勋得以加享鼓吹。茹茹公主、赵胡仁等作为女性，原本不具备使用鼓吹的资格，但在此时也因身份特殊而享受殊荣。可见，身份与军功是这一时期是否可以使用鼓吹乐组合的基本标准。

除了鼓吹乐俑，墓葬壁画中对于鼓吹乐也有描绘。磁县湾漳大墓在墓道两壁壁画的"仪卫出行图"中，前列第二单元出现了二人一组的抬鼓组合，但并非十六国至北魏时期所见的"二人前后抬鼓"，而是前一人抬鼓，后一人随其身后击鼓。二人均头戴平巾帻，上身着开领广袖衫，下着袴褶。鼓悬于杆上，无鼓架，上饰标识等级身份的羽葆。值得注意的是，壁画中的鼓吹乐组合在邺城地区仅见于湾漳大墓中，暗示了墓葬壁画中除了"列戟图"可作为等级标识，鼓吹乐元素作为礼乐符号的一部分，亦具有等级指向性。

（2）晋阳地区

晋阳地区墓葬中的鼓吹乐组合主要以乐俑形式表现，以贺拔昌墓、[1]贺娄悦墓、[2]娄睿墓、[3]徐显秀墓、[4]库狄迴洛墓[5]为例（表1-4）。

晋阳作为北齐另一个政治中心，该地区墓葬所见鼓吹乐组合表现出浓厚的鲜卑化风格和北族元素，与邺城地区的鼓吹乐俑有所差别，以娄睿墓所出最具代表性（图1-11）。鼓吹俑的衣着以"三棱形风帽"和"翻耳披缘帽"、袒露右肩为特点，用乐配置远袭汉代"鼓角横吹"系统而来，着重突出具有北族特点的大角与斜吹乐器，而弱化汉代"短箫铙歌"系统的排箫、鼛鼓等乐器，具有鲜明的胡化军乐特点。不过，在鼓吹队列中心，又恢复了东汉的建鼓传统，则是有意识的折中之举。

总体来看，晋阳地区的鼓吹乐组合虽然与邺城地区互成一体，但在造型上表现出区别于邺城地区的地域化特点。在组合上，可以看到"骑、步组合"与"步行组合"两种类型，其中骑、步组合所示等级高于步行组合。步行组合以贺娄悦墓、贺拔昌墓为例，则与邺城地区所见步行鼓吹乐俑差别不大，同为Bc型Ⅲ式；骑、步组合则以娄睿墓和徐显秀墓所见俑群为代表，不妨将其列为鼓吹乐俑Cb型。

---

[1] 太原市文物考古研究所：《太原北齐贺拔昌墓》，《文物》2003年第3期，第11～25页。
[2] 常一民：《太原市神堂沟北齐贺娄悦墓整理简报》，《文物季刊》1992年第3期，第33～38页。
[3] 山西省考古研究所、太原市文物管理委员会：《太原北齐娄叡墓发掘简报》，《文物》1983年第10期，第1～23页；山西省考古研究所、太原市文物考古研究所：《北齐东安王娄睿墓》，文物出版社，2006年。
[4] 山西省考古研究所、太原市文物考古研究所：《太原北齐徐显秀墓发掘简报》，《文物》2003年第10期，第4～40页；太原市文物考古研究所：《北齐徐显秀墓》，文物出版社，2005年。
[5] 王克林：《北齐库狄迴洛墓》，《考古学报》1979年第3期，第377～402页。

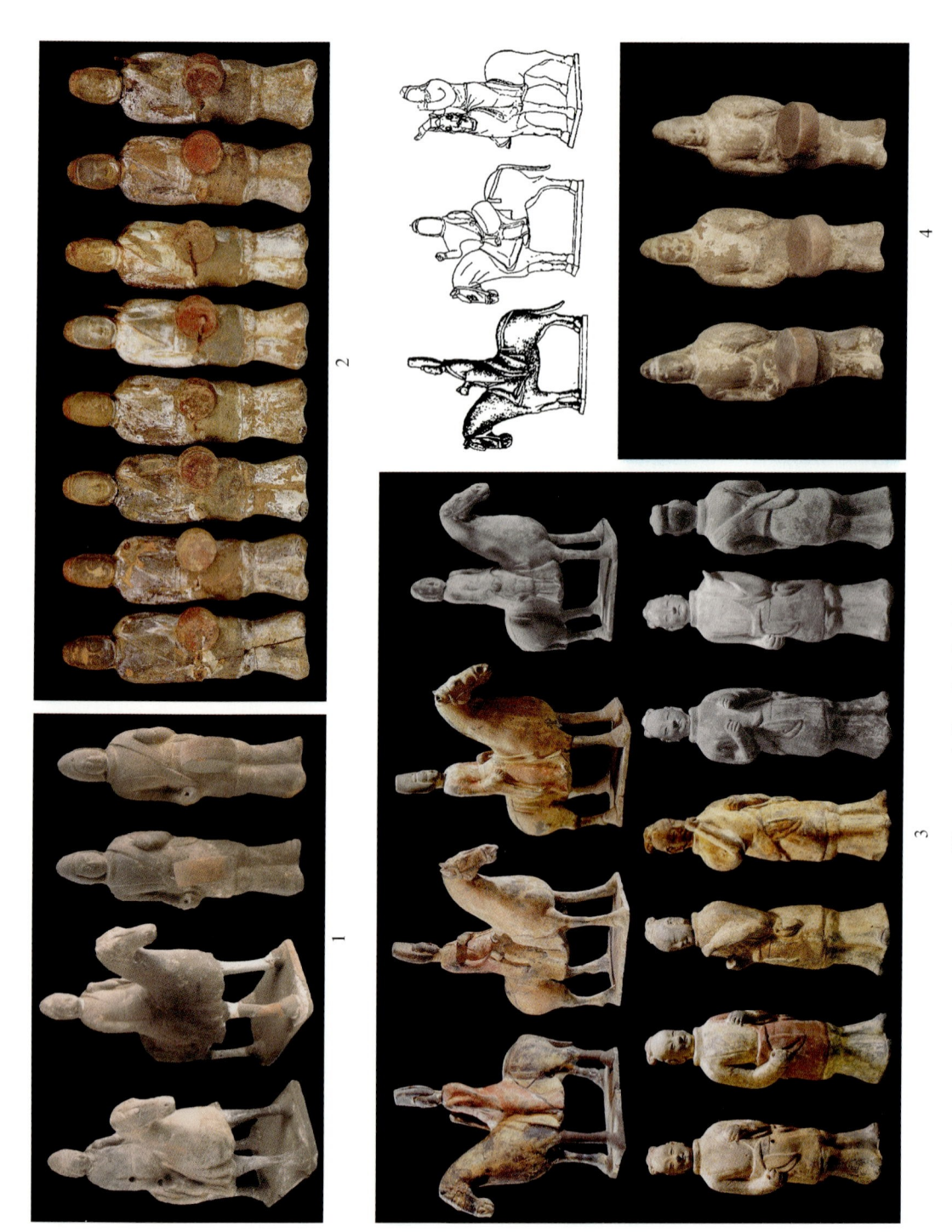

图 1-10 东魏—北齐邺城地区墓葬中的鼓吹乐俑
1. 茹茹公主墓；2. 贾宝墓；3. 湾漳大墓；4. 高润墓

44　无声胜有声：中古中国墓葬音乐文物与礼乐文化

图 1-11 北齐娄睿墓所见鼓吹乐俑

壹｜中古中国墓葬遗存中的鼓吹乐组合　45

表 1-4　晋阳地区墓葬出土鼓吹乐俑一览表

墓葬名称	墓葬年代	墓主身份	鼓吹乐俑形制、组合信息
贺拔昌墓	北齐天保四年（553）	安定王贺拔人之子、右卫将军	组合不全。风帽骑乐俑2件，通高26.5厘米。头戴风帽，上穿红色窄袖襦，下着红袴褶，腰间挂圆形节鼓。笼冠骑乐俑1件。大部分已残。
贺娄悦墓	北齐皇建元年（560）	卫大将军、安州刺史、礼丰县开国子	步行组合，其中2件完整，高25.5厘米；另一件仅余下半身。均头戴黑色三棱形风帽，身着红色短襦，右肩袒露，下着白袴褶。一人右手置于口前吹奏，所奏或为桃皮觱篥，另一人击鼓。
库狄迴洛墓	北齐河清元年（562）	定州刺史、太尉公、顺阳王	组合残缺严重，通过残存特征判断，与娄睿墓、徐显秀墓所出相似。
娄睿墓	北齐武平元年（570）	北齐右丞相、东安王	骑、步组合。骑马乐俑23件，高28～32厘米；步行乐俑42件，高26厘米。按衣着服饰以三棱形风帽与翻耳披缘帽为标准可分为两组。以1件建鼓骑乐俑为前导，以鼓、角为主体，以桃皮觱篥为和声，以羽葆为翼，步行击鼓俑随其后。
徐显秀墓	北齐武平二年（571）	太尉公、太保、尚书令、武安王	骑、步组合。骑马乐俑现存10件，高30～31.5厘米；步行乐俑共53件，高25～26厘米。以建鼓骑乐俑为前导，可分为两组，一组头戴三棱形风帽；一组以鼓、角队列为主体，头戴翻耳披缘帽，骑、步兼有。其用乐配置上使用建鼓、鼖鼓、觱篥、桃皮觱篥、大角（长鸣）等。

此外，在晋阳地区部分北齐墓葬的壁画中，亦可见到鼓吹乐图像。其中，鼓吹乐组合主要作为仪卫图像的元素，出现于娄睿墓、徐显秀墓以及朔州水泉梁壁画墓中，在较之稍早的九原岗壁画墓中则未出现。娄睿墓与徐显秀墓均是北齐政治核心区内的高等级墓葬，但是其中所见鼓吹乐组合中人物数量有差，分别为"四人一组"与"两人一组"，暗示壁画中的鼓吹乐组合可能具备一定等级差序的指向性。

（3）东方地区

东方地区出土鼓吹乐俑的墓葬主要以河间、景县、沧州等地为中心，这些地区分布着邢氏、高氏等汉人士族。该地区墓葬在文化上有别于政治核心区而自成一体，但其中所出鼓吹乐俑皆为整齐划一的步行击鼓组合，且与邺城地区东魏—北齐墓葬所见步行鼓吹乐组合相近。这说明随葬墓葬鼓吹乐俑于此时已在政治核心区内初步形成制度，在东方地区则用以针对汉人士族进行文化怀柔。相关墓葬以邢氏墓、[1]高雅墓、[2]高长命

---

[1] 苗建华、吴东风主编：《中国音乐文物大系Ⅱ·河北卷》，大象出版社，2008年，第150页。
[2] 河北省文管处：《河北景县北魏高氏墓发掘简报》，《文物》1979年第3期，第17～31页。

墓、[1]吴桥 M3、[2]常文贵墓[3]为例（图 1-12）。

2. 西魏—北周

西魏墓葬中的鼓吹乐俑延续北魏晚期而来，在配置逻辑上与之一脉相承。不过，其鼓吹乐俑在造型和用乐配置上，具有鲜明的胡化色彩和地域性传统特征，集中表现在幞头鼓吹乐俑的使用上，以侯义墓所出为例。[4]但从侯义身份来看，其应尚未登临鼓吹乐俑使用者的等级。究其原因，宇文氏集团初入关中，西魏政权经济与军事实力皆远不及高氏主导下的东魏，因此其在政治上不得不制定"关中本位政策"，以凝聚北镇人士与关陇豪族。其中随葬鼓吹乐俑或是出于笼络需要。

北周承接西魏，其鼓吹之制的确立发轫于原州。以李贤墓[5]与宇文猛墓[6]所出的鼓吹乐组合为代表，我们已然可见"风帽—笼冠"并存的"卤簿鼓吹"与"军乐鼓吹"二元式的骑、步组合（图 1-13）。在用乐配置上，源自"鼓角横吹"系统的军乐鼓吹队列头戴风帽，主要用乐为建鼓—鼙鼓、鼖鼓、大角；源自"黄门鼓吹"系统的卤簿鼓吹队列头戴笼冠，主要用乐为排箫、觱篥和埙。这套组合在塑造上虽然简陋，但模式上却与东魏—北齐高等级墓葬所出鼓吹乐组合一致，应同源自北魏洛阳时代。不过，北魏洛阳时代晚期墓葬中的鼓吹乐俑尚不具备"笼冠组合"，故其在建立墓葬鼓吹之制时，很可能受到北齐邺城地区的影响而加以参考。因此，我们将北周墓葬所见的鼓吹乐俑同视为鼓吹乐俑 Ca 型。

北周武帝诛杀宇文护亲政，是北周墓葬鼓吹乐俑制度化确立的关键节点。其时，北周政治核心区墓葬在形制特点上呈现出较多的一致性，例如皆为带斜坡墓道、多天井的土洞墓，多存在祔葬现象，地表多无封树及石刻等。这些墓葬以北周武帝孝陵、[7]独孤宾墓、[8]叱罗协墓、[9]王德衡墓、[10]宇文俭墓、[11]独孤藏墓、[12]若干云墓、[13]莫仁相墓[14]

---

[1] 河北省文管处：《河北景县北魏高氏墓发掘简报》，《文物》1979 年第 3 期，第 17～31 页。
[2] 河北省沧州地区文化馆：《河北省吴桥四座北朝墓葬》，《文物》1984 年第 9 期，第 23～38 页。
[3] 沧州地区文化局　王敏之：《黄骅县北齐常文贵墓清理简报》，《文物》1984 年第 9 期，第 39～42 页。
[4] 咸阳市文管会、咸阳博物馆：《咸阳市胡家沟西魏侯义墓清理简报》，《文物》1987 年第 12 期，第 57～68 页。
[5] 宁夏回族自治区博物馆、宁夏固原博物馆：《宁夏固原北周李贤夫妇墓发掘简报》，《文物》1985 年第 11 期，第 1～20 页。
[6] 宁夏文物考古研究所、耿志强：《宁夏固原北周宇文猛墓发掘报告与研究》，黄河出版传媒集团，2015 年。
[7] 陕西省考古研究所、咸阳市考古研究所：《北周武帝孝陵发掘简报》，《考古与文物》1997 年第 2 期，第 8～28 页。
[8] 陕西省考古研究院：《北周独孤宾墓发掘简报》，《考古与文物》2011 年第 5 期，第 30～37 页。
[9] 负安志：《中国北周珍贵文物》，陕西人民美术出版社，1993 年，第 10～36 页。
[10] 《中国北周珍贵文物》，第 36～59 页。
[11] 陕西省考古研究所：《北周宇文俭墓清理发掘简报》，《考古与文物》2001 年第 3 期，第 27～40 页。
[12] 《中国北周珍贵文物》，第 76～93 页。
[13] 《中国北周珍贵文物》，第 60～76 页。
[14] 陕西省考古研究院：《北周莫仁相、莫仁诞墓发掘简报》，《考古与文物》2012 年第 3 期，第 3～15 页。

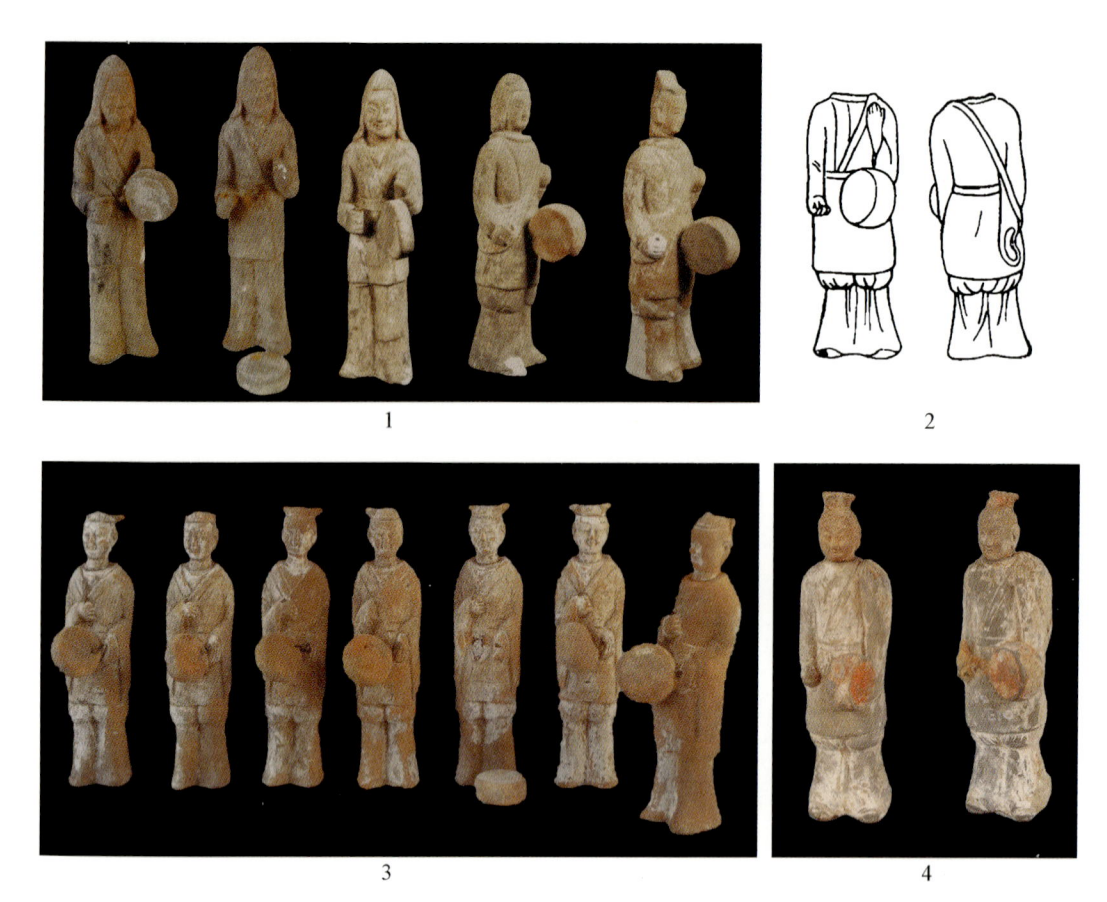

图 1-12 东魏—北齐东方地区墓葬所见鼓吹乐俑
1.高雅墓；2.吴桥 M3；3.邢氏墓；4.常文贵墓

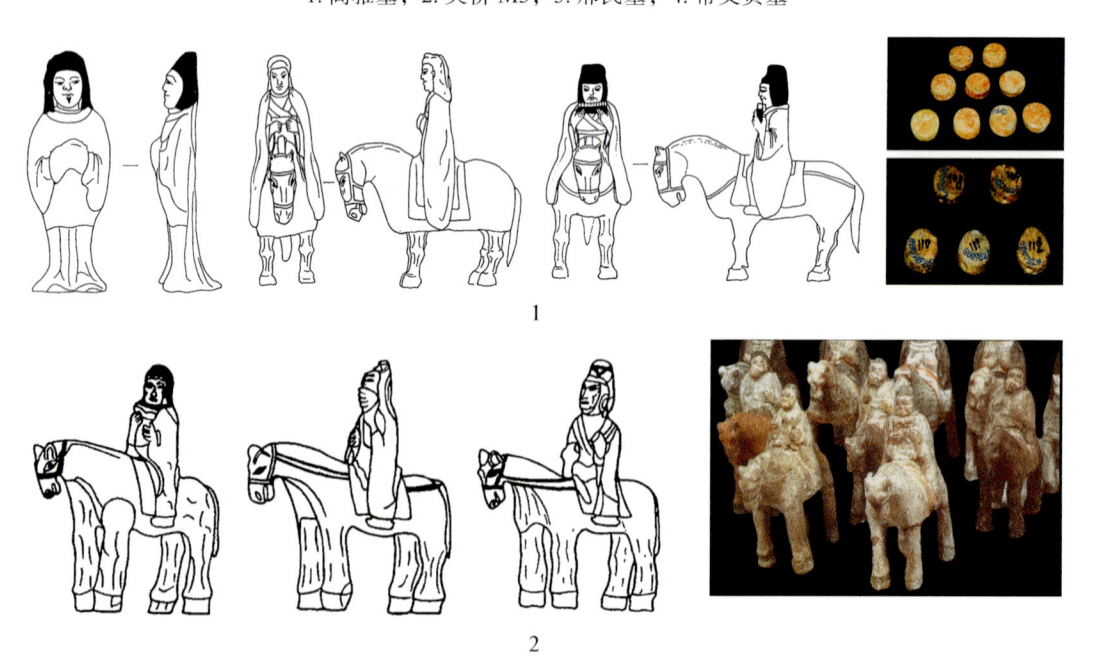

图 1-13 北周原州地区墓葬所见鼓吹乐俑
1.宇文猛墓出土鼓吹乐俑及陶鼓；2.李贤墓出土鼓吹乐俑

等为例，其中的鼓吹乐俑基本形态、组合与李贤墓一致，但数量上呈现出更加整齐而明确的阶序化特征。

综上所述，东魏—北齐与西魏—北周虽然在政治上东、西分裂，且文化上对于北魏洛阳时代的接受程度存在较大差距，但在墓葬文化方面，二者的制度化朝向却是一致的，特别是双方都对北魏洛阳晚期重新建立起的鼓吹乐组合进行了发展，使其初步具备了等级化与制度化意义。双方在破裂之中的整合，使得汉代以来两个系统、多个支流的鼓吹乐合并为一，基本奠定了隋唐以降墓葬所见鼓吹乐组合的基本格局。

（五）统一与折中：隋至唐初

隋代短祚，二帝殊途，但他们皆为后来大唐盛世的形成奠定了多方面的基础。在礼乐建设方面，在隋文帝保守复古与隋炀帝开放激进的摇摆徘徊中，北魏末年重建的鼓吹之制在断续中被继承下来。反映在墓葬中，其沿用了此前北周、北齐共同建立起的鼓吹乐组合，并对其加以整合。以灭陈前后为界，墓葬中的鼓吹乐组合在形式和细节上有所差别。同时，在政治核心区与文化缓冲区内，其造型和组合亦各有不同。

唐高祖践祚，礼乐未兴，墓葬中鼓吹乐组合不多见。太宗即位后，多次与群臣论及隋亡之教训与礼乐之内涵。在此背景下，贞观后期墓葬中鼓吹乐组合复见，但这一时期墓葬中的鼓吹乐俑尚未普及，主要集中在以长安为中心的政治核心区内。全国性的制度框架虽未建立，但其鲜明的等级指向性却已然显示出来。隋至唐初是墓葬鼓吹乐组合的整合与折中时期，以下我们将以"隋灭陈前""隋灭陈后""唐贞观年间"三个时期分别叙述。

1. 隋灭陈前

隋灭陈前，政治核心区内墓葬的形制与随葬品组合基本延续北周时期的特点，随葬鼓吹乐俑在造型和组合上也与北周武帝建德年间所用基本相同。这些墓葬以侯子钦墓[1]与张綝夫妇墓[2]为代表。

侯子钦为"隋东平公、使持节都督成州诸军事、成州刺史"，葬于隋开皇六年（586），墓葬中鼓吹乐俑虽残缺不全，但可辨识为骑、步组合。其造型、制作、组合与前文所述北周长安地区墓葬所见基本一致。张綝为"隋使持节、仪同三司、集州刺史、

---

[1]《中国北周珍贵文物》，第 146～156 页。
[2] 西安市文物保护考古研究院：《西安长安隋张綝夫妇合葬墓发掘简报》，《文物》2018 年第 1 期，第 26～46 页。

图 1-14　隋初墓葬所见鼓吹乐俑
1. 侯子钦墓；2. 张綝夫妇墓；3. 宋虎墓

汝南公",葬于隋开皇九年（589），墓葬中的鼓吹乐俑为骑、步鼓吹乐组合。骑乐鼓吹俑包括"风帽鼓吹俑"7件、"笼冠鼓吹俑"1件。步行鼓吹俑包括"风帽鼓吹俑"11件、"笼冠鼓吹俑"8件。从用乐来看，所用乐器包括鼙鼓、觱篥、角、桃皮觱篥等，与北周武帝时期所用基本一致。此外，陕西省西安郭杜镇隋开皇五年宋虎墓[1]中发现一件头戴"幞头"的骑马击鼓俑，其造型与西魏时期的侯义墓所出"幞头鼓吹俑"相似（图 1-14）。

2. 隋灭陈后

隋灭陈后，在政治上实现了全面统一，但在文化各层面上，尚有诸多方面需要整合。就墓葬所见鼓吹乐组合而言，政治核心区墓葬中呈现出两种形式的并存：一种延

---

[1] 同前揭《大音希声——陕西古代音乐文物》，第 153 页。

50　无声胜有声：中古中国墓葬音乐文物与礼乐文化

续着此前的北周关陇传统，以西安郊区吕武墓[1]为例；另一种则开始摆脱北周时期的特点，呈现出北齐化倾向，以陕西潼关税村墓[2]为例。在文化缓冲区内，鼓吹乐组合则延续了北齐晋阳地区的传统因素，以山西太原斛律彻墓、[3]河南卫辉乞扶令和墓[4]为例。

潼关税村墓是一座长斜坡墓道六天井圆形单室砖墓，带有4个壁龛。该墓未出纪年材料，目前学界普遍认为它是隋废太子杨勇之墓。[5]从形制看，其带天井的斜坡墓道是关中地区北周墓葬的典型元素，圆形砖砌墓室则是北齐时期东方地区的形制元素；其墓葬壁画同样是北周与北齐的结合体。[6]该墓体现着墓葬文化交融的同时，也暗示着政治路线的冲突，是我们观察墓葬鼓吹乐符号形成的重要节点。其鼓吹乐组合位于墓葬东、西小龛中。从其组合来看，仍是以"笼冠"为代表的"卤簿系鼓吹"与以"风帽"为代表的"军乐系鼓吹"的二元式组合。从其造型来看，凡用乐者，皆为骑马者，步行队列皆不用乐，故知其鼓吹乐组合应为一套骑行鼓吹乐组合，共36件（图1-15）。其中"笼冠骑乐俑"9件，高29.4～29.8厘米。均头戴笼冠，冠下可见黑色平巾帻颜题，上着白色窄袖内衣，外穿红色交领右衽广袖衫，下穿袴褶，腰间束带。用乐组合上，击建鼓俑1件、[7]排箫俑2件、觱篥俑3件，另外有3件执旌节俑。"风帽骑乐俑"27件，高28.7～29.5厘米。均头戴红色风帽，衣着与"笼冠骑乐俑"一致。用乐组合上，吹长鸣俑4件、击鼙鼓俑16件、摇鼗鼓俑7件。[8]

除了鼓吹乐俑群外，在墓葬甬道壁画仪卫图的最前端，可见一组残破的人物，其下身露出大角（长鸣）的头部，可知其即北齐墓葬壁画中标识等级的鼓吹元素。其所用大角（长鸣）而非羽葆鼓，暗示其身份尚未达帝陵级别。

在文化缓冲区墓葬中，鼓吹乐俑的造型、服饰及用乐配置都延续了北齐晋阳地区的特点。斛律彻为北周"崇国公"，入隋后拜"右车骑将军"，葬于隋开皇十七年（597），其鼓吹乐组合为骑、步组合，造型与娄睿墓所出基本一致。其中步行组合共

---

[1] 中国社会科学院考古研究所：《西安郊区隋唐墓》，科学出版社，1966年，第7页。
[2] 陕西省考古研究院：《潼关税村隋代壁画墓》，文物出版社，2013年。
[3] 山西省考古研究所：《太原沙沟隋代斛律彻墓》，科学出版社，2017年。
[4] 四川大学考古系、河南省文物局南水北调文物保护办公室：《河南卫辉市大司马村隋唐乞扶令和夫妇墓》，《考古》2015年第2期，第32～70页。
[5] 陕西省考古研究院：《陕西潼关税村隋代壁画墓线刻石棺》，《考古与文物》2008年第3期，第33～47页；沈睿文：《废太子勇与圆形墓——如何理解考古学中的非地方性知识》，《唐宋历史评论》第1辑，社会科学文献出版社，2014年，第75～95页；沈睿文：《中国古代物质文化史·隋唐五代卷》，开明出版社，2015年，第103页。
[6] 同前揭《北齐墓葬文化格局论》，第69页。
[7] 乐俑双手持鼓槌，在马颈部有一小洞，当为插建鼓之孔。
[8] 从其形态来看，16件在击打鼙鼓的同时，一手执鼗；另外7件未固定鼙鼓，仅作摇鼗状。

图 1-15　陕西潼关税村墓出土鼓吹乐俑

有 71 件，骑行队列共 27 件，分别击鼙鼓、吹排箫、吹觱篥、吹桃皮觱篥。乞扶令和为隋"使持节、柱国、西河郡开国公"，其妻郁久闾氏封"西河国夫人"，卒于隋开皇八年（588），于次年下葬；乞扶令和死于隋大业六年（610），于贞观元年（627）与夫人合葬。由于该墓涉及跨代合葬，且乞扶令和是后祔葬其妻之墓的，故其中陶俑不为同一批。其中鼓吹乐俑皆为骑俑，造型与潼关税村墓所出鼓吹乐组合基本一致，推测其应为大业年间为郁久闾氏随葬。鼓吹乐俑共 8 件，皆为骑马击鼙鼓俑，残高 16.5～21.4 厘米。乐俑均头戴圆形风帽，身着圆领窄袖衣，外斜披翻领长袍，袒露右肩。其左腿处皆有圆孔，当为固定鼙鼓之处，双手举起作击鼓状。墓中另出土泥质红陶鼓 6 件，应为骑乐俑所落。

3. 唐代初年

李唐再度实现统一后，以长安、洛阳为中心，其墓葬呈现出鲜明的制度化特点，前人总结为"两京模式"。[1] 这一时期墓葬通常在墓道两侧开小龛，鼓吹乐俑则置于小龛内。在基本组合上，继承了周、齐时代鼓吹乐俑中"卤簿系鼓吹"与"军乐系鼓吹"并行的二元式组合模式。同时，沿用了税村墓开创的以骑马乐俑作为鼓吹乐组合单元的模式，步行队列仅为仪仗，不再用乐。在造型上，则采用北齐邺城地区陶俑的基本形态，沿用"笼冠"和"风帽"两种形式进行区分，将北齐晋阳地区所用的"三棱形风帽"与"翻耳披缘帽"两种形式革去，所有骑马鼓吹俑均立于方形托板上。

该时期出土鼓吹乐俑的墓葬尚未构成规模，主要集中在政治核心区内，以段元哲墓、[2] 司马睿墓、[3] 柳凯墓[4] 为例。其中司马睿是高宗府中僚佐，于高宗即位前逝世。此前有研究者考证过其墓存在僭越现象，[5] 墓中所出鼓吹乐组合亦显示出其作为高宗僚佐所享有的殊荣。柳凯为"光州定城县令"，其墓为夫妇合葬墓，柳凯及其妻裴氏分别有随葬品。其鼓吹乐俑从造型看，吹长鸣者斜仰朝天与吹横笛者倾斜一侧的姿态，都不见于此前的墓葬中，而与高宗时期墓葬所见吹乐俑相似，故鼓吹乐俑当为其妻裴氏合葬时新置。同时，县令品级并不高，尚未到达随葬鼓吹的级别，其中仅随葬"军乐系鼓吹"，而不见"卤簿系鼓吹"，我们推测作为唐初河东大族的"裴""柳"家族，或依靠其家族门望随葬鼓吹乐俑以彰显其身份。

综上可见，从隋至唐初，墓葬鼓吹乐组合在整合与折中后，革去了步行队列，而集中以"骑马乐俑"的形式出现，我们不妨将此类组合归纳为 D 型鼓吹乐组合。在具体表现上，此前周、齐时代形成的"卤簿系鼓吹"与"军乐系鼓吹"二元式形式，在这一时期一再反复，尚未形成定制。以斛律徹墓所出为代表的 Cb 型组合仍然存在，乞扶令和与柳凯墓所出的骑行鼓吹组合则皆头戴风帽。故我们在 D 型鼓吹乐组合下，将以税村墓为代表的"二元式"组合归为 Da 型，将乞扶令和、柳凯墓为代表的"一元式"组合归为 Db 型。

（六）定制与徘徊：唐高宗至武周

从唐高宗到武周时期，墓葬鼓吹乐组合经历了"定制"与"徘徊"两个阶段，前一阶段为高宗前期，后一阶段为高宗后期至武周时期。

---

[1] 齐东方：《隋唐考古》，文物出版社，2002 年，第 75 页。
[2] 同前揭《西安郊区隋唐墓》，第 32 页。
[3] 贠安志、王学理：《唐司马睿墓清理简报》，《考古与文物》1985 年第 1 期，第 44～49 页。
[4] 洛阳市第二文物工作队、偃师县文物管理委员会：《河南偃师唐柳凯墓》，《文物》1992 年第 12 期，第 21～33 页。
[5] 卢亚辉：《武则天时代墓葬的考古学研究——基于初、盛唐墓葬与政治文化集团的考察》，北京大学博士学位论文，2018 年，第 51～58 页。

1. 定制期

高宗即位后，墓葬中的鼓吹乐组合进一步发展，并在全国范围内成为墓葬礼制的组成部分，我们将该时期归纳为墓葬鼓吹乐俑发展的"定制期"。在政治核心区内，出土鼓吹乐俑的墓葬，其墓主身份主要有三类：第一类为李唐宗室，以李凤墓[1]为例；第二类为开国元从，以张士贵墓、[2]郑仁泰墓[3]为例；第三类为中高级官员，以贾敦颐墓、[4]张臣合墓、[5]李爽墓、[6]刘智夫妇墓[7]为例。以下，我们以表格形式对其进行叙述（表1-5）。

综上可见，高宗时期政治核心区墓葬中，鼓吹乐俑基本形成定制，即统一采用前文所述D型组合。其中，总章以前墓葬均使用Da型组合，以郑仁泰墓为代表（图1-16：1）。总章元年张臣合墓使用了Db型组合。总章元年以后，组合形成了"笼冠""风帽""幞头"三位一体的"三元式"组合，以总章二年刘智夫妇墓为代表，我们不妨归为Dc型（图1-16：2）。

在文化缓冲区内，出土鼓吹乐俑的墓葬遍布于当时唐帝国的主要地区：长江中游地区，以冉仁才墓、[8]李泰墓[9]为代表；朝阳地区，以孙则墓[10]为代表；突厥故地，以蒙古国仆固乙突墓、[11]巴彦诺尔壁画墓[12]为代表。这些地区在接受核心区制度的前提下，在乐

---

[1] 富平县博物馆、陕西省博物馆、文物管理委员会：《唐李凤墓发掘简报》，《考古》1977年第5期，第313～326页。
[2] 陕西省文管会、昭陵文管所：《陕西礼泉唐张士贵墓》，《考古》1978年第3期，第168～178、224～228页。
[3] 陕西省博物馆、礼泉县文教局唐墓发掘组：《唐郑仁泰墓发掘简报》，《文物》1972年第7期，第33～41页；咸阳市文物事业管理局：《咸阳市文物志》，三秦出版社，2008年；咸阳市文物局：《咸阳文物精华》，文物出版社，2002年，第105～108页。
[4] 洛阳市文物考古研究院：《唐代洛州刺史贾敦颐墓的发掘》，《中国国家博物馆馆刊》2013年第8期，第28～58页；洛阳市文物考古研究院：《洛阳红山唐墓》，中州古籍出版社，2014年，第1～63页。
[5] 长武县博物馆：《陕西长武郭村唐墓》，《文物》2004年第2期，第40～53页。
[6] 陕西省文物管理委员会：《西安羊头镇唐李爽墓的发掘》，《文物》1959年第3期，第43～53页；陈尊祥、郭盼生：《唐李爽墓志铭补考》，《考古与文物》1995年第5期，第63～66页。
[7] 陕西省考古研究院、西北大学考古学系：《陕西西安唐刘智夫妇墓发掘简报》，《考古与文物》2016年第3期，第18～33页。
[8] 四川省博物馆：《四川万县唐墓》，《考古学报》1980年第4期，第503～514页。
[9] 权奎山：《试析南方发现的唐代壁画墓》，《南方文物》1992年第4期，第52～68页。
[10] 朝阳市博物馆：《朝阳唐孙则墓发掘简报》，刊于辽宁省文物考古研究所、日本奈良文化财研究所：《朝阳隋唐墓葬发现与研究》，科学出版社，2012年，第7～18页。
[11] Очир А., Данилов С. В., Эрдэнэболд Л., Цэрэндорж Ц. Эртний нүүдэлчдийн бунхант булшны малтлага, судалгаа: Төв аймгийн Заамар сумын Шороон бумбагар дурсгалын малтлага судалгаа. (《古代游牧民族墓葬发掘与研究：中央省扎木尔苏木墓葬发掘与研究》)，2013.
[12] Очир А., Эрдэнэболд, Л., Харжаубай, С., Жантегин, Х. Эртний нүүдэлчдийн бунхант булшны малтлага, судалгаа: Булган Аймгийн Баяннуур Сумын Улаан Хэрмийн шороон бумбагарын малтлагын тайлан. (《古代游牧民族墓葬发掘与研究：布尔干省巴彦诺尔苏木乌兰赫尔墓发掘简报》)，2013. 根据其翻译的简报见阿·敖其尔、勒·额尔敦宝力道著，萨仁毕力格译：《蒙古国布尔干省巴彦诺尔突厥壁画墓的发掘》，《草原文物》2014年第1期，第14～23页。

表 1-5　唐定制期政治核心区鼓吹乐俑统计表

墓葬名称	墓葬年代	墓主身份	鼓吹乐俑形制、组合信息
贾敦颐墓	显庆元年（656）	洛州刺史	共14件，分为"军乐系"与"卤簿系"两组，前者6件，后者8件。高25.5～26.4厘米。
张士贵墓	显庆二年（657）	辅国大将军、荆州都督、虢国公	共24件，均瓷质，高25厘米。分为"军乐系"与"卤簿系"两组。用乐组合上，头戴风帽的琵琶骑乐俑为其他各墓所不见，此外，该墓中散落"钲""鼓"等共31件。
郑仁泰墓	麟德元年（664）	右武卫大将军	骑马组合，共43件，分为"军乐系"与"卤簿系"两组。前者共13件，位于第3、4天井下各龛中，通高40厘米，瓷质。均头戴风帽，身着绿衣，分别击鼙鼓或吹长鸣。后者共31件，位于东一龛中，通高30厘米，三彩质地。身着绿缘宽袖绯袍，足踏黑靴，分别演奏觱篥、排箫及横笛。
张臣合墓	总章元年（668）	泉州刺史	骑马组合，共13件，高31～35厘米。均头戴黑或红色风帽，演奏长鸣、排箫、觱篥、横笛、鼙鼓等。刊布资料中缺少笼冠系组合，用乐上则将两个系统乐器混杂。
李爽墓	总章元年（668）	银青光禄大夫、守司刑太常伯	骑马组合，共47件，分为"笼冠"与"风帽"两组。
刘智夫妇墓	总章二年（669）	司宰寺丞、朝散大夫、上柱国	骑马组合，共19件，可分为"笼冠""风帽""幞头"三组，分别5、11、3件。高42.9～46.2厘米。
李凤墓	上元二年（675）	李渊第九子、"虢王"	骑马组合，可分为"笼冠""风帽""幞头"三组，分别32、36、17件。

俑具体塑造上又表现出一定的地域特点。

冉仁才墓是一座券顶单室砖墓，随葬一套青瓷骑马鼓吹乐俑，共5件，通高24～26厘米。其组合虽不全，但可看出使用了政治核心区墓葬中的Da型组合（图1-16：4），用乐组合也基本一致。不过，乐器形制和细节则有所差别，例如其中的"建鼓"呈圆盘状，横置于马鬃之上，而不似中原地区架于鼓架之上。冉仁才为"唐天水郡公、永州刺史"，葬于唐高宗永徽三年（652）。其父冉安昌曾为巴东割据势力，武德四年（621）冉氏父子参与了平定萧铣的战役，当为唐初有功的归义势力。其妻则为正二品县主，地位亦高。冉仁才为官主要在湖南地区，随葬青瓷亦具有湘阴窑特征。

李泰为唐太宗第四子，才华出众，深得太宗喜爱。因进位太子未果而徙封濮王。高宗即位后待其不薄，其死后备极哀荣，墓中所出鼓吹乐俑当是葬以殊荣之体现。

孙则为唐"明威将军、左骁卫怀远府折冲都尉、上柱国、沔阳县开国公"，葬于唐

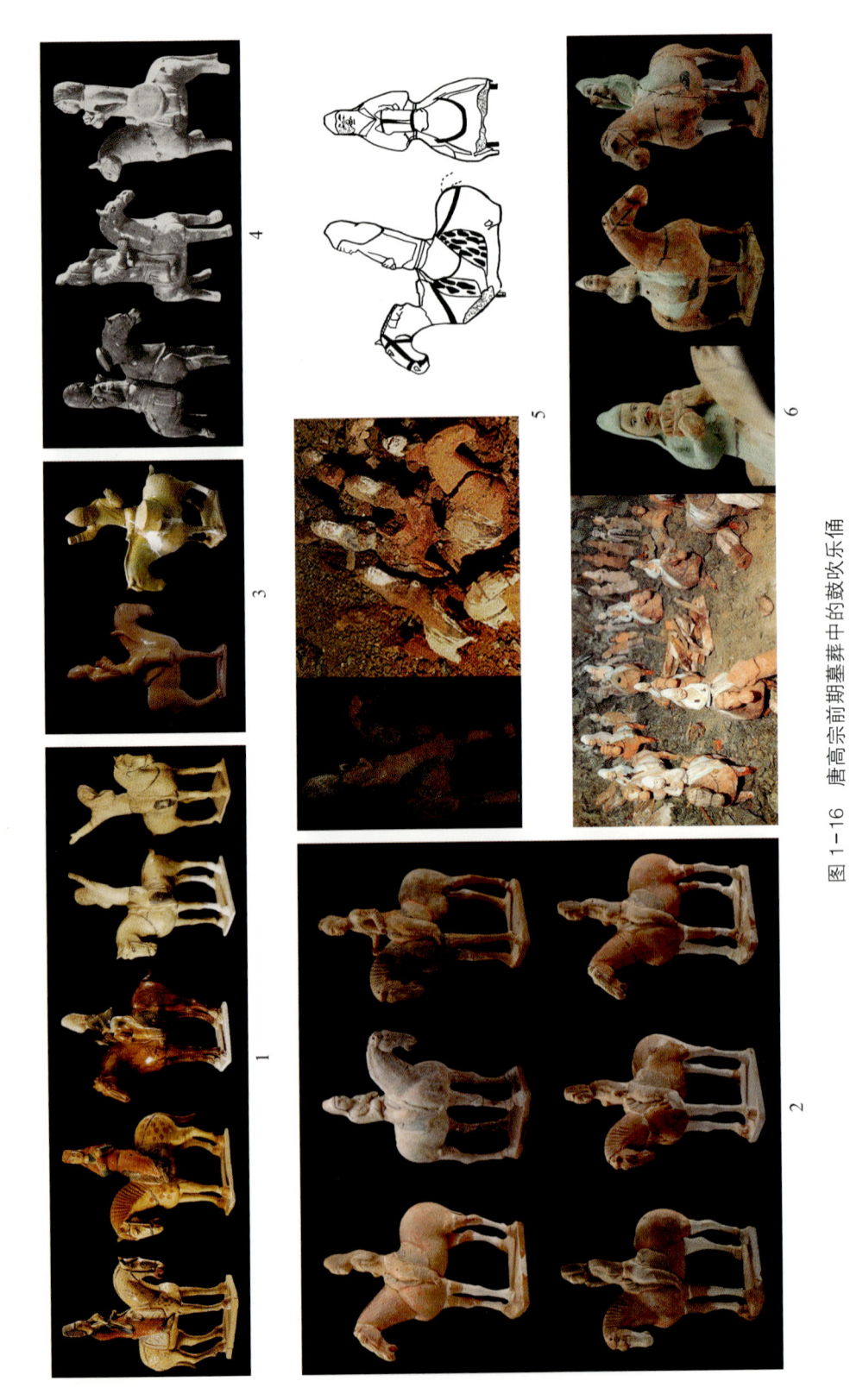

图1-16 唐高宗前期墓葬中的鼓吹乐俑
1.郑仁泰墓；2.刘智夫妇墓；3.孙则墓；4.冉仁才墓；5.仆固乙突墓；6.巴彦诺尔壁画墓

高宗永徽六年（655）。墓中随葬鼓吹乐俑为骑马组合，共11件，青瓷质，通体施黄绿色釉，或来自安阳窑（图1-16：3）。该组合中仅有"风帽骑乐俑"，乐者分别演奏鼗鼓、排箫、觱篥及长鸣等，其造型与柳凯墓、郑仁泰墓、张臣合墓所出鼓吹乐俑类似。

仆固乙突墓位于蒙古国中央省扎穆日苏木（Zaamar Sum）土拉河北岸，是一座长斜坡墓道三天井单室土洞墓，具有典型唐制特征。此前，有学者对其墓志进行过考证，[1] 还有学者在对其出土墓志考证基础上，对唐代仆固部世系进行了系统梳理。[2] 仆固乙突为金微州第三任都督，曾率仆固部参加了平定西突厥贺鲁的战役，又随薛仁贵征战高句丽及吐蕃，于唐廷立有战功。其死后唐高宗命魏昭前往吊祭，乾陵所立61番酋像中即有仆固乙突题名，身份极为显耀。其为"唐右骁卫大将军、金微州都督、上柱国、林中县开国公"，葬于唐高宗仪凤三年（678）。墓中随葬骑马鼓吹乐俑，残存14件，均为泥质，高24～27厘米（图1-16：5）。均头戴风帽，身着翻领右衽绯衣，下着袴褶，足踏靴。从其姿态看，分别击打鼗鼓、演奏排箫及觱篥等乐器。

巴彦诺尔壁画墓位于蒙古国布尔干省巴彦诺尔苏木（Bmannuur Sum）东北约14公里处。该墓是一座长斜坡墓道四天井单室土洞墓，具有典型唐制特征。该墓未出纪年材料，不过其位置与仆固乙突墓较近，在墓葬形制、规模及随葬品组合上亦与之接近，年代当为高宗后期。一套骑行鼓吹乐组合，共18件，均为泥质，高21～26.5厘米（图1-16：6）。该组合均为"风帽骑乐俑"，头戴绿色风帽，身着翻领右衽绿衣，下着袴褶，分别击打鼗鼓，演奏觱篥、排箫等乐器。仆固乙突墓与巴彦诺尔壁画墓所出骑马鼓吹乐俑造型、工艺及组合均相似，其当为唐廷中央诏葬班赐，应为从内地制成并运送而来。陶俑的质地与内蒙古准格尔旗唐墓所出陶俑相近，而与两京地区有别，其制作地点或在当时朔方一带。

综上可见，这一时期鼓吹乐俑的特点可以表现为以下几个方面：在材质上，高宗永徽年间，墓葬中出现了青瓷质地的鼓吹乐俑；高宗麟德元年以后，墓葬中出现了三彩质地的鼓吹乐俑，其使用者往往是李唐宗室、开国元从及其夫人等高级别者。不过综合来看，鼓吹乐俑的材质并不能直接与身份等级挂钩。在造型上，动感与张力较贞观时期明显增强，其时最具代表性的一类鼓吹乐俑即是吹横笛与吹长鸣者，前倾吹奏与朝天高举的姿态可谓一时之风。在用乐组合上，通过对零散材料钩稽缀合，可见以"风帽"为特征的"军乐系鼓吹"所用乐器组合，包括金钲、建鼓、鼗鼓、长鸣；以"笼冠"为特征的"卤簿系鼓吹"所用乐器组合，包括排箫、横笛、觱篥、桃皮觱篥等，高宗永徽年间，

---

[1] 冯恩学：《蒙古国出土金微州都督仆固墓志考研》，《文物》2014年第5期，第83～88页。
[2] 杨富学：《唐代仆固部世系考——以蒙古国新出仆固氏墓志铭为中心》，《西域研究》2012年第1期，第69～76页。

其组合中还一度出现了其他时期都不见的琵琶。

2. 徘徊期

高宗后期至武周之前，鼓吹乐俑呈现出内敛、规矩的姿态，人物动作大多千篇一律而走向僵化，普遍表现为端坐含胸奏乐之状。在衣着上，颜色基本以绯衣与绿衣两色为主，形式则为"合领式"的正装或"翻领式"的戎装两类。不过在具体的颜色和组合上则显得比较随意。其乐俑的衣袖特征可以垂拱二年（686）为界，其前乐俑多为窄袖，其后则出现阔袖。

高宗"永淳"年间，武则天已全面把控朝政。至"光宅""垂拱""永昌""载初"年间，实际上皆是武则天大权独揽。武则天于天授元年（690）改国号为"周"。其后，墓葬鼓吹乐俑在形式上基本延续了高宗后期的特点，但由于使用随意，这套组合逐渐失去了制度意义。其空间分布也大范围缩小，重新回到两京地区。与此同时，在文化缓冲区内，墓葬中逾制使用鼓吹乐组合的现象出现，从另一方面表现出墓葬鼓吹制度的松弛。据此，我们将高宗永淳至武周时期，归纳为墓葬鼓吹乐俑发展的"徘徊期"。

该时期的政治核心区内，出土鼓吹乐俑的墓葬按墓主身份可分为两类：一是开国元从或名将家属，以安元寿夫妇墓[1]与王雄诞夫人魏氏墓[2]为例；二是具有特殊身份的官员，以元师奖墓、[3]独孤思贞墓[4]与殷仲容夫妇墓[5]为例。

安元寿曾参与"玄武门之变"以及平定贺鲁的远征，作为唐初元从，其受"恩诏"而"特令陪葬昭陵"，葬于光宅元年（684）。其墓葬使用了双室砖墓结构，即是殊荣之体现。[6]随葬鼓吹乐俑为骑行鼓吹乐组合，共8件，位于第4天井东西小龛内。均为彩绘陶质，通高31～32厘米，可分为"笼冠系""风帽系""幞头系"三组。分别击打鼙鼓或吹奏觱篥。其鼓吹乐组合显然不全，但已然揭示出其中"三元式"的组合形态。

元师奖为唐使持节都督、鄯州刺史，葬于垂拱二年（686）。元氏为元魏皇族后裔，以军功起家，是唐代关陇士族的代表之一。其墓虽然规模宏大，但未设置壁龛，仪仗俑群散落于甬道及墓室中。随葬鼓吹乐组合，共14件。均为彩绘陶制，高33～35厘米，

---

[1] 昭陵博物馆：《唐安元寿夫妇墓发掘简报》，《文物》1988年第12期，第37～49页。
[2] 洛阳市文物考古研究院：《唐王雄诞夫人魏氏墓》，中州古籍出版社，2016年。
[3] 宝鸡市考古队：《岐山郑家村唐元师奖墓清理简报》，《考古与文物》1994年第3期，第48～55页；庞怀靖：《读元师奖志》，《文博》1993年第5期，第56～60页。
[4] 中国社会科学院考古研究所：《唐长安城郊隋唐墓》，文物出版社，1980年，第29～43页。
[5] 陕西省考古研究所：《唐殷仲容夫妇墓发掘简报》，《考古与文物》2007年第5期，第18～30页。
[6] 同前揭《略论西安地区发现的唐代双室砖墓》，第789、858～862页。

可分为"风帽"与"鼓吹"两组（图1-17：3）。

王雄诞夫人魏氏，葬于垂拱三年（687）。王雄诞早年参加隋末农民战争，声名显赫，降唐后为之死节，太宗即位后将其追封为"左骁卫大将军，越州都督、宜春郡开国公"。其子王果袭其爵，后为"广州都督、安西大都护"。魏氏孀居六十三载，其家可谓"一门忠孝"。随葬骑行鼓吹乐组合，共16件。均为三彩质，高36~41厘米（图1-17：1），可分为"风帽"与"笼冠"两组。除此之外，骑马队列还有"女骑乐俑"21件，体现出墓主的女性特点。

独孤思贞为武周朝议大夫、乾陵令、上护军公士，葬于武周圣历元年（698）。其官阶不高，但因依附武周集团而享有鼓吹乐组合。该组合为骑乐组合，共23件，通高35~38厘米，皆为三彩俑，可分为"笼冠""风帽""幞头"三组（图1-17：5）。

殷仲容为武周秘书丞、工部郎中、申州刺史。其妻颜颀为颜真卿堂姑祖母，葬于高宗永隆二年（681）。殷仲容精通书法，深得武则天喜爱，葬于武周长安三年（703）。在第二过洞东、西小龛内随葬一套骑马鼓吹乐俑，共10件，通高32.8~34.8厘米（图1-17：2）。均为彩绘泥质红陶，可分为"笼冠""风帽""幞头"三组。

在文化缓冲区内，出土鼓吹乐俑的墓葬以高昌张雄夫妇墓为例。[1] 由于墓葬被盗毁严重，原简报未刊布该墓形制。从墓中出土《唐垂拱四年故伪高昌左卫大将军张君夫人永安郡君麹氏墓志铭》可知，墓主为张雄及其夫人麹氏；墓志为麹氏于垂拱四年（688）死后，其子张怀寂将其与张雄合葬时所刻。简报指出，在墓道尽头"有一段重新券起的甬道与其两侧辟出对称的壁龛"，皆为张怀寂在安葬其母麹氏时新制。在墓室内与壁龛内皆发现有木质仪仗俑，此前有研究者指出其为先后两批入葬，即立俑为张雄死时随葬，骑马俑则为麹氏死时随葬。[2] 经辨识，其中所出10件骑马木俑的造型、服饰与姿态皆与同时期两京地区墓葬所见骑马鼓吹乐俑基本一致，可分为"笼冠"与"风帽"两组，当为骑行鼓吹乐组合（图1-17：4）。

（七）反正与消亡：唐中宗至玄宗

李唐反正后，在物质文化层面重建自身正统性的需求被重新提上日程，因而在墓葬中作为彰显事功的鼓吹乐组合也被加以重塑。李唐反正以降至玄宗开元前期，是墓葬随葬鼓吹乐组合的最后一个阶段。此时，该组合已完全作为中央政治集团用以笼络和平衡政治利益的一种符号性手段，因而也仅出现于政治核心区内。以下按照"唐中宗时

---

[1] 新疆维吾尔自治区博物馆、西北大学历史系考古专业：《1973年吐鲁番阿斯塔那古墓群发掘简报》，《文物》1975年第7期，第8~18页。
[2] 金维诺、李遇春：《张雄夫妇墓俑与初唐傀儡戏》，《文物》1976年第12期，第44~50页。

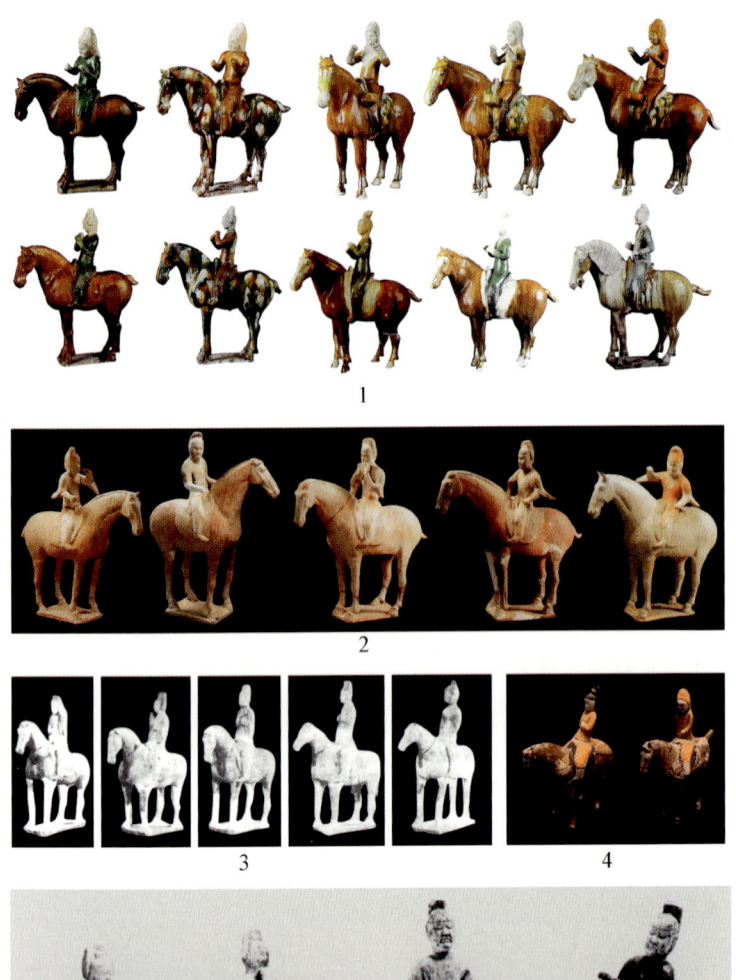

图 1-17 唐高宗后期至武周时期墓葬中的鼓吹乐俑
1. 王雄诞夫人魏氏墓
2. 殷仲容夫妇墓
3. 元师奖墓
4. 张雄夫妇墓
5. 独孤思贞墓

期""唐睿宗时期"与"唐玄宗时期"三个具体时期分别叙述。

1. 唐中宗时期

唐中宗于神龙元年（705）发动政变，复国号为"唐"，史称"神龙政变"。此后，他以"复永淳以前故事"为其政治纲领，进行了一系列拨乱反正的举措，针对李唐宗室进行了一系列平反和改葬活动，用以凝聚皇室家族的力量。这些墓葬以懿德太子墓、[1]永泰公主墓、[2]章怀太子墓、[3]安国相王孺人唐氏墓与崔氏墓[4]为例。除了李唐宗室外，当时还有两股政治势力亦不容忽视，即新崛起的韦氏集团及余威犹在的武氏集团，二者同样享有殊荣，以景龙年间随葬鼓吹乐俑的韦洞墓[5]与郭恒墓[6]为例。

唐中宗长子、"懿德太子"李重润生前命运多舛，两立两废，终因卷入立嗣之争而被缢杀于武周大足元年（701）。李唐反正后，于神龙二年（706）对其改葬，极尽哀荣。其中随葬鼓吹乐组合为以笼冠为特征的"卤簿系"与以风帽为特征的"军乐系"组成的 Da 型组合（图 1-18）。其中"笼冠骑乐俑"共 76 件，皆置于方形踏板之上，高约 33.2～34.7 厘米。均头戴黑色笼冠，身着红色交领右衽长袍，下着白色裤褶，腰间系带，足踏红靴。根据残存乐器及演奏姿态，可辨识其用乐组合为觱篥、桃皮觱篥、横笛、排箫、摇鼗击鼓。"风帽骑乐俑"75 件，皆置于方形踏板之上，高 33.4～34.6 厘米。均头戴风帽，身着右衽交领长袍，下着裤褶，足踏黑靴。其风帽及衣袍有绯色与翠蓝色两种，上饰团花，领口、袖口均有滚边；所骑之马有红、黄、白与花斑等色。所奏乐器为横笛与鼙鼓。综合来看，"笼冠骑乐俑"变化不大，但"风帽乐俑"的风帽加高，衣着更加华丽，姿态张扬，极具新时期特点。在此组合之外，另有头戴平巾帻的骑马乐俑 4 人，从姿态判断应同属于鼓吹乐组合之中；头戴幞头的骑俑则不奏乐，应属于仪仗队列从行。

唐中宗第七女、"永泰公主"李仙蕙，于武周大足元年（701）为武则天所杀，李唐反正后，中宗追赠公主，并于神龙二年（706）改葬。随葬骑马鼓吹乐俑 27 件。章怀太子李贤于同年改葬，随葬骑马鼓吹乐俑 45 件，其组合与形制特征皆与懿德太子墓所出相同。

相王李旦孺人唐氏与崔氏均死于"户婢团儿诬谮厌蛊诅咒"事件，并于神龙年间平

---

[1] 陕西省考古研究院、乾陵博物馆：《唐懿德太子墓发掘报告》，文物出版社，2016年。
[2] 陕西省文物管理委员会：《唐永泰公主墓发掘简报》，《文物》1964年第1期，第7～33页。
[3] 陕西省博物馆、乾县文教局唐墓发掘组：《唐章怀太子墓发掘简报》，《文物》1972年第7期，第13～25页。
[4] 洛阳市第二文物工作队：《唐安国相王孺人壁画墓发掘报告》，河南美术出版社，2008年。
[5] 陕西省文物管理委员会：《长安县南里王村唐韦洞墓发掘记》，《文物》1959年第8期，第8～18页。
[6] 同前揭《西安郊区隋唐墓》，第28页。

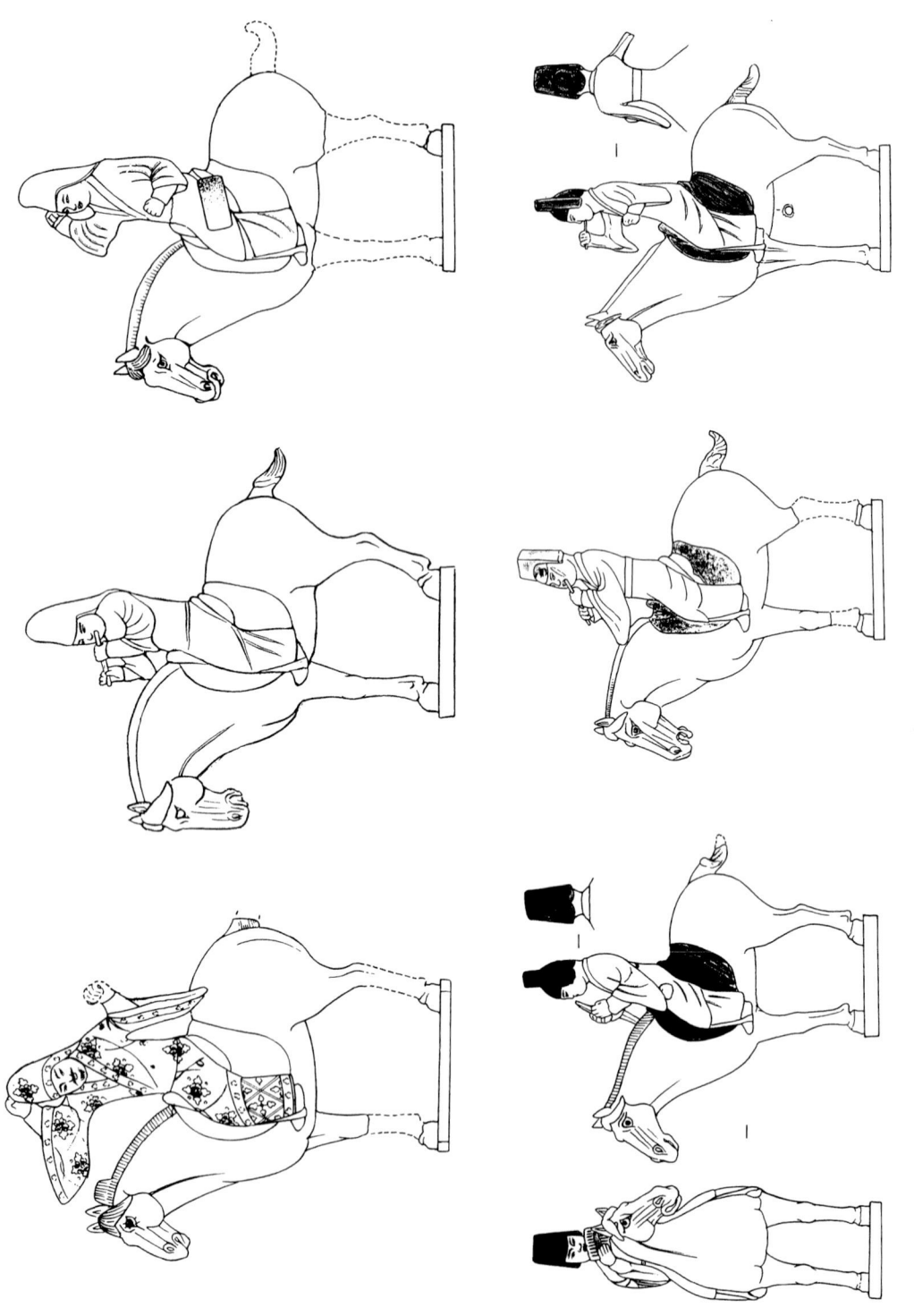

图 1-18 唐懿德太子墓中的鼓吹乐俑

62　无声胜有声：中古中国墓葬音乐文物与礼乐文化

反礼葬。唐氏墓出土鼓吹乐俑共25件，均为泥质红陶，通高34.2～35.4厘米，为Da型组合。崔氏墓出土鼓吹乐俑共9件，造型、组合与唐氏墓基本一致。

唐中宗韦后之弟韦洞，于武周如意元年（692）卒。中宗复位后，于神龙元年与二年追封为"卫卿""淮阳王"，并以殊礼改葬。郭恒为唐使持节龙州诸军事、龙州刺史，葬于中宗景龙二年（708）。其曾为武攸暨与武承嗣僚佐，是依附武周的人物，其墓葬属于武氏集团的代表。二墓所出鼓吹乐俑皆与同时期其他墓葬所出相似。

此外，与独孤思贞为祖从兄弟的独孤思敬，葬于景龙三年（709）。独孤思敬为定王武攸暨府掾，其中不见鼓吹乐组合。由此表明，同为武氏集团，但其主公不同，所受待遇亦有差别。此即表明墓葬随葬鼓吹乐组合，已由一种物质文化层面的制度沦为宣示权力的工具。

综合来看，这一时期的鼓吹乐俑在组合上重新回到了此前的"卤簿系"与"笼冠系"相结合的二元式组合上，头戴幞头、满面虬髯的骑俑仅从行于仪仗队列，不再用乐。在具体造型上，此时鼓吹乐俑所戴风帽和笼冠皆加高，衣着更加华丽。在用乐配置上，"卤簿系"组合主要使用排箫、觱篥、横笛等乐器；"军乐系"组合则主要使用觱篥、桃皮觱篥、横笛及鼙鼓。其中，鼙鼓乐俑的造型最能反映这一时期的时代特点，其动作更加张扬，衣袖随风飘曳，相比武周时期更具动感，体现出反正之风。

2. 唐睿宗时期

李唐反正后，虽复李唐国号，但并没有解决武周以来中央政治各集团之间的矛盾。韦后专权，武三思位列宰相，李唐自身仍然处于三方博弈的夹缝之中。唐隆元年（710），相王李旦第三子临淄王李隆基联合太平公主发动"唐隆政变"，剿灭韦氏集团。唐睿宗再次登基后同中宗一样，利用丧葬活动笼络宗室与朝臣，以巩固自身作为李唐代表的正统地位。墓葬中随葬鼓吹乐俑群来彰显其功，以节愍太子墓、[1] 成王李仁墓[2]为例。

唐中宗第三子李重俊，于神龙二年（706）被立为太子，此后为韦后与安乐公主所忌，故于神龙三年矫制逼宫，杀武三思、武崇训等，事败被杀。睿宗即位后为其平反，恢复其太子身份，并于景云元年（710）陪葬定陵。其墓葬使用双室砖墓，随葬鼓吹乐俑为"卤簿系"与"军乐系"并存的Da型组合。其中"风帽骑乐俑"15件、"笼冠骑乐俑"16件，高33.2～34.5厘米，组合、形制与中宗时期所出基本一致。

---

[1] 陕西省考古研究所、富平县文物管理委员会：《唐节愍太子墓发掘报告》，科学出版社，2004年。
[2] 同前揭《西安郊区隋唐墓》，第8～10页。

李仁为唐太宗之孙、吴王李恪长子。其父李恪于永徽四年受房遗爱谋反案被赐死，李仁因遭流放，武则天光宅时始返。因反对"二张"专权而得到中宗重用。神龙三年（707）因参与李重俊政变被杀；睿宗景云元年昭雪安葬。该墓被盗严重，随葬品不全，报告亦未详细刊布材料。从其所述"笼冠骑俑2件、风帽骑俑2件"，可知此墓中当随葬鼓吹乐组合，且应为 Da 型。

3. 唐玄宗时期

唐玄宗登基以后，以丧葬活动来重整政治格局的任务尚未完成。唐玄宗在开元前期，通过"葬以殊礼"或"毁墓"的方式，对自身政治集团加以巩固，并对异己势力加以打压。对于前者，此时虽已不再普遍使用具有特殊礼遇意味的双室砖墓，但是针对李唐宗室，依然使用墓葬鼓吹乐俑这一政治工具以显示其身份地位，这些墓葬以李贞墓、[1]李承乾墓、[2]金乡县主墓[3]为例。对于"唐隆政变"中的功臣僚佐以及玄宗集团的重要成员，唐玄宗葬以鼓吹乐俑，以彰显其功，以鲜于庭诲墓、[4]韩休墓[5]为例。中级以上官僚墓葬中同出鼓吹乐组合，以韦慎名墓[6]为例。开元后期开始，墓葬鼓吹乐组合走向式微，至"安史之乱"后，墓葬"鼓吹制度"被废止。在这期间出土鼓吹乐俑的墓葬中，以李宪墓、[7]李全礼墓[8]为例（表1-6）。

从表1-6可见，唐玄宗在开元时期，利用墓葬鼓吹乐组合，对李唐宗室及功臣僚佐进行了集中的礼葬。特别是对于个别宗室成员，鼓吹乐俑着重以三彩质地塑造。在用乐方面，唐玄宗其实新制拍板等乐器，亦在开元年间用于鼓吹队列，为前代所不见。至天宝年间，墓葬鼓吹乐组合已然式微，且墓葬鼓吹制度进一步松弛。唐玄宗时期也是汉唐墓葬鼓吹乐俑最后的辉煌，"安史之乱"后，此类组合在墓葬中匿迹。

---

[1] 昭陵文物管理所：《唐越王李贞墓发掘简报》，《文物》1977年第10期，第41~49页。
[2] 昭陵博物馆：《唐李承乾墓发掘简报》，《文博》1989年第3期，第17~21页。
[3] 西安市文物保护考古所 王自力、孙福喜：《唐金乡县主墓》，文物出版社，2002年。
[4] 马得志、张正龄：《西安郊区三个唐墓的发掘简报》，《考古通讯》1958年第1期，第42~52页；同前揭《唐长安城郊隋唐墓》，第56~65页。
[5] 陕西省考古研究院、陕西历史博物馆、西安市长安区旅游民族宗教文物局：《西安郭庄唐代韩休墓发掘简报》，《文物》2019年第1期，第4~43页。
[6] 陕西省考古研究所、西安市文物保护考古所：《唐长安南郊韦慎名墓清理简报》，《考古与文物》2003年第6期，第26~39页。
[7] 陕西省考古研究所：《唐李宪墓发掘报告》，科学出版社，2005年。
[8] 中国社会科学院考古研究所：《偃师杏园唐墓》，科学出版社，2001年，第110页。

表 1-6　唐玄宗时期墓葬出土鼓吹乐俑一览表

墓葬名称	墓葬年代	墓主身份	鼓吹乐俑形制、组合信息
李贞墓	开元六年（718）改葬	唐太宗第八子、越王	共5件，均为三彩质地，高32厘米。组合为"卤簿系"与"军乐系"二元式的Da型组合，击鼗鼓、吹奏觱篥及排箫，鼗鼓置于右侧鞍前，与此前放置方式有别。
鲜于庭诲墓	开元十一年（723）	云麾将军右领军卫将军、上柱国、北平县开国公	共56件，为"卤簿系"与"军乐系"二元式的Da型组合。其中"卤簿系鼓吹"组合中，除了此前使用的乐器外，还增加了拍板这一用于玄宗以降"散乐"中的乐器，为此前所没有。
金乡县主墓	开元十二年（724）	唐高祖孙女"金乡县主"及其丈夫于隐	共18件，高29～31厘米。组合为"卤簿系"与"军乐系"二元式的Da型组合。此外，还有女骑乐俑5件，分别演奏琵琶、竖箜篌、铜钹等，从属于鼓吹乐队列。
韦慎名墓	开元十五年（727）	彭州刺史、银青光禄大夫、上柱国	共22件，高31.2～34.8厘米。组合为"卤簿系"与"军乐系"二元式的Da型组合，其中"笼冠骑乐俑"14件、"风帽骑乐俑"8件。
李承乾墓	开元二十六年（738）	太宗废太子，玄宗追封"恒山愍王"	"风帽骑乐俑"4件，均击打鼗鼓；"笼冠骑乐俑"6件，吹奏排箫及觱篥。
韩休墓	开元二十八年（740）	曾拜宰相，卒后赠扬州大都督	被盗严重，仅见"风帽骑乐俑"3件。
李宪惠陵	开元二十九年（741）	唐玄宗兄长，谥号"让皇帝"	"卤簿系"与"军乐系"二元式的Da型组合，其中"风帽骑乐俑"23件、"笼冠骑乐俑"31件。
李全礼墓	天宝九载（750）	游击将军、折冲都尉、上柱国	共18件，为"卤簿系"与"军乐系"二元式的Da型组合，高26.2～27.6厘米。"笼冠骑乐俑"12件、"风帽骑乐俑"6件。

中古中国墓葬遗存中的燕乐组合

「燕乐」的概念厘定

燕乐组合的溯源

燕乐组合的发展、演变与转型

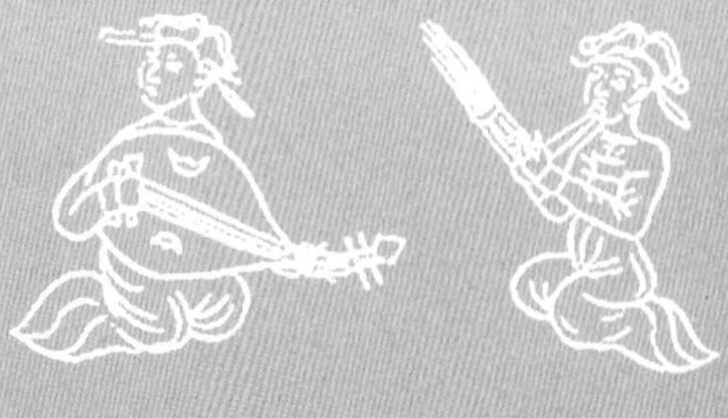

一、"燕乐"的概念厘定

"燕乐"一词在文献中最早见于《周礼》。

《周礼·春官·磬师》载:"教缦乐、燕乐之钟磬。"[1]

《周礼·春官·钟师》载:"凡祭祀、飨食,奏燕乐。"[2]

《周礼·春官·笙师》载:"凡祭祀、飨射,共其钟笙之乐,燕乐亦如之。"[3]

《周礼·春官·旄人》载:"凡祭祀、宾客,舞其燕乐。"贾疏云:"宾客亦谓飨燕时。舞其燕乐,谓作燕乐时,使四方舞士舞之以夷乐。"[4]

通过上述记载可知,《周礼》所记"燕乐"为殿庭宴飨所用之乐。凡祭祀鬼神、宴飨诸侯与宾客皆可使用。要言之,周代之"燕乐",乃是一乐种之专名。汉代音乐中没有"燕乐"这一称谓,汉代音乐在汉魏时被笼统泛称为"鼓吹"。其中,祭祀及殿庭宴飨所用者,即汉魏之际所谓"黄门鼓吹"。至魏晋南北朝时,为区别于前章所论用于军乐及出行卤簿的"鼓吹乐",此类音乐可称为"伎乐鼓吹"。文献中再次出现"燕乐"之名,已晚至南北朝时期。

《魏书》卷六十二《李彪传》载:

> 其年,加员外散骑常侍,使于萧赜,赜遣其主客郎刘绘接对,并设宴乐。彪辞乐,及坐,彪曰:"齐主既赐宴乐,以劳行人,向辞乐者,卿或未相体。"[5]

此处所言"宴乐",并非某一乐之专名,而是宴飨用乐的泛称。汉魏南北朝时期,"燕乐"之名已久废,殿庭宴飨之乐并无专称,但这些音乐却是后来隋唐时期燕乐的直接来源。

隋唐前期,统治者在礼乐建设时"祖述周官",重新确立"燕乐"之名。彼时广义之"燕乐"即指"供国事之用、在宫廷仪式上进行宴飨的一种雅乐",岸边成雄先生将其注为"宴飨雅乐"。[6]此类音乐在乐曲规范上采取雅乐形式,用乐组合、乐调方面则融入胡乐与俗乐的因素。因此至宋代时,沈括在《梦溪笔谈》卷五《乐律一》中言"先王之

---

[1] 〔清〕孙诒让著,汪少华整理:《周礼正义》卷四十六《春官·磬师》,中华书局,2015年,第2266页。
[2] 《周礼正义》,第2278页。
[3] 《周礼正义》,第2286页。
[4] 《周礼正义》,第2291页。
[5] 〔北齐〕魏收:《魏书》卷六十二《李彪传》,中华书局点校本,1974年,第1389页。
[6] (日)岸边成雄著,黄志炯、梁在平译:《唐代音乐史的研究(上)》,(台北)中华书局,1973年,第13页。

乐为雅乐，前世新声为清乐，合胡部为宴乐"，[1]已将其视作俗乐之流。后世学者如林谦三等，亦将其视作俗乐看待。[2]从中可见，唐代燕乐具有其特殊性，同时具备雅乐与俗乐的双重属性，因而也是礼俗接通的一条纽带。本书以考古材料为出发点，所论"燕乐"面向的是"燕乐"的泛称，即将中古时期的宴飨之乐皆纳入"燕乐"概念下考察，既包括唐代雅乐系之"宴飨雅乐"，也包括汉魏俗乐系之"宴饮奏乐"。

需要注意的是，在不同历史时期，百戏与散乐亦常在宴飨时表演，故也常被冠以"乐舞百戏"之名笼统论之，但究其源头及音乐属性而言，并不从属于"燕乐"之系统。特别是在唐代前期，"燕乐"与"百戏""散乐"有着较为明确的界限，唐代燕乐体系的崩溃与百戏的兴起共同促进了唐末散乐的发展。因此，我们将整个中古时期的百戏与散乐在第叁章中专门讨论。其中所论音乐文物中涉及"百戏"或"散乐"题材的则与"燕乐系统（组合）"区分，而作"百戏系统"或"百戏组合"。

二、燕乐组合的溯源

中古时期墓葬中的燕乐组合，主要以壁画、伎乐俑及葬具图像的形式表现，同时也会出现在特定的器物之上。这种题材作为墓葬礼俗的组成部分，其源头可上溯至战国秦汉时期。

（一）战国至西汉墓葬中的伎乐俑

"燕乐"组合，最早可见于战国早期的器物图像中。战国早期流行的"宴乐狩猎水陆攻战纹铜壶"及"宴乐刻盘"[3]中便刻有一组"燕乐图"。作为墓葬文化组成部分，燕乐俑群的出现，则以战国中期的山东章丘女郎山战国墓[4]为代表。

女郎山战国墓位于山东省章丘县女郎山西坡，是一座带斜坡墓道"甲"字形重椁单棺墓。墓葬年代约在战国中期，其中随葬一整套仿铜陶礼器、乐舞俑、玉石器等百余件器物。从其规模及随葬品组合看，此墓级别较高。其中随葬一组乐舞俑，出土于1号陪葬墓的二层台上，共38件，高约7.6～7.9厘米。其组合可分为奏乐、舞蹈、观赏、祥鸟4组。奏

---

[1] 〔宋〕沈括撰、金良年点校：《梦溪笔谈》卷五《乐律一》，中华书局，2015年，第44页。
[2] （日）林谦三著，郭沫若译，王延龄校：《隋唐燕乐调研究》，刊于哈尔滨师范大学中文系古籍整理研究室编《燕乐三书》，黑龙江人民出版社，1986年，第117～240页。
[3] 淮阴市博物馆：《淮阴高庄战国墓》，《考古学报》1988年第2期，第189～232页。
[4] 李曰训：《山东章丘女郎山战国墓出土乐舞陶俑及有关问题》，《文物》1993年第3期，第1～6页。

乐组合分别演奏钟、磬、鼓、瑟，舞蹈组合则分别表演长袖舞和短袖舞两种（图2-1：1）。

以"钟、磬、鼓、瑟"为伴奏、长袖舞为主体的乐舞组合形式，还可见于山西长治分水岭战国墓中（图2-1：2）。这种组合所代表的乐舞形式，为西汉时期社会上层所接受。从以汉景帝阳陵为代表的帝王陵墓，到以徐州驮篮山楚王墓为代表的诸侯王墓，再到以马王堆汉墓为代表的列侯墓葬中，皆随葬有此类燕乐组合伎乐俑（图2-2）。相比上述高等级墓葬，济南无影山西汉墓[1]规模相对较小，其中亦随葬一套燕乐组合乐俑。

无影山西汉墓位于山东省济南市无影山南坡，是一座带砖墙与二层台的竖穴土坑墓，长3.76、宽1.65米。其中出土乐舞百戏陶盘1件，位于八字砖墙间。该陶盘上共23人（1人已残），置于长67、宽47.5厘米的底座之上（图2-1：3）。该组合可分为奏乐、舞蹈、百戏、观赏四组。其中奏乐者7人，皆为戴冠男子，分别演奏钟、磬、鼓、瑟、笙。百戏者4人，皆为男子，表演倒立。舞者2人，表演长袖舞。观者7人，分立两侧。另有一人立于边缘正中，应为宴会主持。

这套组合表现的或与"乡饮酒礼"或"燕礼"有关的燕乐场面。该墓中与乐舞百戏陶盘同出的，还有一套陶车马组合。由此可知，两套组合构成了"宴饮+出行"这一基本组合形式。[2]这种组合形式，亦呈现了整个汉唐时期墓葬随葬组合的基本逻辑，它与陶车马组合伴出的形式，亦是魏晋以降墓葬中"燕乐+鼓吹乐"二元化礼乐符号形成的源头之一。

从上述燕乐组合所处的墓葬级别可见，西汉时期墓葬中随葬的燕乐组合俑群虽受到自上而下的影响，但并无明确的等级指向。其中，在级别较低的无影山西汉墓中，其燕乐组合中出现了"燕乐组合"与"百戏组合"杂糅的情况，以"乐舞百戏"的形式构成一整套组合。这一组合形式集中出现于西汉末、新莽至东汉时期的墓葬图像中，并对魏晋、北朝墓葬乐舞组合的形成产生了深远影响。萧亢达先生曾以专著形式对汉代的"乐舞百戏"进行了系统的梳理和研究，[3]相关内容业已翔实，故本文以下仅作概述。

（二）汉代墓葬中的乐舞百戏组合

汉代墓葬图像中的"乐舞百戏"，既包括"燕乐组合"，亦包括"百戏组合"，整体上构成了奏乐、舞蹈、百戏"三位一体"的组合形式。这种组合形式是西汉末至东汉时期

---

[1] 济南市博物馆：《试谈济南无影山出土的西汉乐舞、杂技、宴饮陶俑》，《文物》1972年第5期，第19〜24页。
[2] 沈睿文先生提出了传统丧葬图像的"宴饮+出行"组合模式，详见沈睿文《中国古代物质文化史·隋唐五代卷》，第176页注4。
[3] 同前揭《汉代乐舞百戏艺术研究》。

贰｜中古中国墓葬遗存中的燕乐组合　71

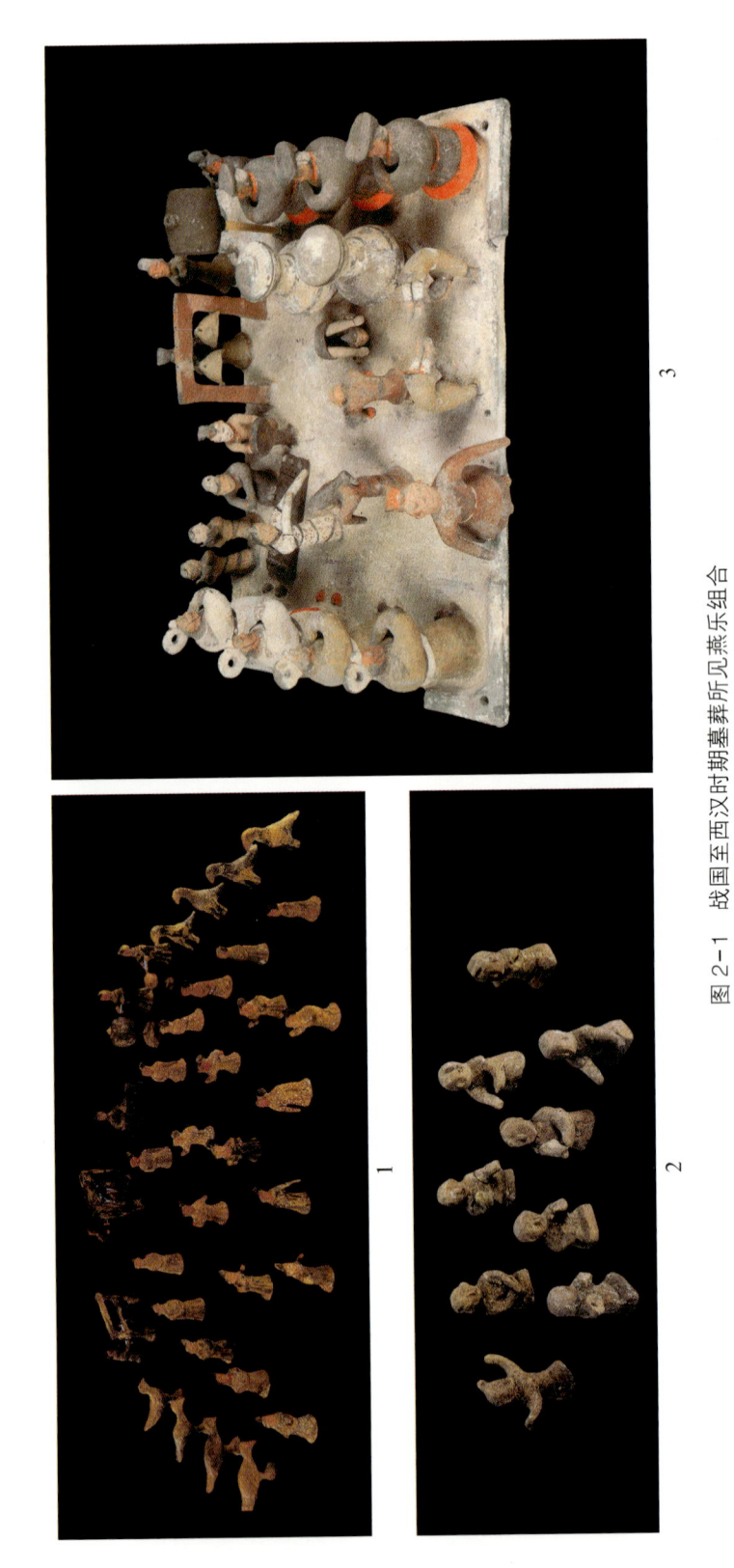

图 2-1 战国至西汉时期墓葬所见燕乐组合
1. 山东章丘女郎山战国墓；2. 山西长治分水岭战国墓；3. 山东济南无影山西汉墓

图 2-2　西汉高等级墓葬出土燕乐组合

1. 汉阳陵出土陶伎乐俑；2. 徐州驮篮山楚王墓出土陶伎乐俑；3. 马王堆汉墓出土木伎乐俑

墓葬音乐题材的基本形式，同时也是魏晋十六国至北魏平城时期墓葬燕乐组合的基本来源。此类组合可见于墓葬壁画与画像石图像、陶俑组合及特定器物情境中。鉴于两个系统元素在汉墓图像中的杂糅，我们将对其一并概述。

1. 墓葬壁画与画像石图像

汉代墓葬壁画及画像石图像所见燕乐组合，是魏晋以降墓葬中同主题墓壁画摹写的

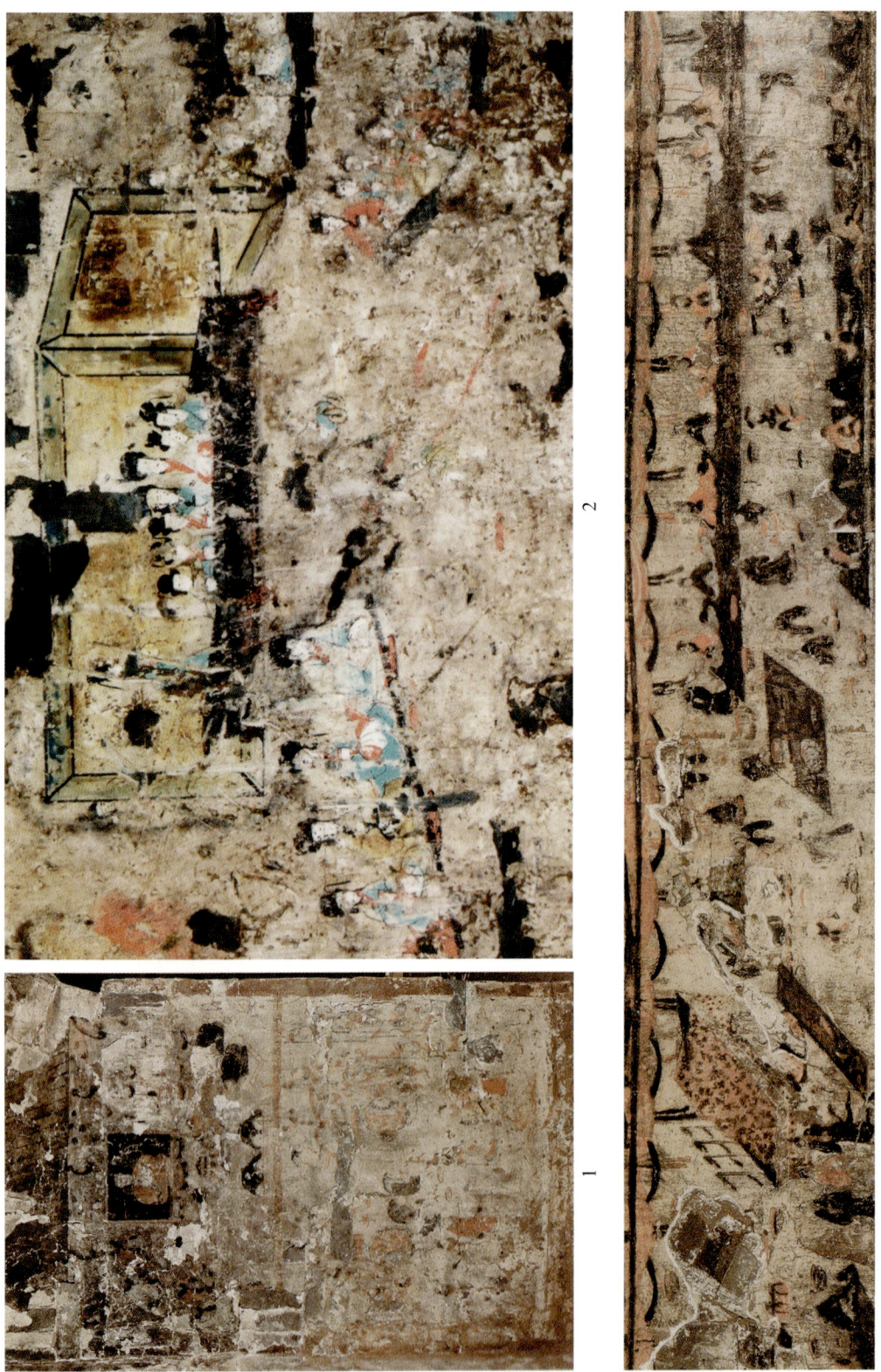

图 2-3 西汉晚期至东汉墓葬壁画所见燕乐图
1. 内蒙古和林格尔新店子 M1 中室北壁；2. 西安理工大学壁画墓墓室西壁；3. 河南密县打虎亭 M2 中室北壁

74　无声胜有声：中古中国墓葬音乐文物与礼乐文化

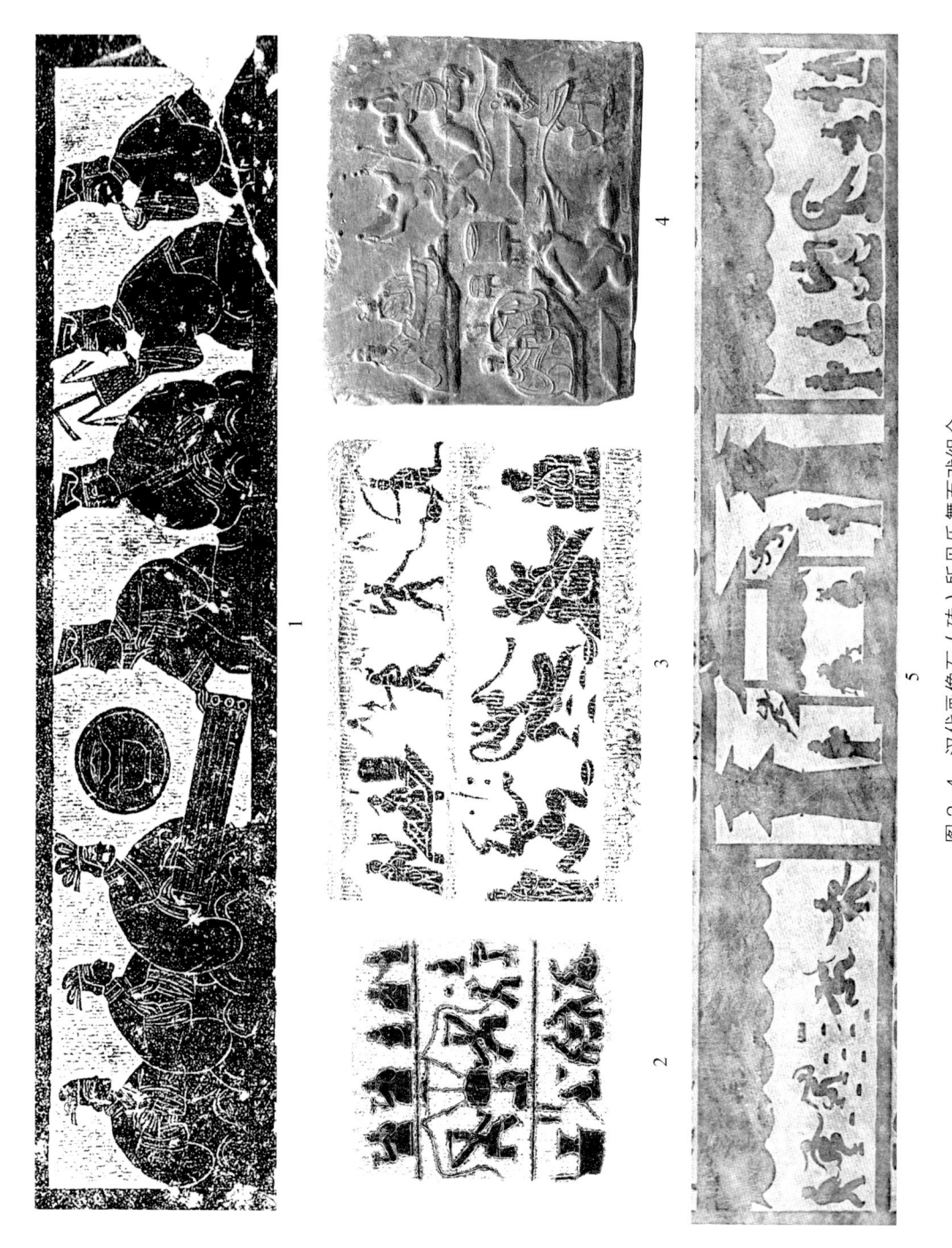

图 2-4 汉代画像石（砖）所见乐舞百戏组合

1. 山东嘉祥宋山村；2. 山东嘉祥五老洼；3. 河南南阳李相公庄许阿瞿墓；4. 四川成都扬子山汉墓；5. 陕西米脂官庄 M1

贰｜中古中国墓葬遗存中的燕乐组合　75

直接来源。此类壁画主要见于西汉晚期、新莽时期及东汉时期,本文择其最典型三类列于下表(见表2-1)。

表2-1　西汉晚期至东汉墓葬壁画燕乐图

墓葬名称	时　代	壁画位置	内　　容
西安理工大学壁画墓[1]	西汉晚期至新莽时期	墓室西壁	西壁南部为乐舞,中部屏风榻上为主人,两旁列宾客席,中部两人身着长袖作盘鼓舞(图2-3:2)。
河南密县打虎亭M2[2]	东汉晚期	中室东段北壁上部	主人位于画面左侧,宾客依次向右排列,中部为掷丸伎及盘鼓舞伎(图2-3:3)。
内蒙古和林格尔新店子M1[3]	东汉灵帝中平五年前后[4]	中室北壁	分为上下两部分。上端为列坐于厅堂内的主人与宾客,主人正坐于正中屏风前的榻上,宾客列于两侧。在庭院中以建鼓为中心设置乐舞百戏,包括长袖舞等舞蹈与寻橦、倒立、掷丸、跳剑等百戏内容(图2-3:1)。

从整体构图看,此类图像可分为三种类型:其一,室内设宴,主人及侍从位于上部正中,宾客以"八"字形列坐其前,中部为燕乐组合;其二,室内设宴,主人位于画面左侧,宾客从左至右列于上下两排,中部为燕乐组合与百戏组合;其三,设宴于厅堂,主人与宾客列于其内,主人正坐于中,乐舞百戏陈于庭院中,并以二人建鼓为中心。

汉代画像石中出现燕乐组合的图像较多,在山东、陕北、南阳、四川等画像石集中分布地区皆有出现(图2-4)。与壁画图像类似,其中"燕乐组合"与"百戏组合"合于一处构成"乐舞百戏组合"。

墓室壁画与画像石图像中的燕乐组合,大体上皆由三部分构成:一是以乐伎正坐奏乐形式表现的伴奏乐队,建鼓、摇鼗吹排箫、吹笙、鼓瑟是其用乐配置。二是以长袖舞、盘鼓舞为主体的舞蹈组合。三是各类百戏组合,表演多以滑稽戏、倒立、跳丸、掷剑为主。

2. 伎乐俑

墓葬中的伎乐俑组合,从战国至西汉前期即已出现于高等级墓葬中,但在西汉晚期出现较少。至东汉时期,此类伎乐俑在全国各地区墓葬中皆有出现,以都城洛阳地区墓葬出土最多,本文择其典型者列于下表(见表2-2)。

---

[1] 西安市文物保护研究所:《西安理工大学西汉壁画墓发掘简报》,《文物》2006年第5期,第7~44页。
[2] 安金槐、王与刚:《密县打虎亭汉代画象石墓和壁画墓》,《文物》1972年第10期,第49~62页;河南省文物研究所:《密县打虎亭汉墓》,文物出版社,1993年。
[3] 内蒙古文物工作队、内蒙古博物馆:《和林格尔发现一座重要的东汉壁画墓》,《文物》1974年第1期,第8~23页。
[4] 金维诺:《和林格尔东汉壁画墓年代的探索》,《文物》1974年第1期,第47~50页。

表2-2 东汉时期政治核心区墓葬中的伎乐俑示例

墓葬名称	时　代	内　　容
河南济源泗涧沟M24[1]	东汉早期[2]	共5件。其中舞俑2件；坐乐俑2件，分别抚瑟、击掌和歌；百戏俑1件，表演倒立。
河南济源泗涧沟M8[3]	东汉早期晚段至东汉中期早段[4]	共7件，均施酱釉。其中坐乐俑5件，均梳单髻，分别吹奏排箫或击掌和歌；立俑1件，头戴尖顶圆帽，似为指挥，百戏俑1件，表演滑稽戏。
洛阳烧沟西M14[5]	东汉前期	共6件，位于中室东南角。舞俑1件，舞长袖；坐乐俑4件，均头戴平巾帻，分别抚瑟、吹排箫、吹笙、唱和；百戏俑1件，演滑稽戏。
洛阳烧沟M23[6]	东汉时期	共18件，由于被盗，位置已经变化。包括坐乐俑与百戏俑两组。坐乐俑包括吹笙、吹排箫、抚琴（筝）、和歌、抚听等；百戏俑包括滑稽戏、倒立、掷丸等（图2-5：1）。
洛阳瞿家屯汉墓[7]	东汉中后期	共4件，位于前室东南角。均为正坐，头戴平巾帻，身着右衽长袍。乐器已失，分别作吹奏及和歌状。
洛阳苗南新村汉墓[8]	东汉中后期	坐乐俑6件，均头戴平巾帻，作吹奏及和歌状；百戏俑9件，包括滑稽戏、倒立、掷丸等。
洛阳西郊汉墓M10019[9]	东汉中后期	坐乐俑3件，分别抚瑟、吹奏排箫及洞箫；百戏俑1件，袒胸，表演滑稽戏。
洛阳东北郊汉墓C5M860[10]	东汉中后期	共12件。坐乐俑8件，头戴平巾帻，分别抚瑟、吹奏排箫、击鼓、抚耳侧听；舞俑2件，作盘鼓舞；百戏俑2件，表演滑稽戏及倒立。

---

[1] 河南省博物馆：《济源泗涧沟三座汉墓的发掘》，《文物》1973年第2期，第46～54页。
[2] 陈彦堂：《河南济源泗涧沟三座汉墓年代诸问题再探讨》，载《汉代考古与汉文化国际学术研讨会论文集》，齐鲁书社，2006年，第309页。
[3] 同前揭《济源泗涧沟三座汉墓的发掘》。图采自赵世纲主编《中国音乐文物大系·河南卷》，大象出版社，1996年，第206页。
[4] 同前揭《河南济源泗涧沟三座汉墓年代诸问题再探讨》，第311页。
[5] 洛阳市文物工作队：《洛阳烧沟西14号汉墓发掘简报》，《文物》1983年第4期，第29～35页。图采自《中国音乐文物大系·河南卷》，第202页。
[6] 洛阳区考古发掘队：《洛阳烧沟汉墓》，科学出版社，1959年，第54页。
[7] 南京大学历史学院、信阳师范学院历史文化学院、洛阳市文物考古研究院：《河南洛阳市瞿家屯汉墓C1M9816发掘简报》，《考古》2016年第1期，第54～67页。
[8] 洛阳市第二文物工作队：《洛阳苗南新村528号汉墓发掘简报》，《文物》1994年第7期，第36～43页。图采自前揭《中国音乐文物大系·河南卷》，第203页。
[9] 中国科学院考古研究所洛阳发掘队：《洛阳西郊汉墓发掘报告》，《考古学报》1963年第2期，第1～58页。
[10] 洛阳市文物工作队：《洛阳东北郊东汉墓发掘简报》《文物》2000年第8期，第33～40页。

续 表

墓葬名称	时 代	内 容
洛阳七里河汉墓[1]	东汉中后期	共10件，位于前室转台上多枝灯旁。坐乐俑6件，分别抚瑟、吹奏排箫、击鼓等；盘鼓舞俑1件；百戏俑3件（图2-5：2）。
洛阳南昌路汉墓[2]	东汉晚期	共11件，泥质灰陶。坐乐俑5件、舞俑2件、百戏俑4件。制作相对粗糙。

从表2-2可见，从东汉早期至晚期，政治核心区墓葬中出土的"乐舞百戏俑"在造型和组合上均具有一定的模式化特征（图2-5）。其通常由三部分组成：一是坐乐俑组合，皆为男伎，东汉早期尚有梳发髻之例，中晚期以后则均戴平巾帻；其用乐组合通常包括建鼓、排箫、瑟、笙等，其中通常还有一人作抚耳状。二是舞蹈组合，通常有1至4人不等，其舞蹈通常为盘鼓舞、长袖舞。三是百戏组合，内容包括袒胸笑面的滑稽戏、倒立、掷丸等。此类乐俑在东汉中期以后开始频繁出现，至东汉晚期，其制作已表现出明显的粗糙化。

此类乐俑组合在河北、[3] 晋南、[4] 关中、[5] 巴蜀、[6] 贵州、[7] 岭南[8] 等地亦有

图2-5 东汉时期政治核心区墓葬乐舞百戏俑
1.河南洛阳烧沟M23；2.河南洛阳七里河汉墓

---

[1] 洛阳博物馆：《洛阳涧西七里河东汉墓发掘简报》，《考古》1975年第2期，第116～123页。
[2] 洛阳市第二文物工作队：《洛阳市南昌路东汉墓发掘简报》，《中原文物》1995年第4期，第17～24页。
[3] 例如定州严家庄M78，详见《中国音乐文物大系Ⅱ·河北卷》，第138页。
[4] 例如山西夏县司马村出土乐舞俑，详见《中国音乐文物大系·山西卷》，大象出版社，2000年，第214页。
[5] 关中地区虽然出土有类似的伎乐俑，但并不是主流。李云河统计了关中地区174座东汉墓葬中，仅有12座发现了陶质人俑，且无固定组合，主要以百戏为主。详见前揭《关中地区东汉至北周墓葬的考古学研究》，第57页。
[6] 索德浩系统归纳了四川地区汉晋陶俑的演变，其中对该地区墓葬伎乐俑亦进行了类型学分析。详见索德浩：《四川汉晋陶俑的初步研究》，《考古学报》2018年第1期，第69～88页。
[7] 贵州省文物考古研究所：《贵州兴仁县交乐十九号汉墓》，《文物》2004年第3期，第51～58页。
[8] 例如，广州东郊麻鹰岗出土乐舞俑组合，详见孔义龙、刘成基编《中国音乐文物大系·广东卷》，大象出版社，2010年，第225页。

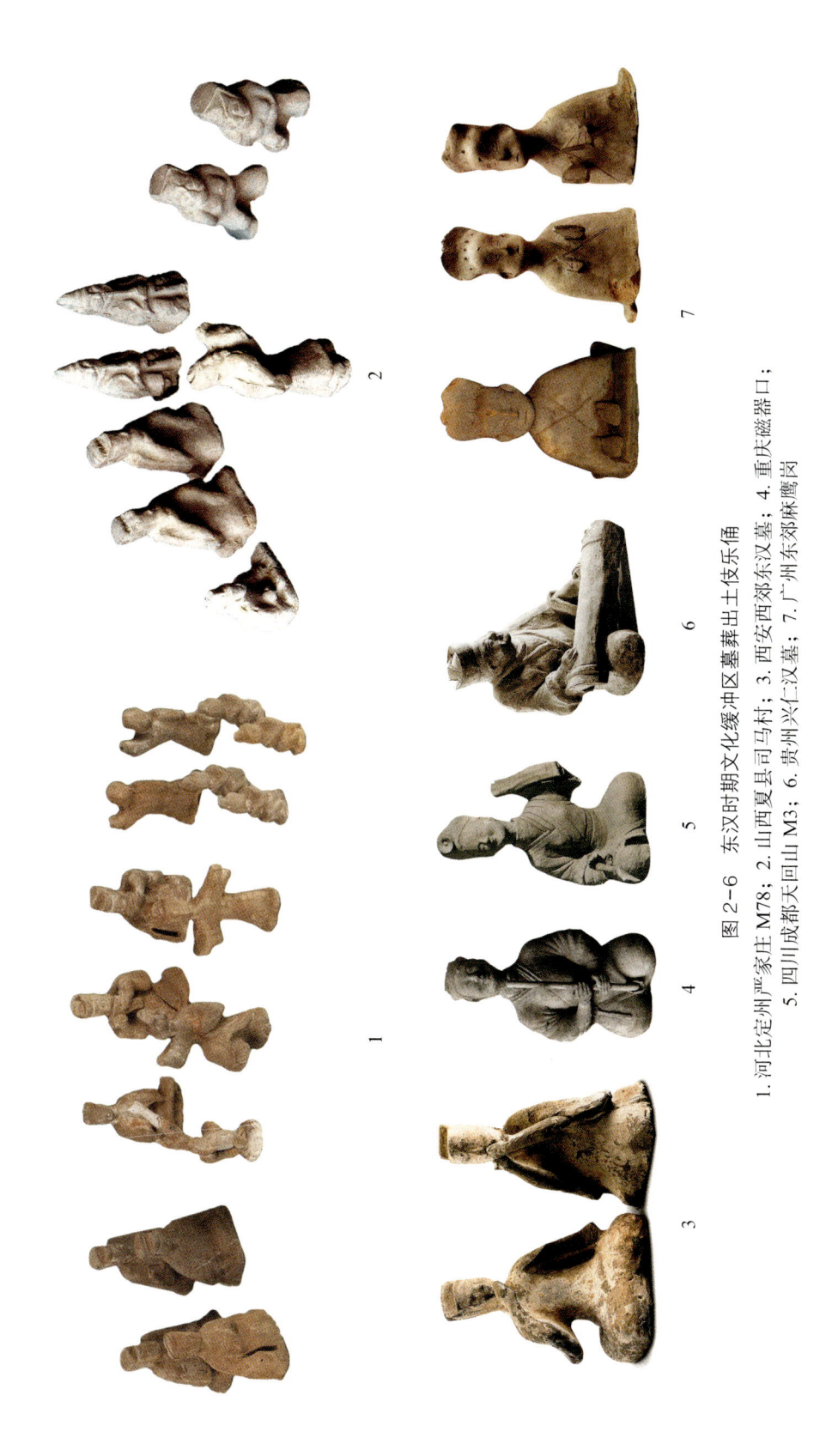

图 2-6 东汉时期文化缓冲区墓葬出土伎乐俑
1. 河北定州严家庄 M78；2. 山西夏县司马村；3. 西安西郊东汉墓；4. 重庆磁器口；5. 四川成都天回山 M3；6. 贵州兴仁汉墓；7. 广州东郊麻鹰冈

贰 | 中古中国墓葬遗存中的燕乐组合　79

出土，虽在具体造型上有所差异，但总体上表现出一种集奏乐、舞蹈、百戏为一体的组合形式。这种形式可与前文所述壁画及画像石图像互相形成参照（图2-6）。墓葬中随葬乐舞百戏俑组合在东汉时期遍布全国，虽在各地区内影响程度有所不同，但已可说明这一墓葬文化元素在当时为全国各地所接受，同时亦表现出"乐舞百戏"在整个东汉时期可谓一时代之风尚。此类组合亦是关中地区十六国时期及北魏平城时代墓葬中燕乐与百戏俑群的文化来源。

3. 特定器物情境

汉代墓葬所见最具代表性的舞蹈即长袖舞，长袖翩跹的舞人形象在西汉时期常出现于玉器装饰中。由于其多见于诸侯王墓葬中（图2-7），故我们认为其应当具有等级指向性，是汉代上层的一种流行文化。

生死观念是墓葬随葬品设置的基本源泉之一。两汉时期，受升仙观念影响，墓葬图像中往往融入大量的升仙主题元素，此类研究今已蔚然。在这些图像中，东汉时期墓葬中常见以西王母为中心的图像组合，其间有乐舞百戏元素融入。此类图像可见于汉墓随葬摇钱树、陶樽及铜镜图像中，用以营造天国仙境之意涵。

图2-7 西汉诸侯王墓出土玉舞人
1.永城芒砀山梁王墓；2.满城汉墓窦绾墓；3.广州南越王墓；
4.定州中山穆王刘畅墓；5.北京大葆台M2

与升仙题材相对应，汉代墓葬中还常随葬陶楼或院落模型。其中在庭院中常刻画出乐舞百戏组合，此类题材则具有鲜明的世俗特点，并可与墓葬壁画相互映照。这类组合集中反映出东汉时期豪强割据的时代特点，亦深刻影响了魏晋十六国时期河西地区的墓葬文化。同样一套乐舞百戏组合，既可表现虚幻的仙境，又可用来摹写现实的生活。这便说明了音乐本身具备多种意涵和指向。音乐文物的内涵和面向同样可以多元化，在分析其意涵和指向时，应当结合墓葬的整体语境，而不可断章取义。

三、燕乐组合的发展、演变与转型

（一）承续与重塑：魏晋十六国

魏晋十六国时期，墓葬所见燕乐组合的表现形式直接来源于东汉墓葬中，主要表现为三类：伎乐俑、墓室壁（砖）画、器物图像。[1] 除西晋短暂统一外，中原王朝大部分时间处于分裂状态，不同地区有各自的政治中心，墓葬文化也相对复杂。故我们首先结合时代、地域对各墓葬年代进行概述，再集中分析其中的燕乐组合。

1. 时代与地域

魏晋十六国时期出土伎乐俑的墓葬有：江宁上坊M1、[2] 鄂城M2184、[3] 荆州八岭山连心石料厂M1、[4] 长沙金盆岭M22、[5] 偃师大冢头M20、[6] 西安草场坡M1、[7] 西安洪庆原梁猛墓、[8] 咸阳平陵M1、[9] 西安凤栖原M9、[10] 彭阳新集M1。[11] 以下将对各墓进行概述，并结合墓葬背景对其年代进行认定。

江宁上坊M1位于江苏南京市江宁区上坊镇中下村，是一座南北向的带斜坡墓道竖

---

[1] 此节所列器物图像明确为燕乐主题，且具有等级指向性，故列于此。中古时期亦有许多音乐元素泛化为一种装饰形式，本文则列于第肆章中一节叙述。
[2] 南京市博物馆、南京市江宁区博物馆：《南京江宁上坊孙吴墓发掘简报》，《文物》2008年第12期，第4～34页。
[3] 南京大学历史系考古专业、湖北省文物考古研究所、鄂州市博物馆：《鄂城六朝墓》，科学出版社，2006年，第63页。
[4] 赵晓斌、陈新平：《魏晋写照——荆州八岭山西晋墓陶瓷》，《收藏》2010年第12期，第20～23页。
[5] 同前揭《长沙两晋南朝隋墓发掘报告》。
[6] 偃师市文物旅游局、洛阳市文物考古研究院：《河南偃师大冢头西晋墓发掘简报》，《文物》2016年第9期，第28～38、72页。
[7] 同前揭《西安南郊草厂坡村北朝墓的发掘》。
[8] 同前揭《陕西西安洪庆原十六国梁猛墓发掘简报》。
[9] 同前揭《咸阳十六国墓》，第87～102页。
[10] 同前揭《西安凤栖原十六国墓发掘简报》。
[11] 同前揭《彭阳新集北魏墓》。

穴砖室墓。墓室分为前、后双室，前、后室两侧有对称耳室。随葬器物包括青瓷器、青瓷俑、陶瓦、铜器、铜钱、铁器、漆木器、金银器等，其中青瓷俑中有一套燕乐组合。此墓保存状况较好，但未出纪年材料，简报推断其年代为孙吴晚期，本文从之。

鄂城 M2184 位于湖北鄂州西山南 3 公里的七里界，是一座"凸字形"砖石墓。墓室全长 4.66、宽 1.38 米。随葬器物包括青瓷器皿、青瓷俑及金银饰品等。陶俑中有一组青瓷卧箜篌与节鼓俑。该墓曾遭盗掘，且未出土纪年，报告将其定为孙吴时期，本文从之。

荆州八岭山连心石料厂 M1 位于湖北荆州八岭山下，是一座带左、右侧室的双室砖墓，全长 7.4 米。随葬器物 100 余件，皆为陶瓷器，主要分为青瓷器和模型明器两类。青瓷器以俑为主，在 46 件青瓷俑中有 2 件伎乐俑。该墓被盗严重，且未出纪年材料，从青瓷俑群判断，年代当在孙吴晚期。

长沙金盆岭 M22 位于湖南长沙南郊金盆岭，是一座多室砖墓，由甬道、主室和左、右耳室组成。由于被盗严重，随葬器物除 1 枚金戒指外，主要是陶俑，分布于主室左侧。其中乐俑有 3 件。该墓未出纪年材料，参照其不远处的 M21 及相关材料，原简报推断其为西晋墓，本文从之。

偃师大冢头 M20 位于河南省偃师市首阳山镇大冢头村，是一座长斜坡墓道前后室土洞墓。随葬品包括陶俑、陶器、石器、铜钱等 60 件（组）。陶俑中包括一套坐乐组合。该墓未出纪年材料，简报根据墓葬形制及随葬品组合认为其年代为西晋中晚期，可能为帝陵陪葬墓，本文从之。

西安草场坡 M1、梁猛墓、平陵 M1、凤栖原 M9、彭阳新集 M1 等墓情况及年代在第壹章中已有介绍。其中草场坡 M1 出土伎乐俑 3 件，位于东侧小龛内。此墓被盗扰严重，伎乐俑组合当已不完整。平陵 M1 出土伎乐俑 4 件，位于墓室棺床前鼓吹乐俑群对面。凤栖原 M9 在棺床前左侧有坐乐俑 6 件，呈一列，分布组合相对完整。彭阳新集 M1 在墓室内还发现了陶质乐器模型，包括笙 1 件、瑟 1 件、鼓 2 件。鼓应为鼓吹俑群中击鼓俑所落；笙、瑟一类则为殿庭所用乐器，不应为行伍所用，因此我们推断该墓中可能原本随葬有一套与鼓吹俑相对的坐乐俑，因被盗而不得见。除这些墓葬外，近年来随着咸阳机场基础建设项目推进，有一系列十六国时期墓葬被清理发掘，其中出土了相当可观的伎乐俑，年代基本上在前秦至后秦时期，我们将另书予以集中讨论。

出土燕乐题材壁（砖）画的墓葬主要集中于河西地区[1]与辽东地区[2]两地。其中，河

---

[1] 郑岩先生对魏晋南北朝时期的壁画墓进行了系统梳理，将其分为东北、西北、南方和中原几个地区，其中嘉峪关、酒泉、敦煌等地归为西北地区下的河西地区。
[2] 除郑岩先生进行断代式系统研究外，此前还有学者对这一地区的壁画墓进行了专题式的系统讨论和归纳，例如孙力楠：《东北地区公元 2—6 世纪墓葬壁画研究》，吉林大学博士学位论文，2008 年；杨娜：《辽阳北园 1 号墓墓室壁画研究》，东北师范大学硕士学位论文，2010 年。

西地区形成了嘉峪关、酒泉两个中心，相关墓葬有：嘉峪关新城 M1、M3、M4、M6，[1]酒泉果园乡西沟村 M5、M7，[2]酒泉丁家闸 M5。[3]这些墓葬皆为长斜坡墓道砖室墓，墓门外拱券以上建有砖砌的门楼式照墙，照墙上装饰仿木结构砖雕和彩绘画像砖；墓葬流行多个墓室和耳室，墓壁上绘画。上述墓葬除了酒泉丁家闸 M5 绘有通壁式壁画外，其余皆为画像砖形式。绘画内容以墓主为中心，包括农桑狩猎、车马出行、宴飨奏乐、生活起居等主题。

嘉峪关新城墓群位于甘肃省嘉峪关市原新城公社古墓群的北缘，其中墓葬多聚族葬于戈壁滩上。已经发掘的 10 座墓葬中，8 座带壁画，其中 M1、M3、M4、M6 在壁画上绘有燕乐组合。M1 南壁东侧一砖上绘墓主像，有"段清"题记；出土陶壶上有"甘露二年"朱书镇墓文，报告推测为曹魏时期墓葬。其他墓葬年代略有先后，最晚的可至西晋时期。

酒泉果园乡西沟村墓群位于甘肃省酒泉市果园乡西沟村，规模较大的为 M5 和 M7，其中画像砖上绘有燕乐组合。该墓群未出土纪年材料，原简报根据出土器物推断其为魏晋时期，且 M7 年代早于 M5。

酒泉丁家闸 M5 位于甘肃酒泉市果园乡西北丁家闸大队，是一座带斜坡墓道的前、后双室砖墓，墓室总长 8.46 米。其前室四壁、顶部和后室后壁绘有壁画，包括以东王公、西王母为中心的升仙主题，以庄园为中心的农桑生产主题，以墓主人为中心的乐舞百戏主题，此外还有出行和庖厨生活等主题。出土器物包括陶器、小铜器、金叶片、石砚、钱币等。其墓葬情境较为完整，遗憾的是未出纪年材料。原简报及其后的专题报告皆推断其年代为西凉或北凉时期，韦正先生通过随葬器物组合类比结合历史背景，认为该墓年代应为魏晋时期，其年代下限不晚于前凉。[4] 本文除前人所论外，注意到燕乐图中所绘阮咸乐伎，其演奏方式为拨弹，此种演奏方式当为前秦后始有；[5]画面中所见腰鼓之类亦不见于魏晋时期壁画，故推断其年代当在前秦之后。

辽东地区在汉末、魏晋时期，以辽阳为中心多见多室壁画墓，其壁画中绘制"出行+燕居"主题。与出行图中的鼓吹乐组合相对，燕乐组合与百戏组合作为燕居图的一部分出现，是前文所述汉墓壁画传统的延续。魏晋时期墓葬以辽阳棒台子 M1[6]为例，在墓门

---

[1] 甘肃省文物队、甘肃省博物馆、嘉峪关市文物管理所：《嘉峪关壁画墓发掘报告》，文物出版社，1985 年。
[2] 甘肃省文物考古研究所：《甘肃酒泉西沟村魏晋墓发掘报告》，《文物》1996 年第 7 期，第 4～38 页。
[3] 甘肃省博物馆：《酒泉、嘉峪关晋墓的发掘》，《文物》1979 年第 6 期，第 1～17 页；甘肃省文物考古研究所：《酒泉十六国墓壁画》，文物出版社，1989 年。
[4] 韦正：《试谈酒泉丁家闸 5 号壁画墓的时代》，《文物》2011 年第 4 期，第 41～48、74 页。
[5] 周杨：《关中地区十六国墓葬出土坐乐俑的时代与来源——十六国时期墓葬制度重建之管窥》，《西部考古》第 14 辑，科学出版社，2017 年，第 119～135 页。
[6] 李文信：《辽阳发现三座壁画古墓》，《李文信考古文集》，辽宁人民出版社，2009 年，第 258～259 页。

的左右两壁上绘有燕乐组合，其中右壁上段绘有一组坐乐组合。十六国时期以朝鲜安岳三号墓（冬寿墓）为例，在墓葬后室东壁上绘有一组燕乐图。

器物图像中的燕乐图，以安徽马鞍山孙吴朱然墓所出漆案[1]为例。朱然墓位于安徽省马鞍山市雨山南麓，是一座"凸"字形双室砖墓。外侧总长8.7、宽3.54米。墓中出土墓谒上可见墨书"□节右军师左大司马当阳侯丹杨朱然再拜"，可知墓主为孙吴"左大司马、右军师"朱然，墓葬年代为孙吴赤乌十二年（249）。墓葬随葬品包括陶器、青瓷器、铜器和漆器等，随葬品组合之丰富与墓主高等级身份相符。其中标示"蜀郡作牢"题铭的漆器，既表明了其产于蜀郡，同时具有鲜明的等级特征，燕乐图漆案便是其中之一。

从地理分区来看，魏晋十六国时期墓葬所见燕乐组合陶俑主要集中于前、后秦时期的中原北方与孙吴至西晋时期的长江中下游地区，壁画主要集中在魏晋至十六国早期的西北和东北地区。在三国时期，南京（建业）和鄂州（武昌）曾分别做过南方孙吴政权的都城，江宁上坊M1、鄂城M2184与朱然墓则位于政治核心区内。曹魏、西晋时期的都城位于洛阳，大冢头M20位于这一区域内。河西地区和长江中游地区其时属于文化缓冲区，嘉峪关新城墓葬、酒泉果园乡西沟村壁画墓、金盆岭M22、石料厂M1皆位于这一区域内。在十六国前燕时期，冬寿尊奉东晋正统，因而当处于文化缓冲区。前秦及后秦时期，都城位于长安，草场坡M1、平陵M1、凤栖原M9等皆位于都城附近，属于政治核心区内，丁家闸M5则处于当时的文化缓冲区内。至十六国晚期至北魏初期，顶益制面厂M217与彭阳新集M1皆位于当时的文化缓冲区内。

由此可见，在曹魏至西晋早期"薄葬之风"的影响下，有着奢侈享乐意味的"燕乐组合"被革除于政治核心区的墓葬之中，但在当时的文化缓冲区，这类组合仍在不受约束地发展延续。到西晋中晚期，"薄葬之风"开始松弛，在政治核心区墓葬中，伎乐俑得以重现。南方的孙吴政权则与之相反，恰恰在政治核心区墓葬中出现此类随葬品，并以此彰显等级和身份，这显示出了当时南北政权的差异。至前、后秦时期，统治者开始重建礼乐符号，伎乐俑开始作为礼乐符号的一部分用以标识身份、建立等级差序，因而这类随葬品出现在政治核心区。在作为当时文化缓冲区的河西地区，墓葬中的燕乐组合并不受政治核心区的影响，而更多的是延续了地方传统，因此不以俑群而以壁（砖）画的形式出现。在十六国晚期至北魏初期，成组的伎乐俑出现在其文化缓冲区，当是先前关中地区前、后秦政权墓葬文化的延续。

---

[1] 安徽省文物考古研究所、马鞍山市文化局：《安徽马鞍山东吴朱然墓发掘简报》，《文物》1986年第3期，第1～15页。

2. 类型与组合

（1）伎乐俑

江宁上坊 M1 中的伎乐俑共 5 件，青瓷质地，皆坐于底板上，底座长 7.6～12.4 厘米，宽 7.4～9 厘米。乐俑可分为坐、立两种，坐俑通高 13.6～13.8 厘米，立俑通高 21 厘米。坐俑 4 件，简报刊布了其中 3 件，头戴平巾帻，身着长袖高领右衽上衣，正坐，[1] 分别演奏筝、卧箜篌与节鼓。[2] 立俑头戴平巾帻，身着高领右衽短衣，脚着履，双手置于嘴前作和歌状（图 2-8：1）。

鄂城 M2184 出土伎乐俑 1 件，主体部分为一端坐乐工演奏卧箜篌，乐工头戴平巾帻，身着长衣。其右侧地上放置一圆形鼓状物，参照江宁上坊 M1，我们推测为节鼓（图 2-8：2）。

荆州八岭山连心石料厂 M1 中的伎乐俑共 2 件，高约 14 厘米，均正坐奏乐，分别演奏卧箜篌与竖笛。[3] 演奏卧箜篌者坐于石板上，头戴双环形高髻，身着长衣。吹洞箫者头戴尖帽，其下无石板（图 2-8：3）。

洛阳大冢头 M20 所出伎乐俑共 5 件（简报列为"A 型执物俑"），高 18～19.2 厘米。5 人均为男性，坐于筵上。头戴平巾帻或笼冠，身着右衽曳地深衣与圆领内衣，卷袖裸臂（图 2-8：4）。5 人乐器已失，从演奏姿态判断，演奏乐器可能包括筝、节鼓及钟磬。

长沙金盆岭 M22 所出伎乐俑共 3 件。两件为双人组合，呈对向正坐于石板之上，石板长 14.6、宽 6.8、高 15～16.5 厘米。其中一组中二人头戴尖帽，分别演奏卧箜篌与竖笛。二人中间地上放置一圆盘，盛放杯盘之物。另一组中二人头戴平巾帻，双手向前作抚弹状，推测可能演奏筝或卧箜篌。第三件坐俑已残，推测演奏节鼓。

西安草场坡 M1 所出伎乐俑 3 件，皆为陶质女坐乐俑，高 22.5～24 厘米。头戴十字形高髻，身着束腰右衽长衣。其中两件为抚筝俑；另一件原简报作"拍手和歌"，若细察之，发现其口部有圆孔，似为插孔而非张口状，结合双手捧物姿势，本文推测其为吹笙俑（图 2-8：6）。

---

[1] 关于中古时期坐乐的姿势，以往简报、报告或研究多将其命为"跽坐"或"跪坐"，杨泓先生曾撰文专门对三者进行了区分，认为双膝跪于地，臀贴于小腿上，则为正坐之态；若臀离开小腿，则作"跽坐"。本文所论坐乐俑皆为正坐之态，故言"正坐"或"端坐"。参见杨泓《说坐、跽坐、跂坐》，刊于《逝去的风韵——杨泓谈文物》，中华书局，2007 年，第 28～31 页。

[2] 原简报将筝俑和卧箜篌俑认定为"抚琴俑"，有研究者考证其应为卧箜篌俑与筝俑，参见朱国伟：《南京江宁上坊孙吴墓所出"抚琴俑"辨析》，《交响（西安音乐学院学报）》2011 年第 4 期，第 155～157 页。

[3] 本文所言"竖笛"即后世所言竖吹之"箫"，然唐代之前，文献中所言"箫"皆指多孔之"排箫"，而非后世所谓竖吹之箫。其时竖吹与横吹多言"笛"，其中横笛又名"横吹"。又南朝《宋书》言"前世有洞箫，其器今亡"，可推测南北朝时竖吹之"笛"即为汉代竖吹之"洞箫"。"笛""箫"正式分野于唐代之后。本文在叙述时，唐代以前此类竖吹皆作"竖笛"，唐代以后则称为"箫"或"尺八"。

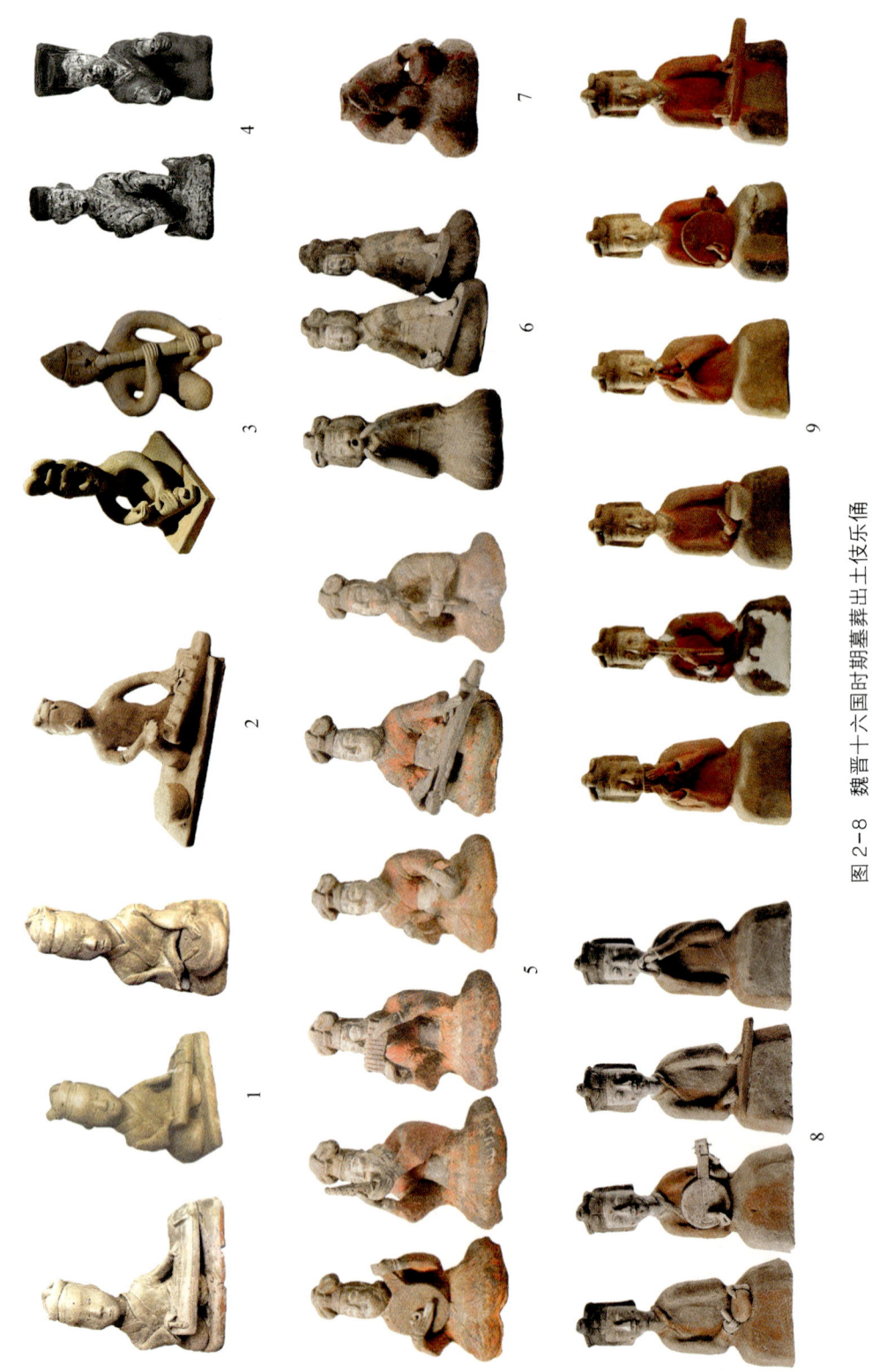

图 2-8 魏晋十六国时期墓葬出土伎乐俑

1. 江苏南京江宁上坊 M1；2. 湖北鄂城 M2184；3. 湖北荆州连心石料厂 M1；4. 河南偃师大冢头 M20；5. 陕西西安咸阳机场二期工程 M298；6. 陕西西安草场坡 M1；7. 陕西咸阳平陵 M1；8. 陕西西安梁猛墓；9. 陕西西安凤栖原 M9

86　无声胜有声：中古中国墓葬音乐文物与礼乐文化

梁猛墓所出伎乐俑仅存女坐乐俑1件，高16.3厘米。其头部已残，身着交领小袖衣，腰系带，衣饰白彩卷草纹。一手将节鼓置于膝上，另一手击之。鼓顶、侧面分绘白彩卷草纹及三周黑彩弦纹（图2-8：7）。

西安咸阳机场二期工程M298所出伎乐俑规模较大，其中已经刊布的有6件：节鼓俑、阮咸俑、排箫俑、笙俑、筝俑、竖笛俑。[1] 皆为陶质，梳十字高髻，正坐于地。身着右衽衣裳，上衣施红彩，下裳施黄彩，面施白彩。其中，节鼓俑通高18.2厘米，将节鼓置于左膝之上，双手交替击打。阮咸俑通高18.8厘米，斜抱阮咸，手弹演奏，右手大拇指与食指扣成环状，其余三指并拢舒展，这是目前所有乐俑材料中第一次出现阮咸（图2-8：5）。

咸阳平陵M1所出伎乐俑4件，皆为彩绘陶质女坐乐俑。通体施彩，体内中空。高27.8~28、宽14.5~15.3、厚10.6~10.9厘米。头戴黑色十字形假髻，额发由中部梳向两边，面部敷白，眉心、下颌及两颊皆饰有朱色圆点。上身着红褐色右衽紧袖交领衣，下身着红褐色竖条纹裙。四位乐伎分别演奏筝、阮咸、节鼓、洞箫（据演奏姿势推断），其中阮咸采用拨弹方式（图2-8：8）。

西安凤栖原M9所出伎乐俑6件，皆为彩绘陶质女坐乐俑。通体施彩，高27.2~28、宽14~14.3厘米。头戴黑色十字形假髻，额发分两层由中间梳向两边，面部敷白，眉心、下颌及两颊皆饰有朱色圆点，部分乐俑唇上有黑色髭须。上身着右衽紧袖交领衣，下身着红褐色竖条纹裙。据演奏姿势推测，六位乐伎分别演奏节鼓、排箫、洞箫、筝、阮咸、笙，其中阮咸采用拨弹方式（图2-8：9）。

综上可见，孙吴时期墓葬在乐俑造型上，直接延续了东汉晚期洛阳地区伎乐俑的传统，并在用乐形式上融入了新的元素。西晋晚期复兴的伎乐俑，整体造型与孙吴时期并无太大差别，但组合中在平巾帻基础上增加了笼冠奏乐俑，具有明显的殿庭用乐特点。十六国时期关中地区兴起的伎乐俑，以女性坐乐俑组合的形式出现，是新兴胡族政权对汉晋传统伎乐俑组合的重塑。在用乐层面，其在早先基础上对音乐组合加以丰富，同时展现出了胡汉碰撞背景下胡、汉之乐的初步融合；在乐俑造型上，则借鉴了东晋女侍俑的造型特征，并在前、后秦两个阶段里，逐渐呈现出胡装化的本土性特点。需要注意的是，在东汉时期，关中地区墓葬中随葬伎乐俑尚未成为主流文化，但十六国以后，这一墓葬文化却逐渐成为墓葬礼制的组成部分，进而成为该地区该时代具有代表性的元素。关中地区十六国墓葬中形成的坐乐俑组合，为此后北朝、隋唐墓葬燕乐俑群奠定了文化基础。

---

[1] 同前揭《大音希声——陕西古代音乐文物》，第127~137页。

（2）墓葬壁（砖）画图像

嘉峪关新城壁画墓中，M1在前室左壁中部2块画像砖上绘有燕乐图（图2-9：1）。其中一块在左侧描绘了坐于榻上的三人，右侧则绘有一人端坐弹奏卧箜篌；另一块左侧描绘有坐于榻上的四人，右侧则绘有两人端坐，分别吹竖笛、奏阮咸；奏乐者皆头戴平巾帻，乐人和饮者间绘制酒具。两块画像砖图像应为一组，共同表现完整的宴飨场面。M3在前室左壁下部画像砖上绘有两组双人端坐奏乐图（图2-9：2），一组所绘为卧箜篌乐伎与竖箜篌乐伎，另一组所绘为洞箫乐伎和阮咸乐伎，乐伎皆头戴平巾帻，两块画像砖同样应为一组。M4中所见画像砖出处不明，绘有站立的大小二人，年长者头戴幞头，弹奏阮咸，身后年幼者拍手唱和（图2-9：3）。M6在中室西壁画像砖上绘有一组燕乐图，分别演奏阮咸、竖笛，二人皆头戴平巾帻，其间放有饮食和酒具，应为燕乐场面（图2-9：4）。

酒泉果园乡西沟村壁画墓中，M5在其中室北壁一块画像砖上绘有一组舞伎，二人皆为女子，头梳双环高髻，身着右衽长袖衣裳。左侧一人双手执扇，右侧一人左手执巾，当为"鞞舞"与"巾舞"（图2-9：5）。M7在其前室东壁三块画像砖上绘有奏乐舞蹈图，其中一块上绘有相对端坐的一组男子，头戴平巾帻，分别身着红、绿右衽长袍，分别演奏卧箜篌和阮咸。另外两块画像砖上分别以两人一组绘四位端坐女子，头梳双环高髻，身着朱色右衽长衣。其中一人弹奏阮咸，其余三人舞蹈唱和（图2-9：6）。

酒泉丁家闸M5所见燕乐主题壁画，见于其前室西壁中层（图2-9：7）。在画面右侧为墓主人坐于阁下的榻上，其后为站立的侍者。左侧上端为一组乐伎，共四人，皆端坐。其中最右一人为男子，头戴黑色平巾帻，身着朱色长袍衣裳，弹奏卧箜篌；左侧三人为女子，头梳双环高髻，身着右衽朱色长袍衣裳，分别演奏腰鼓、竖笛、阮咸。下端则有二人于毯上表演倒立之伎，中部则为二女子表演"鞞舞""拂舞"二舞。左右之间设几案，上盛酒具，表明其燕乐主题。

辽阳棒台子M1壁画的燕乐图中，上段一组乐伎分别奏阮咸、竖笛、卧箜篌，中段和下段则为舞蹈和跳丸、七盘等百戏场景。左壁所绘与右壁基本相同[1]（图2-10：1）。

安岳三号墓壁画中的燕乐图遭到破坏，原状已经不清楚。其中可见乐伎共四人，一男三女。三位女子端坐于筵上，头梳十字高髻，身着短衣长裤，分别演奏竖笛、阮咸、卧箜篌，其中弹阮咸者为手弹。男子头戴幞头，身着右衽短衣长裤，交脚站立，拍手唱和（图2-10：2）。

---

[1] 辽阳棒台子壁画墓所出燕乐图有两个摹本，对卧箜篌的临摹有所差异，本文认为其中抚奏者应弹奏卧箜篌而非筝、瑟，故采用早期摹本。参见李文信：《辽阳发现的三座壁画古墓》，《文物参考资料》1955年第5期，第17页，插图五。

图 2-9 河西地区魏晋十六国墓壁画所见燕乐组合
1. 嘉峪关新城 M1；2. 嘉峪关新城 M3；3. 嘉峪关新城 M4；4. 嘉峪关新城 M6；
5. 酒泉果园西沟村 M5 中室北壁；6. 酒泉果园西沟村 M7 前室东壁；7. 酒泉丁家闸 M5

贰｜中古中国墓葬遗存中的燕乐组合　89

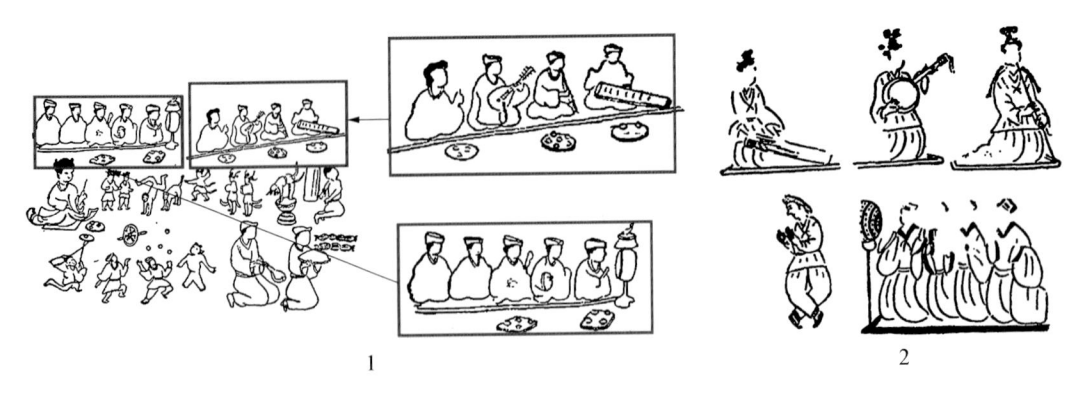

图 2-10　东北地区魏晋十六国墓壁画所见燕乐组合
1. 辽宁辽阳棒台子 M1；2. 安岳三号墓（冬寿墓）

（3）器物图像

朱然墓出土漆案为木胎，案面呈长方形，长 82、宽 56.5、高 3.8 厘米。四角及边缘间隔镶鎏金铜皮，表面以侧视视角呈现一幅完整的燕乐图（图 2-11）。图中共绘制 55 人，大部分人物旁附有榜题，其中"皇后""都亭侯""长沙侯"等皆为高等级称谓。画面左上角为帝后所坐帷帐，其右最上一排为参加宴会的嘉宾；最下排左右两边分别有四人作为侍卫，左边四人执斧，右边四人持弓。左下角一组人物为进食者。中部主体为燕乐、百戏。燕乐组合位于右侧，由三人组成，皆坐筵上，头戴平巾帻，身着长袍，分别击打建鼓、吹奏排箫及竖笛。其旁题曰"鼓吹"，即汉代用于殿庭宴飨之燕乐。漆案四周以云气、蔓草等纹饰进行装饰，案背正中朱书一"官"字。

综合上述三类材料来看，其中燕乐组合的整体构成，皆与汉代墓葬所见燕乐组合存在明显传承关系。孙吴地区所见伎乐俑在造型上，可以说直接承自东汉晚期洛阳地区汉墓乐俑而来，不过在用乐组合上却有新的时代特点。壁（砖）画所见燕乐组合，在构图上延续了东汉时期内蒙古、陕北地区墓葬所见"庭院宴飨"的传统。这一形式被后来平城时代的北魏直接继承，并形成了墓葬中平视视角下、以墓主人或墓主夫妇为核心的燕居场景。壁（砖）画与伎乐俑所表现的燕乐组合，在用乐配置上都包含一组组合形式，即"卧箜篌"与"竖笛"，这是汉末三国时期用乐的基本组合形式。朱然墓漆案中的燕乐图在构图上，延续了汉代墓室壁画中"室内燕乐"的传统，在用乐配置上则将燕乐与百戏融合，燕乐组合中以建鼓为核心，其后为排箫伎与竖笛伎。宴会的主持者位于整个画面一侧，宾客依次列坐。

（二）融入华夏：北魏

像鼓吹乐组合一样，北魏墓葬中的燕乐组合源自魏晋十六国时期的华夏传统，它们在墓葬中存在墓葬壁画、俑群组合及葬具图像三种表现形式。这些不同的形式，在平城时代前期、平城时代后期和洛阳时代三个阶段内有着不同的表现，揭示出北魏王朝礼乐文化的华夏化进程。

1. 北魏平城时代前期

（1）伎乐俑

北魏平城时代前期，墓葬中的伎乐俑尚未在政治核心区内广泛流行，仅见于旧都附近以及新征服的关中地区。以西安顶益制面厂 M217、[1] 呼和浩特大学路北魏墓[2] 所出为代表。

其中，顶益制面厂 M217 出土坐乐俑 4 件，位于墓门内中部。乐俑高约 18 厘米，造型与关中地区后秦时期坐乐俑基本一致：头戴十字假髻，头顶有帕饰，身着右衽长袍。分别演奏排箫、洞箫、横笛、筝。由于该墓被盗，推测坐乐组合可能不全（图 2-14：6）。

大学路北魏墓位于内蒙古呼和浩特市区大学路附近，是一座坐北朝南的长斜坡墓道单室砖墓。墓室平面近方形，四角攒尖顶。随葬品中包括一套伎乐俑组合。此墓未出纪年材料，倪润安先生根据随葬品特点，将其年代定为北魏平城中期，即本书所论平城时代前期。[3] 伎乐俑为女乐组合，共 8 件，均为泥质灰陶，高 16～20 厘米。头戴"合欢帽"，身着窄袖长袍。其中一件舞俑站立起舞，双手抬起。其余 7 件正坐奏乐，乐器已残失，从其演奏姿势来推断，演奏的乐器可能有琵琶、筝、节鼓、竖箜篌、横笛（图 2-14：1）。

（2）墓葬壁画图像

北魏平城时代前期墓葬中的燕乐组合，主要出现在墓葬壁画图像中，以大同沙岭 7 号墓为代表。此墓的基本情况见于第壹章中。其中，与墓室北壁"车马出行图"相对，墓室南壁为"宴飨庖厨图"，画面中以折曲步障间隔，左端以堂屋为中心展现宴飨场面，其中下部为"燕乐"及"百戏"组合（图 2-12）。"燕乐组合"共四人，坐于筵上，分别演奏阮咸、竖笛、筝和鼓。乐工皆头戴黑色合欢帽，身着红、黑长襦。其身旁有舞者四人，以一字排列、单脚站立舞蹈。另一组为"百戏组合"，分别表演角抵、跳丸等戏。组合中以四人为一组的坐乐组合形式，直接来源于十六国时期东北和河西墓葬壁画，但乐舞组合与人物衣着服饰却表现出更鲜明的北族特色。音乐组合在发展上所呈现出的杂糅式吸纳，既体现出各区域之间的融合，同时也表现出对汉魏传统的承续。壁画中的"燕乐组合"从属于宴飨场景。此类以墓主为中心、宾客成列而坐的宴飨形式，远承汉墓壁

---

[1] 同前揭《西安北郊北朝墓清理简报》。
[2] 内蒙古博物馆 郭素新：《内蒙古呼和浩特北魏墓》，《文物》1977 年第 5 期，第 38～41 页。
[3] 同前揭《光宅中原——拓跋至北魏的墓葬文化与社会演进》，第 198 页。

图 2-11　安徽马鞍山朱然墓出土漆案所见乐舞百戏图

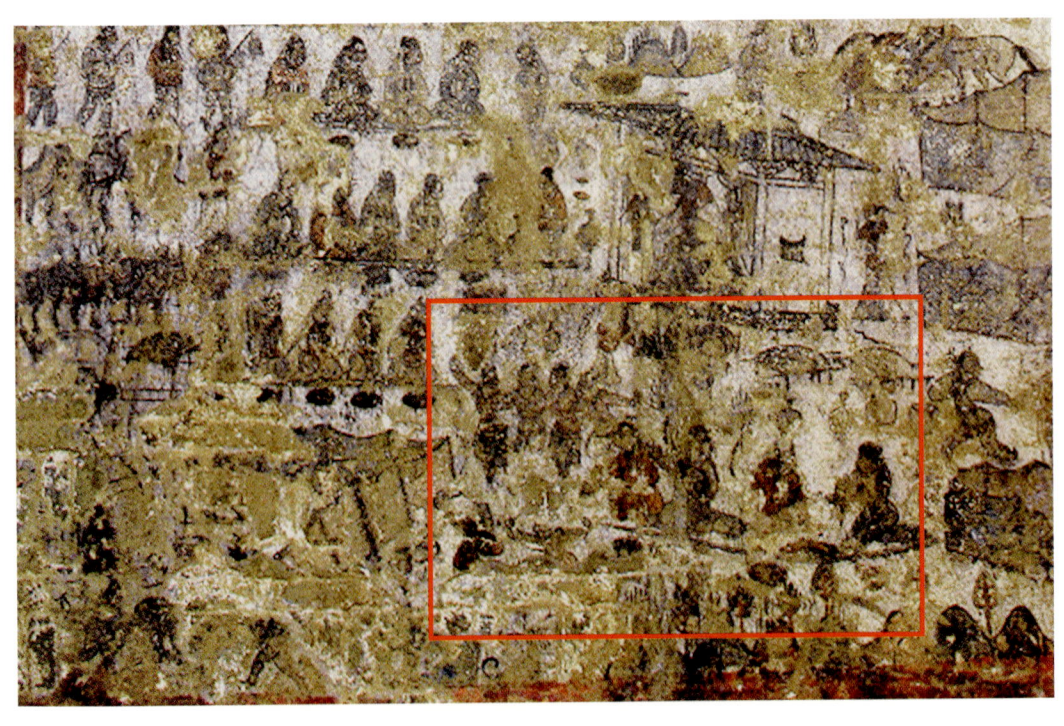

图 2-12　山西大同北魏沙岭 7 号墓壁画中的乐舞百戏组合

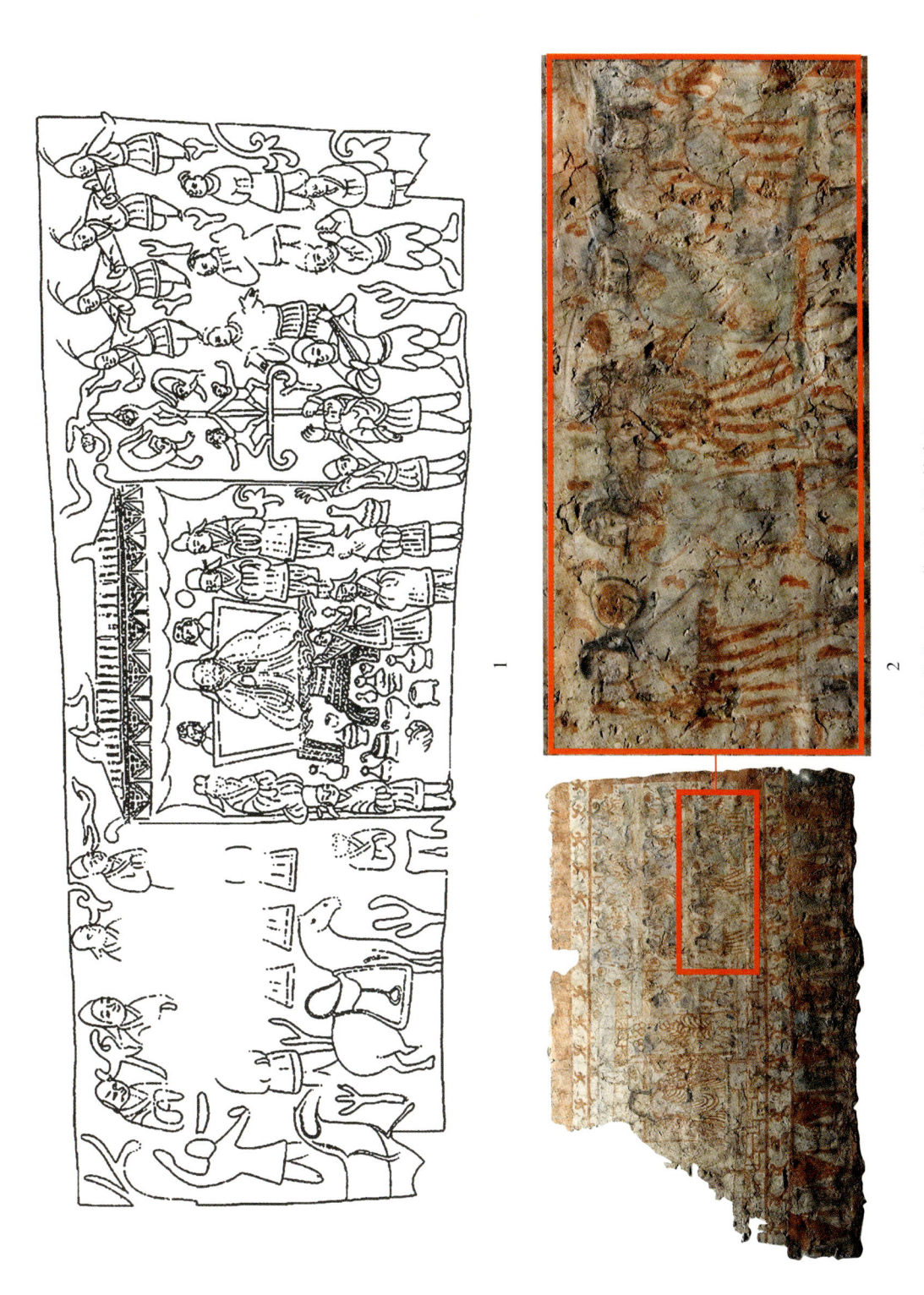

图 2-13 平城时代前期墓葬壁画"燕乐组合"的发展
1. 山西大同梁拔胡墓壁画；2. 山西大同云波里路 1 号墓壁画

贰｜中古中国墓葬遗存中的燕乐组合　93

画宴饮图像的传统。这种结合反映出北魏王朝在文化上向汉魏传统回归。如果说这种回归是大趋势，那么"胡""俗"等新元素的融入则是新特点。

年代较之略晚的山西大同"大代和平二年"（461）梁拔胡墓，[1]在墓室北壁绘一组以墓主宴飨为中心的"燕乐百戏"（图 2-13：1）。壁画正中绘墓主人，其右侧为车马出行，其左侧为燕乐百戏。据人物衣着及组合可将其分为两组：一组是以"缘橦伎"为核心的百戏组合，另一组是位于右上角四人一组的舞蹈组合，源自十六国河西地区的四人成组的"坐乐组合"则被省略。舞伎皆头戴尖帽、身着右衽短襦。这一乐舞组合形式应是从沙岭壁画墓发展而来的，但其服饰表现出胡化的特征。舞伎与百戏伎的衣着左、右衽混搭，反映出民间在汉文化的接受与取舍上，尚处于混乱融合的状态。

山西大同云波里路 1 号墓年代或与梁拔胡墓时代相当，[2]其墓室东壁为以墓主夫妇为中心的"燕乐图"（图 2-13：2）。墓主夫妇端坐于屋宇之下，其左侧分上、中、下三层排列三组人物。其中第三层为奏乐组合，共五人，均为站立胡人形象：身着圆领长袍，束腿袴褶，足踏黑靴，手中所持乐器有曲项琵琶、横笛、排箫、细腰鼓、手鼓。横笛与细腰鼓主要流行于魏晋十六国时期的河西地区，曲项琵琶则是北魏西域传入胡乐的典型代表。

2. 北魏平城时代后期

随着北魏统一北方，南北格局基本奠定。至孝文帝时，在自上而下的推动下，北魏王朝华夏化进程得以全面推进。进一步回归汉魏传统，是孝文帝进行华夏化改革的总方向，其中重要的议题之一即是礼乐文化建设。曹魏以降，北方地区在"薄葬之风"的影响下，政治核心区墓葬出现了由多室向单室的转变，墓葬中抑制壁画，具有礼制内涵的仪仗卤簿转而以俑群组合的形式出现。据此，俞伟超、齐东方先生先后提出并阐释了"晋制"之说。[3]丧葬中"晋制"的影响力及涵盖范围或可商榷，但其在都城地区的主导作用是可以肯定的。要者之一，即俑群组合中融入了礼制内涵，使其成为十六国时期胡族政权探索墓葬礼制时的直接参照对象。因而在墓葬制度层面，孝文帝的华夏化改革，最集中地体现在将汉魏传统与西晋以来的墓葬俑制相结合上。在此背景下，政治核心区墓葬中的燕乐组合，也集中出现以伎乐俑的形式替代墓葬壁画的现象。

除此之外，倪润安先生在总结北魏平城时代后期墓葬图像的特点时，提出两个发展

---

[1] 山西省考古研究所、大同市考古研究所：《山西大同南郊仝家湾北魏墓（M7、M9）发掘简报》，《文物》2015 年第 12 期，第 4~22 页。

[2] 大同市考古研究所：《山西大同云波里路北魏壁画墓发掘简报》，《文物》2011 年第 12 期，第 13~25 页。

[3] 俞伟超：《汉代诸侯王与列侯墓葬的形制分析——兼论"周制"、"汉制"、"晋制"的三阶段性》，载所撰《先秦两汉考古学论集》，文物出版社，1985 年，第 117~125 页；齐东方：《中国古代丧葬中的晋制》，《考古学报》2015 年第 3 期，第 345~366 页。

趋势，一是壁画的简约化，二是图像的葬具化。[1] 在此趋势下，墓葬壁画中的"宴飨题材"逐渐消失，葬具上的"燕乐组合"也趋于衰落，进而简化为伎乐主题的装饰性元素。这两种趋势得以出现，恰以墓葬俑制的兴起为动力。换言之，北魏王朝在继承汉魏传统的基础上，在墓葬中试图接受"西晋俑制"，以塑造一种全新的墓葬礼制，从而确立自身在华夏礼乐重建过程中的主导性地位。

（1）伎乐俑

北魏太和前后，以伎乐俑形式表现的燕乐组合开始流行于政治核心区墓葬中，以山西大同云波路 M10、[2] 雁北师院 M2、[3] 雁北师院 M52、[4] 司马金龙墓[5] 为例。

云波路 M10 位于山西大同云波路，是一座坐北朝南的长斜坡墓道方形土洞墓。该墓未出纪年材料，原简报推断其为北魏平城时期墓葬，并认为其应在北魏太和之后，本文从之。伎乐俑为女乐组合，共 3 件，位于石椁前。均为泥质红陶，高 19.3～20.9 厘米。乐伎为女性，均坐姿，头戴黑色"合欢帽"，身着交领窄袖长襦，面均涂白，面覆靥装，在眉心、下颔及两颊饰以红彩。所奏乐器均已残失，从演奏姿势推断其组合为：竖笛、横笛、筝（图 2-14：4）。

雁北师院 M2 位于山西大同曹夫楼村，是一座坐北朝南的长斜坡墓道单室砖墓。该墓未出纪年材料，原报告推断此墓年代为北魏平城时期，本文年代从之，但根据其衣着左衽的特点，判断其年代可能尚未到太和年间。伎乐俑共 10 件，均为泥质红陶，高 19.2～22.7 厘米。乐伎为女性，皆头戴带有十字缝痕的鲜卑式"合欢帽"，身着左衽斜领窄袖长襦。其中 2 件为舞俑，均站立舞蹈，抬左手甩袖。其余 8 件端坐奏乐，乐器已残失，从其演奏姿势推断其组合为：横笛、筝、竖箜篌、觱篥、节鼓、琵琶、铜钹等（图 2-14：2）。

雁北师院 M52 位于山西大同曹夫楼村，是一座坐北朝南的长斜坡墓道砖室墓。该墓未出纪年材料，仅在一墓铭文砖上出现"平远将军"铭文以证明其身份。原报告推断其年代为北魏平城时期，本文从之，并认为其与雁北师院 M2 年代相当。伎乐俑共 3 件，位于东耳室内。均为泥质灰陶。其中舞俑 2 件，高 22.9～23.6 厘米。一件头部已残，另一件头戴鲜卑式"合欢帽"。二人均里穿圆领内衣，外着左衽斜领窄袖长襦，项上佩戴璎珞状环饰，站立舞蹈，抬右手甩袖。坐乐俑 1 件，高 21.8 厘米，端坐抚筝。由于该墓被盗，故此坐乐组合并不完整（图 2-14：3）。

---

[1] 同前揭《光宅中原——拓跋至北魏的墓葬文化与社会演进》，第 186 页。
[2] 大同市考古研究所：《山西大同云波路北魏墓（M10）发掘简报》，《文物》2017 年第 12 期，第 4～21 页。
[3] 大同市文物考古研究所 刘俊喜主编：《大同雁北师院北魏墓群》，文物出版社，2008 年，第 40～70 页。
[4] 同前揭《大同雁北师院北魏墓群》，第 27～39 页。
[5] 同前揭《山西大同石家寨北魏司马金龙墓》，《文物》1972 年第 3 期，第 20～29 页。

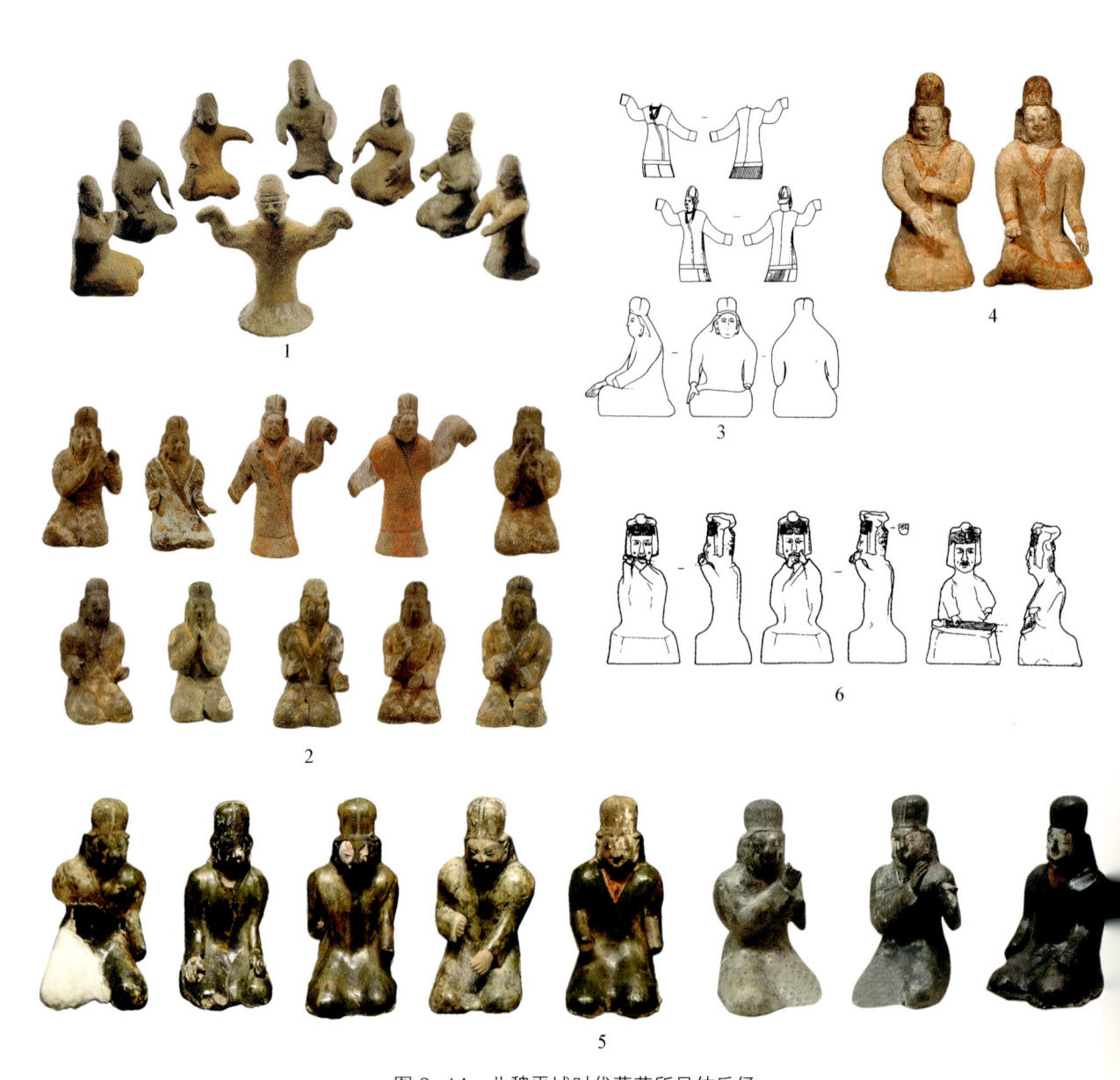

图 2-14 北魏平城时代墓葬所见伎乐俑
1. 呼和浩特大学路北魏墓；2. 雁北师院 M2；3. 雁北师院 M52；4. 大同云波路 M10；
5. 大同司马金龙墓；6. 西安顶益制面厂 M217

　　司马金龙墓在第壹章中已有介绍，所出伎乐俑位于前室东耳室，为女乐组合，共 12 件。原简报称其分大小两种，小的高 15～17 厘米，大的高 20.5 厘米。鉴于司马金龙与其夫人分别葬于太和八年（484）与延兴四年（474），我们推断这些乐俑或分属两批。司马金龙夫妇相别的前后十年是北魏在政治和文化上深刻变革的十年，从已刊布的乐俑材料看，其中绿釉陶坐乐俑虽仍头戴鲜卑式"合欢帽"，但是衣着上已受汉文化影响而变为

96　无声胜有声：中古中国墓葬音乐文物与礼乐文化

图 2-15 平城时代墓葬葬具图像所见燕乐组合
1. 山西大同北魏宋绍祖墓石堂；2. 山西大同北魏解兴墓石堂

右衽。简报未将材料完全刊布，刊布的四件釉陶制乐俑中乐器已残失，从演奏姿势推断，奏乐组合涉及琵琶、竖箜篌、觱篥、横笛（图2-14：5）。

总体来看，平城时代后期的伎乐组合具有以下特点：以站立舞者为核心、坐乐俑为伴奏乐队；其衣着皆为鲜卑装，且衣领着重表现出左衽的特点；音乐组合中新出现了由西域新传来的竖箜篌和琵琶等乐器。这一组合形式当是北魏融合各方后所创制的新形式，还可与同时期的云冈石窟互为参照。[1] 此外，此前在壁画中占据主导的"百戏组合"，此时也多以陶俑形式表现，与燕乐组合相杂糅。

（2）葬具图像

这一时期墓葬中出现燕乐组合的葬具，以解兴墓石堂[2]与宋绍祖墓石堂[3]为例。

解兴墓石堂收藏于大同北朝艺术博物馆，是一个长方体石葬具，长216、宽105、高118厘米，由30块石板组成。石堂为平顶，边缘绘有梁柱、斗拱等建筑部件。四壁皆绘有壁画，一幅朝外，三幅朝内。朝外一壁绘镇墓武士，朝内后壁绘墓主夫人正坐图，其身旁两侧为鞍马、牛车；两侧壁之上绘燕乐图。从其门楣上先写后刻并墨书描绘的文字中得知，墓主为"解兴"，葬于"大（代）太安四年"（458）。石堂内左、右两侧壁上绘有一组燕乐图。每壁3人，其中一人为站立侍者，两壁上侍者分别为一男一女。另有两人坐白色毡筵上，头戴垂裙皂帽。四人分别演奏竖笛、阮咸、筝、竖箜篌。其略有不同，弹奏阮咸者身着红裙，其上饰有联珠纹花边，吹洞箫者身着紫色短衣、长裤；弹竖箜篌者身着浅红色短衣，奏筝者身着长袍。乐伎面前摆有果榼、酒具，其身后为葡萄枝。正壁上墓主夫妇端坐饮酒，欣赏音乐（图2-15：2）。

宋绍祖墓石堂为前廊后室、仿木构建筑结构，四柱悬山顶，外侧四壁上有雕刻，其燕乐图位于石椁内两壁上。在其内壁图像中，北壁绘有两位男子，分别抚琴奏阮；西壁绘两组共五位男子，作舞蹈状，其中一组三位手持响铃舞蹈，另一组中两位腾跃舞蹈（图2-15：1）。该形式颇具南方"竹林高士"之意趣，[4]但在北方礼乐文化发展之主流上观察，它实则是对汉魏传统墓葬壁画中燕乐组合的一种替代。

综合上述三类材料来看，在北魏平城时代早期，作为文化缓冲区的关陇地区是十六国时期的政治核心区，其区域内墓葬所出伎乐俑组合，作为前朝礼乐符号组成部分的孑

---

[1] 赵昆雨：《戎华兼采、鲜卑当歌——北魏平城时代乐舞文化中的鲜卑因素》，《中国音乐》2015年第4期，第7~14、33页。

[2] 张庆捷：《北魏石堂棺床与附属壁画文字——以新发现解兴石堂为例探讨丧葬文化的变迁》，刊于北京大学中国考古学研究中心编《两个世界的徘徊——中古时期丧葬观念风俗与礼仪制度学术研讨会论文集》，科学出版社，2016年，第234~249页。

[3] 同前揭《大同市北魏宋绍祖墓发掘简报》，第19~39页。

[4] 郑岩：《魏晋南北朝壁画墓研究》，文物出版社，2016年，第213页。

遗短暂延续。在政治核心区内，墓葬图像中的燕乐组合，以汉魏传统壁画中"宴飨图"的组成部分出现，是对汉代乐舞百戏图像的截取与发展。平城时代后期，早先作为墓葬壁画"宴飨图"组成部分的"燕乐组合"，开始在葬具上表现，并且在一定程度上延续了在东北和河西地区的传统组合形式，并融入了南方政权的图式。燕乐组合中占据主导的是伎乐俑的形式，此前在壁画中占据主导的"百戏组合"，此时也多以陶俑形式表现，但其从属于燕乐系统的伎乐俑组合中，并不具备实际的礼制意义。

3. 北魏洛阳时代

从平城到洛阳，对于北魏王朝来说是政治中心的转移，同时也是一次文化上的跃迁。表现在物质文化层面，最直接可见的便是墓葬文化的"晋制化"。与鼓吹乐组合的显隐同步，墓葬中燕乐组合同样于北魏洛阳时代晚期复现。此时的"燕乐组合"已将"百戏组合"排除在外，但在用乐形式上比前代更为丰富。同平城时代一样，北魏洛阳时代墓葬所见燕乐组合主要表现为三类：伎乐俑、墓葬壁画图像、葬具图像。

（1）伎乐俑

北魏洛阳时代出土燕乐俑的墓葬，以河南偃师染华墓、[1] 河南洛阳元邵墓、河南洛阳北陈村王温墓、[2] 河南洛阳杨机墓[3]为例，这些墓葬皆位于当时的政治核心区内。

元邵墓与王温墓所出"燕乐组合"乐俑皆位于墓室东南角。其中，元邵墓所出为乐舞相伴的组合形式，包括坐乐俑6件、舞俑1件。舞俑为女子，坐乐俑为头戴平巾帻、身着褒衣博袖衣袍的男乐伎（图2-16：1）。所用乐器中可辨识的有筝和排箫，另有二人端坐，一旁为筒状物，我们推测很可能是编钟的底座。王温墓由于被盗，仅见女舞俑1件，且头部已残（图2-16：3）。北魏孝昌二年（526）染华墓中，随葬"燕乐组合"包括乐俑7件、舞俑2件。刊布资料中仅见1件头戴平巾帻、弹奏琵琶的男乐伎。乐俑所奏琵琶表面装饰碎花，形制具有北魏洛阳时期的典型特征（图2-16：2）。"永熙二年"（533）杨机墓由于被盗，无从知道原始出土情况。墓中随葬坐乐俑8件、舞俑2件（图2-16：4）。坐乐俑均头戴平巾帻，身着交领敞袖衣裳，束腰挽结，冠、眉与衣着分别施黑、红二彩。所用乐器中尚存琵琶和节鼓。其余乐伎所用乐器均已残失，据其演奏姿势推断，当有横笛、排箫、笙、觱篥、曲项琵琶与竖箜篌。舞俑为头梳双髻、面饰花钿、朱腮红唇的女子。

从基本组合形式看，这些乐俑呈现出乐、舞相伴的形式，舞者为女子，男坐乐俑作为伴奏乐队。该组合延续了平城时代中期形成的乐舞相伴的形式，但一改十六国至北魏

---
[1] 偃师市商城博物馆：《河南偃师两座北魏墓发掘简报》，《考古》1993年第5期，第414~425页。
[2] 洛阳市文物工作队：《洛阳孟津北陈村北魏壁画墓》，《文物》1995年第8期，第26~35页。
[3] 洛阳博物馆：《洛阳北魏杨机墓出土文物》，《文物》2007年第11期，第56~69页。

图 2-16　北魏洛阳时代墓葬出土伎乐俑
1.元邵墓；2.染华墓；3.王温墓；4.杨机墓

平城时代以女乐表现燕乐组合的设计，而是按照汉魏传统，以男乐伎为伴奏乐队。其中，乐伎、舞伎皆去鲜卑装而着汉服。二女皆为扶膝、提裙状的模式化姿态。在用乐配置上，形成了以琵琶、竖箜篌、觱篥、笙、筝、节鼓为组合的用乐组合。在该组合中，琵琶、竖箜篌、觱篥皆为西域入华胡乐组合之核心；笙与筝则为汉晋中原之传统组合。这些组合将华夏传统与各种外来音乐元素相结合，进一步表现出北魏王朝的华夏化进程。

（2）墓葬壁画图像

以墓室壁画图像形式表现燕乐组合的，可见于王温墓中。其墓室东壁绘有一四坡顶轿形帷帐，其下为墓主夫妇正坐场景。墓主夫妇右手一侧有三女子作舞蹈状，头梳丫形高髻，身着红、黑色广袖开领长衣，衣带向左飘动。

（3）葬具图像

以葬具图像形式表现燕乐组合的案例，可参见山西榆社河峪乡出土乐舞百戏浮雕石棺。[1] 该石棺是村民在修整田地时发现的。石棺包括石帮板2块、碣1块。帮板长220、宽80、厚10厘米。前宽后窄，为灰白石质。碣高90、宽66、厚8厘米，上宽下窄。据石棺刻铭可知，石棺主人"方兴"卒于北魏神龟年间。他在太和年间任应川太守，熙平年间任"遂远将军、□郡太守"。其出土地点在旧都平城的辐射范围内，其地在洛阳时代已处于文化缓冲区。

关于其石棺图像，右帮板外侧刻有墓主生前生活作乐和死后骑着青龙升天的画面。左帮板外侧中部刻有墓主生前"出行图"和"狩猎图"。碣板中央刻有墓主夫妇并坐堂下的"宴飨图"，墓主夫妇面前为一组乐舞百戏图。其中，燕乐组合可分为上下两排：上排5人，以男女二人对舞为中心，两侧三乐伎端坐，分别演奏筝、曲项琵琶、横笛。下排6人，以酒具隔开，可分左右两组，左侧3人以一舞女为中心，两乐伎分别奏洞箫、横笛；右侧3人以一舞女为中心，两乐伎分别奏觱篥和细腰鼓，其中吹觱篥者头戴尖帽，具有胡人特征（图2-17）。此石棺所刻图像，将"燕乐"与"百戏"两组杂糅一处，是东汉

图2-17 山西榆社河峪乡出土石棺所见乐舞百戏图

---

[1] 王太明、贾文亮：《山西榆社县发现北魏画像石棺》，《考古》1993年第8期，第767页。

及北魏平城时代"宴飨图"中的基本形式。这种形式与政治核心区内墓葬所见燕乐组合形成错位，可以看作北魏平城中期以来"图像葬具化"特征在北魏洛阳时代文化缓冲区内之遗绪。

总体而言，这一时期墓葬图像中的燕乐组合，以各种载体重新出现，并且在组合形式上都呈现出以"二女对舞"为中心的乐舞组合形式，同时还具有鲜明的胡、汉交融之特点。然而，这并不是对此前某个具体时间段内墓葬文化的简单再现和模仿，而有着更深刻的时代动因与历史契机，我们将在第陆章进行讨论。

（三）守正与创新：东魏—北齐与西魏—北周

东、西魏自洛阳分野之后，继承并继续发展北魏洛阳时代着手重建的礼乐传统。表现在墓葬层面，双方都继承和发展了北魏晚期墓葬中的鼓吹乐俑这一形式，并使其具备了墓葬礼制的意义。在宴飨用乐方面，双方从建立之初便高下立见。东魏—北齐政权对洛阳时代的宴飨音乐进行了全面的吸收和发展，为此后隋唐时期燕乐的形成奠定了基础，这些内容在墓葬文化中有着全面体现，并突出表现在随葬伎乐俑和墓室壁画中。西魏—北周墓葬中缺少对伎乐俑的塑造，燕乐组合主要以墓室壁画和葬具图像来表现，并呈现出地域文化与外来因素相融合的特点。

1. 东魏—北齐

东魏政权初至邺城，其墓葬文化即开始了新的范式。这一阶段墓葬中的燕乐组合，主要以伎乐俑的形式表现。其造型基本继承了北魏洛阳的传统，但组合和规模皆有所发展扩大。北齐建立后，作为陪都的晋阳地区，墓葬中的燕乐组合来自北魏平城的传统，主要以墓室壁画的形式表现。在邺城和晋阳之间的文化缓冲区内，有的高等级墓葬则兼有两个中心区的文化特征。这一时期的东方地区是汉人士族的广布之地，其墓葬文化与北齐政治核心区存在一定差异，既表现出政治核心区墓葬文化的辐射，同时也表现出南朝墓葬文化的影响。

（1）邺城地区

东魏—北齐时期邺城地区墓葬中的燕乐组合，在表现形式上主要以伎乐俑的形式呈现。在音乐组合上，这些伎乐俑延续了洛阳时代晚期墓葬中的组合特征。出土此类组合的墓葬，典型者有东魏茹茹公主墓[1]与北齐湾漳大墓。[2]

---

[1] 磁县文化馆：《河北磁县东魏茹茹公主墓发掘简报》，《文物》1984年第4期，第1~9页。
[2] 中国社科院考古研究所、河北省文物研究所：《磁县湾漳北朝壁画墓》，科学出版社，2000年。

东魏武定八年（550）茹茹公主墓，位于河北磁县城南大冢营村，墓主郁久闾叱地连为高欢第九子高湛之妻。作为高氏集团上层成员及高氏对外的政治纽带，其显耀身份得以在墓葬中彰显。该墓出土46件坐乐俑（简报称"跽坐俑"），高18.5～20厘米，均为头戴平巾帻的男乐伎（图2-18：1）。乐伎均身着右衽宽袖衫，腰间系带，下着裳，乐器已失。该墓还发现陶质模型编钟12件、编磬9件（图2-18：2）。虽然简报对此没有完全刊布，但综合来看，墓中应当随葬有一套以演奏编钟、编磬为核心的伎乐组合。此外，该墓出土女舞俑5件，高18.5～23厘米。头挽高髻，穿袖口饰斜线纹的右衽衫，系曳地长裙，右臂曲举，左膝抬起作舞。此类舞俑基本沿袭了北魏洛阳晚期扶膝舞俑的造型特点。

湾漳大墓位于河北磁县湾漳村，墓葬中绘制高规格壁画，出土随葬品达2215件。该墓虽未出土纪年材料，但目前学界普遍认为其墓主为北齐文宣帝高洋。出土坐乐俑（报告称"跽坐俑"）41件，均为头戴平巾帻的男乐伎（图2-18：3）。此外，在墓葬中还发现有陶质编钟、编磬模型（图2-18：4）。其中，编钟有大小之分，大编钟5件，长6.5、宽3.4厘米；小编钟28件，长5.2、宽3.1厘米。编磬分为一孔编磬13件、三孔编磬8件，长3.7、宽1.3厘米。参照茹茹公主墓编钟、编磬模型的数量，我们推断墓中所葬编钟、编磬应不止一套。

邺城地区墓葬在其壁画题材与分布上形成了一定趋同，郑岩先生称其为"邺城规制"。[1]其中的燕乐组合亦呈现出一定的模式性，其音乐组合以钟磬为中心，具有所谓"华夏正声"的意义。同时，随葬乐俑的套数也是等级划分的标准之一。该模式承自北魏洛阳而来，直接影响了入隋之后安阳地区燕乐组合的塑造。

（2）晋阳地区

东魏—北齐时期晋阳地区墓葬中的燕乐组合，源自北魏前期的平城。在表现形式上，其墓葬继承了平城时代墓葬的壁画传统，燕乐组合以墓室壁画的形式呈现。这种形式表现为：在墓室北壁绘制以墓主夫妇并坐宴飨为中心的"燕乐图"，在东、西壁分别绘制以鞍马、牛车为中心的"出行图"。在音乐组合上，呈现出一定的胡乐色彩。出土此类组合的墓葬，以北齐徐显秀墓[2]和娄睿墓[3]为例。

北齐武平二年（571）徐显秀墓位于山西太原郝庄乡王家峰村，是一座斜坡墓道单室

---

[1] 郑岩：《论"邺城规制"——汉唐之间墓葬壁画的一个接点》，刊于所撰《逝者的面具——汉唐墓葬艺术研究》，北京大学出版社，2013年，第308～336页。
[2] 山西省考古研究所、太原市文物考古研究所：《太原北齐徐显秀墓发掘简报》，《文物》2003年第10期，第4～40页；太原市文物考古研究所：《北齐徐显秀墓》，文物出版社，2005年。
[3] 山西省考古研究所、太原市文物管理委员会：《太原北齐娄叡墓发掘简报》，《文物》1983年第10期，第1～23页；山西省考古研究所、太原市文物考古研究所：《北齐东安王娄睿墓》，文物出版社，2006年。

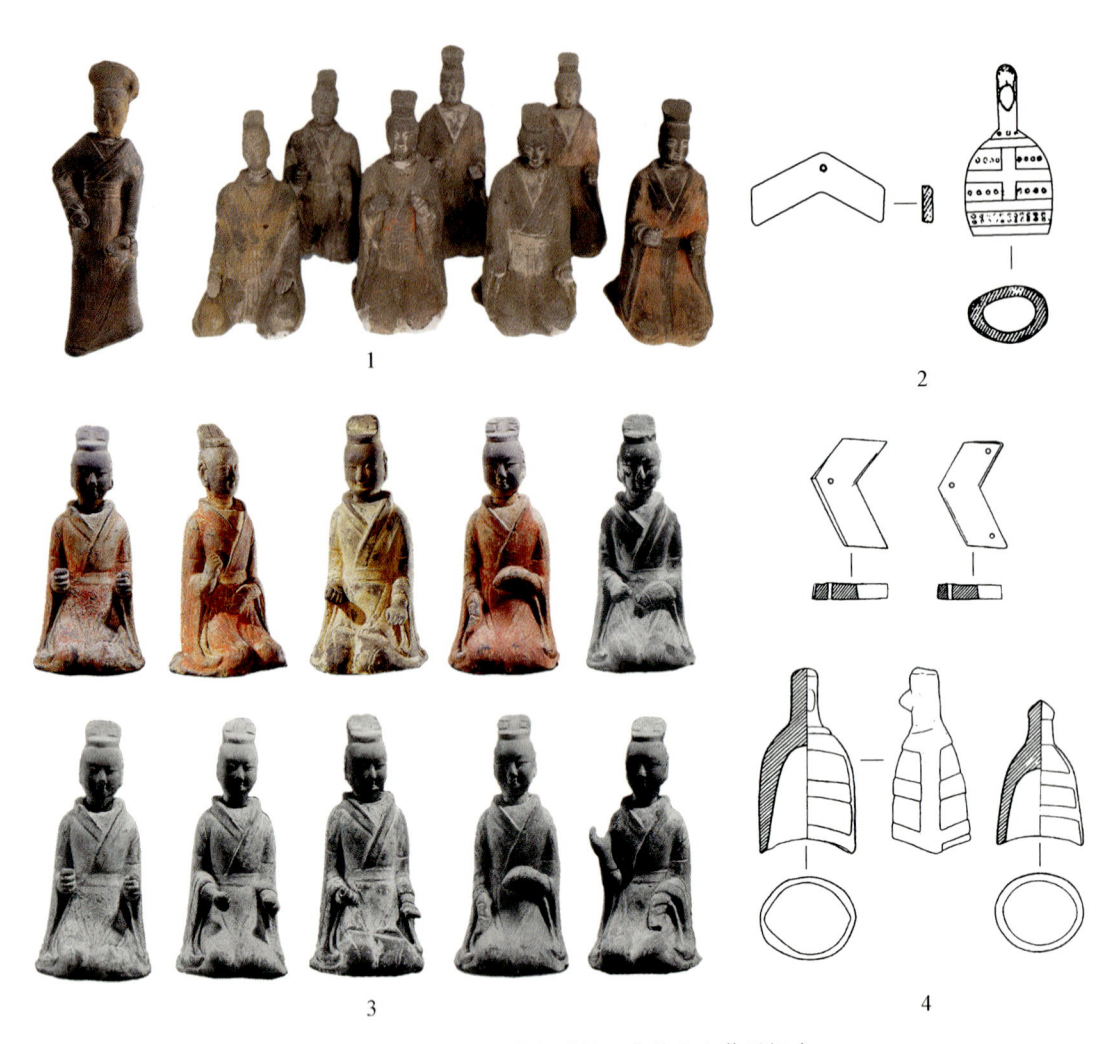

图 2-18　东魏—北齐邺城地区墓葬出土燕乐组合
1. 茹茹公主墓出土伎乐俑；2. 茹茹公主墓出土陶质编钟、编磬；
3. 湾漳大墓出土伎乐俑；4. 湾漳大墓出土陶质编钟、编磬

砖墓。墓主徐显秀为北齐"太尉公、太保、尚书令、武安王"。其壁画"宴乐图"位于墓室北壁，以墓主夫妇并坐为中心（图 2-19：1）。二人并坐于毡帐下的屏风前，均采用了右手持杯的"胡人饮酒构图"模式，[1] 虽衣着右衽，但身披毛裘，带有浓厚的内亚色彩。墓主夫妇面前正中以一大盘黍豆为中心，盘上摆放十三个漆豆，其内盛放食品，表明其"宴飨"主题。其身旁两侧分立男女侍者，手捧酒杯，身着对兽联珠纹长裙，其服饰风格深受波斯艺术影响。毡帐的周围不再使用平城时代常见的"百戏组合"，而是采用了一套规模可观的"燕乐组合"。左右两众人分别立于旌旗、羽葆之下。以墓主视角观之，其右

---

[1] 胡人饮酒构图多见于北朝隋唐时期的北方草原石刻中，其基本形式具有内亚民族特点。

侧众人以妆容推断皆为女伎，其头皆梳高髻，身着橘红色窄袖长裙，足踏翘脚黝靴。其前三人分别演奏竖箜篌、笙与四弦曲项琵琶，其后诸人左右相视作和歌状。左侧众人以妆容、胡须推断皆为男伎，头戴幞头、头巾或三棱形风帽，身着右衽窄袖长袍，足蹬乌皮靴，腰间系带。其前三人分别演奏四弦曲项琵琶、五弦琵琶、横笛，其后诸人左右相视作和歌状。从其用乐组合来看，除了笙为中原传统乐器，其余皆为胡乐组合，弹奏琵琶者皆采用拨奏方式，其服饰及用乐组合皆可窥得西风之渐染，而与邺城地区墓葬中以编钟、编磬为中心的"清乐系"燕乐组合形成鲜明对比。

北齐武平元年（570）娄睿墓位于山西太原南郊区王郭村西南1公里处，是一座坐北朝南带斜坡墓道单室砖墓。墓主娄睿为北齐"右丞相、东安王"，身份极为显赫。墓室北壁壁画虽遭到破坏漫漶不清，但是残存图像中可见为两组女乐伎，可知应为"宴乐图"（图2-19：2）。其中乐伎均头梳双髻，身着裙裳。以墓主人视角，从残破画面可见墓主右侧女乐伎中，有一组四弦曲项琵琶与笙组合，墓主左侧乐伎中残存一竖箜篌乐伎，与徐显秀墓壁画所见用乐组合基本一致。

晋阳地区墓葬中的壁画，在题材和分布上亦存在一定趋同，燕乐组合同样遵循一定的模式。在表现形式上，其基本延续了此前墓室壁画以"墓主宴飨为中心"的宴乐模式，我们可在北魏平城时代墓室壁画中追溯其渊源。不过，相比之下，此时图像中舍弃了此前的"百戏组合"，单以"燕乐组合"表现乐舞。在音乐组合上，相比邺城地区墓葬，其用乐配置上呈现出更为突出的胡乐特征。其中，曲项琵琶与竖箜篌组合是胡乐组合的基本标识，两种乐器在具体配置上则根据需要随机省缺调换并与笙组合，以体现出胡乐与汉乐之交融。

（3）文化缓冲区

东魏—北齐时期的文化缓冲区包括两个地区：一方面是汉人士族聚集的东方地区，另一方面则是北齐的边庭地区。在东方地区墓葬中存在两种情况：一是受邺城地区文化辐射，一些地方大族墓葬中出现与邺城地区墓葬中相似的燕乐组合，以河间邢氏墓为例。二是受南朝墓葬文化影响，一些墓葬中出现音乐元素与高士题材相结合的图像，这一题材我们将在第肆章叙述。边庭地区墓葬以朔州水泉梁壁画墓[1]为代表。

位于河北省河间县的北魏延昌三年（514）邢峦墓与东魏兴和三年（541）邢晏墓在第壹章中已经介绍。随葬坐乐俑组合中包括男坐乐俑4件，均头戴平巾帻，分别演奏琵琶、竖箜篌、筝、节鼓。其组合形式与用乐特点与北魏晚期至东魏时期燕乐组合形式基本一致。

---

[1] 山西省考古研究所、山西博物院、朔州市文物局、崇福寺文物管理所：《山西朔州水泉梁北齐壁画墓发掘简报》，《文物》2010年第12期，第26~42页。

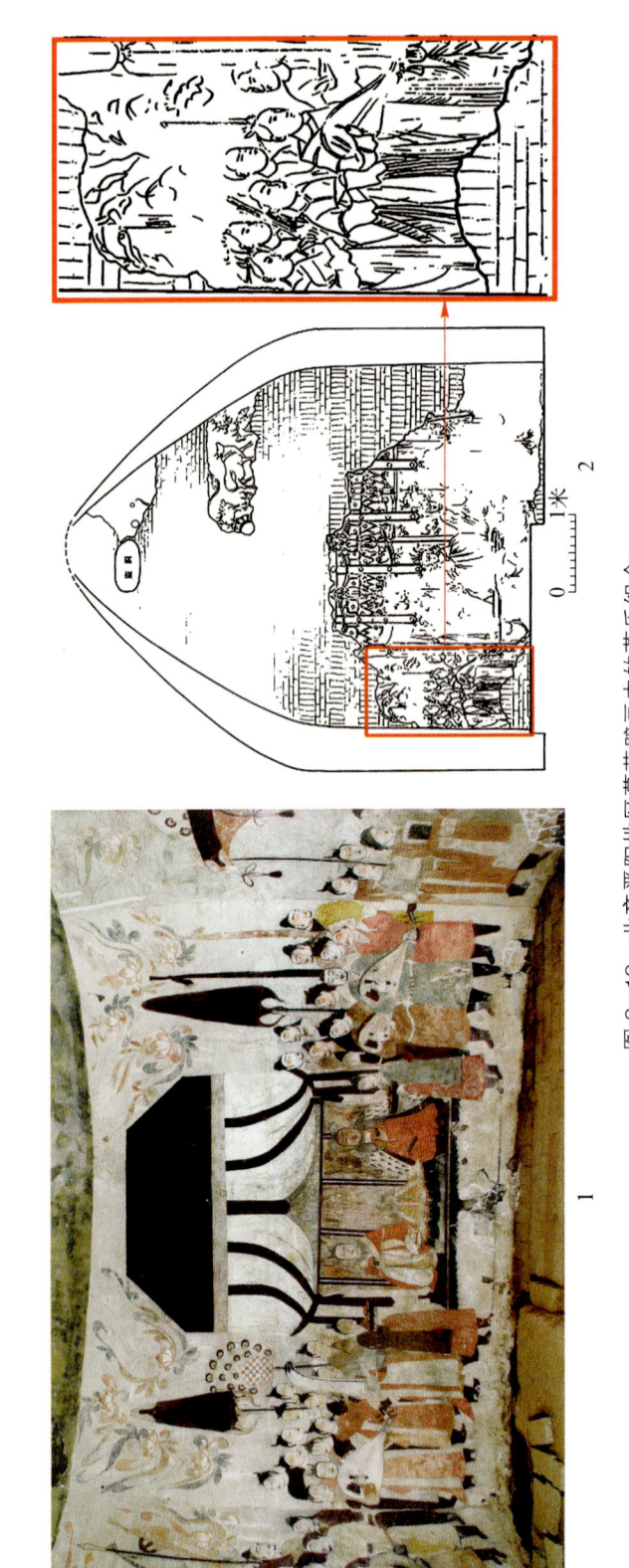

图 2-19 北齐晋阳地区墓葬壁画中的燕乐组合
1. 山西太原徐显秀墓；2. 山西太原娄睿墓

106　无声胜有声：中古中国墓葬音乐文物与礼乐文化

水泉梁墓位于山西朔州市朔城区水泉梁村西 1.5 公里处，是一座斜坡墓道单室砖墓。由于被盗严重，墓主身份不明。墓室北壁"宴乐图"中，墓主夫妇坐于毡帐下的榻上，左手持杯作饮酒状。以墓主视角，其右手一侧共有五名侍女，衣着妆容皆与娄睿墓壁画所绘相似；其左手边则为一组伎乐组合，组合中共五人，皆为男子，头戴软头巾，身着窄袖齐膝长袍，腰系蹀躞带，该装束具有鲜明的北族特点。在五人中有一人弹奏竖箜篌，一人吹笙，其余三人作和歌状。

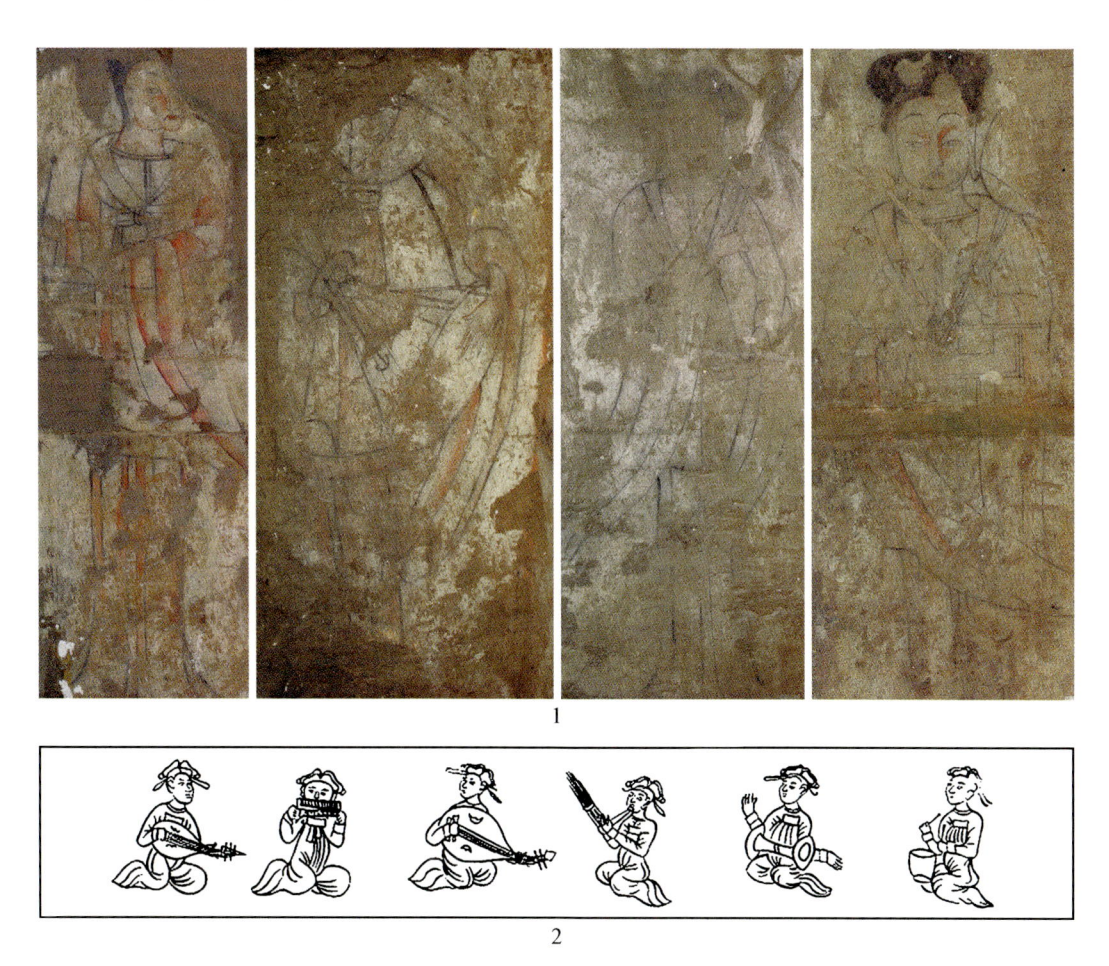

图 2-20　北周墓葬图像中的燕乐组合
1. 固原北周李贤墓壁画；2 郭生墓石棺线刻图像

2. 西魏—北周

西魏—北周的政治核心区以长安为中心。受自上而下的"薄葬"之风影响，其墓葬内不绘壁画，高等级墓葬随葬品主要为陶俑组合，且其中基本不见燕乐组合。区域内的其他墓葬，由于不得在墓葬内绘制壁画，其燕乐组合采取折中方式出现在葬具之上，以郭生墓石棺[1]为例。

郭生墓位于陕西省咸阳市渭城区正阳镇柏家嘴村北二道塬台地上,是一座长斜坡墓道二天井土洞墓。据墓志可知,墓主郭生为西魏"武功郡守",卒于"魏后三年"(556),于建德五年(576)其妻韩氏亡后迁葬于咸阳"午云原"。墓葬由于三次被盗,随葬品除串珠、漆器残件、小铜饰外,荡然无存。墓中所见石棺由青石雕刻拼接而成,东西横向置于主墓室北部。石棺在棺盖、底座、前档与后档上线刻精美图案,包括"伏羲女娲""四神""树下人物"及"燕乐图"。其中"燕乐图"刻于石棺底部前端立沿上,共有乐伎6人,均为坐乐女伎(图2-20:2)。乐伎均头戴华胜,上着窄袖圆领襦衫,下着高腰裳,胸前系宽带抹胸。自左向右分别演奏五弦琵琶、排箫、四弦曲项琵琶、笙、腰鼓、节鼓。其中腰鼓伎与节鼓伎在李贤墓壁画中亦已出现,且以站立形式演奏。郭生生前官至武功郡守,官阶不高,尚未达到随葬鼓吹乐俑的标准。由此推测,其或出于彰显身份之目的,将固原地区墓葬壁画中流行的、不具有等级约束的燕乐组合刻于石棺之下,以为一种对制度约束的妥协之举。

北周时期,在长安附近还发现了安伽墓、史君墓等入华粟特裔的墓葬,其中的石质葬具上多描绘祆教题材图像或与粟特人等内亚族群相关的生活、仪式场景。其中涉及大量乐舞场景。鉴于这类题材涉及中外文化在宗教与仪式层面的交流与互动,与本书礼乐文化的主旨无直接牵涉,故我将在另书中讨论。

绘制壁画的墓葬仅出现在文化缓冲区内,以宁夏固原李贤墓为例。从其残存壁画来看,墓室四壁上以屏风式的分隔人物表现侍从及伎乐,组合起来为一组燕乐组合(图2-20:1)。墓室四壁"侍从伎乐图"共20幅,因墓顶大面积塌方而遭破坏,可辨者仅剩4幅。残存画面中可见乐伎2人:一人位于南壁东端,身着宽袖衣裳,腰间束带,腰挎一鼓,双手持鼓槌击鼓;另一人位于东壁南端,身着长裙,腰间束带,手持腰鼓击之。其余两幅画面中女子与乐伎服饰相同,分别执拂尘与扇,应是表演"汉乐四舞"中"拂舞"与"鞞舞"的舞伎。

综上所述,北朝后期墓葬中不同载体之上的燕乐组合,在用乐形式上较前代存在巨大发展和变化,但基本的组合逻辑却无本质区别。胡乐渐染是彼时乐舞发展的大背景。在这一背景下,胡、汉之乐在乐器、音乐组合上都进行了融合,这种融合在北朝东西政权的墓葬中皆有体现。在融合过程中,胡乐虽占据主导而被东西地区广泛接受,但是不同地区也根据各自的需求与喜好进行了不同程度的取舍。这种取舍所形成的地域化差异,也为此后隋唐燕乐的全面兴盛奠定了基础。

---

[1] 陕西省考古研究院:《北周郭生墓发掘简报》,《文博》2009年第5期,第3~9页。

（四）从"七部乐"到"十部乐"：隋至唐初

隋文帝践祚之初，在礼制上虽然采齐、梁仪注，并在乐制上设立"七部乐"作为宴飨雅乐，但在政治上仍坚持"关中本位政策"，在文化上则封闭保守，对关东地区采取消极接受的态度。不过，这并不能阻止邺城地区墓葬文化进入隋代的政治核心区内。在北齐化因素大量涌入的背景下，关中地区墓葬中北齐式的伎乐俑再次出现，以侯子钦墓[1]为例。不仅在关陇集团的政治核心区，在文化缓冲区内，墓葬伎乐俑亦再次复兴，以甘肃天水石马坪墓[2]为例。同时，在早先北齐时期的东方地区，墓葬中出现了北魏平城时代及北齐晋阳地区流行的壁画题材，即以墓主夫妇并坐宴饮为中心的乐舞百戏场景，以山东嘉祥徐敏行夫妇墓[3]为例。上述这些组合各有来源，但都为隋唐墓葬中燕乐组合的形成奠定了基础。

隋文帝曾于北周大象二年（580）焚毁北齐国都邺城，并迁相州等诸县南下至安阳。由此，作为北齐邺城地区墓葬礼乐符号的鼓吹乐组合在该地区匿迹。与之相对，该地区墓葬中的燕乐组合却以伎乐俑的形式在开皇年间复兴，以安阳张盛墓[4]与置度村M8[5]为例。此类伎乐俑同时出现于晋阳地区的墓葬里，太原虞弘墓中即出现了用乐配置与之相似的石质伎乐俑组合。[6]

隋炀帝即位后调整文化政策，开始全面接受中原文化，积极将各方因素融合为一种全新的礼制。在音乐方面，从开皇初的"七部乐"到大业年间的"九部乐"即是一项重大推进，政治核心区内燕乐的发展，可从韦裔墓[7]中窥见一二。

入唐之后，燕乐元素丰富杂陈，但是墓葬中的燕乐组合却并不多见。贞观时期，唐太宗在修订隋代"九部乐"并新制定"十部乐"的过程中，在墓葬俑群中仅延续使用了鼓吹乐组合，关东传统中用以表现燕乐的俑群组合被革去，代之以关陇传统壁画及葬具图像表现。其发展集中反映在李寿墓壁画及葬具图像之中。[8] 除此之外，源自北周墓葬的独立人物式壁画形式，与北齐时期东方地区墓葬壁画中的树下人物元素相结合，形成

---

[1] 同前揭《中国北周珍贵文物》，第146～156页。
[2] 张卉英：《天水市发现隋唐屏风石棺床墓》，《考古》1992年第1期，第46～54页。
[3] 山东省博物馆：《山东嘉祥英山一号隋墓清理简报——隋代墓室壁画的首次发现》，《文物》1981年第4期，第28～33页。
[4] 考古研究所安阳发掘队：《安阳隋张盛墓发掘记》，《考古》1959年第10期，第541～545页。
[5] 安阳市文物考古研究所：《河南安阳置度村八号隋墓发掘简报》，《考古》2010年第4期，第48～57页。
[6] 山西省考古研究所、太原市文物考古研究所、太原市晋源区文物旅游局：《太原隋虞弘墓》，文物出版社，2005年。
[7] 张全民：《略论关中地区隋墓陶俑的演变》，《文物》2018年第1期，第75～76页。
[8] 陕西省博物馆：《唐李寿墓发掘简报》，《文物》1974年第9期，第71～88页。

图 2-21 隋代政治核心区墓葬出土伎乐俑
1. 侯子钦墓；2. 韦裔墓

一种新的燕乐组合形式，即"树下女乐图"，以李思摩墓[1]为例。以下即对上述各墓的情况予以介绍。

1. 政治核心区

作为隋初政治核心区的代表墓例，侯子钦墓中除了随葬一套鼓吹乐组合外，还随葬有一组坐乐俑。由于墓葬被盗，组合可能不全，现存4件。四人均为头戴平巾帻男乐伎，端坐奏乐，除排箫外，其他乐器已失，从其姿态判断所奏当分别为笙、琵琶与竖箜篌（图 2-21：1）。这类以头戴平巾帻的男乐伎组成的坐乐组合，与北齐邺城地区伎乐俑相近，并可追溯至北魏洛阳时代晚期以杨机墓为代表的坐乐俑组合中。其代表了隋开皇

───────
[1] 昭陵博物馆：《昭陵唐墓壁画》，文物出版社，2006年，第203页。

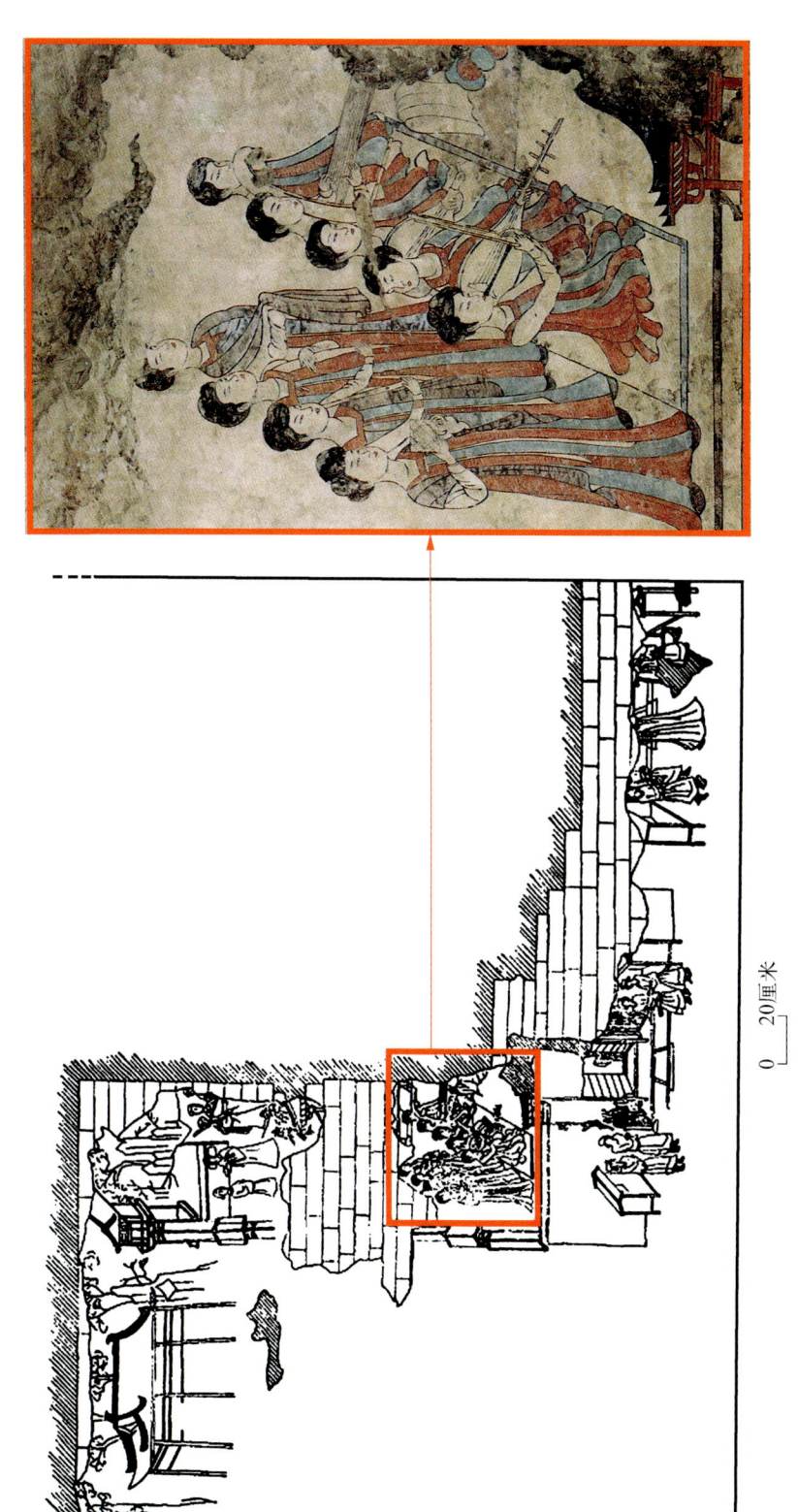

图 2-22　唐李寿墓壁画 "庭院图" 所见燕乐组合

贰｜中古中国墓葬遗存中的燕乐组合　111

年间燕乐组合的特点，反映出北齐燕乐组合初入关中时的面貌。

韦裔墓的资料尚未完全发表，仅知其中随葬一套伎乐俑，共11件，高16.3厘米。其中奏乐组合一改北魏至隋开皇年间的男乐伎形式，而表现为女乐。乐伎均头梳翻荷髻，身着广袖衣裳，端坐奏乐，分别演奏排箫、琵琶、觱篥等乐器。另有一组二女对舞俑，分别轻抬左手和右手，相向前倾作曼舞状（图2-21:2）。韦裔墓中的燕乐组合代表了隋大业年间燕乐组合的特点，即在用乐及组合上基本接纳北齐地区墓葬燕乐组合的基本配置。在造型上，则直接取材于新置安阳地区墓葬中的女乐俑造型。隋炀帝在此基础上对其进行了发展。例如，已刊布的一件琵琶乐伎，所奏为五弦琵琶，其琵琶琴身不仅设置捍拨，同时捍拨还被加以装饰，此当为隋代大业之后琵琶的新特点，表明这一时期乐器亦有了新的发展，是隋代从"七部乐"向"九部乐"建设过程中音乐发展的一个侧面。[1]

李寿墓是唐初政治核心区的代表性墓例，位于陕西省三原县焦村，是一座长斜坡墓道五天井砖壁土顶墓。据墓志可知，墓主李寿为唐"淮安郡王"，是李渊的从弟。作为唐初元从，他对太宗亦有保驾之功。死后太宗为之废朝，并赠司空，以"特加常等"之礼葬于贞观五年（631）。

该墓在甬道及墓室四壁绘制壁画，其中墓室北壁为庭院图，其院内左下角绘制一组燕乐组合（图2-22）。该组合中乐、舞相伴，5名女伎端坐于同一方形舞筵上奏乐。乐伎头梳翻荷髻，身着圆领窄袖衫，外套方领宽袖襦，束红、绿相间百褶条纹裙；分别演奏筝、竖箜篌、四弦曲项琵琶、五弦琵琶与笙。乐伎前残存壁面可见一舞女，其身后立4名女子，分别手持巾、拂、杆、铎，当分别代表"巾舞""拂舞""鞞舞""铎舞"的舞者。

该墓使用了具有别敕葬意义的石椁葬具，石椁内壁线刻仕女图及乐舞图（图2-23）。乐舞图中的燕乐组合共分为三组：西壁北部6名站立女伎，头梳翻荷髻，身穿窄长袖内衣，外套方领宽袖襦，束拖地长裙，分作三列，翩翩起舞。椁内北壁紧靠舞伎图，有女伎12人，头梳翻荷髻，身着窄袖长衣，束长裙，披巾，端坐奏乐。所持乐器为：竖箜篌、五弦琵琶、四弦曲项琵琶、筝、笙、横笛、排箫、觱篥、铜钹、答腊鼓、腰鼓、贝。椁内东壁北部有12名女乐伎站立演奏。所持乐器为笙、排箫、竖笛、铜钹；横笛、觱篥、琴、筝；四弦曲项琵琶、四弦曲项琵琶、五弦琵琶、竖箜篌。其乐舞组合呈现出唐初四夷诸乐与汉式清乐交融之态。

贞观时期墓葬或多或少地带有过渡时期的杂糅特点。以李寿墓为例，墓葬图像所

---

[1] "七部乐""九部乐""十部乐"的设立只是其隋唐礼乐发展的背景之一，墓葬中燕乐组合的形式化表现，只是这一背景下物质文化层面的制度化指向，而并不是对某一乐部的直接刻画。

见燕乐组合，呈现出胡乐渐染与汉魏遗风并存的阶段性特点，反映出贞观时期中央政府对墓葬礼乐文化整合与折中之过程。其中，李寿墓壁画中的燕乐图所绘女乐组合，其人物造型、服饰元素，都与隋代安阳地区所见乐俑相一致，应具备承继关系。壁画中的乐舞组合与北齐邺城地区墓葬俑群组合基本一致，同时保留了牛弘提议保留的宴飨所用的"汉魏四舞"。

李思摩墓位于陕西礼泉县昭陵乡庄河村西北，由于未经正式发掘，墓葬形制模糊不清。甬道中可见残存壁画数幅，其中甬道西壁上有两幅伎乐图。图中分别绘两女子立于树下奏乐，头梳半翻高髻，身着圆领窄袖衫，下着间色百褶条纹裙，分别弹奏竖箜篌与五弦琵琶。据墓志可知，墓主李思摩为唐"怀化郡王、右武卫大将军"，葬于贞观二十一年（647）。李思摩本突厥人，受唐太宗信任而被赐李姓，其墓葬反映出诸多突厥墓葬的元素，其壁画所见乐舞图采用"竖箜篌与琵琶"这一经典的胡乐符号（图2-24：1）。其中所用五弦琵琶式样，与新疆地区石窟寺7世纪壁画所绘形制相类（图2-24：2）。

2. 文化缓冲区

隋至唐初的文化缓冲区主要包括北齐旧都、关陇故地与青齐地区三个区域。

（1）北齐旧都

张盛墓位于河南安阳豫北纱厂，是一座砖砌单室墓。据墓志可知，墓主张盛为隋"征虏将军、中散大夫"，葬于隋开皇十五年（595）。陶俑中有一组出行组合，包括男立俑25件、女立俑10件。墓中缺少标示等级与身份的鼓吹乐组合，但随葬有一套乐、舞结合的女乐组合（图2-25：1）。陶俑为红陶质地，其中坐乐俑8件，均梳翻荷双髻；身着条纹裙，或为绿衣褐裙，或为褐衣红绿裙，或为褐衣黄绿裙。从其所持乐器及造型姿势判断，分别演奏五弦琵琶、四弦曲项琵琶、竖笛、排箫、竖箜篌、横笛、铜钹、笙。其中琵琶琴身设置捍拨，但捍拨部分尚未进行装饰。舞俑2件，服饰衣着与坐乐俑基本相同，其长袖曳地，一手持巾，舞蹈魏晋以来流行的"巾舞"。此外，另有7件站立女俑，造型、服饰与发型皆与坐乐俑相同，从其姿态看，亦当演奏乐器，只是乐器已失。

安阳置度村M8位于河南省安阳市龙安区置度村南，是一座长斜坡墓道单室砖墓。该墓未出纪年材料，从形制、随葬品组合及陶俑造型来看，其墓主身份当与张盛相当，时代应比张盛墓略晚，年代可能在隋仁寿至大业年间。墓室原绘有壁画：在东南角残留有一小片人物图像，北壁隐约可见人物图案，西壁尚可见一个车轮的形状，东壁也可辨两个站立人物的图案，推断其为汉魏传统下"出行+燕居"壁画组合。陶俑皆为

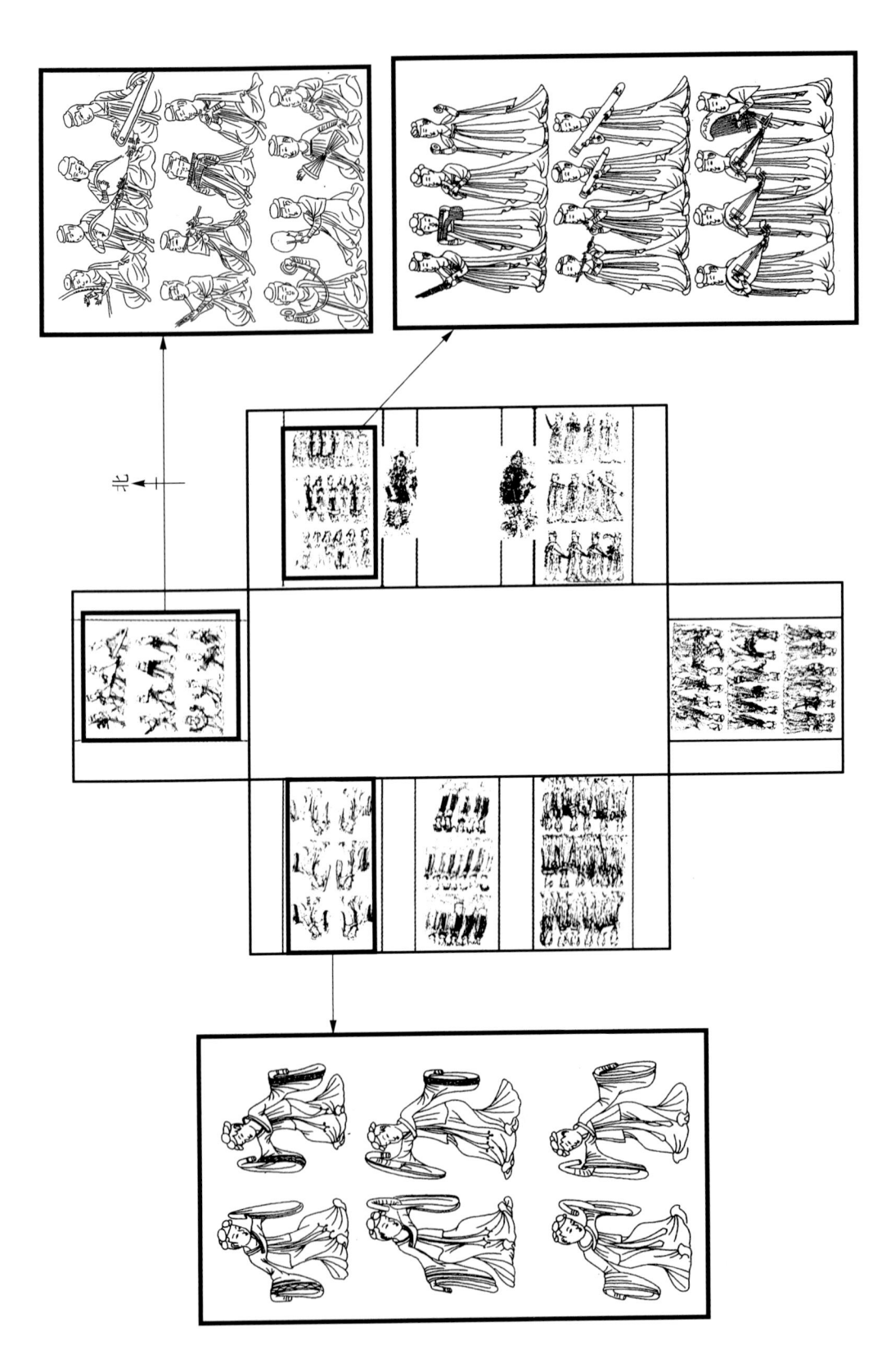

图 2-23 唐李寿墓石椁线刻图像所见燕乐组合

114　无声胜有声：中古中国墓葬音乐文物与礼乐文化

图 2-24 唐李思摩墓壁画燕乐图与 7 世纪克孜尔石窟壁画天宫伎乐对比
1. 唐李思摩墓壁画所见燕乐组合；2. 克孜尔第 38 窟右壁天宫伎乐

贰 | 中古中国墓葬遗存中的燕乐组合 115

瓷质，涉及平巾帻俑、风帽俑等仪仗俑，但是不见随葬鼓吹乐组合。在瓷俑中有一套伎乐俑，共9件，高21～21.5厘米（图2-25：2）。组合皆为女乐，其中7件站立奏乐，整体造型、服饰与张盛墓所见乐俑基本相同：头梳翻荷双髻，身穿窄袖襦裙，胸前扎长带，裙摆曳地，脚穿方头鞋。乐伎分别演奏排箫、竖箜篌、觱篥、横笛、笙、铜钹等。另有2件舞俑，从其姿态看，当表演"巾舞"。其乐舞组合呈现出胡乐与汉式清乐交融的特点。

虞弘墓位于山西省太原市晋源区王郭村，是一座长斜坡墓道单室砖墓。据墓志可知，墓主为虞弘及其夫人。虞弘本人葬于隋开皇十二年（592），其夫人葬于开皇十八年（598）。虞弘历仕柔然、北齐、北周、隋，曾出使波斯、吐谷浑，在隋临终为仪同三司。其特殊身份与族属背景在石椁上多有表现，历来为学者们所讨论。不过，随葬的伎乐俑在人物造型与用乐组合上却带有鲜明的北齐特征，是入隋之后北齐政治核心区墓葬文化的延续。

除汉白玉浮雕石椁外，墓中还随葬有陶瓷器皿、汉白玉石俑群、石灯、砂石侍俑等，其中包括一套汉白玉伎乐俑组合（图2-25：3）：组合中男、女乐伎相结合。男伎乐俑6人，高51～55厘米，头戴幞头，身穿浅褐色圆领窄袖袍，腰系黑带，足踏靴，分别演奏四弦曲项琵琶、竖箜篌、觱篥、笙、铜钹等乐器。女伎乐俑3人，高55～58.5厘米，头梳翻荷髻，身着圆领窄袖裳与红色腰裙，佩红色长带与黑色帔帛，分别演奏五弦琵琶、竖箜篌与排箫。男女伎乐组合具有西域康国乐、龟兹乐与中原清乐交融的特点。

（2）关陇故地

天水石马坪墓位于甘肃省天水市石马坪文山顶，是一座拱券顶竖井单室砖墓。关于其年代，简报定在隋唐时期。根据修复后的石棺床及墓葬背景，李宁民先生将其定在北朝至隋。[1]沈睿文先生在综合讨论墓葬材料后，认为该墓年代在隋代。[2]前文已述，墓葬随葬伎乐俑非北周墓葬文化，而是北齐墓葬文化的组成部分。隋代之后，北齐墓葬文化方才进入关陇，因而本文认为其年代当在隋代。墓中所出乐俑共5件，通高32～33厘米，为蛇纹岩质地。乐伎均为深目高鼻的胡人男子形象，头戴交角头巾，身着圆领左衽长袍，正坐于地，下有托板。五人分别演奏曲项琵琶、横笛、排箫、笙、贝（图2-26）。

---

[1] 李宁民：《天水出土屏风石棺床再探讨》，《中原文物》2013年第3期，第85～91页。
[2] 沈睿文：《天水石马坪石棺床墓的若干问题》，刊于《粟特人在中国——考古发现与出土文献的新印证》（下），科学出版社，2016年，第466～500页。

图 2-25　隋代文化缓冲区（北齐旧都）墓葬所见伎乐俑
1. 安阳张盛墓；2. 安阳置度村 M8；3. 太原虞弘墓

图 2-26　甘肃天水石马坪墓出土伎乐俑

贰｜中古中国墓葬遗存中的燕乐组合

（3）青齐地区

徐敏行墓位于山东省嘉祥县杨楼村西南英山脚下，又称"英山一号墓"。[1]该墓是一座长斜坡墓道单室砖墓，墓室平面呈椭圆形，墓中设置石墓门，各壁及穹顶上绘制壁画。据其墓志可知，墓主为徐敏行及其夫人，墓葬年代为隋开皇四年（584）。壁画可分为两个部分：第一部分绘于穹顶之上，西面分别绘制日月星辰，其下一周绘制四神图像。第二部分绘于墓室四壁及门洞内、外壁。其中，墓室南壁绘制持剑武士；东、西壁分别绘制以鞍马、牛车为中心的"出行图"；北壁则绘制以墓主夫妇并坐为中心的"宴飨图"（图2-27）。

图中的墓主夫妇并坐于绛帐之下的榻上。榻上铺毯，身后设山水屏风。二人各执酒杯，面前果樃中盛放瓜果食品。墓主面前正中，一人盘足腾跃，作"蹴鞠之戏"。其旁有乐伎3人，两人所持可辨识，分别演奏竖箜篌、横笛为之伴奏。第三人因画面残破不可辨识，结合北齐范粹墓出土黄釉乐舞扁壶图像看，其或为击掌和歌者。从组合形式来看，"蹴鞠戏"应当属于汉代以来的"百戏组合"。"蹴鞠"源于战国时期，至汉代时日渐观赏化，进而纳入"百戏"系统之中，其旁的伴奏乐队则完全是一组胡乐组合。因此，尽管壁画描绘的是燕乐场景，但其内容却是胡俗之乐。其背后有何所指，我们将在第陆章予以讨论。

（五）确立、调整与徘徊：唐高宗至武周

如果说在贞观时期墓葬中，壁画与葬具图像中的燕乐组合是初唐礼乐初建时一种杂糅式的探索，那么高宗前期重新恢复的燕乐俑群，则表现出墓葬礼俗的制度化倾向。根据燕乐组合的具体表现形式，可将高宗至武周这一阶段分为确立、调整与徘徊三个时期。

1. 确立期

唐高宗永徽至上元三年，墓葬伎乐俑群同时在政治核心区与文化缓冲区内复兴。在这些区域内，乐俑组合在造型、发式、衣着与用乐形式上都存在一致性，其背后则以中央向地方自上而下的推动力所驱动。此后，墓葬图像中燕乐组合的型式与格局也基本奠定，我们将其归纳为唐代墓葬燕乐组合的"确立期"。

---

[1] 山东省博物馆：《山东嘉祥英山一号隋墓清理简报——隋代墓室壁画的首次发现》，《文物》1981年第4期，第28~33页。

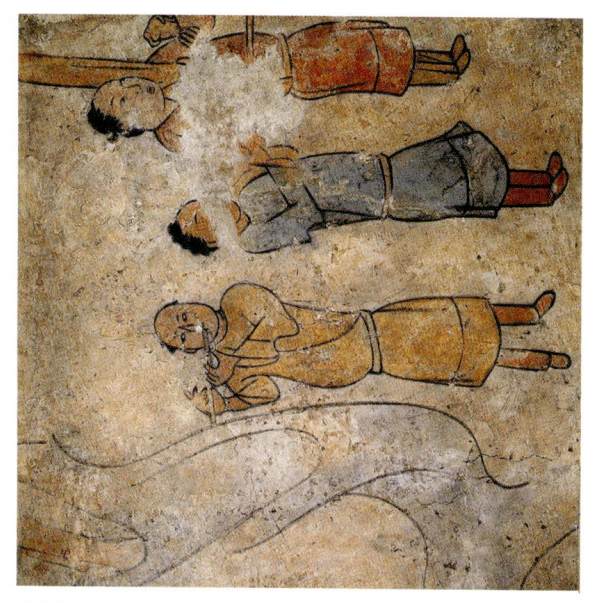

图 2-27　山东嘉祥徐敏行夫妇墓壁画中的"燕乐图"

（1）政治核心区

这一时期政治核心区内的墓葬，以牛进达墓、[1]贾敦颐墓、[2]郑仁泰墓、[3]张文俱墓[4]为例。

牛进达墓是唐太宗昭陵陪葬墓之一。墓葬未见正式简报，仅知其中出土少量随葬品及墓志。据墓志可知，墓主牛进达为唐"武卫大将军"（正三品），葬于唐永徽二年（651）。关于其石墓门，此前有研究者进行过研究，[5]其中出现琵琶伎乐图像。随葬俑群中包括伎乐俑，已刊布资料中可见腰鼓伎，头梳双垂环髻，身穿窄袖襦裙，肩披帔帛，坐于筵上拍击腰鼓（图2-28：4）。

贾敦颐墓中除了鼓吹乐组合外，墓中还随葬一套伎乐俑组合。该组合为乐、舞相伴的女乐组合，共32件。其中坐乐俑24件，高14.6~14.8厘米。均头梳半翻高髻，身穿窄袖襦裙，肩披帔帛，分别演奏排箫、琵琶、筝、竖箜篌（简报列为"竹琴"）、铜钹等乐器。舞蹈俑8人，高26.6~28厘米。头梳双刀半翻髻，外插金钗，身着圆领短袖束腰裙裳，外披帛巾。一手举至面前，一手下托，翩翩起舞（图2-28：1）。此外，墓中还随葬一组男立俑，头戴幞头，双手作持物状。其中8件托举包袱，另有4件怀抱古琴（简报作"长鼓"）。此类俑在张士贵墓中同样出现。

郑仁泰墓中除了鼓吹乐组合外，还随葬一套伎乐俑组合。该组合为乐、舞相伴的女乐组合，共16件。其中女舞俑2件，高27厘米。头梳双垂鬟髻，身着窄袖白衫、套红短襦，下身穿曳地裙裳，双手执巾拂起舞。女坐乐俑14件，高8厘米，头梳单椎髻或双垂鬟髻，服饰与舞俑相同。其乐器除和鼓可辨外，其他均失，从姿势推断当有琵琶、竖笛与筝（图2-28：2）。

张文俱墓位于河南省洛阳市红山乡工业园区内，是一座斜坡墓道单室土洞墓。据墓志可知，墓主张文俱为唐"慎州司仓"（正八品下）、"窦州潭峨县丞"（正八品），葬于咸亨元年（670）。其官阶不高，但墓葬极具奢华。陶俑中有骑马俑13件，但从其造型来看，均不属于骑马鼓吹俑一类，而是一般男女侍俑。另有乐舞俑2件，均头梳双垂鬟髻，身着圆领窄袖衣，下穿间隔条纹裙。其中一人高24厘米，一手高举，甩袖起舞；另一人高17.3厘米，坐于筵上抚筝（图2-28：3）。

---

[1] 咸阳市文物事业管理局：《咸阳文物志》，三秦出版社，2008年，第83页。
[2] 同前揭《洛阳红山唐墓》，第1~63页。
[3] 同前揭《郑仁泰墓发掘简报》。
[4] 洛阳市文物考古研究院：《唐代张文俱墓发掘报告》，《中原文物》2013年第5期，第4~16页；同前揭《洛阳红山唐墓》，第64~156页。
[5] 蔡经纬：《牛进达石墓门图像研究》，北京大学学士学位论文，2013年。

（2）文化缓冲区

文化缓冲区内的墓葬，纪年墓以重庆万县冉仁才墓、[1]湖北郧县李泰墓、[2]河南安阳第二制药厂M1、[3]河南安阳杨偘夫妇墓、[4]辽宁朝阳纺织厂M2[5]为例；非纪年墓以湖南长沙咸嘉湖唐墓、[6]湖北武昌钵盂山M444为例。[7]

冉仁才墓中除鼓吹乐组合外，墓中还随葬一套青瓷伎乐组合，但组合已不全，仅见女坐乐俑2件。乐俑高18厘米，头梳半翻高髻，内穿圆领缦衫，外着盖裆长裙。其中一人双手拍击腰鼓（和鼓），一人用拨弹奏琵琶（图2-29：1）。

杨偘夫妇墓位于河南省安阳市西南4公里火柴厂院内，是一座方形单室砖墓。据墓志可知，墓主为杨偘及其夫人。杨偘系无官品的隐士文人，卒于唐永徽五年（654）。墓中出土伎乐俑3件，均坐于板座之上，高18.3厘米。头梳单髻或双髻，上穿绿衣，身着红色长裙。分别吹奏排箫或抚筝。[8]

安阳第二制药厂M1位于安阳市铁西区郭家庄安阳市第二制药厂，是一座斜坡墓道单室砖墓。据墓志可知，墓主为"麇君"唐"越王府执仗"，[9]葬于唐显庆元年（656）。墓中未随葬鼓吹乐组合，但随葬一套伎乐俑。伎乐俑为女乐组合，共7件，均头梳半翻高髻，身穿窄袖襦裙，肩披帛巾。从其乐器及演奏姿态判断，分别演奏五弦琵琶、笙、尺八、铜钹、节鼓、觱篥等。另有头梳半翻高髻与双翻荷髻的舞俑，均站立起舞（图2-29：2）。[10]其整体造型及组合与两京地区贾敦颐墓等所出伎乐俑基本一致。

朝阳纺织厂M2位于辽宁朝阳纺织厂北，是一座圆形单室砖墓。据墓志可知，墓主王君于龙朔元年（661）迁葬于此，其为吏部将仕郎高阳郡书佐，因征讨高句丽有功加朝散大夫（从五品下）。其中随葬一套伎乐俑，包括陶乐俑6件、瓷乐俑6件，均正坐于板

---

[1] 同前揭《四川万县唐墓》。
[2] 同前揭《试析南方发现的唐代壁画墓》，第52～68页。
[3] 安阳市博物馆：《安阳市第二制药厂唐墓发掘简报》，《中原文物》1986年第3期，第44～49页。
[4] 安阳市博物馆：《唐杨偘墓清理简报》，《文物资料丛刊》1982年第6期，第130～133页。
[5] 朝阳市博物馆：《朝阳纺织厂唐墓发掘简报》，《边疆考古研究》（第8辑），科学出版社，2009年，第365～388页。
[6] 湖南省博物馆：《湖南长沙咸嘉湖唐墓发掘简报》，《考古》1980年第6期，第506～511页。
[7] 王子初主编：《中国音乐文物大系·湖北卷》，大象出版社，1999年，第176页。
[8] 原简报未刊布相关图片，《中国音乐文物大系·河南卷》所刊材料有误，故不用。
[9] "越王"即李贞，其母即燕德妃。越王李贞于贞观十七年（643）任相州刺史，永徽四年（653）授安州都督，咸亨中复转相州刺史。该墓墓主任越王府执仗之年代当在贞观十七年前后，并随之迁往相州。安阳一带唐墓所出伎乐俑，或与越王李贞相关。
[10] 《中国音乐文物大系·河南卷》将该图列为"杨偘夫妇墓"所出，经辨析，图示"杨偘夫妇墓"所出实际应为安阳制药厂M1所出。

图 2-28 唐代燕乐组合"确立期"政治核心区墓葬中的伎乐俑
1.贾敦颐墓；2.郑仁泰墓；3.张文俱墓；4.牛进达墓

上。陶乐俑高 16.6～17 厘米，头梳单刀半翻髻，身着对襟半袖短衣，下穿束腰间隔条纹裙，分别演奏竖箜篌、四弦曲项琵琶、筝（简报称"抚琴"）、笙、节鼓（已失，从姿态推测）、排箫（原简报称为"击钹俑"，本文推断当为排箫伎）。瓷乐俑高 16.4～18.6 厘米，均梳翻荷髻，发式与隋代安阳地区伎乐俑发型相似，身着对襟半袖短衣，下穿束腰间隔条纹裙，分别演奏拍板、排箫、节鼓、觱篥等（图 2-29：3）。

永徽三年（652）李泰墓中随葬伎乐俑，但材料未刊布，仅见于此前研究者论述中。

参考纪年墓来统筹材料，可根据其发式和用乐组合对乐俑进行年代序列排比。高宗永徽至显庆年间，伎乐俑发式以半翻高髻者为主；双垂鬟髻亦有，但未成为主流。高宗

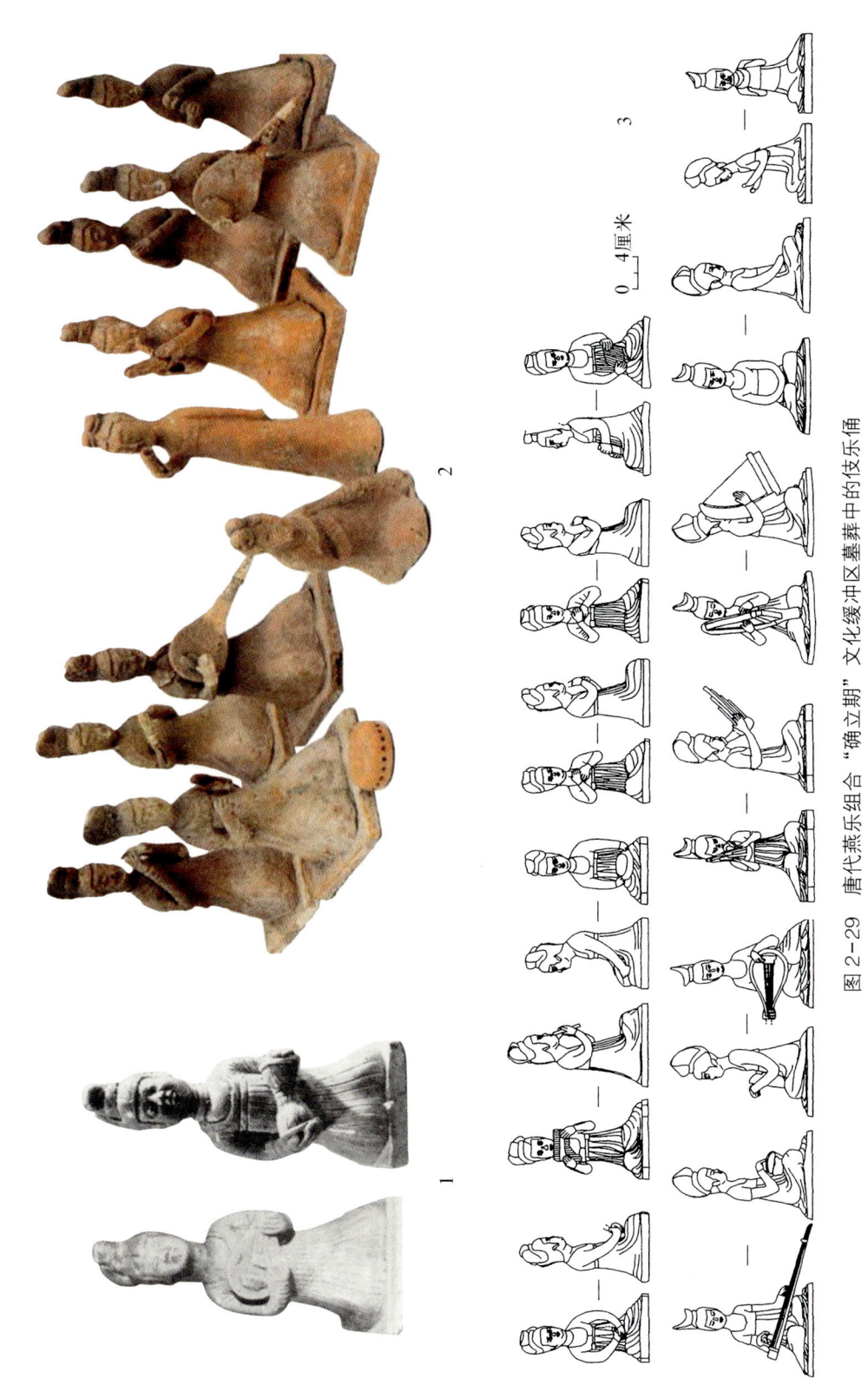

图 2-29 唐代燕乐组合"确立期"文化缓冲区墓葬中的伎乐俑
1. 冉仁才墓；2. 安阳第二制药厂 M1；3. 朝阳纺织厂 M2

贰 | 中古中国墓葬遗存中的燕乐组合　123

龙朔年间，伎乐俑发式中出现单刀半翻髻，此前的翻荷髻与半翻高髻同时存在。高宗麟德以降，伎乐俑发式以双垂环髻为主。在用乐组合上，完整的伎乐俑组合所表现出的用乐配置包括：以四弦曲项琵琶、五弦琵琶、竖箜篌、细腰鼓、铜钹为代表的胡乐系乐器与以排箫、尺八（竖笛）、筝、节鼓为代表的清乐系乐器相融合。同时，燕乐组合多以"二女对舞"的舞蹈俑为核心，构成一套完整的乐舞组合。

在非纪年墓中，湖南长沙咸嘉湖唐墓出土伎乐俑共4件，青瓷质地，高18~20厘米。均正坐于石板上，头梳半翻高髻，身着圆领窄袖襦裙，分别演奏竖箜篌、细腰鼓、尺八、铜钹。该组乐俑所梳半翻高髻，是唐高宗永徽、显庆年间乐舞俑的典型发式，可见于贾敦颐、冉仁才等墓葬中，故该墓年代可能属于高宗永徽至显庆前后。湖北武昌钵盂山M444中出土乐俑共2件。头梳双垂鬟髻，身着对襟半臂，下穿束腰条纹裙，分别演奏四弦曲项琵琶与尺八。该组乐俑所梳双垂鬟髻与麟德元年郑仁泰墓所出伎乐俑发式相同，年代当在麟德之后。

综上可见，在"确立期"的政治核心区墓葬中，伎乐俑组合是对隋大业年间所奠定的女乐组合的进一步发展。在文化缓冲区内，各地区所见伎乐俑组合，在造型和用乐形式上均与政治核心区存在一定共性，据此可以推测它们有共同的文化来源，即皆受政治核心区主流文化影响而形成，甚至可能直接由政治核心区班赐。

2. 调整期

从唐高宗上元三年至唐睿宗（武则天）垂拱年间，在政治核心区内的墓葬中，燕乐俑群消失，燕乐组合以壁画形式呈现。在文化缓冲区内的墓葬中，燕乐组合则与政治核心区相反，以伎乐俑形式呈现的燕乐组合相应地集中出现。其用乐组合与此前政治核心区墓葬所见伎乐俑基本一致，仅发式和服饰有所变化。这一阶段的燕乐组合，不仅体现出中央和地方之间的差异，同时在燕乐组合的细节表现上也有所发展变化，我们将其归纳为墓葬燕乐组合的"调整期"。

（1）政治核心区

"调整期"政治核心区墓葬中的燕乐组合，主要以墓室壁画的形式表现。事实上，自贞观以来，尽管伎乐俑兴起，但壁画形式并未完全中断。高宗显庆三年（658）的执失奉节墓中，即延续前期出现了"巾舞"题材壁画。[1] 在其墓室北壁为伎乐4幅，但可辨识的仅存一舞女形象。头梳单刀半翻髻，身着白色半臂，下穿束腰百褶条纹裙，手持红巾，举双臂起舞。不过，其时此类壁画形式尚未形成规模，也未形成固定模式。

---

[1] 罗世平：《中国美术全集·墓室壁画》（二），黄山书社，2010年，第289页。

至咸亨以降，在政治核心区内的高等级墓葬中则集中出现了一套以"二女对舞"为核心、乐舞相伴的女乐组合壁画形式。这一组合与此前的俑群组合在内在的设置逻辑上一致，应是对乐俑组合的替换；不过，其乐舞表现形式、衣着、发髻均具有时代性。这种形式所出墓葬以李勣（徐懋功）墓[1]、韦贵妃墓、[2]燕妃墓、[3]李晦墓[4]为例。

李勣（徐懋功）为唐英国公、司空、太子太师，葬于咸亨元年（670）。乐舞图位于墓室北壁，其中二舞伎头梳双环望仙髻，身着红色交襟长袖舞衣，肩绕红色飘带，下穿白色百褶条纹裙，相向而舞。奏乐图位于墓室东壁，共3人，中间破损，两侧女伎均着红色圆领窄袖衫，束腰，下穿黑白条纹相间长裙，分别吹奏排箫与横笛。

唐太宗燕妃葬于咸亨二年（671），墓葬后室东壁南段绘有奏乐图，共4人，均头梳双环望仙髻，戴花冠。身着白色窄袖襦、白色半臂，肩披帛巾，下穿束腰百褶条纹裙。其中三人分别演奏竖箜篌、尺八、五弦琵琶，另一人手持红巾。东壁北段为二女伎对舞图，发式、衣着与乐伎相同，二人相向而舞（图2-30：3）。

李晦为唐右金吾卫大将军，葬于永昌元年（689），墓室东壁中部绘有舞女1人。头梳丫髻，身着窄袖短襦、红色半臂，下穿白色百褶长裙。双手举起舞蹈（图2-30：1）。另一侧画面已损毁，推断应另有一舞女，二人相向而舞。另一组画面中绘制女乐伎3人，均站立。一人演奏竖箜篌，另一人从姿态看演奏琵琶。

上述以壁画形式表现的"二女对舞、乐舞相伴"的女乐组合形式，仅出现于开国元从或李唐宗室墓葬中，材料虽然不多，但是已可见身份指向性。究其源头，这种形式是对北魏洛阳末期复兴、北齐及隋代繁荣的墓葬燕乐俑群组合的截取。其中虽然融入了新的音乐与服饰元素，但实则具有深刻的北齐文化内涵。

除了上述组合形式外，同时期的壁画中还有两种乐舞组合形式。一种即以韦贵妃墓壁画为代表的"房中乐"主题，此类主题具有更加鲜明的等级性，我们将在第肆章专门叙述。另一种则以间隔人物的形式表现音乐组合，以李爽墓[5]为例。李爽墓壁画围绕墓室以间隔人物式排列。东壁第四人为一男子，着乌幞头，身着红袍，下穿条纹裤，执箫吹奏。北壁由东向西第一人为一女子，头梳双环望仙髻，身着红色半臂，下穿百褶条纹裙，持横笛吹奏（图2-30：2）。其旁画一女子，头梳半翻高髻，双手持排箫吹奏。这一形式的源头，即北周时期关陇地区墓葬的壁画形式。其间隔人物式的伎乐组合，与北

---

[1] 昭陵博物馆：《唐昭陵李勣（徐懋功）墓清理简报》，《考古与文物》2000年第3期，第3～14页。
[2] 陕西省考古研究院、昭陵博物馆：《唐昭陵韦贵妃墓发掘报告》，科学出版社，2017年。
[3] 陈志谦：《昭陵唐墓壁画》，《陕西历史博物馆馆刊》第一辑，三秦出版社，1994年，第114～119页；昭陵博物馆：《昭陵唐墓壁画》，文物出版社，2006年，第172～173页。
[4] 同前揭《中国古代物质文化史·隋唐五代卷》，第240页。
[5] 陕西省文物管理委员会：《西安羊头唐镇李爽墓的发掘》，《文物》1959年第3期，第3～53页。

图 2-30 唐代燕乐组合"调整期"墓葬壁画中的乐舞图
1. 李晦墓；2. 李爽墓；3. 燕妃墓

周时期李贤墓墓室残存的伎乐图遥相呼应，实则具有深刻的关陇贵族集团文化内涵。

（2）文化缓冲区

在文化缓冲区内，纪年墓以河北文安董满墓、[1] 河北南和郭祥墓、[2] 河北元氏县吕众

---

[1] 廊坊市文物管理所：《河北文安麻各庄唐墓》，《文物》1994年第1期，第84～93页。
[2] 辛明伟、李振奇：《河北南和唐代郭祥墓》，《文物》1993年第6期，第20～27页。

126　无声胜有声：中古中国墓葬音乐文物与礼乐文化

墓[1]为例。

其中,董满墓位于河北省文安县麻各庄村,是一座圆形单室墓。据墓志可知,墓主董满于乾封元年(666)奉诏授恒州藁城县令,葬于唐咸亨三年(672)。墓中出土伎乐俑2件,高20.5~22.5厘米,均正坐于板上,头挽单刀半翻飞髻,身着交领对襟短襦,下穿长裙。一件已残,另一件手持拍板(简报称为"排箫",应有误)(图2-31:1)。

图2-31 唐代燕乐组合"调整期"文化缓冲区纪年墓葬所见伎乐俑
1.董满墓；2.郭祥墓；3.吕众墓

吕众墓位于河北省元氏县宋曹乡大孔村。墓葬因遭到严重破坏,形制已不明。据墓志可知,墓主吕众为唐"魏州司功参军",卒于"隋大业十二年"(616),其夫人与之合葬于垂拱四年(688)。随葬伎乐俑共3件,高13~18.4厘米。头梳单椎髻,身着交襟窄袖衫,下穿束腰裙裳,分别持琵琶、节鼓、排箫。另有舞俑1件,头梳双螺髻,持巾作舞蹈状(图2-31:3)。

郭祥墓位于河北省南和县侯郭村,是一座斜坡墓道单室砖墓。据墓志可知,墓主郭祥为"鲜州宾徒县令",葬于垂拱四年(688)。墓中伎乐俑共2件,分别高18.5、19.5厘米,坐于石板上。乐俑身着交襟半臂,肩披帔帛,下穿束腰裙裳。梳单椎髻、丫髻,分别手持排箫及琵琶(图2-31:2)。

非纪年墓以河南巩县北窑湾M6、[2]河北安国梨园M4、[3]河北献县东樊屯唐墓、[4]

---

[1] 刘超英、冀艳坤:《元氏县大孔村唐吕众墓》,《文物春秋》1999年第2期,第31~36页。
[2] 河南省文物考古研究所、巩义市文物保管所:《巩义市北窑湾汉晋唐五代墓葬》,《考古学报》1996年第3期,第361~397、112页。
[3] 河北省文物研究所、保定市文物管理处、安国市文物管理所:《河北省安国市梨园唐墓发掘简报》,《文物春秋》2001年第3期,第27~35页。
[4] 王敏之、高良谟、张长虹:《河北献县唐墓清理简报》,《文物》1990年第5期,第27~33页。

表2-3 唐代燕乐组合"调整期"文化缓冲区非纪年墓葬伎乐俑一览表

墓葬名称	墓葬形制	年代推断	组 合 信 息
河南巩县北窑湾 M6	长斜坡墓道方形单室砖墓，墓室边长3.5~3.8米	高宗龙朔至武则天垂拱年之间[1]	共7件。其中女坐乐俑6件、女舞俑1件，均置于托板上，身着交襟束腰长裙，高14.5~16.5厘米。坐乐俑分别梳单刀半翻髻、双丫髻与丫髻，分别演奏筝、琵琶、节鼓、笙等乐器。女舞俑头梳双丫髻，身姿斜倾作舞蹈状。
河北献县东樊屯唐墓	圆形单室砖墓，直径3.15米	高宗麟德至武则天垂拱年之间[2]	共4件，高18厘米，均梳双丫髻，身着交襟束腰长裙，分别持琵琶、竖箜篌。
河北安国市梨园 M4	圆形单室墓，直径2.9米	武则天垂拱年前后[3]	共3件，高18.5~18.8厘米，头梳单椎髻或丫髻，身着窄袖衫，外套红彩半臂，肩披帔帛。分别持琵琶、竖箜篌、排箫。
河北定县南关唐墓	圆形单室砖墓，直径3.48米	武则天垂拱年前后	共4件，高约18.8厘米，单椎髻，束腰长裙。分别持琵琶、拍板、节鼓。
天津军粮城唐墓	不详	垂拱至武周初年前后	共2件，高13~18厘米，头梳单刀半翻髻，身着交襟半袖衫，下着裙裳。分别演奏琵琶及竖箜篌。
辽宁朝阳黄河路唐墓	圆形单室砖墓，直径7.1米	垂拱至武周初年前后[4]	共2件，高20.5~22厘米，头梳单椎髻，其中一件抚筝，另一件乐器不明。
湖南长沙烈士陵园唐墓	竖穴土坑砖室墓	高宗麟德至武则天垂拱年之间[5]	琵琶坐乐俑1件，高20厘米，头梳双丫髻，身着对襟半袖衫，下穿长裙，弹奏四弦曲项琵琶。
湖南长沙牛角塘 M1	长方形单室砖墓	高宗麟德至武则天垂拱年之间	乐俑2件，高17厘米，头梳双丫髻，身着对襟半袖衫，下穿条纹长裙，分别吹奏排箫与尺八。
湖北武昌何家垅 M188	前后室多耳室砖墓	高宗麟德至武则天垂拱年之间	共4件，位于墓葬耳室中。头梳双丫髻，身着对襟半臂，外套帔帛，下穿束腰裙。分别演奏四弦曲项琵琶、笙、拍板、细腰鼓。

[1] 乐俑头梳双丫髻、丫髻与单刀半翻髻组合，其年代约在高宗龙朔至武则天垂拱年之间。结合所出三彩器，推断其年代当在高宗麟德年以后。
[2] 乐俑所梳双丫髻，与麟德以后墓葬中出现的双垂鬟髻相似；同时，垂拱四年（688）吕众墓所见女舞俑头梳双丫髻。
[3] 安国梨园 M4、定县南关唐墓所出乐俑在发髻和造型上与垂拱四年（688）郭祥墓相似。
[4] 简报推测其年代在8世纪前叶。其中乐俑所梳单椎髻，可见于垂拱年间墓葬乐俑中，故我们认为其年代可能在垂拱至武周初年前后。
[5] 武昌何家垅 M188、岳阳桃花山唐墓与长沙烈士陵园唐墓所出伎乐俑均头梳双丫髻，参考北方地区唐墓所出伎乐俑，其年代当在高宗麟德至武则天垂拱之间。

续 表

墓葬名称	墓葬形制	年代推断	组 合 信 息
湖南岳阳桃花山唐墓	"凸"字形砖墓	高宗麟德至武则天垂拱年之间	共9件。其中坐乐俑8件,高16.5～17厘米,头梳双丫髻,上着圆领窄袖衣,外加半臂,下穿束腰条纹裙,分别演奏五弦琵琶、四弦曲项琵琶、筝、竖箜篌、排箫、笙、尺八、节鼓。舞俑1件,高21.6厘米,头梳双丫髻,身着长袖交领襦裙,抬手起舞。
湖北武昌钵盂山M401	不明	武则天垂拱年至武周前后[1]	共4件。头梳丫髻,身着对襟半臂,外套帔帛,下穿条纹裙。分别演奏拍板、排箫、尺八、四弦曲项琵琶。
江苏扬州邗江杨庙唐墓	单室砖墓	高宗咸亨至武周时期[2]	共10件。其中坐乐俑8件,高约18厘米,头梳丫髻,身着对襟半臂,下穿束腰长裙。大部分乐器已失,仅存腰鼓可辨;其余从动作可辨识的有筝和尺八。舞俑2件,高27厘米,头梳惊鹄髻,身着长袖衫,外加半臂,下穿束腰长裙,抬手起舞。
江苏扬州城东公社唐墓	砖墓	武周前后[3]	坐乐俑5件,高34.5～35厘米。分别梳双丫髻或单刀半翻髻,身着对襟半臂,外套帔帛,下穿条纹裙,乐器不明。另有舞俑1件,服饰与坐乐俑相同,头梳丫髻。

河北定县南关唐墓、[4]天津军粮城唐墓、[5]辽宁朝阳黄河路唐墓、[6]湖北武昌何家垅M188、[7]湖北武昌钵盂山M401、[8]湖南长沙烈士陵园唐墓、[9]湖南长沙牛角塘M1、[10]

---

[1] 武昌钵盂山M401所出伎乐俑头梳丫髻,参考北方地区唐墓所出伎乐俑,其年代约在武则天垂拱至武周前后。
[2] 简报认为其属于中晚唐时期,东草《关于〈扬州邗江县扬庙唐墓〉一文之商榷》(《东南文化》1986年第2期,第218～220页)认为其属于初唐时期;武汉大学曹昭博士认为其属于盛唐时期。本文通过伎乐俑群造型及组合,认为其年代当在高宗咸亨至武周时期。
[3] 简报认为该墓年代为唐代前期。曹昭博士推断其年代为盛唐。从其乐俑发式中双丫髻与单刀半翻髻组合来看,我们认为其年代在武周前后。详见曹昭:《长江中下游地区隋唐墓葬研究》,武汉大学博士学位论文,2018年,第182页。
[4] 信立祥:《定县南关唐墓发掘简报》,《文物资料丛刊》1982年第6期,第110～116页。
[5] 云希正:《天津军粮城发现的唐代墓葬》,《考古》1963年第3期,第147～148页。
[6] 辽宁省文物考古研究所、朝阳市博物馆:《辽宁朝阳市黄河路唐墓的清理》,《考古》2001年第8期,第59～70页。
[7] 湖北省文物管理委员会:《武昌东郊何家垅188号唐墓清理简报》,《文物参考资料》1957年第12期,第51、47～49页。
[8] 同前揭《中国音乐文物大系·湖北卷》,第176页。
[9] 湖南省文物管理委员会:《湖南长沙唐墓清理记》,《考古通讯》1956年第6期,第43～47、15～18页。
[10] 何介均、文道义:《湖南长沙牛角塘唐墓》,《考古》1964年第12期,第633～634、10页。

湖南岳阳桃花山唐墓、[1]湖北武昌石牌岭唐墓、[2]江苏扬州邗江杨庙唐墓、[3]江苏扬州城东公社唐墓[4]为例，我们以表格形式对其集中梳理（见表2-3）。

辽宁朝阳及河北一带墓葬所见伎乐俑，其年代主要集中于高宗末至武周时期。其整体上延续了此前的造型和基本组合，只是在发式上有所变化，但区域内的类型特征较为统一。其墓主身份、级别皆不高，与此前政治核心区内随葬燕乐组合的墓葬墓主身份较为悬殊。长江中下游地区墓葬所见伎乐俑，不仅发式具有时代变化，其整体塑造上也无底座，与此前该地区乐俑形成差异。由此说明，在高宗后期至武周以前，中央对地方班赐燕乐组合伎乐俑已经成为历史，南方地区开始自行制作并随葬乐俑。由此也暗示出在武周乱唐以前，南方地区在政治上已经与中央产生了微妙的离心。

在用乐组合上，竖箜篌不再成为主要的乐器。其中，岳阳桃花山唐墓所出乐俑中，竖箜篌体量较小，明显不符合其真实形制。由此暗示出，胡乐在当时的南方地区呈现出一种式微的趋势。不过从整体用乐组合来看，仍呈现出南方自南朝以来的清乐传统与北方胡乐的融合。

3. 徘徊期

武周时期墓葬材料较少。在现有材料中，燕乐组合多以伎乐俑与壁画形式出现。其中，伎乐俑的组合形式是对唐代以来各种元素的融合，在发式、服饰、乐舞组合上都呈现出一种杂糅基础上的新创。在壁画中，则出现一种与花草、假山相间的新构图。这一阶段墓葬中的燕乐组合较之前代，在造型和组合呈现上表现出一种反复和不定，我们将其归纳为墓葬燕乐组合的"徘徊期"。

这一时期出土伎乐俑的墓葬以河南洛阳孟津岑氏墓（M69）[5]为例，出土壁画的墓葬以淮南大长公主墓[6]为例。

淮南大长公主墓的材料未见于正式简报，据墓志可知，墓主李澄霞为唐高祖第十二女，封"淮南大长公主"，葬于武周天授二年（691）。关于其生平，已有学者进行过考证。[7]李澄霞少时善音乐，三四岁时即能弹奏琵琶。但作为李唐宗室，其后半生皆在武

---

[1] 湖南省考古研究所、岳阳市文物管理处：《岳阳唐宋墓》，上海古籍出版社，2016年，第11～52、195～204页。
[2] 武汉市文物管理处：《武昌石牌岭唐墓清理简报》，《江汉考古》1985年第2期，第34～38页。
[3] 扬州市博物馆：《扬州邗江县杨庙唐墓》，《考古》1983年第9期，第799～802、868页。
[4] 李万、张亚：《扬州出土一批唐代彩绘俑》，《文物》1979年第4期，第1～5、98页。
[5] 洛阳师范学院河洛文化国际研究中心：《洛阳考古集成·隋唐五代卷》，北京图书馆出版社，2005年；310国道孟津考古队：《洛阳孟津西山头唐墓》，《文物》1992年第3期，第1～8、98、100～102页。
[6] 同前揭《大音希声——陕西古代音乐文物》，第192页。
[7] 岳连建、柯卓英：《唐淮南大长公主墓志所反映的唐代历史问题》，《华夏考古》2008年第2期，第130～136、168页；郭海文：《唐淮南大长公主墓志铭研究》，《社会科学战线》2017年第10期，第84～93页。

则天高压政治的夹缝中挣扎，反复颠沛流离。其墓葬乐舞壁画位于墓室西壁，画面残破严重，仅见两女乐伎。头梳双髻，身着白色窄袖衫，下穿束腰曳地长裙，一人吹奏排箫，一人吹奏洞箫。两乐伎身旁有嶙峋山石和卷叶花草。

洛阳孟津岑氏墓（M69）位于河南省洛阳市孟津县送庄乡西山头村，是一座斜坡墓道单室土洞墓。据墓志可知，墓主岑氏为"北周清菀公刘府君"夫人，葬于武周大足元年（701）。墓中随葬一套伎乐俑组合，但不见鼓吹乐俑。该组合为乐、舞相伴的女乐组合，共13件（图2-32）。其中，女坐乐俑6件，皆位于底板之上，高约19.5厘米。头挽惊鹄髻，饰菱形花钿。上着窄袖衣，外加半臂，肩头披帛，下穿束腰条纹长裙。其乐器均已散失，从演奏姿态判断，演奏乐器有琵琶、筝、笙、洞箫等。舞俑共7件，高28.7～31厘米。按照其造型、发式及衣着可分为三组：第一组2件，发式、衣着与坐乐俑完全相同，双手持拂，应与之为同一组，为"拂舞伎"。第二组2件，头梳双环望仙髻，施菱形团花钿，双颊饰黑妆靥。上身内着圆领宽袖衫，外套大翻领半臂，腰间束带。下着曳地长裙，有内外两层，外裙为紫色，中间开气，背后飘裙带；内裙为条纹裙。足穿尖头履，双手持巾上扬，相对舞蹈，应为"巾舞伎"。第三组3件，头梳单刀半翻髻，服饰与第一组相同，简报将其列为女侍俑，从其花钿、妆靥等妆容与衣着服饰看，当为乐舞组合的一部分。

从该墓所见伎乐俑来看，武周时期墓葬随葬的伎乐俑组合，基本延续了高宗时期

图2-32 洛阳孟津岑氏墓出土武周时期伎乐俑

伎乐俑的造型特点。在发式上，综合了高宗龙朔以来的单刀半翻髻与双环望仙髻，同时将"惊鹄髻"用于坐乐组合中。"惊鹄髻"虽在汉魏时即有，但在墓葬伎乐俑群中却到武周时期始见。在服饰上，乐人与舞者的衣着、妆容较之前代更为华美，细节特点也更为丰富。在组合形式上，基本延续了高宗时期的用乐组合；舞蹈则保留了"巾舞"与"拂舞"。除此之外，"百戏系统"的戏弄俑也夹杂其间。

总体来看，高宗至武周时期是唐代礼乐符号发展的一个重要节点。从墓葬材料来看，不仅鼓吹乐组合在这一时期形成制度并一度徘徊，燕乐组合在表现形式和乐舞组合上也呈现出发展和反复。高宗前期，政治核心区墓葬中使用乐俑形式表现燕乐组合，并将之推广至长江中游及朝阳地区。燕乐组合呈现出以巾舞为中心、女乐伴奏的形式特点。至高宗后期至武周时期，政治核心区墓葬中的燕乐组合，在表现形式上由乐俑转变为壁画，并为"二女对舞、乐舞相伴"的形式所替代。文化缓冲区内则与之相反，燕乐组合大规模兴起，不仅在先前的长江中游和朝阳地区继续发展，还扩展至长江下游地区。尤其值得注意的是，在关东的河北地区，此类燕乐组合分布最为集中。文化缓冲区墓葬中的燕乐组合虽然延续着此前的特点，但在表现形式和空间分布上表现出与政治核心区的对峙。这种对峙形势直到武周后期开始式微，并在李唐反正后为新的形式所替代。

（六）从"胡部新声"到燕乐体系的瓦解

1. 李唐反正时期

李唐反正后，在墓葬中通过鼓吹乐俑彰显身份，借以平衡各方势力，重建李唐宗室的地位。在燕乐组合的处理上，高宗麟德以后在政治核心区内建立起的壁画乐舞形式，重新恢复并加以创新，但燕乐系统伎乐俑在墓葬中尚未恢复。唐玄宗即位后，对高宗以来形成的具有北齐文化渊源的伎乐俑群进行改革和调整，代之以新的伎乐俑造型与组合形式。

前文已述唐中宗"神龙政变"后，唐廷利用丧葬活动进行了一系列平反，其中章怀太子墓与懿德太子墓中除了随葬鼓吹乐组合外，还在墓室中以壁画形式表现燕乐组合。"唐隆政变"后，睿宗父子为李重俊平反昭雪，追赠其"节愍太子"并予以改葬，其墓壁画亦具有特色。

懿德太子墓在第壹章已有介绍。其前室四壁绘制仕女图，后室西壁已残破，南北两壁残缺不全，但可辨识画面同为仕女图。在东壁上绘制了一组燕乐组合（图2-33）。其画面分为两幅，每幅9人。其中奏乐女伎5人，均头挽半翻高髻，上着白色圆领窄袖短襦，肩披帔帛，下穿白色或红色百褶裙。其中一人所持已漫漶不清，其余四人中，两人抱筝，一人怀抱竖箜篌，一人双手捧琵琶。舞者1人，头梳双螺髻，上着白色短襦，外加红色半臂，下穿红色百褶裙，双手持巾，当为"巾舞伎"。其余13人为侍女，衣着皆为短襦裙装，有的肩披帔帛。按其发式可分为两组，其中梳单螺髻或半翻高髻者手捧壶盘，壶盘中放有水果酒食，当为奉食者；头梳惊鹄髻者，手捧包裹或方盒，当为舞者团队成员。另在东北角有一人，手捧托盘，上有烛灯，由此我们可以推断画面场景当在夜间。综合上述分析可知，后室东壁所绘当为夜宴场景。壁画虽未展现乐舞宴饮之场面，却已含蓄地表达了其主旨。

同样的壁画题材还出现在同一时期的永泰公主墓的墓室后室内。其前室可见一组侍女图组合，与懿德太子墓相仿。后室墓壁损坏严重而难以辨识，简报记载其中北壁东段所绘似为乐队，表明其后室所绘应与懿德太子墓后室壁画相同，即涉及燕乐组合的夜宴图。

章怀太子墓壁画题材和内容与懿德太子墓、永泰公主墓略有差别。其墓室壁画简报仅披露前室的三组，皆为树下人物式布局。画面中人物皆为女性，头梳丫髻或反绾高髻，身着圆领窄袖衣，下穿条纹长裙，手执或肩披帔帛。其中一组画面中有三位女子，怀抱琵琶或筝作演奏、教习状。在甬道画面中亦有怀抱琵琶或手持尺八的侍女。这些虽然不是直接的燕乐场面，却也提供了一定的燕乐组合信息。相比懿德太子墓与永泰公主墓壁画中的燕乐组合，该墓壁画所绘的"树下人物奏乐"场面表现得更为含蓄、内敛。

节愍太子墓在墓道、甬道及墓室绘有壁画，墓道壁画主要有列戟图、山石图、马球图、出行图等。墓室后室壁画破损严重，但从其残存画面来看，其整体位于屋殿之下。西壁为一组六扇式的屏风画，绘树下人物图；南、北壁分别有屏风画残存痕迹；东壁残存画面可见一组头戴幞头的侍者和头梳高髻、身着舞服的女乐。

这一时期的燕乐组合也表现在石质葬具图像上，以洛阳伊川昌营唐代石椁墓[1]为例。该墓位于河南省洛阳市伊川县彭婆镇昌营村，是一座长斜坡墓道五天井单室土洞墓。墓室内放置一仿庑殿顶石椁，用规格不等的青灰色石材砌筑。平面为长方形，南北长3.14、东西宽1.66、高1.62米。墓葬未出纪年材料，随葬品亦被盗一空。原简报将其年代定在开元年间，本文从乐舞组合及其衣着推断，应在李唐反正后至开元以前。

石椁壁面阴刻有图像，分别位于壁板、立柱、基石上。壁板共4幅，以仕女人物画为主；立柱上共7幅，饰花卉；基石上共12幅，刻壶门形状，内饰瑞兽。在东板门楣处线刻一组女乐组合，共5人，头梳倭堕髻，身着圆领窄袖衣，外加半臂，肩披帔帛，腰间束带，下着百褶裙。其中乐伎2人，均正坐筵上，分别吹奏篳篥与排箫。中间一人为舞者，双手举起，翻跹起舞，舞姿与高宗时期伎乐俑姿态相似。身后两人站立，击掌和

---

[1] 洛阳市文物考古研究院：《洛阳伊川昌营唐代石椁墓发掘简报》，《文物》2016年第6期，第30～40页。

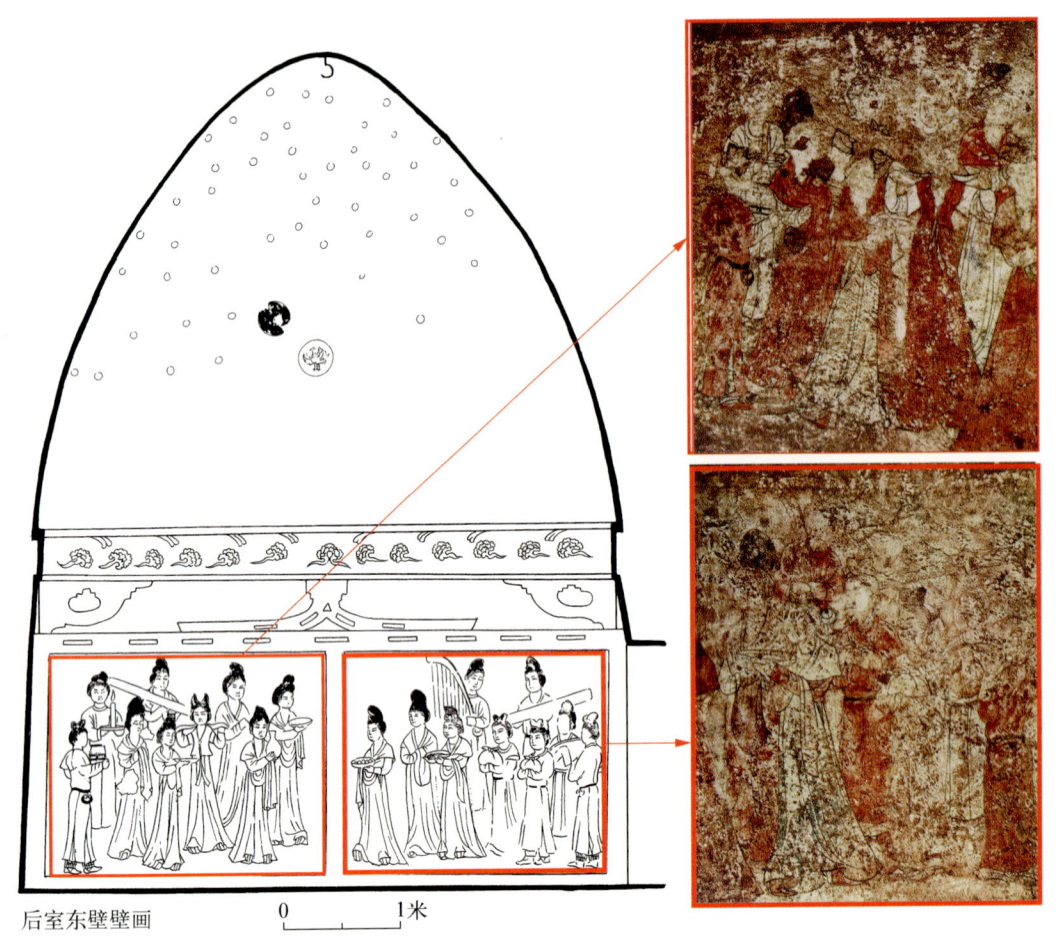

图 2-33　唐懿德太子墓后室东壁壁画所见燕乐组合

歌。此组燕乐组合,当为李唐反正后形成的一类女乐组合形式,与武周以前有所区别(图 2-34)。

2. 唐玄宗开元前期

开元前期,政治形势尚未完全稳定,唐玄宗利用丧葬活动来巩固自身地位。在礼乐建设层面,其已经开始酝酿一套兼顾胡乐、汉乐、俗乐三方的体系。唐玄宗在礼乐建设层面最重要的举措之一,即是对燕乐系统的改造。具体到墓葬文化中,燕乐组合的创新在开元前期即有端倪,集中表现在李唐宗室墓葬的壁画中,以李邕墓[1]为例。在同时期的政治核心区,在从前与睿宗集团对立的韦氏集团墓葬中,壁画中的乐舞元素则融于在

---

[1] 陕西省考古研究院:《唐嗣虢王李邕墓发掘报告》,科学出版社,2012 年。

134　无声胜有声:中古中国墓葬音乐文物与礼乐文化

图 2-34 洛阳伊川石椁线刻图像所见燕乐组合

贰 | 中古中国墓葬遗存中的燕乐组合　135

睿宗至玄宗时期流行的树下人物式壁画中，以南里王村韦氏墓[1]为例。

李邕墓位于陕西省富平县杜村镇北吕村西北的唐献陵陪葬区内，是一座长斜坡墓道五天井双室砖墓。由于被盗严重，随葬品大多不存。据墓志可知，墓主李邕为李渊曾孙、李凤之孙，封"嗣虢王"，葬于开元十五年（727）。李邕作为玄宗长辈，使用了其实超出一般王级的双室砖墓，体现出玄宗开元初年借对与自身政治集团利益密切相关的李唐宗室长辈的厚葬，以达到凝聚李唐政治核心的目的。墓葬自墓道至后室壁面皆绘制壁画，包括"四神图""列戟图""出行图""马球图""仕女图"等。其中墓葬前室绘有屏风画形式的"树下人物图"。后室西壁同样绘制一组屏风画，东壁绘制一组"燕乐图"（图2-36）。其画面大部分已残损，但从残存画面可见，其以秋冬时令的树木为背景，整体布局为：以在舞筵上舞蹈的女子为中心，右侧为一组乐队进行奏乐；左侧置榻，榻边有一童子，榻上为观舞者。舞者体态丰腴，头梳倭堕髻，身着宽袖舞衣，肩披帔帛。奏乐者均为头戴幞头的男伎，可辨识的乐器有铜钹、竖箜篌等。其组合形式相比前代，最大的差别在于伴奏乐队以男性乐伎代替此前的女乐，同时开始呈现出胡汉杂糅的特点，此即其后"胡部新声"之先声。

南里王村韦氏墓位于陕西省长安县韦曲北原南里王村，是一座竖井式单室砖墓。墓室四壁及甬道分别绘有壁画，其中墓室南北两壁分别绘制朱雀与玄武，东壁绘制一组"宴飨图"。西壁棺床之上绘制一组六合屏风，上皆绘树下人物图。其中，第3幅上绘一女子头梳倭堕髻，身着红色半臂、绿色长裙，坐于椅上弹奏四弦曲项琵琶。第6幅绘一对男女，女子头梳倭堕髻，红衣绿裙；男子头戴幞头，身着红色长袍，二人分别怀抱卧箜篌与竖箜篌（图2-37）。由于未出土纪年材料，简报推测其年代属于中唐前期。壁画中的屏风画式因素，与睿宗时期节愍太子墓壁画以及开元十五年（727）韦慎名墓残存壁画存在共时性，又根据出土器物及壁画人物发式、衣着特点，我们推测其年代属于唐玄宗开元年间。这种类型是武周以来乐舞题材壁画形式的延续。

除了上述以壁画及葬具图像表现的燕乐组合形式外，唐玄宗在开元前期还对墓葬中的伎乐俑加以改造，发展出新的形式。此时的伎乐俑已不具备礼制意义，因而在造型上也脱离了传统的模式化特点，更具有艺术色彩和想象力，其中最具特色者当数三彩载乐骆驼俑。三彩载乐骆驼俑目前所见共两件，分别出自唐开元十一年（723）鲜于庭诲墓与中堡村唐墓。[2]"骆驼载乐"题材图像早在汉代墓葬画像砖中即已出现，可谓"旧瓶"

---

[1] 赵力光、王九刚：《长安县南里王村唐壁画墓》，《文博》1989年第4期，第3～9、19页；贺梓城：《唐墓壁画》，《文物》1959年第8期，第31～33页。
[2] 同前揭《唐长安城郊隋唐墓》，第56～65页；陕西省文物管理委员会：《西安西郊中堡村唐墓清理简报》，《考古》1960年第3期，第34～38、7～12页。

（图2-35：1），但唐代结合新的时代元素加以进一步创新，则可谓"新酒"。

鲜于庭海墓中的三彩载乐骆驼俑出于西壁第二壁龛中。骆驼头高58.4、首尾长43.4厘米，舞俑高25.1厘米。在驼背之上有乐伎5人，皆为头戴幞头、满面络腮并留有八字胡的胡人形象。一人立于正中，一手握拳于胸前，一手甩在身后，应为歌者。其余四人盘腿列于四角，分别演奏横笛、琵琶、拍板、觱篥（图2-35：3），其人物形象与用乐组合皆具有鲜明的胡化色彩。

中堡村唐墓位于陕西省西安市中堡村，是一座单室土洞墓。该墓未出纪年材料，但从随葬的陶瓷器皿、三彩俑、模型假山园林等判断，其年代应在开元前期。其中所出三彩载乐骆驼俑与鲜于庭海墓所出相似，骆驼高48.5厘米，乐俑高11.5厘米。其体量比鲜于庭海墓的略小，且组合存在一定差异。其上共7人，当中1人为女子，头梳倭堕髻，抬手歌唱。周围一周盘坐男乐伎6人，头戴幞头，分别演奏笙、排箫、琵琶、竖箜篌、觱篥、拍板、横笛，配置与玄宗时代兴起的"胡部新声"基本一致（图2-35：2）。

图2-35 汉唐时期的载乐骆驼形象
1. 成都马家镇出土建鼓骆驼画像砖；2. 中堡村唐墓出土三彩载乐骆驼俑；
3. 鲜于庭海墓出土三彩载乐骆驼俑

3. 唐玄宗开元后期到天宝

唐玄宗于开元二十四年（736）"升胡部于堂上"，天宝中"又诏道调、法曲与胡部新声合作"。[1] 其中的"堂上"与"胡部"，均与唐代作为制度的"二部伎"有关。需要指出的是，"胡部"与"胡乐"是两个不同的概念，"胡乐"本为汉末以来进入华夏的外

---

[1] 〔北宋〕欧阳修、宋祁：《新唐书》卷二十二《礼乐十二》，中华书局点校本，1975年，第476～477页。

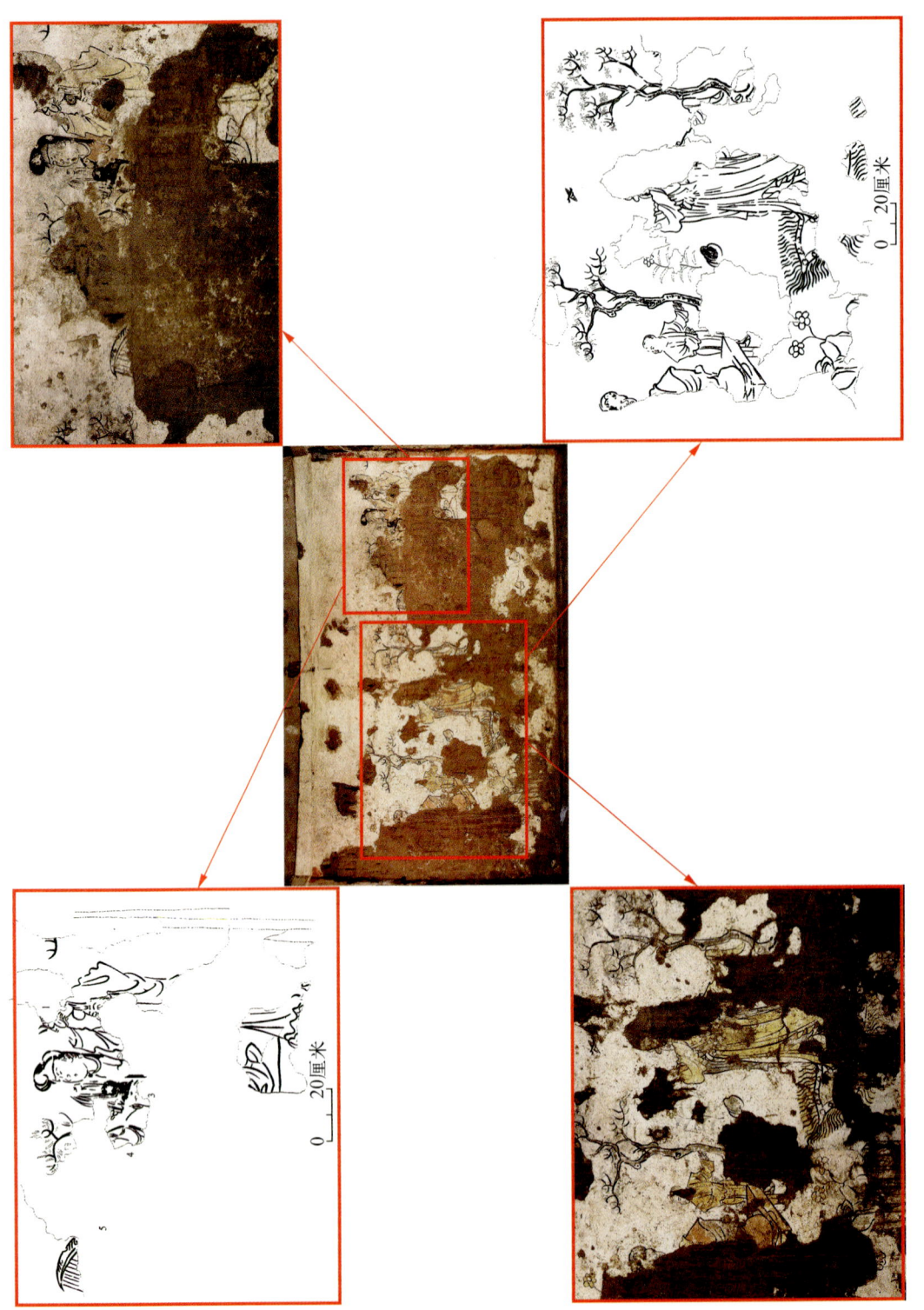

图 2-36 唐李邕墓后室东壁壁画所见燕乐组合

138　无声胜有声：中古中国墓葬音乐文物与礼乐文化

图 2-37　南里王村韦氏墓壁画奏乐图

来音乐,至唐代则泛指四夷及外来诸乐。"胡部"则是与"清乐""龟兹乐"等并列的一个乐部。胡部未列于初唐《十部乐》中,表明唐玄宗时期的乐部划分已与初唐有别。对于"胡部新声",《通典·乐典·四方乐》载:"又有新声自河西至者,号胡音声,与龟兹乐、散乐俱为时重,诸乐咸为之少寝。"[1] 河西地区是魏晋时期"西凉乐"的发源地,"西

---

[1]《通典》卷一百四十六《乐六》,第3726页。

貳｜中古中国墓葬遗存中的燕乐组合　139

凉乐"中保留了大量华夏正声之遗绪,自与胡乐有别。然而,胡汉交融的地缘位置,决定了汉魏传统持续不断地受到外来因素的渐染,这在河西及关陇地区墓葬壁画及乐舞俑群中,皆可拾其端倪。此外,魏晋时期河西地区音乐传统的传承,主要存在于民间而非官方,受当地俗乐的浸染颇深。至隋唐时期,曾一度被称作"国伎"的西凉乐,在内涵上同时兼具了雅、胡、俗三层内容。所谓"新声",当指西凉故地胡乐化的民间俗乐,同时这些俗乐本身又延续了汉魏传统。因此,所谓"胡部新声",其实是胡乐与俗乐相融合后,进入燕乐体系并制度化的产物。从形式上讲,它应当是胡乐化和散乐化的燕乐。从内涵上讲,其确立的意义,并不在于是否或多大程度上接受了胡乐的影响,而在于它将雅、俗、胡三个面向上的音乐支流汇于一处并制度化,这种制度化体现了唐玄宗时代礼乐文化的基本思路。

此前,以韩休墓发掘为契机,有多位学者结合玄宗时期的乐舞题材壁画对其进行了探讨。[1]关于墓葬中的乐舞图,诸家分别从乐队组合与墓葬制度出发,形成了两个基本的认识:其一,以韩休墓壁画乐舞图为代表的玄宗时代乐舞题材壁画的设置,主要是出于制度的考虑,其成为一时代之风尚主要源于自上而下的推动力;其二,其中的乐舞组合形式具有胡汉融合的特点。据此,有学者直接指出这种形式即是玄宗所确立的"胡部新声"。[2]

从墓葬年代与文献中"胡部新声"确立的时间来看,二者存在一定的错位,因此不宜将墓葬壁画中的乐舞图直接比定为"胡部新声"。但是二者之间的关联,确有其时代背景和现实依据。"玄宗时代"是唐代社会的关键点,这一时期的壁画墓集中分布于两京地区,壁画的布局和内容均呈现出一定的时代之风。郭美玲指出,唐玄宗时代墓葬壁画的布局具有一定的模式性,通常在墓室东壁绘制乐舞图,西壁绘制屏风画,棺床南北两侧分别绘制朱雀、玄武。[3]以开元十五年(727)李邕墓[4]为开端,开元二十六年(738)李道坚墓、[5]开元二十八年(740)韩休墓、[6]天宝元年(742)李宪墓、[7]天宝四载(745)

---

[1] 程旭:《唐韩休墓〈乐舞图〉属性及相关问题研究》,《文博》2015年第6期,第21~25页;武小菁:《唐韩休墓乐舞壁画的文化诠释》,《交响(西安音乐学院学报)》2016年第4期,第32~37页;梁勉:《试析唐韩休墓乐舞图》,《文物天地》2016年第6期,第32~34页;郑岩:《论唐韩休墓壁画乐舞图的语言与意象》,《古代墓葬美术研究》第四辑,湖南美术出版社,2017年,第215~228页。
[2] 周伟洲:《唐韩休墓"乐舞图"探析》,《考古与文物》2015年第6期,第73~79页。
[3] 郭美玲:《西安地区玄宗时代墓室壁画经营与布局》,《西部考古》第13辑,科学出版社,2017年,第230~248页。
[4] 陕西省考古研究院:《唐嗣虢王李邕墓发掘报告》,科学出版社,2012年。
[5] 井增利、王小蒙:《富平县新发现的唐墓壁画》,《考古与文物》1997年第4期,第8~17页。
[6] 陕西省考古研究院、陕西历史博物馆、西安市长安区旅游民族宗教文物局:《西安郭庄唐代韩休墓发掘简报》,《文物》2019年第1期,第4~43页。
[7] 陕西省考古研究所:《唐李宪墓发掘报告》,科学出版社,2005年。

苏思勖墓[1]等墓葬中的乐舞图像均具有程式化的特征（图2-38）。此外，开元二十五年（737）武惠妃墓、[2]天宝四载（745）雷内侍妻宋氏墓、[3]天宝六载（747）郏国大长公主墓、[4]天宝七载（748）张去逸墓、[5]天宝十五载（756）高元珪墓[6]等墓葬，均在其东壁绘制庭院乐舞图，但由于损毁严重或材料刊布不全，未见其全貌。其墓主身份或为宗室成员，或为宫廷内侍，或为禁军成员，或为高等级官员，皆位属玄宗时期体制内部的上层。

玄宗时代的墓葬壁画中，也有并未遵从上述模式者。例如天宝六载（747）张九思夫人胡氏墓中，在墓室东西壁分别以屏风画形式绘制仙鹤与仕女，而不见乐舞图。胡氏为阵亡将士遗孀，身份与上述众人有所差别，这种差别恰说明墓葬中乐舞题材壁画的设置具备一定等级和身份的指向性。同时，乐舞题材壁画的设置，与墓主生前对音乐的喜好无关。上述众人中既有擅于音乐如苏思勖者，也有不喜音乐如韩休者。此外，这些乐舞题材壁画无论采用通幅壁画形式，还是采用屏风画形式，在整体组合上都呈现出一致性特点。等级和身份的限制、与个人喜好无关、音乐组合的程式化，揭示出这一题材在很大程度上是强制性的。将音乐作为手段加以约束，但又将音乐的审美需要排除在外，毋宁说是受到了玄宗中后期礼乐路线的影响。

开元二十四年（736）以后集中出现并绘于墓室东壁之上的乐舞题材壁画，皆以"歌、舞、乐"三位一体。其在风格上胡、汉交融，以传统燕乐为基础，同时融入了俗乐元素。相比于时代风尚，其背后贯彻着玄宗协调"雅""俗""胡"三乐，并平衡各方势力的礼乐路线和政治愿景。故我们认为这类程式化的壁画题材，具有鲜明的礼制指向性。

在"胡部新声"的框架外，针对胡族背景官员，玄宗亦允许其专门塑造胡乐组合，以表现对"胡乐"及"胡族政治集团"的包容，此类墓葬以俾失十囊墓[7]为例。俾失十囊本是突厥人，开元初在回纥占领西突厥故地前归服于唐，授"右卫大将军"、封"雁门郡开国公"，葬于开元二十六年（738）。墓中出土一套胡乐组合伎乐俑，共6件，红陶质地，合模制成，高7.7~8厘米。6人均头戴幞头，身着翻领朱袖长袍，足踏黑靴，分别演奏忽雷、排箫、横笛、觱篥、尺八、手鼓、答腊鼓等乐器。其中二人为深目高鼻、满面虬髯的胡人长者形象，其用乐组合中，忽雷当为西突厥地区所特有的乐器，对节奏的

---

[1] 陕西省考古所唐墓工作组：《西安东郊唐苏思勖墓清理简报》，《考古》1960年第1期，第30~36、6、11页；熊培庚：《唐苏思勖墓壁画舞乐图》，《文物》1960年第8~9期，第75页。
[2] 屈利军：《新发现庞留唐墓壁画初探》，《文博》2009年第5期，第25~29页。
[3] 张正岭：《西安韩森寨唐墓清理记》，《考古通讯》1957年第5期，第57~62、14~16页。
[4] 王仁波、何修龄、单暐：《陕西唐墓壁画之研究》（下），《文博》1984年第2期，第44~55页。
[5] 贺梓城：《唐墓壁画》，《文物》1959年第8期，第31~33页。
[6] 贺梓城：《唐墓壁画》，《文物》1959年第8期，第31~33页。
[7] 李域铮：《西安西郊唐俾失十囊墓清理简报》，《文博》1985年第6期，第1~4、97页。

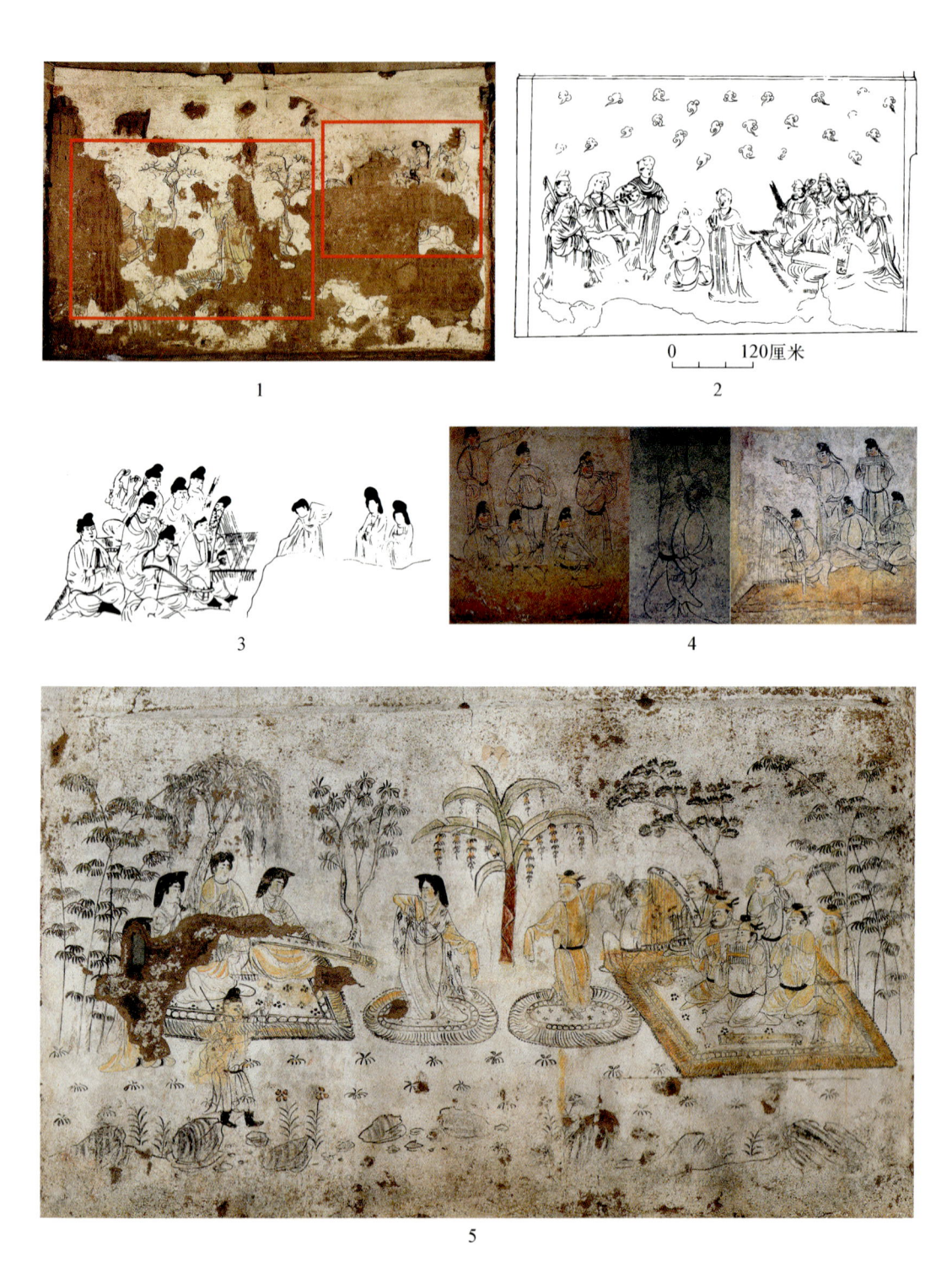

图 2-38 唐玄宗时期墓葬壁画中的乐舞图
1. 李邕墓 2. 李宪墓 3. 李道坚墓 4. 苏思勖墓 5. 韩休墓

142　无声胜有声：中古中国墓葬音乐文物与礼乐文化

突出也表现出较强的西域特色。

安史之乱后的墓葬中，燕乐组合逐渐消亡，仅在零星墓葬中可见有伎乐俑随葬，以唐代宗大历年间贝国太夫人任氏墓[1]所出琵琶乐俑及唐安公主墓所出伎乐俑组合[2]为例。与"燕乐组合"消亡相应的，是晚唐五代"散乐系统"组合的兴起，相关墓葬我们在第叁章予以叙述。

---

[1] 同前揭《大音希声——陕西古代音乐文物》，第163页。另外，该墓出土琵琶乐俑1件，高16.5厘米。其最具特点的是坐姿，已由早先双膝跪地的"正坐"改为臀部着地、交脚而坐，表明中唐以后整体的奏乐姿态发生了变化。
[2] 陈安利、马咏钟：《西安王家坟唐代唐安公主墓》，《文物》1991年第9期，第15～27、98页。

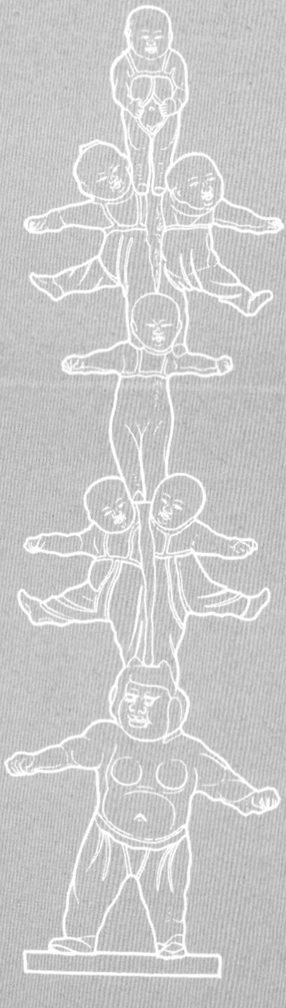

叁

中古中国墓葬遗存中的百戏与散乐组合

「散乐」的概念厘定

中晚唐时期散乐组合的形成与来源

五代十国墓葬图像中的散乐组合

辽宋时期墓葬图像中的散乐组合

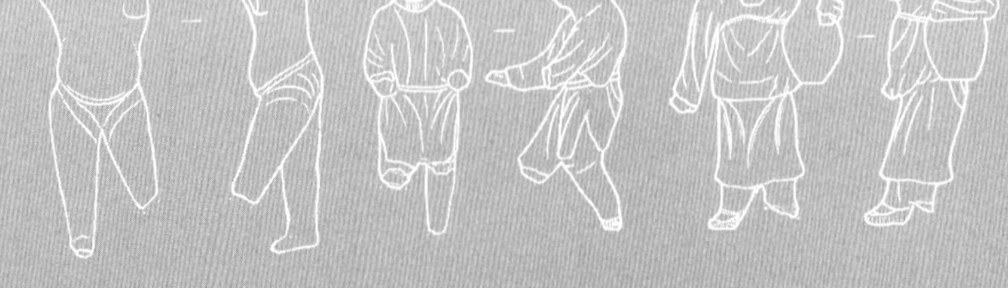

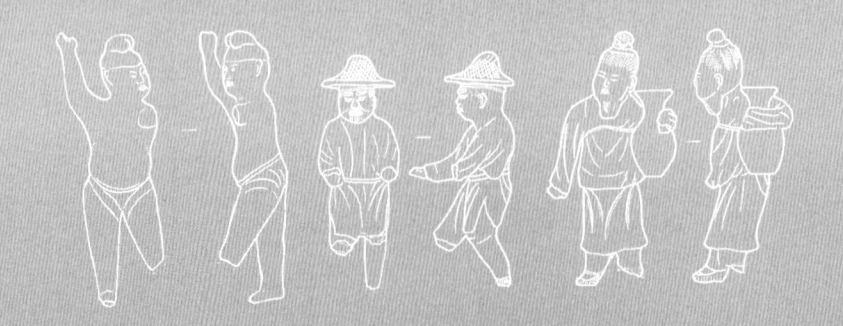

图 3-1　北魏墓葬中的百戏组合

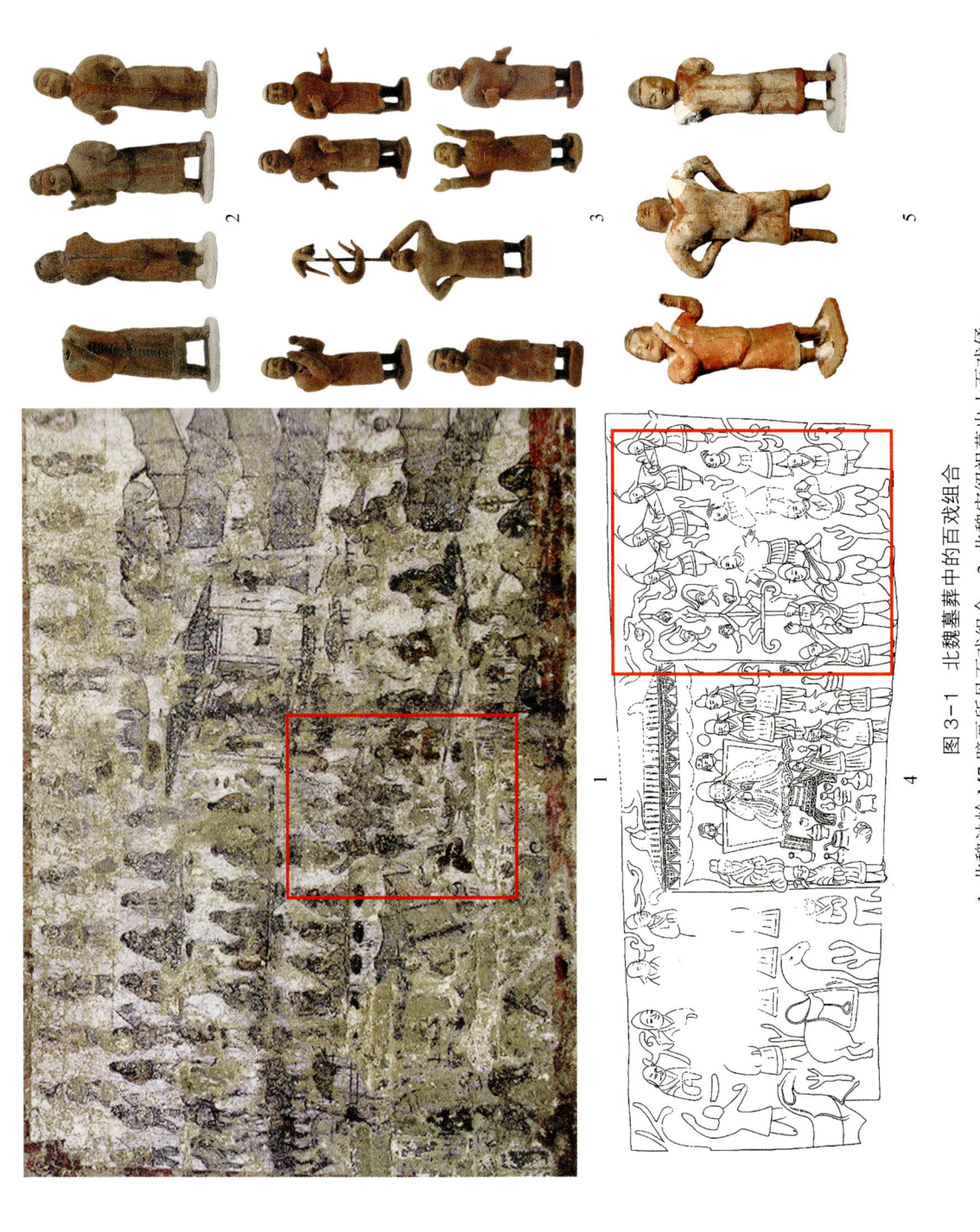

1. 北魏沙岭 M7 壁画所见百戏组合；2. 北魏宋绍祖墓出土百戏俑；
3. 山西大同雁北师院 M2 出土百戏俑；4. 山西大同梁技胡墓壁画宴乐图中的百戏组合；5. 山西大同云波路 M10 出土百戏俑

叁｜中古中国墓葬遗存中的百戏与散乐组合　147

一、"散乐"的概念厘定

文献中关于"散乐"的记载,最早见于《周礼》。《周礼正义》载:

> 旄人掌教舞散乐,舞夷乐。凡四方之以舞仕者属焉。[1]

清人孙诒让将"散乐"归为"冗散之乐",即次于雅乐的"杂乐"。事实上,《周礼》对先秦音乐的分类,基于音乐的来源或音乐的某些特征。"雅乐"专指王畿之地的音乐,"散乐"则为四夷之乐,相比后者,前者居于主导地位。

与"散乐"有关的另一个概念是"百戏"。《后汉书·礼仪志》注引蔡邕《礼乐志》,对汉代音乐进行了分类,是为《汉乐四品》。[2]《汉乐四品》以典礼类型或场合为标准,将音乐分为《大予乐》《周颂雅乐》《黄门鼓吹》与《短箫铙歌》四类。[3] 其中不见"散乐"之名,这与《周礼》和《汉乐四品》对音乐的分类标准不同有关。汉代不言"散乐",却多见"奇技""角抵""戏乐"等内容。东汉时,"角抵诸戏"被统称为"百戏",《后汉书·安帝纪》所载"(延平元年十二月)乙酉,罢鱼龙曼延百戏",为"百戏"一词的最早出处。[4] 从中可见,"百戏"专指具有娱乐性质的非仪式用乐,属于俗乐的范畴。对于汉代墓葬图像中的百戏,萧亢达进行了系统的搜集和整理,为我们讨论百戏的概念提供了参照。[5]

南北朝时期,北方诸政权在礼乐建设过程中,沿用"百戏"概念,并对其不断增修。《魏书》卷一百九《乐志》载:

> (天兴)六年(403)冬,诏太乐、总章、鼓吹增修杂伎,造五兵、角觝、麒麟、凤皇、仙人、长蛇、白象、白虎及诸畏兽、鱼龙、辟邪、鹿马仙车、高絙百尺、长𧿒、绿橦、跳丸、五案以备百戏。[6]

---

[1] 〔清〕孙诒让著,汪少华整理:《周礼正义》卷四十六《春官·旄人》,第2290~2291页。
[2] 范晔:《后汉书》,中华书局点校本,1965年,第3131~3132页。
[3] 《宋书》《隋书》《通典》延续这种分类标准,但是具体乐名有差别。详参《宋书》卷二十《乐志》,第565页;《隋书》卷十三《音乐上》,第286页;《通典》卷一百四十一《乐一》,第3595页。
[4] 《后汉书》卷五《安帝纪》,第205页。
[5] 萧亢达:《汉代乐舞百戏艺术研究》,文物出版社,2010年。
[6] 〔北齐〕魏收:《魏书》卷一百九《乐志》,第2828页。

北魏初年礼乐未备，以两汉以来的百戏充斥宴飨用乐之中，这在同时期的墓葬壁画与陶俑组合中有充分表现（图3-1）。南朝各政权虽不明言"百戏"，但继续沿用"角抵""像形""杂伎"等名称，其实质与百戏无异。《南齐书·乐志》载：

> 角抵、像形、杂伎，历代相承有也。其增损源起，事不可详，大略汉世张衡《西京赋》是其始也。魏世则事见陈思王乐府《宴乐篇》。晋世则见傅玄《元正篇》《朝会赋》。江左咸康中，罢紫鹿、跂行、鳖食、笮鼠、齐王卷衣、绝倒、五案等伎，中朝所无。见《起居注》，并莫知所由也。太元中，符坚败后，得关中檐橦胡伎，进太乐，今或有存亡，案此则可知矣。[1]

从中可知，汉晋时期的宴飨用乐中常有百戏，这是承自战国以降宴飨中设置乐舞百戏的传统。其中的"檐橦胡伎"在墓葬中更是被符号化，成为北魏至隋唐墓葬图像中用以表现百戏组合的经典形象。不过，百戏虽然可以进入宴飨用乐之行列，但由于其娱乐性与世俗性指向，每逢礼乐整饬之时，往往不免遭到禁罢之运。

隋唐时期，随着胡乐的兴起和音乐"雅俗之分"的提出，礼乐文化中的不同概念被重新整合。隋唐统治者出身关陇集团，以《周礼》框架为蓝本建立自身的礼乐框架，重新使用"雅乐""燕乐""散乐"等名。不过，随着时代变迁，同样的名称已然无法涵盖同样的内涵。唐代的"燕乐"已脱离祭祀场合，专指宴飨之乐。燕乐体系之下的《九部乐》《十部乐》则兼及"四夷乐"之内涵。与之相应的"散乐"，其概念相比周代已发生了转移。《通典》载："散乐，非部伍之声，俳优歌舞杂奏。"[2]可见，散乐在唐代既不用于鼓吹卤簿与郊庙祭祀，也不能单独用于宴飨场合，由此真正成为所谓的"杂乐"。此外，《通典》还记载东汉有"九宾散乐"，[3]其内容涉及杂技、幻戏，由此可知，唐代中期的"散乐"已与汉代以降的"百戏"相等同，时人以《周礼》中的"散乐"之名嫁接于汉代"百戏"概念之上。唐代的"燕乐"之于"宴飨"，因宴飨仪式性质的不同，常可兼及雅俗，故岸边成雄从"燕乐"中划分出"宴飨雅乐"。[4]唐代的"散乐"，则基于音乐的娱乐功能与使用场合的所限，用以专指具有娱乐性与俗乐性质的一类乐舞形式。

至此，我们基本厘清了先秦至中唐"散乐"概念的嬗变。"散乐"本身亦可有广义与狭义之分，广义的"散乐"基于音乐的功能性，指的是一种娱乐性与非仪式性的音乐

---

[1] [梁]萧子显：《南齐书》卷十一《乐志》，中华书局点校本，1972年，第195页。
[2] 《通典》卷一百四十六《乐六》，第3727页。
[3] 《通典》卷七十《礼三十》，第1928、1941页。
[4] （日）岸边成雄著，黄志炯、梁在平译：《唐代音乐史的研究》（上），（台北）中华书局，1973年，第13页。

门类，属于俗乐范畴；狭义的散乐则是指一种具体的音乐组合形式。散乐的概念及具体的音乐组合形式在不同时期有所不同，尤以唐宋之间最为重要，其组合形式的转变背后，与政治文化、社会结构、礼俗互动等诸多议题相牵涉。总体来看，我们可将其形成与发展过程分为三个阶段：中晚唐时期、五代十国时期、辽宋时期，以下即分别以墓葬图像为依据，讨论散乐在这三个阶段的发展特点。

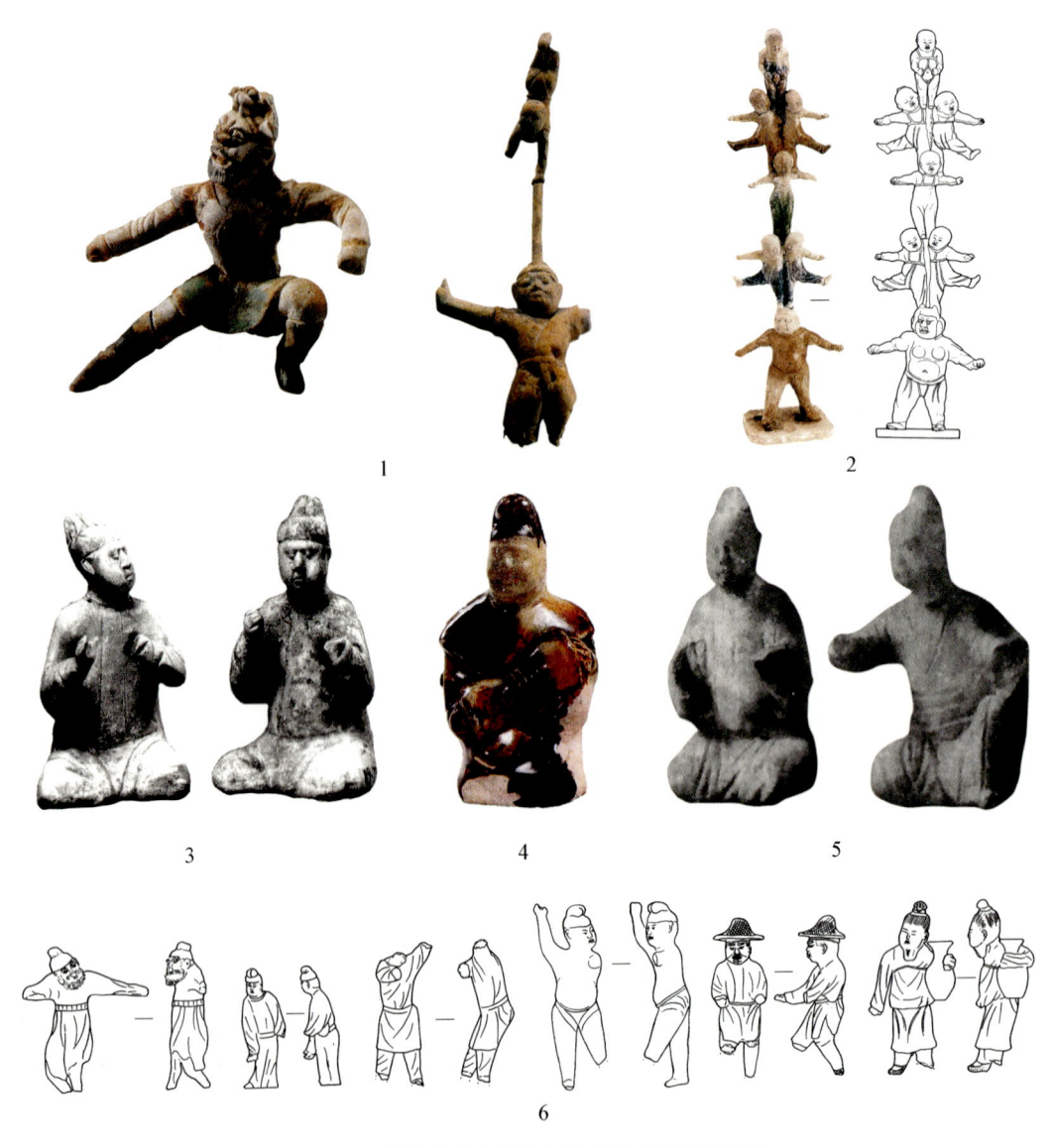

图 3-2　唐代墓葬出土陶俑中的百戏与散乐组合
1. 新疆阿斯塔那 M336；2. 西安南郊 M31；3. 西安韩森寨唐墓；
4. 西安热电厂 M63；5. 唐安公主墓；6. 孙承嗣夫妇墓

图 3-3 唐金乡县主墓出土陶俑中的百戏组合

叁 | 中古中国墓葬遗存中的百戏与散乐组合 151

二、中晚唐时期散乐组合的形成与来源

（一）中晚唐时期散乐组合的来源

将"散乐"概念重新整合的《通典》，成书于唐德宗年间。德宗一朝之于中晚唐政治文化的重要性不言而喻，我们讨论中晚唐时期散乐的形成，亦站在这个时间点上观察。中晚唐时期的散乐，在音乐组合形式上源自三个传统：一是汉魏百戏传统，二是南北朝以来的胡乐传统，三是盛唐时期的燕乐传统。

首先，通过前节所述，可知唐代的"散乐"承自汉魏百戏而来。中晚唐时期的散乐，不仅继承并吸收了汉魏以来百戏的基本组合形式，同时也延续了其音乐属性和内在指向。墓葬中的百戏组合，在北魏洛阳时代至唐高宗前期出现较少。此类组合重新兴起于武周后期的西北地区，并从唐玄宗开元时期开始，在政治核心区内再度开始流行。唐玄宗时代墓葬所见百戏组合，多以陶俑形式表现。在壁画中，百戏组合时有出现，但并非壁画题材的主流，实例可见于武惠妃墓壁画中。其基本的组合形式，延续了北魏平城时代流行的"寻橦""倒立""跳丸""角抵"等内容，并融入了"戏弄"这一新元素。"戏弄"可追溯自汉代的俳优，是盛唐时期兴起的一类集歌舞、念白与表演于一身的艺术表现形式，任半塘对其进行了系统研究。[1]在墓葬陶俑组合中，唐代戏弄主要表现为"参军戏""踏摇娘"等内容。唐代墓葬中百戏组合内容最为丰富的，以金乡县主墓为例（图3-3）。除此之外，在新疆阿斯塔那M336、[2]洛阳安菩墓、[3]西安韩森寨唐墓、[4]西安南郊M31、[5]西安西郊热电厂M63、[6]孙承嗣夫妇墓、[7]李倕墓[8]中均有戏弄俑及其他类别百戏俑出土（图3-2）。其中，在身份明确的墓主中，金乡县主为唐高祖孙女，身份较为显赫。安菩官阶虽未显赫，但其子安金藏与玄宗过从密切，身份亦相对特殊。[9]不过，葬于开元二十四年（736）的孙承嗣作为兵部

---

[1] 任半塘：《唐戏弄》，上海古籍出版社，1984年。
[2] 鲁礼鹏：《吐鲁番阿斯塔那墓地M336年代及相关问题探析》，《西部考古》第12辑，科学出版社，2015年，第399～406页；金维诺主编：《中国美术全集·墓葬及其他雕塑》（二），黄山书社，2010年，第388～389页。
[3] 冯健：《洛阳唐代安菩墓出土的男立俑探析》，《洛阳大学学报》2005年第3期，第9～10页。
[4] 陕西省文物管理委员会：《西安东郊韩森寨汉墓清理简报》，《文物》1960年第5期，第72页。
[5] 西安市文物保护考古所：《西安南郊唐墓（M31）发掘简报》，《文物》2004年第1期，第31～61、3页。
[6] 西安市文物管理处：《西安西郊热电厂基建工地隋唐墓葬清理简报》，《考古与文物》1991年第4期，第50～95页。
[7] 陕西省考古研究所、西安市文物保护考古所：《唐孙承嗣夫妇墓发掘简报》，《考古与文物》2005年第2期，第18～28、97页。
[8] 陕西省考古研究院：《唐李倕墓发掘简报》，《考古与文物》2015年第6期，第3～22、2、129页。
[9] 沈睿文：《重读安菩墓》，《故宫博物院院刊》2009年第4期，第6～21、158页。

常选，[1]并未取得实际品级。由此可见，墓葬中随葬此类组合并不以身份等级为依据，而是突出其娱乐性，以彰显一时代多元的文化风尚。

其次，南北朝以降百戏的兴起，虽有其本土的渊源，但很大程度上也与胡乐的传入有关，唐代"散乐"的第二个传统，即源自北朝以降的胡乐。从考古材料来看，北朝墓葬中的百戏组合，大多配以琵琶、竖箜篌、横笛等为代表的胡乐组合。胡乐有着更为丰富的演奏风格和表现形式，使得日后散乐形成具备了流行化和大众化的可能。唐代鲜于庭海墓与中堡村唐墓出土的三彩载乐骆驼俑，分别呈现出"胡乐"与"汉乐"两种组合形式，揭示出开元年间胡乐对当时音乐组合的丰富，也为日后散乐的形成奠定了基础。

除了上述两个传统外，中晚唐时期的散乐，在很大程度上受到了盛唐时期燕乐的影响。唐代中期以前，"燕乐"与"散乐"有着明确的界限，二者存在功能和指向的差别。前者用以体现音乐的社会功能，兼具"雅乐"与"俗乐"双重指向；后者则体现音乐的娱乐功能，仅具"俗乐"指向。在组织机构上，二者也分属太常和教坊。[2]二者的界限至唐玄宗开元后期开始模糊化，开元二十四年（736）后逐步形成的"胡部新声"，代表了玄宗开元末至天宝年间"兼顾胡汉，整合雅俗"的礼乐路线。"胡部新声"是在燕乐框架下完成的，但其在音乐组合形式上既有河西新声，又融合了作为胡乐之首的龟兹乐与作为俗乐代表的散乐，对中晚唐以降的散乐组合产生了深远影响。这种形式进入宴飨雅乐之中，实则促成了雅乐、俗乐与胡乐的合流。它既是中晚唐以降散乐在音乐组合形式上的蓝本，同时也是五代十国时期割据政权进行礼乐建设时的直接参照。如果说前两个传统是历史的影响，那么第三个传统则是时代的新发展。

（二）中晚唐墓葬图像中的散乐组合

安史之乱后，墓葬中各种符号化的音乐组合一度走向式微。自东汉末以降用以建立阶序、彰显等级或身份的鼓吹乐组合已然匿迹，用以"通伦理""正交接"的燕乐组合亦不多见。至晚唐时期，墓葬中的乐舞俑群基本不见，但壁画、葬具图像中的音乐组合以"散乐组合"的形式再次出现，以杨玄略墓[3]为例。

---

[1] 日本学者杉井一臣认为"常选"有广义与狭义之分，广义的"常选"包括现任官和前资官在内的出身获得者；狭义的"常选"指特定的官员身份，即虽获得出身但未能在吏部、兵部的铨选中取得合格资格的人。兵部常选应指后者。详见胡戟等：《二十世纪唐研究》，中国社会科学出版社，2002年，第116页。
[2] 〔北宋〕宋祁、欧阳修：《新唐书》卷四十八《百官三》，第1244页。
[3] 宿白：《西安地区的唐墓形制》，《文博》1995年第12期，第41～50、1页。

杨玄略祖辈皆为宦官，或掌握禁军，或出任参军，或担任枢密使，皆掌有重权。杨玄略本人则先后做过内仆局令、总监使、僻仗使等内府官吏，并多次以监军身份随军出征，倍受皇帝宠信。他于唐懿宗咸通三年（862）被授予"内侍省掖庭局令"，并加封"银青光禄大夫""上柱国""弘农县侯"，薨于咸通四年（863），葬于咸通五年（864）。在其墓葬第一过洞壁上绘有拍板伎。乐伎戴硬脚幞头，身着宽袖长袍，腰系胯带，足蹬黑靴，持拍板击节。墓室东壁有腰鼓伎，虽已破损，但可见其身着长袍黑靴，腰系红色长巾，持腰鼓击之。其侧绘有击掌伎，双手举胸前击掌（图3-4）。

据《通典·乐典》载：

> 散乐，用横笛一，拍板一，腰鼓三，其余杂戏，变态多端，皆不足称也。[1]

由此可见，中唐时期散乐组合的基本乐器主要有三，杨玄略墓壁画残见的拍板、腰鼓组合，则构成了中晚唐散乐组合的基本元素。腰鼓本出于胡地，在墓葬图像中最早见于河西地区十六国墓葬壁画中，成为河西地区俗乐的代表乐器，至唐代进入燕乐系统并得到充分的发展。[2] 开元初期的名相宋璟即喜爱鲁山花瓷制成的腰鼓，[3] 此类瓷质腰鼓残件

图3-4 唐代杨玄略墓壁画中的散乐组合

---

[1]《通典》卷一百四十六《乐六》，第3729页。
[2] 唐代乐器中腰鼓系统下有都昙股、毛员鼓、正鼓、和鼓、侯提鼓等多种类型，其形皆如"腰鼓"，此处统称为"腰鼓"。
[3]〔唐〕南卓撰：《羯鼓录》，辑自王云五主编《图书集成初编·乐府杂录及其他二种》，商务印书馆，1936年，第10页。

图 3-5　唐代的瓷质腰鼓
1. 鲁山段店出土；2. 李宪墓出土；3. 西安东门外出土；4. 正仓院藏

在河南鲁山确有出土（图 3-5：1）。不仅如此，这类瓷质腰鼓还出现于同时期高等级墓葬与城址中（图 3-5：2、3），日本正仓院中亦藏有晚唐时期传入日本的瓷质腰鼓（图 3-5：4）。这一乐器在上层的流行，恰与中晚唐散乐的形成相一致。拍板同样是从唐玄宗时期开始流行的一类乐器，在以往墓葬图像中不见。这两种乐器皆是自下而上传播并逐渐流行于上层的俗乐系乐器之代表。

此外，在西安韦曲韩家湾壁画墓（2009HDM33）墓室东壁的残缺壁画上，可见一组乐舞图像。由于损毁严重，其中仅可辨识一人吹奏筚篥。该墓未出纪年材料，发掘者推断为晚唐时期。[1] 壁画虽不完整，却提供了散乐组合从玄宗时代至晚唐时期的发展线索。

总体来看，在音乐组合上，中晚唐时期的散乐对以往胡、俗之乐的代表性乐器进行了选择性的减省。但在音乐类别上，杨玄略墓在壁画设置上，以散乐题材替换了唐前期具有身份指向的燕乐组合，一方面表明散乐在晚唐时期已取代燕乐位置，即燕乐已经俗乐化；另一方面也表现出雅俗界限在晚唐已然不明，礼制与礼俗亦开始走向接通。

三、五代十国墓葬图像中的散乐组合

中晚唐时期形成的散乐组合，至五代十国时期得到了充分发展。乐队规模不断扩大的同时，用乐组合也不断丰富，但这种丰富并非简单的扩充。自晚唐以来，高

[1] 陕西省考古研究院：《西安韦曲韩家湾村两座唐代壁画墓发掘简报》，《文博》2017 年第 5 期，第 11～20 页。

等级墓葬的图像系统中出现的以"散乐组合"代替以往"燕乐组合"的现象，揭示出燕乐的散乐化进一步发展。但与此同时，墓葬图像中的散乐组合却被赋予了相对明确的等级指向性，暗示着礼乐文化中话语力量的转化。这些内容集中反映在北方地区五代节度使墓葬中，以河北曲阳王处直墓、[1]陕西彬县冯晖墓、[2]陕西李茂贞夫妇墓[3]为代表。

王处直墓是一座多室石砌墓，由墓道、墓门、甬道、墓室组成，全长12.5米。墓主王处直曾为晚唐义武军节度使，朱温称帝后受封北平郡王，后又归降后唐李存勖，卒于后梁末帝龙德三年（923）。其墓室四壁及顶部绘制壁画，主要包括"天象""男侍""云鹤""山水""花鸟"等，后室四壁绘"花鸟图"及"仕女图"。在后室东西两壁，分别以浮雕石刻形式表现"奉侍图"与"散乐图"。"散乐图"以浮雕形式展现了一组由15人组成的庞大乐队（图3-6）。最右一人头戴幞头，身着缺胯长袍，持杆站立，即唐玄宗以来出现的"竹竿子"。其下有两名舞者，或出于构图需要，身材比例较小。左侧女乐伎12人，头梳丛髻，身着束腰宽袖裙裳，肩披帔帛，分前后两排站立，分别演奏横笛、觱篥、羯鼓、方响、大鼓、拍板、四弦曲项琵琶、筝、竖箜篌、笙等。

虽为散乐题材，但浮雕图像所呈现出的音乐组合，并不能简单认为它仅是晚唐散乐的直接发展。因为两幅浮雕在整体构图与空间布局上，均与盛唐时期两京地区墓室壁画形式相似。王氏祖辈本出自关中，因其堂兄在平定黄巢之乱时有功，始以义武军节度使世袭统治定州。尽管生前多次易主，但王处直似以"唐臣"自居，在墓志中沿用唐昭宗"天祐"年号。这一方面暗示着他在五代前期乱局中试图保持独立，另一方面也与其个人对盛唐与关中的文化认同有关。在墓葬图像散乐组合的表现上，石刻浮雕源自河北的技术传统，但图像粉本则与唐懿德太子墓壁画中的燕乐场景遥相呼应。在懿德太子墓壁画中，众侍从捧物相从。若细观察，则可发现其中有两人抱持古琴，一人抱持竖箜篌，持古琴者前有持巾女子，应是"巾舞"的舞者。在画面左上角还有捧烛者，暗示时间应当是夜间，此外众人则各捧杯盘。由此可以推断，画面表现的是即将开始的夜宴场景，且席间有乐舞相伴，这便是唐代前期流行的"燕乐组合"。王处直墓浮雕散乐图，正是在此基础上的丰富，并将捧物侍从与奏乐场景分别表现。因此，中晚唐时期墓葬图像中形成的散乐组合，在五代时期被加以塑造。其整体构图和内容沿袭唐代前期的燕乐传统而来，音乐组合则是在此前基础上的不断丰富和发展，渊源自政治核心区的传统与地方性的新

---

[1] 河北省文物研究所、保定市文物管理处：《五代王处直墓》，科学出版社，1998年。
[2] 咸阳市考古研究所：《五代冯晖墓》，重庆出版社，2001年。
[3] 宝鸡市考古研究所：《五代李茂贞夫妇墓》，科学出版社，2008年。

图 3-6　河北曲阳五代王处直墓浮雕图像中的散乐组合

兴因素，共同构成了散乐的新发展。

具体到音乐组合上，除了盛唐时期常见的音乐组合外，图中还增加了许多新内容。例如，其中不见腰鼓而出现了羯鼓。羯鼓原为唐代燕乐系乐器，被唐玄宗视为"八音之领袖"。羯鼓在中晚唐时期伴随着燕乐散乐化的过程，得到了自上而下的推广，至晚唐时已进入散乐，又得名"两杖鼓"。唐代的南卓曾撰写《羯鼓录》，专门介绍羯鼓的演奏形式和人们关于音乐的理解。此外，组合中还增加了方响和大鼓。方响自中晚唐以降开始流行，《旧唐书·音乐志》载：

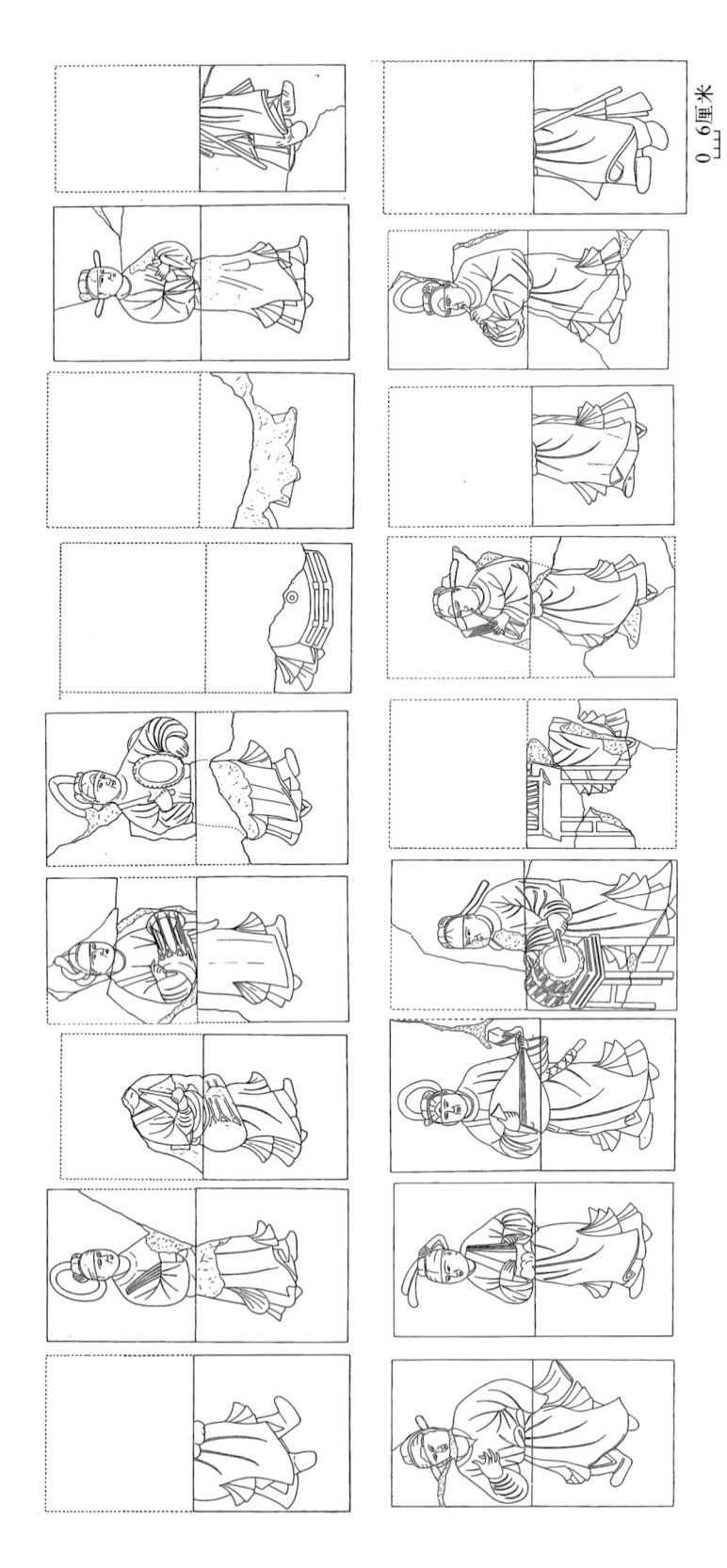

图 3-7 五代李茂贞夫人刘氏墓砖雕散乐图

158　无声胜有声：中古中国墓葬音乐文物与礼乐文化

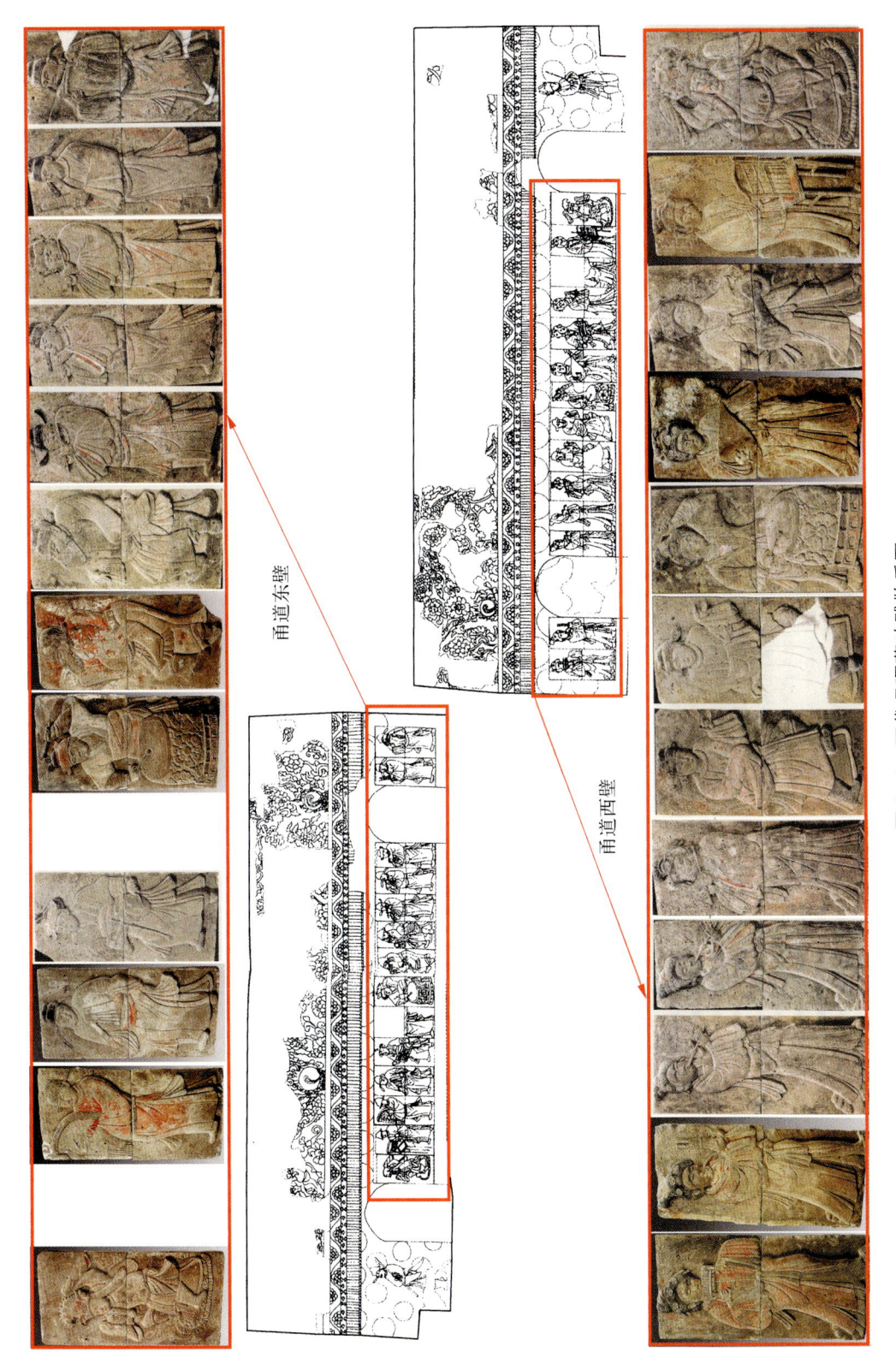

图 3-8 五代冯晖墓砖雕散乐图

叁 | 中古中国墓葬遗存中的百戏与散乐组合　159

> 梁有铜磬，盖今方响之类。方响，以铁为之，修八寸，广二寸，圆上方下。架如磬而不设业，倚于架上以代钟磬。[1]

由此可知，方响改自磬而来。这种乐器随着唐代燕乐体系的瓦解而融入散乐系统中，其形成经历了由雅入俗的过程。大鼓未见于唐至五代的正史文献，但其实物形象在五代以降的音乐图像中屡屡出现，并在事实上成为五代以降散乐组合的核心，一直流行至当代。晚唐段安节《乐府杂录》中专列"鼓架部"一节，与胡部、雅乐部、龟兹部等并列，可知晚唐时期用"鼓架部"来管理散乐，大鼓的出现应与之有关。唐玄宗时期开始出现的拍板和竹竿子两个角色，则在这一时期继续发展。

同样是表现散乐组合，相比王处直墓浮雕图像，关陇地区的两位节度使墓则呈现出另外一种形式。在李茂贞夫人刘氏墓与冯晖墓中，分别在后甬道的东西两壁上，以浮雕砖画的形式刻画出十余位乐伎形象。与王处直墓散乐浮雕中将众人集中一处的构图不同，他们在图像中均以单体横向分隔的构图逐一表现每个乐伎。其构图形式更类似于北周至唐初墓葬壁画传统。

李茂贞夫人刘氏墓是一座长斜坡墓道前后双室、带耳室砖墓，全长 57.1 米。该墓与相邻的李茂贞墓"同茔异穴"合葬。李茂贞原名宋文通，早年随博野军镇压黄巢起义、护送唐僖宗有功，故赐名"李茂贞"。他先后拜武定节度使、凤翔陇右节度使，历经唐、后梁、后唐三代，称雄陇右数十年。刘氏卒于后晋天福八年（943），葬于开运二年（945）。在墓葬散乐砖雕中，乐队规模达 18 人，皆为身着红色或绿色开胯长袍、头戴黑色幞头的男性（图 3-7）。其中有 7 块砖雕破损严重，所奏乐器中可辨识的有大鼓、羯鼓、腰鼓、鸡娄鼓、大拍板、小拍板、横笛、觱篥、四弦曲项琵琶、方响、笙等。鸡娄鼓为唐代燕乐系十部乐所常用，但在墓葬图像中则仅出现于五代散乐图中。

冯晖墓是一座多室砖墓。墓主冯晖为五代时期后周朔方节度使、中书令、卫王，葬于后周显德五年（958）。冯晖生前骁勇善战，历经晚唐及五代历朝，雄踞一方，身份显赫。在其甬道东、西两壁设置 56 块浮雕砖组成的散乐图组合，其中东壁主要为男性，西壁主要为女性，各 14 人。关于其所用乐器与人物在乐队中的司职，罗丰先生进行过系统考证。[2] 其散乐砖雕与年代较之略早的李茂贞夫人刘氏墓相比，在图像设置与用乐组合上基本一致。不过，此墓规模更大，其中伶人性别有所差异，故知应为男、女两部。其

---

[1]〔后晋〕刘昫等撰：《旧唐书》，中华书局点校本，1975 年，第 1078 页。
[2] 罗丰：《五代后周冯晖墓出土彩绘乐舞砖雕考》，《考古与文物》1998 年第 6 期，第 66~81 页。其中的乐器考证基本无误，但将乐舞砖雕的性质归为鼓吹乐一类则有待商榷。参其乐舞组合，当归为散乐系统。

中舞者头上戴冠,身着华服。女性伶人梳倭堕髻,身着曳地长裙。男性伶人中除奏大鼓者外,均身着开胯长袍、头戴黑色幞头;奏大鼓者则头戴抹额。每部中有舞者3人,分别表演3种舞蹈;奏乐者11人,分别演奏大鼓、竖箜篌、方响、拍板、腰鼓、排箫、笙、觱篥、横笛、曲项琵琶(图3-8)。除个别乐器外,图像中的伶人在人物形象、服饰与乐舞组合形式方面,均与唐代韩休墓壁画乐舞图中所见一脉相承。

对比可知,关陇地区五代节度使墓中的散乐组合,在构图形式上延续了北朝以来的关陇传统,只是绘制位置有所差别。在音乐组合形式上,则以唐玄宗时期所谓"胡部新声"为基础。可见,散乐组合在中晚唐时期经历减省后,在五代时期再度与此前的燕乐组合相融合。

唐玄宗在天宝中令道调、法曲与"胡部新声"合作,这一举措在五代十国时期的巴蜀地区则有了进一步发展,集中体现在成都前蜀永陵的石棺床浮雕上。[1]王建墓是五代十国时期前蜀国主王建的陵墓。王建于天祐四年(907)称帝,死于光天元年(918),其时大致相当于北方地区的后梁。墓葬在地上建有圆形陵台,墓室全长30.8米,分为前、中、后三室。在中室内放置有须弥座棺床,其上东、南、西三面雕刻伎乐浮雕,其中22人奏乐、2人舞蹈。关于这组伎乐组合的内容及性质,此前学者已多有考证并探讨,要言之可分为"燕乐"[2]"仙乐"[3]与"佛曲"[4]三类。浮雕乐伎所奏乐器共17种,细察之可分为三组(图3-9)。

上述乐器除拍板外,皆为唐初燕乐"十部乐"所用,燕乐系统中较为重要的五弦琵琶已然匿迹。此外,北方地区五代时期散乐组合中最重要的大鼓亦未出现。其中的乐器组合,并不完全属于唐"十部乐"中的某一乐部,而是根据现实需要,对各乐部配器的整合。其中乐伎的位置也无一定规律,当是出于制作方便而随机分布。

---

[1] 冯汉骥:《前蜀王建墓发掘报告》,文物出版社,1964年。
[2] 冯汉骥考证浮雕伎乐所用乐器多属于唐代"燕乐系统",故认为组合应当属于"燕乐",并且是"胡部新声"与"法曲"的混合。详参冯汉骥:《前蜀王建墓内石刻伎乐考》,《四川大学学报》1957年第1期,第1~27页。岸边成雄认为其为"宫廷宴飨乐",参照岸边氏的系统研究可知,在其归纳的唐代音乐体系中,宫廷宴飨乐即"宴飨雅乐",属于"燕乐系统"。详参(日)岸边成雄著,樊一译:《王建墓棺床石刻二十四乐妓》,《四川文物》1988年第4期,第76~80页。秦方瑜将这组伎乐与玄宗所创"霓裳羽衣舞"相联系,"霓裳羽衣舞"属于"燕乐系统"舞蹈,故可视为"燕乐"。详参秦方瑜:《王建墓石刻伎乐与霓裳羽衣舞》,《四川文物》1986年第2期,第15~20页。
[3] 张勋燎与白彬结合墓葬中的道教因素,认为伎乐可能与升仙思想有关,故视其为"道调"范畴下的"仙乐"。详参《前蜀王建永陵发掘材料中的道教遗迹》,张勋燎、白彬主编:《中国道教考古》第九卷,线装书局,2005年,第1033~1062页。
[4] 迟乃鹏、郑以墨等通过将浮雕伎乐的图像与佛教石窟寺及地面寺院中的图像遗迹相结合,认为其为佛曲,用以表现"彼佛国土,常作天乐"的景象。详参迟乃鹏:《王建墓棺床石刻伎乐弄佛曲说探证》,《四川文物》1997年第3期,第18~22页;郑以墨:《前蜀王建墓研究》,载北京大学中国考古学研究中心编《两个世界的徘徊——中古时期丧葬观念风俗与礼仪制度学术研讨会论文集》,科学出版社,2016年,第313~342页。

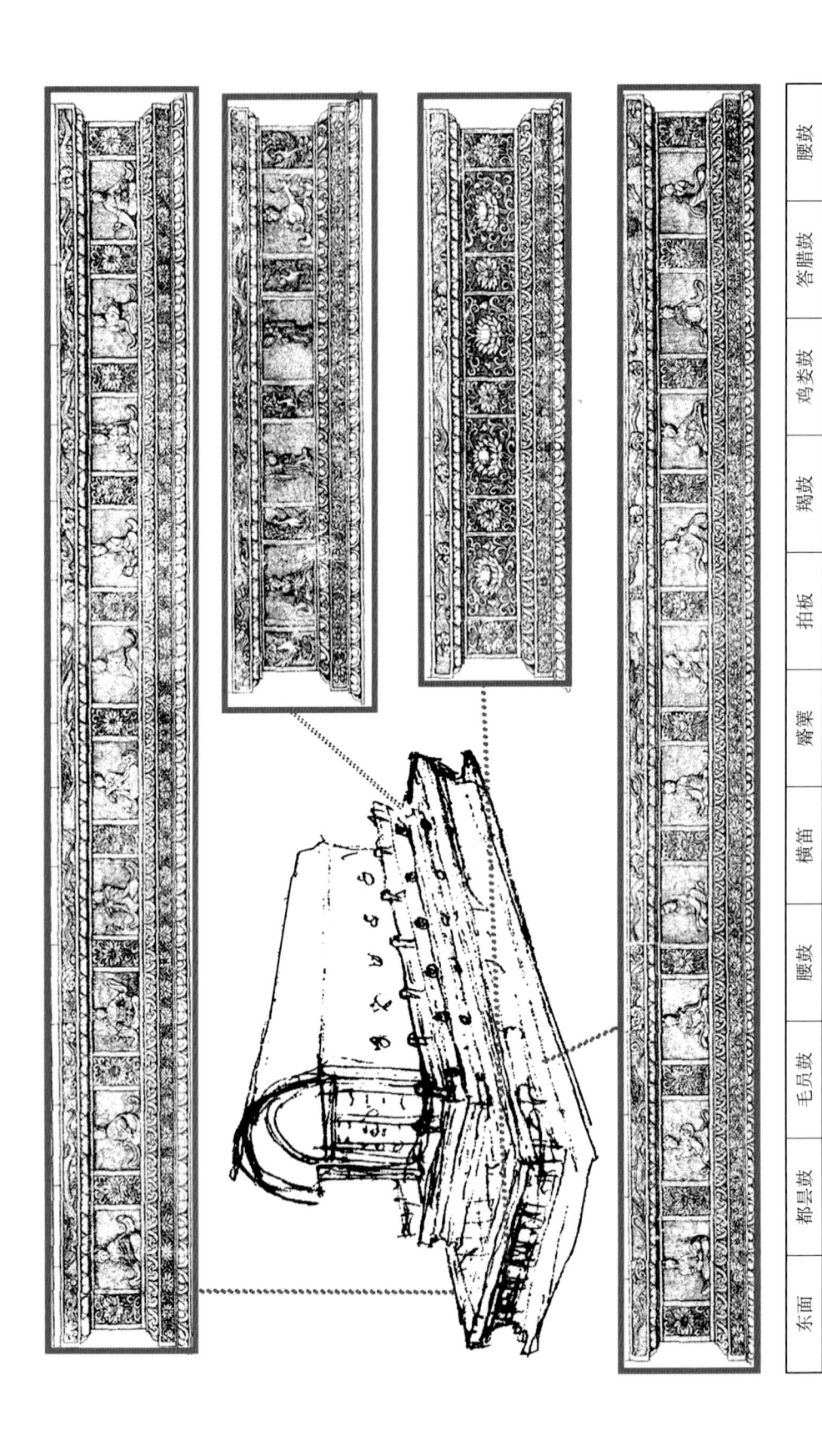

东面	都昙鼓	毛员鼓	腰鼓	横笛	觱篥	拍板	羯鼓	鸡娄鼓	答腊鼓	腰鼓
西面	横笛	排箫	筝	觱篥	竖箜篌	吹叶	笙	贝	铜钹	羯鼓
南面	拍板			舞伎			舞伎		曲项琵琶	

图 3-9 前蜀王建墓石棺床伎乐组合

162　无声胜有声：中古中国墓葬音乐文物与礼乐文化

图 3-10 辽宋墓葬壁画中的散乐组合

对于石棺床上的浮雕伎乐，众家其实是从其不同的面向出发去定义的，故皆有合理之处，但我们还应当明确以下几点。首先，唐初建立的燕乐体系在晚唐时期已然瓦解并俗乐化，其中的乐器虽然基本来自唐初燕乐框架之中，但事实上都经历了散乐化的过程，若以唐初的燕乐标准来归纳恐有不妥。其具体的归属，亦需要结合具体的使用场合而定。进而，从具体的墓葬语境来看，我们不能否认其中与墓主本人有关的佛教与道教因素，但恰恰是其中佛、道因素与燕乐组合的融合，与此前唐玄宗后期推行的礼乐路线相一致。唐玄宗在安史之乱中流寓蜀地，在此期间，宫廷内外的画工伶人前往蜀地避乱者亦不在少数。宫廷燕乐中的乐器、乐谱、乐曲流散民间后，再经重新整合形成新的组合形式，自合乎其发展的逻辑。这种新的融合体现出唐玄宗时代之后礼乐文化的发展脉络。

唐玄宗后期"兼及三教、整合雅俗"的实践，虽然随着安史之乱而宣告中断，但是却在五代十国时期成为礼乐建设的参照。北方地区节度使墓葬图像中的音乐组合，包含着唐玄宗时代的诸多遗绪，王建墓石棺床上的浮雕伎乐，实际上也反映出唐玄宗时代礼乐文化的延续。这些都揭示出，自唐玄宗以来奠定的礼乐文化，构成了唐宋间历史变化的组成部分。作为过渡时期，五代十国墓葬图像中的音乐组合，一方面在组合形式上兼具燕乐与散乐的特点，另一方面又在功能上表现出"散乐"本不具备的等级指向，这种矛盾表明，这一时期的"散乐"已经开始冲破唐人对于礼乐的分类框架。

四、辽宋时期墓葬图像中的散乐组合

五代十国时期由社会上层整合并垄断的散乐组合，在辽宋时期得到了持续发展，并扩散至社会各层。由此，散乐在音乐组合形式和功能属性上完成了统一，并在墓葬图像中有所表现。辽代在文化上多承唐代，其墓葬中壁画的布局逻辑，在一定程度上保留了汉唐墓葬图像中"出行+宴饮"的传统，在墓葬前室的东、西两壁上分别绘制"出行图"与"散乐图"。同时，亦有墓葬用"备茶图"替换"出行图"，使之成为"备茶（品茶）+散乐"的组合形式。在上述两种形式中，早先图像中的"燕乐组合"均被代以"散乐组合"。

辽代之散乐，承自后晋而来。《辽史·乐志》"散乐"条载：

> 今之散乐，俳优、歌舞杂进，往往汉乐府之遗声。晋天福三年（938），遣刘昫

以伶官来归，辽有散乐，盖由此矣。[1]

这种承续关系在墓葬图像中可以得到明确的反映。墓葬中的散乐图像在作为政治核心区的"五京"及京畿周边多有出现，集中出现于南京大定府附近的宣化与上京临潢府附近的赤峰。图像的构图形式和乐队配置均与王处直墓浮雕散乐图相近，应直接来源于五代的河北地区。

其中，宣化在唐代为"武州"，五代时被石敬瑭割让于辽，辽天赞元年（922）改为"归化州"。该地区内多归化汉人聚族而居，墓葬以宣化下八里Ⅰ区张世卿家族墓[2]及宣化下八里Ⅱ区M1、M2[3]为例。墓葬壁画中，散乐的组合规模以5至11人不等，其中奏乐者均为男乐伎，头戴花额卷脚幞头，身着袍服；舞者为女乐伎，头梳高髻，身着裙装。以散乐组合最为丰富的张世卿墓为例，张世卿为辽检校国子祭酒、监察御史、云骑尉，卒于辽天祚帝天庆六年（1116）。其墓葬位于河北宣化下八里Ⅰ区，是一座双室砖墓。"散乐图"位于前室东壁，与西壁"出行图"相对。其中前排1人舞蹈，其余10人分别演奏大鼓、拍板、腰鼓、四弦曲项琵琶、横笛、觱篥、排箫等乐器（图3-10：1）。乐队由大鼓、拍板、腰鼓领衔，羯鼓、方响已然不见。此时的散乐组合，不仅在乐器上完全俗乐化，墓葬中"散乐图"的使用也不受身份和等级制约。例如，张世卿的祖父张匡正、叔辈张文藻、叔伯兄弟张世古等人均无官职，但同样在墓葬中使用了散乐图。

赤峰一带的墓葬以内蒙古敖汉旗四家子镇羊山M1、M3[4]为例。相比归化州，此区所见"散乐图"虽然在音乐组合上延续了此前的传统，但是在族属上表现出明显的二分。其中的"散乐图"与"宴饮图"或"备茶图"相对，图像设置逻辑与宣化辽墓基本相同，但出现位置略有不同，即多位于天井东、南壁之上。相同主题的图像还重复出现在墓室内，但人物造型则表现为"髡发"的契丹人特征。例如，羊山M1是一座圆形单室砖墓，墓主刘匡善卒于辽太平六年（1026）前后。其中的"散乐图"同时出现在天井东、南两壁和墓室西壁上。天井处共7人，均为头戴硬脚幞头、身着袍服的汉人男子（图3-10：2）。其中2人奏横笛，2人奏觱篥，1人拍板，1人奏腰鼓，1人奏大鼓。墓室所绘共3人，均为髡发契丹人，身着袍服。其中1人站立吹奏尺八，2人盘坐，分别奏方响与拍板（图3-10：3）。

同受晚唐、五代以来的河北因素影响，北宋时期中原北方地区墓葬，在墓室壁画中

---

[1]〔元〕脱脱等：《辽史》卷五十四《乐志》，中华书局点校本，1974年，第891页。
[2] 河北省文物研究所：《宣化辽墓：1974—1993年考古发掘报告》，文物出版社，2001年。
[3] 张家口市宣化区文物保管所　刘海文：《宣化下八里Ⅱ区辽壁画墓考古发掘报告》，文物出版社，2008年。
[4]《敖汉旗羊山1—3号辽墓清理简报》，《内蒙古文物考古》1999年第1期，第1~38、43页。

亦设置"散乐+宴饮"相结合的图像模式。以河南禹州白沙宋墓[1]为例,墓主赵大翁身为无官职的富商,卒于北宋元符二年(1099)。墓葬为双室砖墓,其中前室东壁为散乐图,前室西壁为墓主夫妇宴饮图。散乐组合共11人,视其服饰可分为两组:一组头戴团冠或莲花冠,身着裙裳,分别演奏笙、觱篥、排箫、四弦曲项琵琶;另一组头戴卷脚幞头,身着袍服,分别演奏拍板、觱篥、横笛、大鼓、腰鼓;另有一人舞蹈(图3-10:4)。宿白先生曾将白沙宋墓中"宴饮+散乐"的壁画组合模式考证为"开芳宴",这一观点已被学界普遍接受。[2]不过,我们需要注意到,墓葬中壁画题材的布局与散乐组合的配置,皆呈现出与宣化辽墓相似的程式化特点,这种特点反映出时代的共性。同时,墓葬中散乐组合在音乐组合形式与功能属性上的反复变化,也揭示出唐宋间政治与社会的结构性变化。

---

[1] 宿白:《白沙宋墓》,文物出版社,2002年。
[2] 《白沙宋墓》,第48—49页。

肆 中古中国墓葬遗存中的其他类型音乐组合

「高士雅音」组合
「房中乐」组合
女骑乐组合
装饰形式

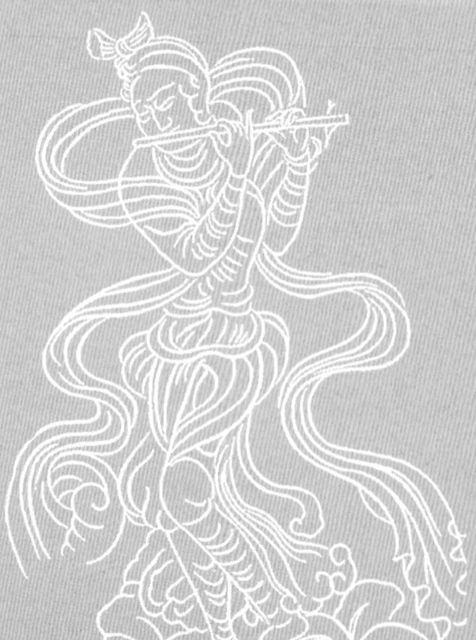

图 4-1 高士形象与音乐元素的结合

1. 敦煌佛爷庙湾 M37 出土抚、听画像砖；2. 南昌火车站东晋墓出土"四皓"组合漆盘；3. 邓县学庄墓出土王子乔、浮丘公与吹笙引凤画像砖

肆｜中古中国墓葬遗存中的其他类型音乐组合

中古中国墓葬中的音乐文物，除了上述三大系统外，还有一类将音乐元素嫁接于高士题材之中，其形成与南北朝时期特殊的历史和文化语境有关，在南北朝时期一度成为南朝墓葬礼乐符号的组成部分，并对唐代墓葬图像亦有所影响。我们将其归纳为"高士雅音"组合。

在"鼓吹乐"与"燕乐"系统之中，视具体情境不同，还存在一些相对独立或具有特殊意义的组合类型。其中，"房中乐"组合从属于墓葬的燕乐系统，在隋唐时期墓葬中具备彰显皇后身份的特殊礼制意义。女骑乐组合从属于墓葬的鼓吹乐系统，但是其出现时有着较为特定的历史契机。鉴于其特殊性，我们对其单独分类。

此外，墓葬中还存在一类装饰性的音乐元素，尽管其本身并不能被视作音乐文物，但是它们作为从属于墓葬或随葬器物的文化因素，往往具有一定等级或是族属的指向性，我们亦对其单独分类。

一、"高士雅音"组合

在图像中塑造高士，自西汉以来即已有之，并形成了在墓葬中描绘历史画的传统，即通过"恶以诫世，善以示后"来体现和维护伦理秩序。[1] 至东汉时期，墓葬中的高士形象往往融入了升仙的意味，形成了高士题材的另一种指向。这两种指向构成了墓葬图像中的高士传统。魏晋以降，在墓葬中时常见到以壁（砖）画或器物纹样的形式表现高士的题材，这些高士形象往往与音乐元素相结合。在此期间，在文本中有不少高士奏乐的形象在已有典故的基础上被重新塑造。例如在《列子·汤问》中即有"瓠巴鼓琴（瑟）"[2]与"伯牙抚琴、子期听琴"[3]的故事，都是在当时已有的人物故事基础上重新发展而成的。这些文本中的人物形象与物质性的图像传统相嫁接，形成了以高士奏乐为特征的新式图像组合（图4-1：1）。不仅仅是这些回避政治的山林隐士，即使是功成身退的"商山四皓"（图4-1：2），以及作为神仙形象出现的王子乔、浮丘公

---

[1] 杨泓：《谈历史画——中国历史画的源流及创作原则》，载所撰《束禾集——考古视角的艺术史》，中国社会科学出版社，2018年，第24~56页。
[2] "瓠巴"最早见于《荀子·劝学篇》："昔者瓠巴鼓瑟，而沉鱼出听。"《列子·汤问》载："瓠巴鼓琴而鸟舞鱼跃。"参见杨伯峻：《列子集释》，中华书局，2013年，第175页。《列子》一书前人学者多有讨论，盖为晋人伪作，已有明辨，其中所载多魏晋事。瓠巴所奏从"瑟"至"琴"，即可看出魏晋时期高士所奏乐器发生了变化，这与古琴的雅俗建构有所关联。
[3] "伯牙抚琴"最早见于《荀子·劝学篇》："伯牙鼓琴，而六马仰秣。"《列子·汤问》载："伯牙善鼓琴，钟子期善听。"参见前揭《列子集释》，第178页。其中的知音故事沿袭《韩诗外传》及《汉书》而来，流行于汉魏。

等人（图4-1∶3），其人物表现上也融入了音乐元素。[1] 就像在墓葬图像传统的"出行+宴饮"题材中嫁接音乐元素一样，不管是文本性材料还是物质性材料，不同类别的高士形象中都融入了音乐元素。这种现象集中出现于魏晋至中唐以前。晚唐以降，以奏乐展现高士的形式较少出现，而转变为以"高士弈棋"为主流。[2] 可见，"高士元素"与"音乐元素"的结合具有阶段性特点，同时也具备鲜明的时代性特征，它与南北朝礼乐文化的重建过程相一致。

除了上述以二人、四人为一组的高士奏乐组合外，南朝墓葬中还有一类八人组合的高士奏乐图像，即"竹林七贤与荣启期"组合，主要见于南朝萧齐中期至陈早期高等级墓葬拼镶砖画图像中。"竹林七贤"是曹魏末至西晋时期的名士集团，这一集团的"集体式肖像"在历代被不断描绘，出现于各种文本与图像语汇之中，受到广泛关注，并一再为学界所讨论。追本溯源，"七贤"一词最早见于东晋孙盛撰《魏氏春秋》中，《三国志·魏书·王粲传》附《嵇康传》裴松之注引《魏氏春秋》云：

> 康寓居河内之山阳县，与之游者，未尝见其喜愠之色。与陈留阮籍、河内山涛、河南向秀、籍兄子咸、琅邪王戎、沛人刘伶相与友善，游于竹林，号为"七贤"。[3]

至南朝刘宋时，文献中始见"竹林"一词。颜延之《五君咏向常侍》注引《魏氏春秋》载："康寓居河内之山阳县，与河内向秀相友善，游于竹林。"[4] 又见刘义庆撰《世说新语·任诞第二十三》载：

> 陈留阮籍、谯国嵇康、河内山涛三人年皆相比，康年少亚之。预此契者，沛国刘伶、陈留阮咸、河内向秀、琅邪王戎。七人常集于竹林之下，肆意酣畅，故世谓"竹林七贤"。[5]

---

[1]《列仙传·王子乔》载："王子乔者，周灵王太子晋也。好吹笙作凤凰鸣。游伊、洛之间，道士浮邱公接以上嵩高山。三十余年后，求之于山上，见桓良，曰：'告我家，七月七日待我于缑氏山巅。'至时，果乘白鹤驻山头。望之不得到，举手谢时人，数日而去。亦立祠于缑氏山下，及嵩山首焉。"王子乔与浮丘公的组合即由此而来。参见王叔岷撰《列仙传校笺》，中华书局，2007年，第65页。
[2] 周扬：《风云山水外、大道棋局中——日本正仓院藏唐代琵琶捍拨画所见山水与高士主题》，《中国美术研究》2018年第2期，第120～125页。
[3]〔西晋〕陈寿撰：《三国志》卷二十一《魏书·王卫二刘傅传·嵇康》，中华书局，1982年，第606页。
[4] 刘志伟主编：《文选资料汇编·赋类卷》，中华书局，2013年，第554页。
[5] 徐震堮：《世说新语校笺》，中华书局，1984年，第390页。

图 4-2 南京西善桥宫山墓"竹林七贤与荣启期"拼砌砖画拓本

可见,"竹林七贤"以阮籍、嵇康、山涛为核心,同游者共七人,恰好和孔子所说的"贤者七人"相合。对这一团体的书写,始于东晋,至刘宋时有所发展。对于"竹林"之名所指为何,自陈寅恪起至当代学者,皆有所论。[1] 在文本转化为图像的过程中,"竹林"意象并未被着意描绘,林中的"七贤"群像才是重点,自东晋至南朝的相关画作,见录于张彦远《历代名画记》中。其中,东晋戴逵、史道硕作有《七贤》,戴逵本人亦作有《嵇、阮像》。顾恺之评价戴逵画中"惟嵇生一像欲佳,其余虽不妙合,以比

---

[1] 陈寅恪在《魏晋南北朝史讲演录》中提出,竹林七贤之"竹林",是僧徒比附佛教经典"格义"的结果,视竹林为乌有。参见陈寅恪著、万绳楠整理:《魏晋南北朝史讲演录》,黄山书社,1987年,第48~64页。范寿康在《中国哲学史通论》第三编第二章中肯定了竹林的存在,但认为竹林并无一定的地点,参见范寿康:《中国哲学史通论》,生活·读书·新知三联书店,1983年,第175~213页。王晓毅认为不是佛经的"竹林说法"典故影响了"竹林七贤"名称的产生,可能是"竹林七贤"的典故影响了佛经,同时竹林应确实存在,参见《"竹林七贤"考》,《历史研究》2001年第5期,第90~99、190页。此外,韩格平、卫绍生等人也就此问题进行了讨论,参见韩格平:《竹林七贤名义考辨》,《文学遗产》2003年第2期,第25~31、142页;卫绍生《竹林七贤若干问题考辨》,《中州学刊》1999年第5期,第106~109页。

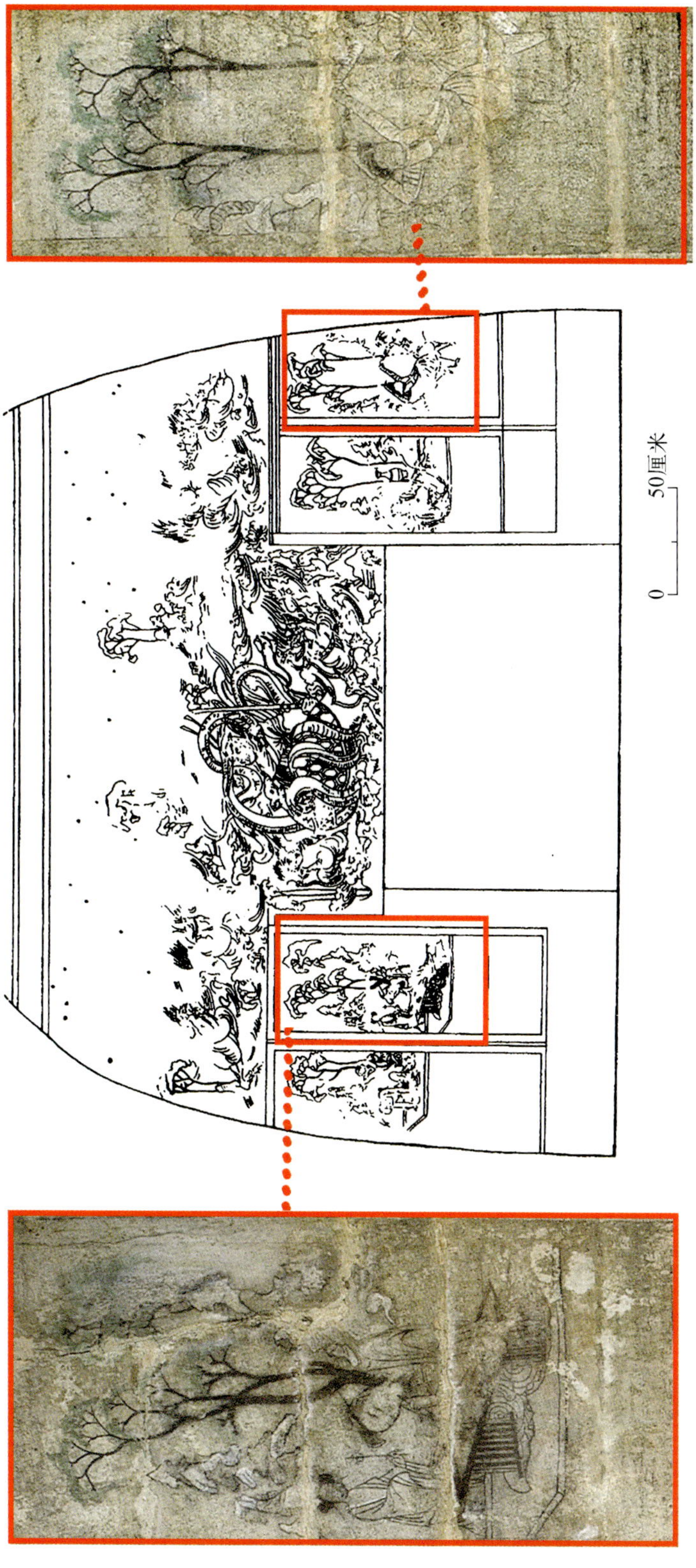

图 4-3 临朐崔芬墓屏风壁画中的高士奏乐形象

肆｜中古中国墓葬遗存中的其他类型音乐组合

前诸《竹林》之画,莫能及者",[1]其本人亦作有《七贤》《荣启期》。刘宋时期陆探微绘有《竹林像》《荣启期》,宗炳绘有《嵇中散》白画,萧齐时期宗测绘有《阮籍遇孙登图》,毛惠远绘有《七贤图》。从中可见,"七贤"题材是东晋至南朝社会的流行题材,与之相关的"荣启期"题材亦为时人所好。在七贤中,画家们尤喜绘嵇康,可见这一人物在其间的地位。

自 20 世纪 60 年代南京西善桥宫山墓发现至今,出土同类题材的墓葬已超过 9 座,其中以南京西善桥宫山墓最为经典(图 4-2)。目前,学界对其年代的讨论已取得了可观的成果,其间虽有分歧,但是始于南朝刘宋末至陈这一大的时代区间,基本毋庸多言。"竹林七贤与荣启期"的图像组合所表现出的制度指向亦已为学界共识。耿朔对此前相关研究进行了评述,并对其年代讨论进行了综合梳理。[2]因此,此类组合形式是涉及高士组合与音乐元素结合的最高表现形式,具备等级标识和礼制意义,关系到南朝墓葬礼乐符号的建构问题。对此,我们将在第肆章予以详论。

除了上述组合外,在北朝后期至唐代,墓葬壁画中还有一类图像涉及高士奏乐。

北齐时期,东方地区墓葬受南朝墓葬文化影响,出现了以屏风画的形式展现高士与乐舞题材的壁画,以北齐崔芬墓[3]为例。崔芬墓位于山东省临朐县,是一座斜坡墓道石砌墓。墓室呈 3.58 米见方,在北壁下龛两侧各绘 2 曲屏风,西侧为高士抚琴,东侧则有一胡舞女子。墓室东壁绘制 7 曲屏风,除北端为一人牵马外,其余各曲皆绘制高士(图 4-3)。据墓志可知,曾仕北魏、东魏的墓主"崔芬",起家郡功曹,官至威烈将军、台府长史(七品上),葬于北齐天保二年(551)。其祖父曾在南朝刘宋为官,后仕北魏。作为北奔大族,其墓葬图像深受南朝墓葬文化影响。

入唐后,在武周革命至李唐反正这一政治斗争频仍的时期,墓葬中屏风壁画的形式再度兴起,其中多绘侍女图。至开元前期,屏风画中再度出现高士奏乐的形象,以山西万荣薛儆墓[4]为例。

薛儆墓位于山西省万荣县皇甫村南,是一座长斜坡墓道单室砖墓。据墓志可知,墓主薛儆为唐睿宗女婿,葬于唐玄宗开元九年(721)。其生前官职并不高,但墓葬中存在诸多逾制行为。齐东方先生推测薛儆家人先行修好墓葬,在向朝廷请谥未果的情况下,为了避免僭越之名,自行毁墓。[5]关于薛儆墓"逾制""毁墓"及种种异相,还

---

[1] 〔唐〕张彦远著,俞剑华注释:《历代名画记》,上海人民美术出版社,1964 年,第 107 页。
[2] 耿朔:《层累的图像——拼砌砖画与南朝艺术》,人民美术出版社,2020 年。
[3] 山东省文物考古研究所、临朐县博物馆:《山东临朐北齐崔芬壁画墓》,《文物》2002 年第 4 期,第 4~26 页。
[4] 山西省考古研究所:《唐代薛儆墓发掘报告》,科学出版社,2000 年。
[5] 齐东方:《书评〈唐代薛儆墓发掘报告〉》,《唐研究》第 8 卷,北京大学出版社,2002 年,第 539~542 页。

有相关研究者进行过探讨。[1] 从中可知，受到玄宗的权力限制，薛儆选择做一名平庸的驸马以了此一生。墓葬中壁画多遭损毁，墓室西壁上可见一组屏风画式的树下人物图。其中南部一幅画面中绘制一戴帽老者，身着宽袖舞装，左手持乐器，似作弹奏状。其乐器大部分已残破，因而不能直接断定所奏究竟是卧箜篌还是古琴。不过，壁画中的人物显然不是正常的演奏姿态，图像所示应是一种将高士元素与舞蹈元素融为一体的符号表达。

二、"房中乐"组合

（一）文献所见"房中乐"的渊源

隋唐时期墓葬中，墓室壁画或随葬品中常涉及音乐题材，以往研究多将其视作讨论音乐、舞蹈的素材。事实上，这些内容是礼乐文化在墓葬制度中的一种表现，它们不仅具有礼制内涵，同时还是现实礼乐建设的一种映射。其中，"房中乐"题材专门用以彰显"后妃之德"，在墓葬中与墓主身份直接相关，具有一定特殊性。

"房中乐"之名，最早可追溯至周代，《周礼·磬师》《仪礼·燕礼》中皆有提及，汉代延续其传统。《汉书·礼乐志》云：

> 又有房中祠乐，高祖唐山夫人所作也。周有《房中乐》，至秦名曰《寿人》。凡乐，乐其所生，礼不忘本。高祖乐楚声，故房中乐楚声也。孝惠二年，使乐府令夏侯宽备其箫管，更名曰《安世乐》。[2]

据此可知，汉之《房中祠乐》及《安世乐》乃追溯周之《房中乐》而来。那么周之《房中乐》又为何？《周礼·春官·磬师》载"教缦乐燕乐之钟磬"，清人孙诒让正义曰："燕乐用《二南》，即乡乐，亦即房中之乐。盖乡人用之谓之乡乐；后、夫人用之谓之房中之乐；王之燕居用之谓之燕乐，名异而实同。"[3] 据此可知，"燕乐"因其用者身份不同而各有所称，"房中乐"即后、夫人所用"燕乐"之专指。

魏晋时期，"房中乐"的使用一度与飨神之乐相混淆。曹魏初建时，王粲作登歌《安

---

[1] 华阳：《论薛儆墓的形制及等级问题》，《北方文物》2011年第4期，第46~48页；李雨生：《山西唐代薛儆墓几个问题的再思考》，《中国国家博物馆馆刊》2013年第5期，第6~15页。
[2] 《汉书·礼乐志》，第1043页。
[3] 《周礼正义》，第2268页。

世诗》以述神灵鉴飨之意，遭到侍中缪袭奏对："《安世乐》犹周《房中乐》也。往昔议者，以房中歌后妃之德，宜改《安世》名《正始之乐》，后读汉《安世歌》，亦说神来宴飨，无有后妃之言。思惟往者谓房中乐为后妃歌，恐失其意。"[1]其时为何会有这种混淆，有学者曾对《安世房中歌》予以辨析。张树国先生指出，《安世房中歌》作为宗庙祭歌，应包括《房中燕乐》与《房中祠乐》两部分，二者各有所指，"房中乐"指《房中燕乐》，"安世乐"指《房中祠乐》。[2]上文中缪袭所言《安世乐》是指宗庙祭祀之《房中祠乐》，以往歌后妃之德的"房中乐"即《房中燕乐》。可见，《周礼》所用"房中乐"，其内涵在汉初即出现分化，在魏晋之时更有不同理解。后世对于"房中乐"的解释，其实都是根据各自需要，对其本体意义进行截取。这同时也反映出，作为后妃所用之"房中乐"，应与飨神之乐存在界线。

隋初进行礼乐重建，对"房中乐"进行了修订。不过，在礼乐路线上是依从王肃还是郑玄之说，隋文帝有犹豫。在此期间，主持制礼作乐的牛弘等人针对帝、后在现实政治中的关系，对"房中乐"是否用钟一事进行了讨论。皇后房内之乐，"据毛苌、侯苞、孙毓故事，皆有钟声"。牛弘等人"采肃统以取正"，认为房中乐不宜用钟，并将高祖所作《地厚》《天高》作为房内曲。[3]据此可知，隋文帝制定的礼乐路线，实则是在"祖述周官"的基础上展开的，其中"房中乐"不得使用钟磬。

至隋炀帝时，礼书监柳顾言进奏，依郑玄之说言"房内之乐，非独弦歌，必有钟磬"，对"房中乐"进行了增修。[4]相比隋文帝时，房中乐增加钟磬"以取正于妇道"，进而彰皇后之德。由此，钟磬元素成为隋唐"房中乐"的代表性符号。

（二）"房中乐"组合在墓葬中的表现

在隋唐礼乐建设的历史语境下，"房中乐"题材作为礼乐制度的一部分，亦进入墓葬礼制中，成了后妃身份的一种标识，并在以下三个阶段以不同的形式表现。

1. 隋末至唐初

隋炀帝及萧后墓位于扬州曹庄蜀冈西峰顶部，分为两座。[5]据墓志可知，1号墓为隋炀帝墓。隋炀帝墓志刻于唐贞观元年，墓志指出唐太宗曾对隋炀帝墓进行了改葬，并将

---

[1]《南齐书》卷十一《乐志》，第178页。
[2] 张树国：《论〈安世房中歌〉与汉初宗庙祭乐的创制》，《杭州师范大学学报》2010年第5期，第70~77页。
[3]〔唐〕魏徵、令狐德棻等：《隋书》卷十五《音乐下》，第354页。
[4]《隋书》卷十五《音乐下》，第374~375页。
[5] 南京博物院、扬州市文物考古研究所、苏州市考古研究所：《江苏扬州市曹庄隋炀帝墓》，《考古》2014年第7期，第71~77、2页。

其与萧后合葬于扬州，故推测2号墓为萧后之墓。2号墓为砖室墓，在墓道东西壁各有一龛，内置动物俑。主墓室呈腰鼓形，长5.97、宽5.9米。在其东、西、北三壁各有三龛，耳室位于主墓室南部东、西两侧。随葬品包括陶器、瓷器、铜器、漆木器、铁器、玉器等600余件（套）。从墓葬形制与随葬品组合来看，M1年代不早于贞观元年。萧后于贞观二十二年（648）死后与炀帝合葬，故M2年代在唐初。

十六国以降，在礼乐重建的背景下，北朝诸政权在墓葬仪仗俑群中塑造"鼓吹乐组合"以彰显墓主的身份或等级，可以看作是音乐题材与墓葬制度的一种嫁接。然而，两墓耳室所出陶俑中并未发现鼓吹乐俑。彰显礼乐文化因素的内容，体现在萧后墓所出的钟磬组合中，包括铜编钟一套，共16件；铜编磬一套，共20件（图4-4）。编钟、编磬仅为萧后墓所出，隋炀帝墓中不见。张学锋指出，这套钟磬组合当为隋"房内乐"代表，以象征萧后所享皇后之礼，[1] 本书观点从之。此前，在东魏茹茹公主墓、北齐湾漳大墓中即随葬有陶质编钟、编磬，但其实际上从属于燕乐俑群组合，是对战国秦汉时期燕乐组合的摹写。隋代以后编钟、编磬出现于墓葬中，有其特定的历史契机，因而不能等同视之。

图4-4 隋炀帝萧后墓出土铜制编钟、编磬

2. 盛唐前期

从上述分析我们可以看出，"钟磬"元素在隋唐之际墓葬所见"房中乐"题材中具有独特的指向性。从业已发表的资料看，在整个有唐一代墓葬中，无论是图像还是实物材料，"钟磬"元素只出现一例，即唐太宗韦贵妃墓壁画中。

韦贵妃于贞观元年被唐太宗册立为贵妃，位列四夫人之首，在长孙皇后去世后执掌六宫之政。唐高宗永徽元年（650），封纪国太妃。唐高宗麟德二年（665），韦贵妃在陪

---

[1] 张学锋：《扬州曹庄隋炀帝墓研究六题》，《唐史论丛》2015年第2期，第81页。

同高宗封禅泰山途中病逝，并于乾封元年（666）陪葬昭陵。

韦贵妃墓位于陕西省礼泉县烟霞镇陵光村，是一座长斜坡墓道双室砖墓，全长 49 米，共开有 4 个壁龛。墓室平面呈弧方形，前室边长 2.92～3.2 米，后室边长 4.05～4.7 米。[1]该墓采用了"因山为墓"的建筑形式，所在山梁仅低于昭陵九嵕山。同时，其形制采取了唐代中前期具有特殊礼制意义的双室砖墓，[2]并使用了具有等级标识意义的石椁。

墓内绘制壁画，其中后甬道东、西两壁绘一组乐舞图（图 4-5）。其中乐伎与舞者，共 10 人，皆为女性，端坐于筵上。乐伎头梳双环望仙髻，髻上饰花簪。内着圆领紧袖衣，外套红色或绿色交领博袖襦，腰着围裳，下着长裙。其中有两人外加半臂。画面有多处残破，经辨识推测，其乐舞组合形式如下：东壁上从北到南分别为舞蹈伎、编磬伎、笙伎、尺八伎、筚篥伎；西壁从北到南分别为舞蹈伎、琴伎、排箫伎、卧箜篌伎、啸叶伎。

相比这一时期墓葬壁画中的"乐舞图"，韦贵妃墓所见"乐舞图"较为特殊。其一在于表现形式上，唐高宗永徽至麟德时期政治核心区的墓葬中，伎乐组合多以乐俑的形式

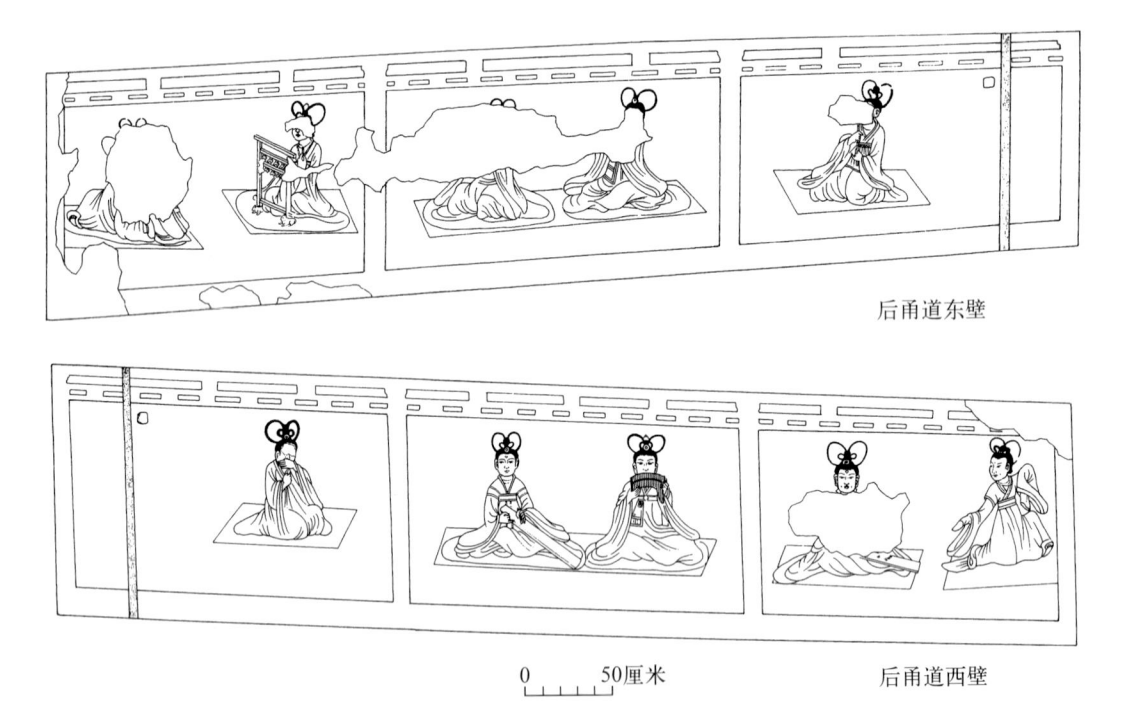

后甬道东壁

0　　50厘米　　　　　　　后甬道西壁

图 4-5 唐太宗韦贵妃墓出土"房中乐"题材壁画线图

---

[1] 陕西省考古研究院、昭陵博物馆：《唐昭陵韦贵妃墓发掘报告》，科学出版社，2017 年。
[2] 齐东方：《略论西安地区发现的唐代双室砖墓》，《考古》1990 年第 9 期，第 858～862、789 页。

178　无声胜有声：中古中国墓葬音乐文物与礼乐文化

表现，韦贵妃墓则在贞观年间的李寿墓之后，重新开始以壁画形式表现伎乐组合。其二在于用乐组合上，自隋代以来直至唐玄宗天宝年间，墓葬中无论是伎乐俑还是壁画表现乐舞组合，用乐形式多以四弦曲项琵琶、五弦琵琶、竖箜篌、腰鼓等胡乐系组合为主体。韦贵妃墓壁画中则不见此类组合，而完全采用了传统汉式清乐的配置。

除了对汉式传统清乐的强调外，乐伎中还有三人较为特殊。第一人是位于东壁北端的编磬伎。[1]通过前节可知，编磬作为"钟磬"元素，自隋炀帝以来成了"房中乐"中的代表性元素，用以彰显"皇后之礼"。在目前唐代墓葬壁画所见乐舞图中，出现编磬者仅此一例。即使后来于咸亨二年（671）安葬唐太宗燕德妃，亦未使用这一组合，而是采用了一套胡乐组合；其布局形式也与当时一般模式相同。

第二人是位于西壁中部左侧的卧箜篌伎。关于其演奏乐器，报告将其释为"琴"，但形制显然与琴有别，且用小竹片演奏的方式亦不同于琴。《旧唐书·音乐志》载：

> 琴十有二柱，如琵琶。击琴，柳恽所造。恽尝为文咏，思有所属，摇笔误中琴弦，因为此乐。以管承弦，又以片竹约而束之，使弦急而声亮，举竹击之，以为节曲。[2]

又云：

> 筝，本秦声也。相传云蒙恬所造，非也。制与瑟同而弦少。案京房造五音准，如瑟，十三弦，此乃筝也。杂乐筝并十有二弦，他乐皆十有三弦，轧筝以片竹润其端而轧之。
>
> 筑，如筝，细颈，以竹击之，如击琴。[3]

对比日本正仓院藏唐琴可知，琴有徽无柱，故其记载当有误。汉唐时期乐器中似琴且有柱者，当为汉魏之时流行的卧箜篌。[4]卧箜篌作为汉魏之乐的代表，多出现于河西地区魏晋十六国时期墓葬壁画中，北朝时则多见于高句丽墓壁画中。[5]不过，文献中对"卧

---

[1] 其器形制又如方响。《旧唐书》卷二十九《音乐志二》载："梁有铜磬，盖今方响之类。方响，以铁为之，修八寸，广二寸，圆上方下。架如磬而不设业，倚于架上以代钟磬。"详见《旧唐书》，第1078页。据此可知唐代方响渊源于南朝梁时铜磬而来，其图像在敦煌壁画中多有出现，韦贵妃墓壁画所见编磬较之在形制和架的结构上略有差别，更似磬而非方响，故仍从属于钟磬元素。
[2] 《旧唐书》卷二十九《音乐志二》，第1075页。
[3] 《旧唐书》卷二十九《音乐志二》，第1076页。
[4] 《旧唐书》卷二十九《音乐志二》载："旧说亦依琴制，今按其形，似瑟而小，七弦，用拨弹之，如琵琶。"详《旧唐书》，第1076~1077页。
[5] 王希丹：《集安高句丽墓壁画的音乐考古学研究》，人民音乐出版社，2019年。

箜篌"一名直到《隋书》"高丽乐"中方有明确记载。[1] 又韩国文献《新罗古记》载："晋人以七弦琴送高句丽……后但云玄琴。"[2] 可见，唐代卧箜篌的直接来源虽然是高句丽系统，但更早似可追溯至中原汉魏传统之中。故知壁画中乐伎演奏乐器应为卧箜篌，《旧唐书》所云"击琴"者，或是五代时对卧箜篌的别称。与编磬一样，唐代墓葬图像中的卧箜篌仅此一例，较为特殊。但是，若将其置于高宗"礼乐复古"的背景下则不难理解。作为汉晋传统音乐的符号，它被赋予某种礼制意义，进而融入具有"皇后之礼"意义的"房中乐"题材之中。

第三人是西壁南侧的啸叶伎。《通典》所云"衔叶而啸，其声清震"，[3] 即指"啸叶"。又《通典》载：

> （清乐）乐用钟一架，磬一架，琴一，一弦琴一，瑟一，秦琵琶一，卧箜篌一，筑一，筝一，节鼓一，笙二，笛二，箫二，篪二，叶一，歌二。[4]

其中可见，"叶"是"清乐"组成乐器之一。"啸叶"在当时是将魏晋以来的"啸"与"叶"相融合的一种演奏形式，用于汉式传统的清乐之中。此种演奏形式亦不见于唐代其他墓葬图像中，具有特殊性。但其亦为汉晋之传统，因而与"礼乐复古"之路线相契合。

3. 盛唐后期

唐玄宗开元至天宝时期，对墓葬中的乐舞组合形式进行了新的创制，"房中乐"组合也有了新的表现形式，以武惠妃敬陵石椁图像[5]为例。

武惠妃敬陵位于陕西省西安市长安区庞留村，是一座长斜坡墓道五天井单室砖墓，全长约100米。墓葬被盗严重，被发现以来先后进行了抢救性发掘，并对被盗的石椁进行了追回。其墓主即深得唐玄宗宠爱、死后被追赠"贞顺皇后"的武惠妃。墓葬中绘制壁画，墓道及甬道绘制仪卫图、列戟图、楼阁图、仕女图等。墓室西壁绘制有16幅山水屏风壁画，东壁则绘制庭院燕乐图，其侧还有百戏场景。整体来看，其壁画符合唐玄宗开元以后墓葬壁画的基本布局。本节所论"房中乐"题材，主要见于石椁图像中。

---

[1]《隋书》卷十五《音乐下》，第380页。
[2] 郑花顺：《关于玄琴的原形的再考察》，《汉唐音乐史首届国际研讨会论文集》，2009年，第341页。
[3]《通典》卷一百四十四《乐四》，第3683页。
[4]《通典》卷一百四十六《乐六》，第3717页。
[5] 师小群、呼啸：《唐贞顺皇后敬陵被盗壁画初释》，《文博》2011年第3期，第20～23页。

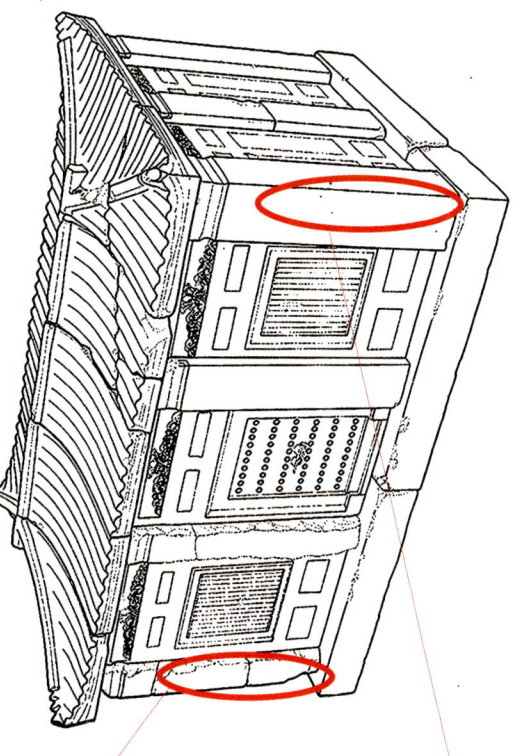

图 4-6　唐武惠妃敬陵石椁及其上乐舞图像

肆｜中古中国墓葬遗存中的其他类型音乐组合　181

石椁为庑殿顶仿木结构，高约2.3、宽约2.6、长约4米，由5块椁顶、10块廊柱、10块椁板、6块基座共31块石头组成，在其内外均以阴线刻绘不同题材的图像。其中伎乐图共9组，均刻于立柱上（图4-6）。其中舞伎2人、乐伎7人，均戴冠或束髻，上身半裸或全裸，臂上戴钏，束腰，颈饰项圈，单足立于莲花、忍冬、宝相花之上。乐伎分别演奏五弦琵琶、四弦曲项琵琶、细腰鼓、横笛等乐器，舞伎则舞蹈胡风洋溢的胡旋舞。

关于石椁，此前已有论文和专著对其详细介绍，[1] 相关研究亦颇具规模。程旭、[2] 葛承雍、[3] 杨瑾、[4] 韩香、[5] 王庆卫、[6] 李丹捷[7] 等先生从艺术风格、创作手法、乐舞形式、花鸟仕女图像、胡人驯兽图像、勇士神兽图像等，对其形式与内涵进行了不同面向的研究。从中我们可知，石椁图像的基本形式，是具有浓郁的西方艺术风格的"拂菻样"。沈睿文先生指出，此类图像为帝后一级的高等级墓葬所有，具有较明确的等级指向性。[8] 因此，固然不容忽视宗教内涵，但首先应当注意到的是其制度约束。

齐纪曾对唐代墓葬中的石椁进行了系统的梳理，[9] 参照其归纳我们可以发现，其中在石椁上刻画音乐元素的仅见于敬陵石椁。对此，有研究者指出，玄宗以此"营造的繁华乐舞世界让武惠妃遗忘生前家族命运沉沦的灰暗，忘却锥心的丧子之痛，忘记死亡的恐惧"。[10] 这种论断不无可取之处，但如果结合整个中古时期墓葬音乐文物来看，这样的设置显然超出了情感需求，而从属于玄宗的礼乐路线框架下。

武惠妃生前能歌善舞暂且不论，关键在于其死后玄宗以皇后的身份对其安葬，这就

---

[1] 程旭、师小群：《唐贞顺皇后敬陵石椁》，《文物》2012年第5期，第74～97页；陕西历史博物馆：《皇后的天堂——唐敬陵贞顺皇后石椁研究》，文物出版社，2015年。
[2] 程旭：《唐武惠妃石椁纹饰初探》，《考古与文物》2012年第3期，第87～101、115～120页。
[3] 葛承雍：《唐贞顺皇后（武惠妃）石椁浮雕线刻画中的西方艺术》，《唐研究》第16卷，北京大学出版社，2010年，第305～324页；《再论唐武惠妃石椁线刻画中的希腊化艺术》，《中国国家博物馆馆刊》2011年第4期，第90～105页；《唐代宫廷女性画像与外来的艺术手法——以新见唐武惠妃石椁女性线刻画为典型》，《故宫博物院院刊》2012年第4期，第93～102、161页。
[4] 杨瑾：《唐武惠妃墓石椁纹饰中的外来元素初探》，《四川文物》2013年第3期，第60～72页。
[5] 韩香：《中西文化的交融与借鉴——唐武惠妃石椁"胡人驯兽图"再探讨》，《唐史论丛》2014年第2期，第77～97页。
[6] 王庆卫：《墓葬中的窣堵波：再论武惠妃石椁勇士神兽图》，《敦煌学辑刊》2014年第1期，第145～158页。
[7] 李丹捷：《冥心净域——敬陵石椁花鸟人物图像内涵试释》，《唐研究》第23卷，北京大学出版社，2017年，第397～420页。
[8] 沈睿文：《唐代丧葬画像与绘画的关系》，载上海博物馆编《于阗六篇——丝绸之路上的考古学案例》，北京大学出版社，2014年，第127～168页。
[9] 齐纪：《唐代石椁研究》，北京大学硕士学位论文，2003年。
[10] 同前揭《唐武惠妃石椁纹饰初探》，第99页。

不能不让人想到此前高宗年间对太宗韦贵妃的安葬问题上。能够彰显皇后身份之殊荣的，在音乐方面，则是配之以"房中之乐"。在图像的刻画上，其使用了莲花、忍冬、宝相花等具有鲜明佛教内涵的元素。在用乐上，则具有浓厚的西域诸乐的特征，其中"反弹琵琶"图像，频繁出现于中晚唐时期敦煌石窟壁画中，甚至还出现在吐蕃系统的金银器之上。[1] 在形式上，它在传统葬具载体上融合胡乐，同时也融入了宗教的因素，这样的形式与此前萧后墓中以作为"华夏正声"的钟磬为符号表现"房中乐"组合，以及高宗"礼乐复古"路线下以传统清乐表现"房中乐"的思路均不同，但却符合隋唐墓葬制度之框架。因此，它在很大程度上可作为玄宗时代礼乐符号的一部分，反映出唐玄宗礼乐路线的一个侧面。

三、女骑乐组合

武周时期，墓葬中兴起一类女骑乐俑。在俑群组合中，有一列女子随行于鼓吹队列中，骑马并演奏乐器。其墓主亦为女性。此类墓葬以王雄诞夫人魏氏墓[2]为例。王雄诞夫人魏氏墓在壁龛中共出土三彩女骑马俑24件（报告中称30件，经辨识，其将6件"笼冠鼓吹骑俑"混于其中），头梳高髻、椎髻、螺髻、双髻、朝天髻、惊鹄髻等不同发式。其中奏乐者6件，高38～46厘米，均梳惊鹄髻，身着绿色右衽紧袖长衣，穿黑色高筒靴，分别作吹排箫、吹觱篥状（图4-7）。

至开元初年，此类女骑乐俑甚至身着武官之服，作为鼓吹乐队列的前导出现，其墓葬墓主同为女性，以金乡县主墓[3]为例。金乡县主墓中随葬女骑乐俑5件，高36～37.5厘米。均女着男装，衣着华丽，手执乐器演奏。一人头戴鹖冠，身着圆领窄袖粉白色长袍，上饰团花，足穿黑靴，将一腰鼓放于鞍前击奏。一人头梳倭堕髻，身着圆领长袍，怀抱曲项琵琶，一手持拨弹奏。二人头梳倭堕髻，外戴幞头，分别演奏竖箜篌和铜钹。另一人头戴卷檐胡帽，帽饰白花，身着圆领窄袖缺胯袍，双手持觱篥吹奏（图4-8）。武将戴鹖冠在汉代已成为制度，唐代武官亦戴之。故此组乐俑虽为女子，但身着武官之服，具有别样的气象。

---

[1] 周杨：《隋唐琵琶源流考——以石窟寺所见琵琶图像为中心》，《敦煌研究》2020年第3期，第64～73页；《西藏拉萨大昭寺藏鎏金银壶的再探讨》，《考古与文物》2020年第2期，第80～85页。
[2] 同前揭《唐王雄诞夫人魏氏墓》。
[3] 同前揭《唐金乡县主墓》。

图 4-7　王雄诞夫人魏氏墓出土女骑乐俑

图 4-8　唐金乡县主墓出土女骑乐俑

四、装饰形式

在中古时期墓葬中，音乐元素还常作为一种装饰形式出现于墓葬、葬具及随葬品中。

中古时期墓葬或葬具装饰中的音乐元素，在特定语境下可能具有等级指向或思想内涵。例如，司马金龙墓除了随葬鼓吹乐、燕乐、百戏三个系统的俑群组合外，还出土了一件石雕屏风石座。石座32厘米见方，通高16.5厘米，中央柱孔直径7厘米。在其四角分别以圆雕形式塑造伎乐童子，分别击打细腰鼓、吹觱篥、弹琵琶、翩翩起舞（图4-9：1）。此外，该墓还在石棺床葬具的表面以浅浮雕形式描绘音乐元素。具体而言，以缠绕的忍冬纹为地，中间雕以伎乐、龙、虎、凤凰、金翅鸟、人头鸟等。其中伎乐共13人，正中为舞者，两侧伎乐分别演奏琵琶、五弦、排箫、觱篥、横笛、鼓、铜钹、细腰鼓等（图4-9：2）。凡此内容，都应当是其等级身份的一种折射。南朝墓葬画像砖中的伎乐飞天是对汉代升仙题材形式的一种延续和吸收，通过刻画伎乐飞天来描绘天国世界，其中的飞天常表现为吹奏横笛、笙或拍打细腰鼓的形象（图4-9：3、4）。同时，也有墓葬画像砖仅刻画乐器本身，这些音乐元素则是一种泛化的装饰性元素（图4-9：5）。

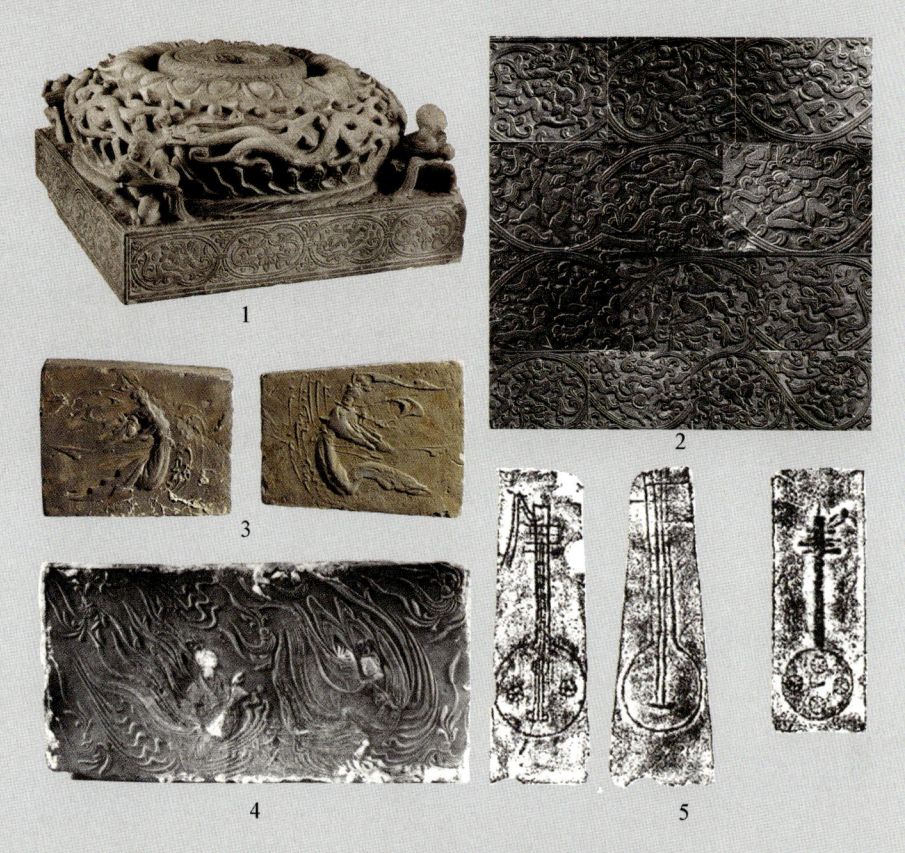

图 4-9 中古时期墓葬装饰中的音乐元素
1. 司马金龙墓出土伎乐屏风石座；2. 司马金龙墓石棺床伎乐浮雕；
3. 湖北谷城六朝墓出土伎乐飞天墓砖；4. 邓县学庄墓出土伎乐飞天墓砖；
5. 福建南安皇冠山 M17、M23、M28 出土阮咸纹画像砖

图 4-10 中古时期墓葬出土器物装饰中的音乐元素
1. 北齐范粹墓出土黄釉乐舞扁壶；2. 山西大同出土北魏石雕方砚；
3. 江苏金坛唐王乡孙吴墓出土魂瓶中的乐伎；4. 青海都兰 M3 出土彩绘木箱中的乐伎；
5. 西安郭家滩唐墓出土伎乐纹玉带局部

肆｜中古中国墓葬遗存中的其他类型音乐组合 185

作为装饰形式的音乐元素，还常出现于中古时期日常起居所用器物中，例如北朝时期的石雕砚台和瓷质扁壶等。山西大同曾出土一件北魏时期的石雕方砚，其上描绘了琵琶乐伎和舞者的形象（图4-10：2）。河南安阳范粹墓中出土一件黄釉乐舞扁壶（图4-10：1），类似的扁壶在同时期还出土过数件。范粹作为中下级官吏，其墓所出乐舞扁壶则不具备等级标识作用，反映的是当时的时代风尚。与汉代一般的带钩不同，北朝至唐代墓葬所见带銙具备等级指向，当为特定群体所用，其上多描绘伎乐形象（图4-10：5）。此类伎乐纹带銙多出现于唐代玄宗以降的墓葬中，另外唐代的窖藏中亦有出土。其人物组合以"胡人献宝"为中心，着重刻画胡乐组合，常见乐伎包括弹奏琵琶、竖箜篌、笙、横笛、筚篥、节鼓者和胡腾舞者等。此外，在墓葬随葬具有特殊功能的器物中，音乐组合也被加以塑造，用以描绘死后世界，例如吴晋时期的魂瓶中，除了塑造楼阁与仙山外，也会着意刻画乐伎组合（图4-10：3）。青海都兰M3中曾出土一件彩绘木箱残件，其上描绘了伎乐二人，分别演奏笙与四弦曲项琵琶（图4-10：4）。此类器物并非日常所用，其中的音乐也具有特殊意义。

伍

中古中国墓葬礼乐符号的重塑与构建

北朝至隋唐墓葬礼乐符号的重塑
南朝墓葬礼乐符号的建构
小结：南北朝墓葬礼乐符号的殊途同归

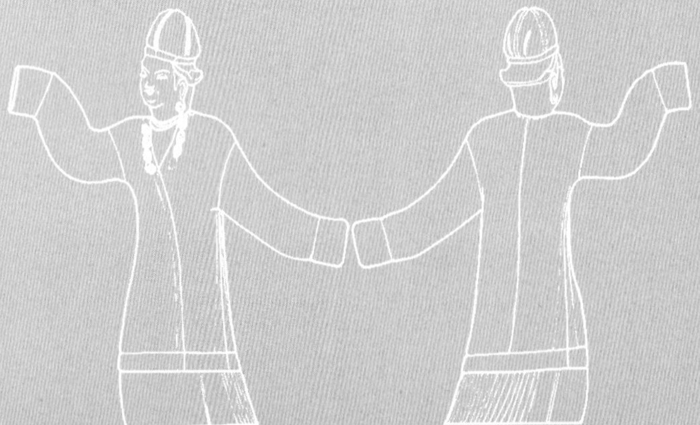

通过第壹章至第肆章的梳理可见，中古时期墓葬所见音乐文物虽然形式繁复，但总体上可以归为四大系统，即"鼓吹乐""燕乐""百戏—散乐"与"高士雅音"。在不同的系统下，它们分别以音乐组合的形式出现，形成四类组合形式，并在形式上都具备一定的程式化与符号化特点。在墓葬语境下，它们往往代表着超出个人喜好的制度要求。作为墓葬礼俗的组成部分，它们揭示出中古中国礼乐文化的诸多面相，故我们将其统称为"墓葬礼乐符号"。

所谓"墓葬礼乐符号"，即华夏礼乐制度与礼乐文化在墓葬中的具象表现，是国家权力支配者用以建立统治秩序、确立文化正统的手段之一。在先秦至西汉中期以前，受丧葬活动中"藏乐"传统的影响，高等级墓葬通常会随葬以钟磬为核心的乐器组合。[1] 其中的编钟、编磬等青铜乐器，一方面作为"乐器"之用，另一方面则充当着"礼器"之用。对此，前人研究已颇具规模，它们揭示出随葬编钟用以反映墓主身份等级差序的礼制内涵。基于观念与物质文化两个层面，我们可将以此类钟磬为核心的随葬乐器视为先秦时期的墓葬礼乐符号。

此套礼乐符号虽然在西汉墓葬中仍然存在，但在制度上已然流于形式。其使用并未遵循统一的制度规范，并且呈现出明器化的趋势。到了两汉之际，墓葬中的礼乐符号发生了一次有序的更替，其背后则是先秦至汉唐礼乐制度与礼乐文化的转型。

与先秦礼乐符号的衰落此消彼长的，是墓葬中燕乐俑群的兴起。在战国至西汉很长一段时间内，二者在墓葬中共存。[2] 这类乐俑组合，是两汉之间墓葬礼乐符号转变的纽带，构成了汉唐墓葬礼乐符号的基本来源之一，即墓葬中的"燕乐组合"。钟磬组合所体现的阶序化的礼制内涵，则在东汉末至三国时期由新产生的"鼓吹乐组合"所替代。

"鼓吹乐组合"最早出现于东汉晚期的画像石图像中，形成于魏晋十六国时期的墓葬俑群中，是中古时期墓葬礼乐符号的组成之一。以"鼓吹乐组合"为主体的"鼓吹制度"，取代上古时期的"葬钟制度"，成为墓葬中建立等级阶序的基本形式。作为《周礼》中"恺乐"之摹写，其形式与内涵均带有"功成作乐"之义，既表现出礼乐文化从内敛转为外显的基本走向，同时也被逐渐赋予较为鲜明的军事化色彩。

"燕乐组合"的形成与发展源于自上而下的推动。与之相反，"百戏—散乐组合"的形成则源于自下而上的渐染。其在西汉时期融入"燕乐组合"中，并在东汉时期与之杂

---

[1] 《周礼·大司乐》载："大丧，莅廞乐器。及葬，藏乐器，亦如之。"《周礼·籥师》载："大丧，廞其乐器，奉而藏之。"即在丧葬活动中，在葬前要先演奏乐器，待及下葬时，乐器随葬墓中。在先秦及西汉高等级墓葬中，体现为在椁室周围随葬以编钟、编磬为核心的乐器组合。详前揭《周礼正义》卷四十三《春官》"大司乐"条，第2160页；《周礼正义》卷四十六《春官》"籥师"条，第2293页。
[2] 汉景帝阳陵、河北满城汉墓、长沙马王堆汉墓、徐州楚王陵、南昌海昏侯墓等不同级别墓葬中，随葬乐器均与乐俑组合共存同出。

糅，形成墓葬之中流行的"乐舞百戏组合"。北魏平城时代至唐玄宗开元后期，这类组合作为礼乐符号的一部分，与上述两个系统的组合并存于墓葬中。

上述三大系统的音乐文物，作为中古墓葬礼乐符号的组成部分，基本贯穿于其形成与消亡的全过程中。同时，其相互组合或分离，构成了中古时期墓葬礼乐符号的主流，并伴随着华夏帝国的重组与崩溃，贯穿着礼制的重建与转型。与之相比，"高士雅音组合"则具有某种阶段化特点，其形成与消亡基于政治话语与文化正统的争夺，同时体现了南朝的时代风尚与南朝政权的文化取向，并成为中古时期墓葬礼乐符号的支流。通过分析主流与支流的形成和发展，可以找到中古墓葬礼乐符号转变与重塑的内在动因与历史契机。

一、北朝至隋唐墓葬礼乐符号的重塑

（一）作为礼乐符号的鼓吹乐组合

1. "军事征伐"与"功成作乐"：墓葬鼓吹乐组合的形成动因与文化内涵

中古时期墓葬中的鼓吹乐组合始见于汉魏之际，其形成与发展基于两个方面。一是必要性，即先秦至西汉墓葬中以"编钟、编磬"为核心的礼乐符号崩溃后，重建帝国符号性秩序成为内在需要。二是可能性，即东汉以降，随着中央力量逐渐衰弱，地方豪强与莫府势力逐渐强大，[1] 军事实力成为彰显身份的直观标准。在此背景下，礼乐文化的表现形式由内敛转为外显。

《礼记·乐记》载：

> 王者功成作乐，治定制礼，其功大者其乐备，其治辩者其礼具。[2]

音乐作为其中的一种政治话语，客观上迎合了"彰显事功"的内在诉求。因而，汉魏时期在塑造礼乐符号时，不可避免地将"乐"与"功"联系在一起，既要反映其"军事征伐"之特点，同时也要求其具备"功成作乐"之内涵。

十六国以降，各政权在进行礼乐重建时，大多以"追复周礼"为名，实则是对《周礼》中的内容进行部分截取，并将其与现实因素嫁接整合。在音乐层面，《周礼》所列诸

---

[1] 杨泓：《读〈史记·李将军列传〉兼谈两汉"莫府"图像和模型》，《故宫博物院院刊》2019年第2期，第4～20页。
[2] 《十三经注疏·礼记正义》卷三十七《乐记》，第3318页。

乐中，能够同时突出"军事征伐"与"功成作乐"特点的，当属"恺乐"。

《周礼·春官·大司乐》载：

> 王师大献，则令奏恺乐。[1]

又《周礼·春官·镈师》载：

> 军大献，则鼓其恺乐，凡军之夜三鼛，皆鼓之，守鼛亦如之。[2]

其时符合"恺乐"内涵者，即汉乐四品之下的"短箫铙歌"。东汉时期墓葬画像砖图像中的鼓吹乐组合，即摹写于汉乐中的"短箫铙歌"，并融入"黄门鼓吹"诸元素。基于鼓吹乐所具备的"扬德建武、功成振旅"之特点，此后诸代皆以之述功德。

《晋书》卷二十三《乐下》载：

> 及魏受命，改其十二曲，使缪袭为词，述以功德代汉……是时吴亦使韦昭制十二曲名，以述功德受命……及武帝受禅，乃令傅玄制为二十二篇，亦述以功德代魏。[3]

又《隋书》卷十三《音乐上》载：

> 鼓吹，宋、齐并用汉曲，又充庭用十六曲。高祖乃去四曲，留其十二，合四时也。更制新歌，以述功德。[4]

又《隋书》卷十四《音乐中》载：

> （北齐）鼓吹二十曲，皆改古名，以叙功德。[5]

作为音乐，由汉代"黄门鼓吹"与"短箫铙歌"分野出的鼓吹乐，既符合礼乐文化

---

[1]《周礼正义》卷四十三《春官》"大司乐"条，第2150页。
[2]《周礼正义》卷四十三《春官》"镈师"条，第2288页。
[3]《晋书》卷二十三《乐下》，第701～702页。
[4]《隋书》卷十三《音乐上》，第304～305页。
[5]《隋书》卷十四《音乐中》，第330页。

之框架，又迎合了各政权彰显功德之需要。将鼓吹乐组合用于墓葬中，则可以表现较明确的等级或身份指向性。随着墓葬中晋制俑群的兴起，鼓吹乐组合自然而然地被嫁接其中，进而转化为一种具有礼制意义的符号而纳入墓葬礼制体系之中。

2. 墓葬鼓吹乐组合的发展脉络与消长契机

中古中国墓葬中的鼓吹乐组合，不仅是用以表现音乐的素材，其使用具有等级和身份的指向，同时在一定程度上体现着礼制的发展，因此具有礼乐文化之内涵。不过，其形成与发展同时也受到墓葬制度和礼乐观念的制约，因而在各时期墓葬中的出现并不是连续的。从考古材料看，鼓吹乐俑在三国时期率先出现在孙吴墓葬中，曹魏、西晋墓葬中较少出现，这在很大程度上与曹魏、西晋时期自上而下的"薄葬"政策有关。特别是西晋统一后，逐渐形成五礼之制，在凶礼中恢复"三年之丧"的丧服制度，其中内容之一即"因丧废乐"。[1] 同时，葬礼中对"汉魏故事"进行斟酌折中，保留"吉服导从"，而除去"凶服鼓吹"。同时，西晋初期在其政治核心区墓葬中推行"晋制"，以仪仗俑群取代壁画。仪仗队列即所谓"吉服导从"，通过表现哀情之盛以"感众"，"鼓吹乐"虽有"功成恺乐"之义，但是作为"凶服鼓吹"，在丧葬活动中不得使用。因而，在其墓葬中不见鼓吹乐组合则不难理解。不过，汉魏时期"鼓吹乐"所代表的"功成作乐"与"军事征伐"之内涵已然被普遍接受。所以，在孙吴及西晋的文化缓冲区内，由于受制度约束较弱，墓葬中可以看到以俑群形式表现的鼓吹乐组合。

永嘉之乱后，五胡所建各政权在进行军事征服的同时，也尝试着将自己纳入华夏体系之内。出于建立文化正统的需要，他们积极重建华夏帝国的符号性秩序。一方面，他们在德运次序上做文章，以证明自己的华夏正统地位。[2] 另一方面，他们积极尝试重建华夏礼乐制度，并对礼乐文化进行追溯和重新解读。反映在墓葬中，即是对墓葬礼乐符号的重塑，墓葬"鼓吹乐组合"应时而生。整体来看，这一时期鼓吹乐组合的塑造，存在一定的自发性。

十六国时期墓葬所见鼓吹乐组合以前秦、后秦时期的鼓吹乐俑为代表。此前亦有研究者指出，前秦时期的鼓吹仪仗俑群呈现出一定的等级指向，这些组合很可能由官方统一制作并供上层使用。[3] 可见，墓葬鼓吹乐组合于此时已经初步具备了礼制意义和符号性。进入十六国后期，现实中的鼓吹乐组合作为卤簿仪仗的一部分，已形成明确建制。

北魏建立后，在"天兴二年""天赐二年"及太和年间分别对卤簿建制进行修订。

---

[1] 梁满仓：《魏晋南北朝五礼制度考论》，中国社会科学文献出版社，2009年，第636页。
[2] 罗新：《十六国北朝的五德历运问题》，《中国史研究》2004年第3期，第47~56页。
[3] 李云河：《关中地区东汉至北周墓葬的考古学研究》，北京大学博士学位论文，2018年，第152页。

《魏书》卷一百八之四《礼志四》载：

> 太祖天兴二年（399），命礼官捃采古事，制三驾卤簿。一曰大架，设五辂，建太常，属车八十一乘。平城令、代尹、司隶校尉、丞相奉引，太尉陪乘，太仆御从。轻车介士，千乘万骑，鱼丽雁行。前驱，皮轩、阘戟、芝盖、云罕、指南；后殿，豹尾。鸣葭唱，上下作鼓吹。军戎、大祠则设之。二曰法驾，属车三十六乘。平城令、代尹、太尉奉引，侍中陪乘，奉车都尉御。巡狩、小祠则设之。三曰小驾，属车十二乘。平城令、太仆奉引，常侍陪乘，奉车郎御。游宴离宫则设之。二至郊天地，四节祠五帝，或公卿行事，唯四月郊天，帝常亲行，乐加钟悬，以为迎送之节焉。
>
> 天赐二年（405）初，改大驾鱼丽雁行，更为方陈卤簿。列步骑，内外为四重，列标建旌，通门四达，五色车旗各处其方。诸王导从在钘骑内，公在幢内，侯在步矟内，子在刀盾内，五品朝臣使列乘舆前两厢，官卑者先引。王公侯子车旒麾盖、信幡及散官构服，一皆纯黑。[1]

对比北魏墓葬所见鼓吹乐组合，从沙岭 M7 壁画所见鼓吹乐组合到平城中后期"鸡冠帽"鼓吹骑俑组合的变化，在一定程度上体现了现实制度的改变。

晋室南渡后，墓葬中虽然鲜见鼓吹乐组合，但在现实中葬赐鼓吹以标榜其功的做法，已成一时之风，鼓吹的使用在规模上实胜于魏晋。《宋书·乐志》载：

> 魏、晋世给鼓吹甚轻，牙门督将五校，悉有鼓吹。晋江左初，临川太守谢摛每寝，辄梦闻鼓吹。有人为其占之曰："君不得生鼓吹，当得死鼓吹尔。"摛击杜弢战没，追赠长水校尉，葬给鼓吹焉。[2]

"不得生鼓吹"之人，则追求"死鼓吹"，可见鼓吹乐"显功"的内涵在东晋亦有影响。

南朝礼制直接承自东晋，是汉魏礼制的延续。东晋灭亡后，鼓吹乐组合作为南朝礼乐符号的一部分出现于墓葬中。南朝墓葬的鼓吹乐组合出现于齐、梁时期，并且在政治核心区与文化缓冲区内墓葬中以不同形式表现。政治核心区内，该组合出现于画像砖图像中，与"竹林七贤与荣启期"图像构成统一组合。其中的鼓吹乐组合直接摹写东汉时期的画像砖图像而来。文化缓冲区内，该组合以鼓吹乐俑形式表现，用以葬赐镇边将领，

---

[1]《魏书》卷一百八之四《礼志四之四》，第 2813～2814 页。
[2]《宋书》卷十九《乐志一》，第 559 页。

其理念亦是受汉制影响，而与魏晋十六国时期鼓吹乐之内涵有微妙差别。

自南北朝格局正式确立后，南朝礼乐重建的实践率先落实于墓葬层面。在北方，自北魏迁洛之后，墓葬随葬俑群中始终缺少对音乐组合的塑造。随着北魏末期制度的松散与南朝礼乐文化建设的刺激，北魏上层需要一种更为可视化的方式来显示其身份与地位，鼓吹乐作为现实中的礼乐符号随之被重新利用。北魏延昌年间，以清河王元怿叔母与平原郡开国公高肇兄子病故为契机，北魏皇室掀起一场对丧葬鼓吹使用的讨论。

《魏书》卷一百八之四《礼志四》：

> （延昌）三年（514）七月，司空、清河王怿第七叔母北海王妃刘氏薨，司徒、平原郡开国公高肇兄子太子洗马员外亡，并上言，未知出入犹作鼓吹不，请下礼官议决。[1]

在这场讨论中首先形成了两派意见。太学博士封祖胄反对使用鼓吹，其援引《礼记》并指出"虽复功缌，乐在宜止"；四门博士蒋雅哲则以逝者位重为由，主张"既殡之后，义不阙乐"，国子助教韩神进一步指出"文物""锡鸾"皆用以"明贵贱"而非"措哀乐"，故主张"威仪鼓吹依旧为允"。双方争论未有结果，于是重议。此次讨论的最终结果是"保留鼓吹，悬而不作"。从讨论始末可知，丧葬中使用鼓吹，"乐"之实在其次，而"乐"之形为其旨，因其不常用，故以此彰显"重位茂勋"之殊荣。"悬而不乐，今陈之以备威仪，不作以示哀痛"的礼乐观念，使得鼓吹乐由汉魏时期彰显功德的"恺乐"进一步符号化。符号化后的鼓吹乐融入五礼制度重建之中，进而成为凶礼的组成部分。正是基于这一背景，在北魏洛阳时代晚期，墓葬鼓吹乐组合的塑造相比前代带有明显的自觉性。

在南北朝时期的最后阶段，鼓吹乐所具有的"显功"内涵已深入人心。在现实中，各政权对鼓吹乐组合皆有明确的建制安排，此则见诸文献之中。不过，鼓吹制度虽已成定制，但各政权之间在鼓吹的配置与使用上实则存在差别。北齐在鼓吹乐的使用上实际存在两个层面：一是中央与地方之间，通过鼓吹乐的使用以建立统治秩序；二是在中央集团内部，通过具体用乐配置的不同以反映差序与亲疏。这两个层面在北齐墓葬随葬鼓吹乐俑及壁画鼓吹乐组合中都有明确表现。北周武帝登基后，对墓葬进行了全面整饬，并迅速建立起墓葬中的鼓吹制度。在其灭北齐后，对现实中的鼓吹建制亦进行了系统规定。鼓吹乐的使用贯穿于官僚系统上下，并且衣着、用乐、规模皆有明确限定。其中，鼓吹乐的使用等级限定于四品之上，较北魏时期门槛提高。由此，北魏洛阳时代晚期重

---

[1]《魏书》卷一百八之四《礼志四之四》，第2799页。

建的鼓吹乐组合开始形成制度，并在墓葬中以鼓吹乐组合形式呈现。

隋代鼓吹制度在北周的基础上进一步丰富完善，同时对各部鼓吹的配器、曲名及使用等级进行了更为明确的规定。与现实中"鼓吹乐"形成定制相呼应，墓葬中的鼓吹乐组合亦在损益前代的基础上，基本确立了基本范式，即以"风帽"为特征的"军乐系鼓吹"与以"笼冠"为特征的"卤簿系鼓吹"相结合的二元式组合形式。

唐代鼓吹制度承自隋代而来，基本建制与隋代大致相当，但明确分为前、后二部。[1] 其中前部鼓吹所用乐器大部分相同，差别最明显者在于棡鼓、金钲与长鸣的使用。墓葬所见鼓吹乐俑群虽不能与文献完全对应，但其内在设置逻辑则一脉相承。现实中享有鼓吹与否以四品为界，但对于身份特殊者，或以军功进位者，亦会通过葬赐鼓吹来表现殊荣。可见，唐代前期墓葬鼓吹乐组合已基本形成制度，其与现实中的鼓吹之制共同构成唐代礼乐制度中的鼓吹制度。这套制度在贞观年间尚不完备，在高宗时期形成定制，不但用于标识官僚系统的统治阶序，同时也用于宣示唐廷中央对地方的主权管控。武周革命后，这种制度化意义一度遭到破坏，逐渐成为执政者笼络不同政治集团的工具。李唐反正后，这套礼乐符号虽然被中央重塑，但其使用的范围有所缩减，自东汉以来被赋予的"军事征伐"的礼制内涵亦逐渐减弱，仅有彰显"功成作乐"之义。至安史之乱后，鼓吹乐组合作为墓葬礼乐符号走向消亡。

综上所述，鼓吹乐源自汉世之"黄门鼓吹"与"短箫铙歌"，是汉唐时期礼乐制度的核心组成部分。这一组合形式最早出现于东汉晚期的画像石图像中，形成于魏晋十六国时期的墓葬俑群中。战国秦汉时期，"鼓吹"本为音乐的总称。至魏晋十六国时期，"鼓吹乐"的概念出现了分野。受到军事化影响，这一音乐形式融入"功成作乐"之义，从而形成"军乐鼓吹"。又因"丈夫四方之功""恩加宠锡""献功之乐"等意涵，逐渐成为一种等级和身份的象征，从而形成"卤簿鼓吹"。两类鼓吹在北魏后期逐渐合流，并在隋唐时期形成定制。墓葬音乐文物中的鼓吹乐组合，经历了由"乐"至"功"，进而由"功"及"礼"的话语转化，由此建立起礼乐文化的联结。

（二）作为礼乐符号的燕乐组合

1. "彰其德""通伦理"与"正交接"：墓葬所见燕乐组合的形成动因

墓葬中的燕乐组合作为墓葬礼乐符号的组成部分，其形成远早于鼓吹乐组合，具体可包括"乐器"与"乐人"两部分。随葬乐器之制度基于《周礼》中"藏乐"之观念，在礼乐文化的政治性面向上体现着音乐的政治功能。"乐人"在战国以降则以乐俑的形式

---

[1]〔唐〕李林甫等撰，陈仲夫点校：《唐六典》卷十四《太常寺》"鼓吹署"条，中华书局，2016年，第406～408页。

出现于墓葬中,并在西汉墓葬中被着意刻画,其在礼乐文化的社会性面向上体现着音乐的社会功能。

《礼记·乐记》载:

> 若夫礼乐之施于金石,越于声音,用于宗庙社稷,事乎山川鬼神,则此所与民同也。[1]

> 乐者,通伦理者也……是故审声以知音,审音以知乐,审乐以知政,而治道备矣。[2]

> 是故先王之制礼乐,人为之节。衰麻哭泣,所以节丧纪也。钟鼓干戚,所以和安乐也。昏姻冠笄,所以别男女也。射乡食飨,所以正交接也。礼节民心,乐和民声,政以行之,刑以防之。礼、乐、刑、政,四达而不悖,则王道备矣。[3]

> 故天子之为乐也,以赏诸侯之有德者也。德盛而教尊,五谷时熟,然后赏之以乐。故其治民劳者,其舞行缀远。其治民逸者,其舞行缀短。故观其舞,知其德,闻其谥,知其行也。[4]

从文献可见,作为与"礼"相辅相成的另一面,"乐"具有政治与社会两个层面的功能。在现实中,"乐"用于宗庙社稷与山川鬼神之祭祀,以达到政通人和之目的;用于婚、丧、射、飨,以求王道具备之功效。立足于音乐的双重功能,"彰其德""通伦理""正交接"等内涵在上古时期墓葬中即以燕乐组合的形式融入礼乐符号之中。

上古时期"藏乐"制度下的墓葬礼乐符号在西汉晚期崩溃后,其中部分元素作为文化因素延续和保留下来,并在西汉末以降逐渐成为中古墓葬礼乐符号"燕乐组合"的直接源头。中古时期墓葬所见燕乐组合以壁画图像、画像石图像及随葬乐俑组合等不同形式呈现,但实质上皆是对上古墓葬中燕乐组合的截取,并视各地墓葬文化差异而以不同载体表现出来。其中最突出的特点,即其基本组合将此前"燕乐"和"百戏"两个系统的元素合而为一,以"乐舞百戏"的形式出现,并置于"宴飨"主题的背景之下。那么,这么做的出发点是什么呢?

首先,"酒食"与"礼""乐"相结合,即将"德""节"之义与"欢愉"之情相结合。《礼记·乐记》载:

---

[1]《十三经注疏·礼记正义》卷三十七《乐记》,第3317页。
[2]《十三经注疏·礼记正义》卷三十七《乐记》,第3313页。
[3]《十三经注疏·礼记正义》卷三十七《乐记》,第3315页。
[4]《十三经注疏·礼记正义》卷三十八《乐记》,第3325页。

> 故酒食者，所以合欢也。乐者，所以象德也。礼者，所以缀淫也。是故先王有大事，必有礼以哀之。有大福，必有礼以乐之。哀乐之分，皆以礼终。乐也者，圣人之所乐也。而可以善民心，其感人深，其移风易俗，故先王著其教焉。[1]

可见，将音乐寓于宴飨之中，出于"善化民心""移风易俗"之内在目的。这实则利用了音乐的社会功能，通过营造和谐的氛围，以达到维护社会秩序之目的。

另一方面，在礼乐文化中，音乐的社会功能本质上仍基于其政治功能，即首先应当承认既有的阶序与尊卑。《礼记·乐记》载：

> 是故乐在宗庙之中，君臣上下同听之，则莫不和敬；在族长乡里之中，长幼同听之，则莫不和顺；在闺门之内，父子兄弟同听之，则莫不和亲。故乐者，审一以定和，比物以饰节，节奏合以成文，所以合和父子君臣，附亲万民也。是先王立乐之方也。[2]

因此在墓葬中，将此前的"燕乐组合"以指向更为明确的"宴飨"主题表现出来，在礼乐文化的意义上，即是将音乐的社会功能以符号化的形式表现出来。这种表现形式的集中出现，在一定程度上受到汉末礼乐制度重建的影响。同时相比鼓吹乐组合用以标识等级秩序，燕乐组合主要用以标识伦理秩序。

《汉书》卷二十二《礼乐志》载：

> 至成帝时，犍为郡于水滨得古磬十六枚，议者以为善祥。刘向因是说上："宜兴辟雍，设庠序，陈礼乐，隆雅颂之声，盛揖攘之容，以风化天下。……"……初，叔孙通将制定礼仪，见非于齐鲁之士，然卒为汉儒宗，业垂后嗣，斯成法也。[3]

从墓葬材料来看，上古与中古时期墓葬礼乐符号的形式转化，正是从西汉成帝前后开始的。以刘向"陈礼乐隆雅颂之声"的表奏反观之，则可见其时礼崩乐坏之现实。在这种现实情况下，此前见于列侯以上级别墓葬中的伎乐俑组合，跨越等级界限，并以不同形式出现。这种形式表现在墓葬壁画及画像石图像中，即第贰章所述西汉晚期形成的几类不同类型的"燕乐图"；表现在墓葬陶俑组合中，即第叁章所述东汉时期墓葬中的乐舞百

---

[1] 《十三经注疏·礼记正义》卷三十八《乐记》，第3326页。
[2] 《十三经注疏·礼记正义》卷三十九《乐记》，第3348页。
[3] 《汉书》卷二十二《礼乐志》，第1033页。

戏陶俑组合。其图示或组合形式虽然有差异，但其主旨具有一致性。

如果说"燕乐组合"是战国以来社会上层所垄断的墓葬礼乐符号的组成部分，那么"百戏组合"基于音乐的娱乐性功能，其与墓葬中"燕乐组合"的交织，实则从另一个角度反映出礼乐制度的失序。

又《汉书》卷二十二《礼乐志》载：

> 至成帝时，谒者常山王禹，世受河间乐，能说其义，其弟子宋晔等上书言之……河间献王聘求幽隐，修兴雅乐以助化。时大儒公孙弘、董仲舒等皆以为音中正雅，立之大乐。春秋乡射，作于学官，希阔不讲。故自公卿大夫观听者，但闻铿鎗，不晓其意，而欲以风谕众庶，其道无由。是以行之百有余年，德化至今未成。……事下公卿，以为久远难分明，当议复寝。[1]
>
> 是时，郑声尤甚，黄门名倡丙彊、景武之属，富显于世，贵戚五侯定陵、富平外戚之家，淫侈过度，至与人主争女乐。哀帝自为定陶王时疾之，又性不好音。及即位，下诏曰："惟世俗奢泰文巧，而郑卫之声兴。夫奢泰则下不孙而国贫，文巧则趋末背本者众，郑卫之声兴则淫辟之化流，而欲黎庶敦朴家给，犹浊其源而求其清流，岂不难哉！孔子不云乎？'放郑声，郑声淫。'其罢乐府官。郊祭乐及古兵法武乐，在经非郑卫之乐者，条奏，别属他官。"[2]

哀帝时礼乐式微，百戏兴起，郑卫之声盛行，礼制上下失序，表明成帝时重建礼乐的行动并未收到实效，反而加速了旧有礼乐制度的全面崩溃。对此，哀帝采取了罢斥乐府官员、整肃礼乐的行动。上层之元素流于民间，则构成了此后墓葬中礼乐符号塑造过程中基本文化因素的来源。因此，从这一时期开始，墓葬所见"宴飨"题材中的音乐，呈现出"燕乐组合"与"百戏组合"相混杂的局面。

《汉书》所言河间献王之"河间乐"，与其说是"古存雅乐"，倒不如说是一种政治话语。德化未成，非是礼乐未举之故，而是新的政治话语反复博弈、未形成统一之故。从物质文化角度，先秦时期以钟磬为主导的藏乐制度至此已经彻底失去了实际约束，而沦为一种过时的符号。事实上，西汉时自叔孙通以来进行了四次制礼作乐之举，皆未能真正收到实效。其间种种或因王朝更迭而荒废，或因"久远难分明"之故而徘徊不立。这些反映在墓葬中，从西汉中前期墓葬"葬钟制度"的多源无章即可见一斑。

---

[1]《汉书》卷二十二《礼乐志》，第1071～1072页。
[2]《汉书》卷二十二《礼乐志》，第1072～1073页。

随着这一时期社会的整体变革，中古墓葬礼乐符号的重塑正式拉开了序幕。"燕乐组合"与"百戏组合"相互交织而成为"乐舞百戏组合"，是为中古墓葬礼乐符号中"燕乐组合"在第一阶段的形态。

2. 墓葬燕乐组合的发展脉络

魏晋时期的乐舞与百戏皆承自东汉而来，在新的时代背景下，此前的长袖舞与盘鼓舞逐渐式微，西汉时列于杂舞之列的各种舞蹈形式，于此时却大为丰富。

《晋书》卷二十三《乐下》载：魏晋之世，杯柈舞、公莫舞、白纻舞、铎舞歌、幡舞歌、鼓舞伎等，皆当时宴乐之歌舞，"并陈于元会"。

> 魏晋讫江左，犹有夏育扛鼎、巨象行乳、神龟抃舞、背负灵岳、桂树白雪、画地成川之乐。[1]

墓葬材料在一定程度上反映出文献记载之现实。壁（砖）画中的"宴飨图像"与随葬俑群中的乐俑组合，无疑均源自对东汉壁画及伎乐俑组合中"乐舞百戏"元素的截取，因而组合形式的表现更加单一化。不过其在乐器组合上，则表现出新的时代因素。原有的坐乐组合形成了"竖笛、阮咸、卧箜篌（或筝）"这一基本用乐形式，并根据南北方的传统差异有所损益；舞蹈组合与百戏诸伎均在一定程度上简化。

十六国时期，前秦制定礼乐，对墓葬礼乐符号亦进行了全面塑造。与鼓吹乐组合俑群相对应的，即燕乐组合俑群。这套燕乐组合承东汉伎乐俑传统而来，但有两个方面的改变：其一，以女乐替换男乐；其二，将"燕乐组合"与"百戏组合"分离，仅塑造燕乐组合。在墓葬中，乐俑组合的摆放又以多枝灯为中心相对陈列。其中，女乐俑的服饰及造型与东晋墓葬女侍俑相似，推测其用乐组合与形式当间接承自西晋而来。相比前秦，后秦时期墓葬所见女乐俑组合在服饰上表现出更多的胡化色彩。这一时期的伎乐俑在用乐配置上大大丰富，人物刻画更加生动，整体组合也更加具备时代的典型性特征。从整体来看，此套组合反映的正是曹魏元会宴飨中以"百华灯"为中心的女乐组合，其仪式则由汉仪而来。

伴随着对北方各地的军事征伐，北魏王朝对其征服区域内各种音乐元素进行了整合。平城时代的制礼作乐并无章法，在初期即大兴杂伎百戏。

《魏书》卷一百九《乐志五》载：

---

[1]《晋书》卷二十三《乐下》，第717～718页。

（天兴）六年（403）冬，诏太乐、总章、鼓吹增修杂伎，造五兵、角觝、麒麟、凤皇、仙人、长蛇、白象、白虎及诸畏兽、鱼龙、辟邪、鹿马仙车、高絙百尺、长趫、缘橦、跳丸、五案以备百戏。大飨设之于殿庭，如汉晋之旧也。太宗初，又增修之，撰合大曲，更为钟鼓之节。[1]

汉晋时期的殿庭宴飨将燕乐与百戏合于一处，此在"乐舞百戏组合"中已有明证。前秦时塑造礼乐符号时将其分离，至北魏时又合于一体，这种反复在平城时代墓葬壁画与俑群组合中有所表现。其中，在壁画图像与陶俑组合中，汉墓图像所见百戏诸伎简化为以"缘橦""跳丸"为主体、乐队伴奏的组合形式。这一形式应当是吸收邺城地区后赵时期百戏元素而来。此从文献中亦可钩稽。

《邺中记》载：

虎正会，殿前作乐，高絙、龙鱼、凤凰、安息、五案之属，莫不毕备。有额上缘橦，至上鸟飞，左回右转，又以橦著口齿上，亦如之。设马车，立木橦其车上，长二丈，橦头安横木，两伎儿各坐木一头，或鸟飞，或倒挂。[2]

北魏在塑造墓葬礼乐符号时，一方面从关中地区吸取其燕乐组合，另一方面则从邺城地区吸取其百戏组合，并按照汉魏旧制重新塑造"乐舞百戏组合"。自汉晋十六国至北魏平城时代，墓葬燕乐组合与百戏组合的分合反复，是为中古墓葬礼乐符号中"燕乐组合"在第一阶段的特点。

北魏洛阳时代前期，墓葬制度向晋制回归，其中壁画被革除，同时不见音乐元素。与鼓吹乐组合的复兴同步，燕乐组合在北魏洛阳时代晚期墓葬中重新兴起。这一时期的燕乐组合再次将"燕乐系统"和"百戏系统"分离，且其用乐配置上呈现出胡汉之乐相互融合的特点。这一组合形式在北魏分裂后，为东魏—北齐墓葬所继承。

东魏—北齐及隋初北齐故地的墓葬，对北魏洛阳时代伎乐俑群进行了系统性丰富，并形成了"坐""立"两种表现形式。同时，在高等级墓葬中，燕乐组合以编钟、编磬为中心，用陶质编钟、编磬再现上古时期的礼乐符号元素，表现出东魏—北齐在墓葬中全面塑造礼乐符号的努力。与东魏—北齐塑造伎乐俑不同，西魏—北周在礼乐符号的塑造上，强调鼓吹乐组合而弱化燕乐组合。其燕乐组合以壁画及葬具图像形式呈现，在用乐

---

[1]《魏书》卷一百九《乐志五》，第 2828 页。
[2]〔东晋〕陆翙：《邺中记》，载丛书集成初编《邺中记·晋纪辑本》，商务印书馆，1937 年，第 5 页。

配置上表现出更为鲜明的胡乐因素。北朝晚期东、西政权在燕乐组合的表现形式有所不同，这种差别直接源自其墓葬制度的地缘性差别，实则植根于北齐士族与关陇贵族两个政治集团的政治态度与礼乐路线差别中。这种差别是隋唐墓葬中燕乐组合符号形式反复变化的根源所在，我们将在第陆章中系统讨论。

中古墓葬中的"燕乐组合"，自北魏洛阳时代晚期开始酝酿，在北朝晚期东、西政权的对峙中反复徘徊、发展，直至唐玄宗开元年间以"胡部新声"的形式替代，并在与"百戏—散乐组合"的合流中走向转型。

（三）礼义乐文，相得益彰：北朝、隋唐墓葬的"二元式礼乐符号"

自战国至秦汉，以车马仪仗为核心的"出行组合"与以宴饮乐舞为核心的"宴飨组合"，构成了墓葬礼制组合的基本主线。其中，燕乐组合的发展基于"宴飨组合"的传统，鼓吹乐在很大程度上是音乐元素与"出行组合"传统的嫁接。散乐组合基于音乐的娱乐功能与俗乐指向，在使用中不以等级和身份为依据。不过在不同历史时期的具体实践中，此类组合既可以融入鼓吹乐之中，又可以融入燕乐组合中。这三类组合在东汉晚期出现并流之态，并在前秦时期初步形成"鼓吹乐"与"燕乐"相结合的"二元式礼乐符号"。这种形式在北魏晚期墓葬中，伴随着墓葬礼乐符号的重塑而走向规制，在东魏—北齐墓葬中得以确立，并在隋唐时期形成制度，一直延续到玄宗开元后期。

其中，北朝至隋唐墓葬中将"鼓吹乐"与"燕乐"相结合，形成了"二元式"的礼乐符号。这种形式初见于前秦至后秦时期，在北魏晚期至北齐时期墓葬中得以确立，一直延续到唐玄宗开元至天宝年间。从礼乐文化角度讲，这种"二元式"礼乐符号兼具音乐的政治与社会双重功能。《礼记·乐记》载：

> 乐者为同，礼者为异。同则相亲，异则相敬。乐胜则流，礼胜则离。合情饰貌者，礼乐之事也。礼义立，则贵贱等矣。乐文同，则上下和矣。[1]

从中可知，音乐在政治层面上的功能，即建立等级阶序，以明示贵贱。鼓吹乐由"乐"向"功"的纽带作用，客观上迎合了这一诉求，以音乐的外在形式体现出礼的实质内容。这种功能在社会层面上，即建立互通渠道以亲和上下。燕乐通过"宴飨"形式，促成了上下一致，其无论以男乐形式出现，还是以女乐形式出现，根本出发点都是体现"亲和"之义，而不仅仅表现世俗享乐。

---

[1]《十三经注疏·礼记正义》，第3315页。

如果说既有传统是墓葬礼乐符号塑造的现实来源，音乐的功能则是墓葬礼乐符号建构的理论依据。通过对《礼记·乐记》进行梳理，我们可以归纳出礼乐文化视野下，音乐具有"政治功能"[1]与"社会功能"。[2]然而，音乐本身又不可否认地具有娱乐功能。音乐的三重功能，既是礼乐文化中"乐"与"礼"联结的基本立足点，也是汉唐时期礼乐符号塑造的出发点。汉唐墓葬中的礼乐符号，往往兼具音乐在功能上的不同指向。"鼓吹乐组合"主要针对音乐的政治功能，"燕乐组合"主要针对音乐的社会功能，"百戏—散乐"组合主要针对音乐的娱乐功能。

音乐的政治功能和社会功能，还与统治者的治国理念联结在一起。所谓"文武之道，一张一弛"，音乐亦是统治者用以"饰喜"和"饰怒"的形式化表现。《礼记·乐记》载：

> 夫乐者，先王之所以饰喜也。军旅铁钺者，先王之所以饰怒也。故先王之喜怒，皆得其侪焉。喜则天下和之，怒则暴乱者畏之。先王之道，礼乐可谓盛矣。[3]

这种"饰喜"与"饰怒"的需求，亦是墓葬中"二元式"礼乐符号形成的现实性需要。鼓吹乐组合用以"饰怒"，燕乐组合用以"饰喜"，二者结合，则使音乐与治国符合先王之道的题中之义。这套"二元式礼乐符号"的形成，源自礼乐文化与墓葬制度两个层面的综合作用，其表现形式在北朝至隋唐墓葬中虽有损益，但基本格局未发生本质变化。其出现与消亡，其实均与汉唐时期礼乐制度重建与礼乐文化复兴的大背景相契合。那么，这套礼乐符号形成后，隋唐时期的政治、文化环境与礼乐路线又是如何通过它表现出来的呢？我们将在第陆章予以讨论。

二、南朝墓葬礼乐符号的建构

南朝承东晋而来，亦以"华夏礼乐衣冠继承者"自居。其采用"高士雅音组合"与"鼓吹乐组合"相结合的形式，来塑造墓葬礼乐符号。在整个中古礼乐制度与文化重建的背景下，南朝墓葬礼乐符号虽然是时代之支流，但却是中古时期礼乐文化的重要一环。只有深入考察南朝墓葬礼乐符号的形成、发展与消亡，才能把握中古中国礼乐文化发展的逻辑。

---

[1]《十三经注疏·礼记正义》，第3318页。
[2]《十三经注疏·礼记正义》，第3317页。
[3]《十三经注疏·礼记正义》，第3349页。

（一）背景

南朝的礼乐文化承自东晋而来，欲详之，则有必要对东晋以来的礼乐之风进行简要梳理。《晋书》卷二十一《礼下》载：

> 咸康四年，成帝临轩，遣使拜太傅、太尉、司空。《仪注》，太乐宿悬于殿庭。门下奏，非祭祀宴飨，则无设乐之制。太常蔡谟议曰："凡敬其事则备其礼，礼备则制有乐。乐者，所以敬事而明义，非为耳目之娱，故冠亦用之，不惟宴飨。宴飨之有乐，亦所以敬宾也……古者，天王飨下国之使，及命将帅，遣使臣，皆有乐……今命大使，拜辅相，比于下国之臣，轻重殊矣。轻诚有之，重亦宜然。故谓临轩遣使，宜有金石之乐。"议奏从焉。[1]

文献所载东晋太常蔡谟之论在于"礼备则制有乐"，其出发点即在抑制音乐娱乐功能的前提下，强化音乐的政治功能。东晋咸康以前，除了祭祀，宴飨皆无设乐之制。晋室南渡之初，甚至一度推行"禁乐"政策。在此氛围下，蔡谟的主张能够通过，实则有着特定的历史背景。东晋咸康四年（338），什翼犍建立代国，都于盛乐；李寿称帝，改"成"为"汉"；燕、赵夹击段辽部，段氏灭亡。周边政治势力纷纷崛起，东晋面临着较为严峻的外部形势。因此，动员与巩固内部集团，迫在眉睫。在旧有制度和现实形势面前，音乐充当了凝聚君臣的手段，开始跨越祭祀、宴飨这些有限的领域，进而在政治活动中发挥标识性作用，东晋的礼乐建设亦由此提上日程。

东晋成帝重兴礼乐，但朝堂之上对于用乐的取舍却争论不休。[2] 其核心议题实际上涉及两个方面：其一是"乐"的"雅""俗"之争，想直接解决的便是对于代表世俗性与娱乐性的百戏诸伎的取舍问题。其二是南北对峙过程中，"文化正统"如何建立。换言之，即如何在保持礼乐衣冠的基础上，推行有别于北方政权的礼乐路线。这两方面的争论焦点分别集中在内外两个方面，它们共同奠定了其后南朝在礼乐文化上推行的"简敬之风"。这种路线的确立，一方面是出于现实的权宜之计，另一方面也是江左政权对自身文化的一种定位，这种定位即是"七贤"组合进入墓葬礼乐符号的前提。

至南朝刘宋时，诸乐虽存，但礼乐文化并未具备其实，遑论制度的完善。《宋书》卷十九《乐志一》载："孝武大明中，以鞞、拂、杂舞合之钟石，施于殿庭。"[3] 对此，顺帝

---

[1]《晋书》，第660～661页。
[2]《晋书》，第718～719页。
[3]《宋书》，第552页。

升明二年（478），尚书令王僧虔上表，指出："大明中，即以宫悬合和鞞、拂，节数虽会，虑乖雅体。将来知音，或讥圣世。"王氏指出，将宴飨杂舞合于庙祭钟磬之中，有失雅乐体制。由此可知，南朝时期汉魏旧乐虽延，但礼乐之体已失，文化正统之位名存实亡。针对这种情况，他给出的建议是："宜命典司，务勤课习，缉理旧声，迭相开晓，凡所遗漏，悉使补拾。曲全者禄厚，艺敏者位优，利以动之，则人思自劝，风以靡之，可不训自革，反本还源，庶可跂踵。"[1] 对于王氏的表奏，顺帝诏曰："僧虔表如此。夫钟鼓既陈，雅颂斯辨，所以憘感人祇，化动翔泳。顷自金籥弛韵，羽佾未凝，正俗移风，良在兹日。昔阮咸清识，王度昭奇，乐绪增修，异世同功矣。便可付外遵详。"[2]

王氏所谓"返本还原"，其实质是借助礼乐衣冠以争夺文化正统之位。"利以动之"以求礼乐完备，其实是文化内在动力不足而欲盖弥彰之举。不过，从王氏之言可以看出，他将祭祀之乐视为"雅乐"，而认为宴飨诸舞不能纳入雅乐体制中，因而不能以宫悬合之。此节说明南朝政权在塑造礼乐符号时，有意识地将汉制中用于"宴飨"的燕乐组合排除于外。此二者的明确分离，其出发点是对音乐的政治功能和社会功能加以区分。顺帝肯定王僧虔之表的同时，还刻意指出"阮咸"之"清识"以凸显阮咸的音乐才能，亦在一定程度上确定了其礼乐符号在形象塑造上的指向，即有意识地区别于北方汉魏传统之下的"鼓吹乐＋燕乐"，而追溯魏晋时期的"竹林高士"。

至齐、梁时期，礼乐建设得到了高度的重视，特别是在梁天监年间，梁武帝下达"兴乐"之诏。[3] 这一诏书指明了其礼乐路线的实质：一方面要"移风易俗""明贵辨贱"，在明确等级阶序的同时整饬社会风尚；另一方面"作乐崇德""殷鉴上帝"，禀明了其成就"钦明"之业的决心。前者截取《礼记·乐记》的礼乐观念而来，即利用音乐政治与社会双重功能，后者则是出于自身的事功之心。其具体方式是选派诸生寻访编纂，新成一朝之乐。当时的现实是，众家"皆言乐之宜改，不言改乐之法"。梁武帝"详悉旧事，遂自制定礼乐"，制"四通""十二笛"以重定钟律。由此可见，其路线的核心，在于述"汉制"之谬误而改之。换言之，他并不违背汉制的大方向，但又要对其加以修正。如此一来，既延续了汉制的礼乐传统，又与北方政权形成了差别。其中，关于郊祭之乐的使用，魏晋时王肃主张"祀祭郊庙，备六代乐"；至南朝宋、齐之世，沿用王肃之说，并在祭祀天地、宗庙时，尽用宫悬，以乐之重彰显礼之盛。梁武帝针对宋、齐之世进行礼乐改革时，则反其道而行之，主张音乐"事人礼缛，事神礼简"，认为"祭尚于敬，无

---

[1]《宋书》，第553页。
[2]《宋书》，第553~554页。
[3]《隋书》，第287~288页。

使乐繁礼黩"。[1]这一路线当与东晋礼乐文化的"简敬之风"内在贯通。可见,梁武帝的礼乐路线有着兼顾各方的全面考虑。

由此可知,南方自东晋至梁,在进行礼乐建设时,始终有意识地针对"汉制"以及北方政权。这种针对既反映在现实的庙祭之中,同时也会作用于墓葬礼乐符号的塑造上,并在客观上提出两种要求:其一,新构建的礼乐符号既要实现"乐"之于"礼"的双重功能,同时还要弱化音乐的形式化表达,用"简敬"的形式来表现礼乐之内涵。其二,其物质文化表现形式应当与北方墓葬礼乐符号形成区别,在文化层面具有更明确的正统性。那么,针对这一客观要求,南朝的具体步骤如何呢?

(二) 形成与消亡

不同于文本的形成过程,物质文化的形成往往基于三个方面:一是知识传统,二是工匠传统,三是思想传统。知识传统是基于口述或者历史记录所形成的文化传统,包括社会习俗与礼仪制度等内容;工匠传统是物质文化形成的技术手段,包括物质文化形成的材质、技艺、格套与粉本等内容;思想传统即物质性背后的观念,它渗透于前两个传统之中。对于南朝墓葬礼乐符号而言,其形成同样基于上述三个传统,既有源自知识传统的内容体现,又有源自工匠传统的形式来源,同样闪现着思想传统中的礼乐观念。三个传统的作用,主要体现在礼乐符号的组成与来源以及形成原因两个方面。

1. 南朝墓葬礼乐符号的组成与来源

从目前材料来看,南朝墓葬礼乐符号从刘宋晚期开始酝酿,至齐、梁时期确立。其基本形式是"高士雅音"与"鼓吹乐"相结合,这在江苏金家村墓中有明确表现。鼓吹乐组合是与北方相同的因素,但在具体形式上呈现出中央与地方之别:在政治核心区高等级墓葬中,在"竹林七贤与荣启期"拼砌砖画之下,参照东汉晚期画像石图像中的鼓吹乐,刻画"黄门鼓吹"系统下的鼓吹乐组合(题为"家佾",形式即卤簿鼓吹);在非政治核心区内,将"短箫铙歌—鼓角横吹"下的鼓吹乐俑葬赐边将以显其军功(形式即军乐鼓吹)。从组合来看,"高士雅音"组合对北方地区的"燕乐组合"进行了替换,那么这种形式中的各种元素是从何而来的呢?

从前文提到的"高士雅音组合"中可以发现,高士形象在进行组合时,往往具备着一种数级的规律:即二人组合,如伯牙、子期组合,王子乔、浮丘公组合;四人组合,如"四皓"组合;八人组合,如"竹林七贤与荣启期"组合。这种偶数级的数级差与礼

---

[1]《隋书》,第290~291页。

乐文化中建立等级阶序的逻辑相一致，其背后的等级差序也基本符合墓葬的规制。本书所论的"竹林七贤与荣启期"题材仅出现于南朝帝王一级墓葬中，具有明确的等级标识意义，此节已为学界共识。

尽管八人在整体上作为"集体式肖像"存在，但还可分为"竹林七贤"与"荣启期"两部分。其中，东汉至魏晋时期墓葬图像中常见的抚琴、奏阮组合与"竹林高士"相结合，嵇康与阮咸分别抚琴、奏阮，荣启期亦以抚琴的形象出现。虽然几座墓葬砖画中出现人物署名错讹的情形，但是其中人物形象的对应关系却是始终一致的。[1] 其实，东晋以降，历代对"七贤"的描绘皆有不同，即便是南朝，亦有不同的组合和构图。因而，以奏乐形式进入墓葬应有其特定指向，而个体人物形象中对乐器的选择，也应有具体的原因。关于组合中的两种乐器，其选择既以胡汉融合为背景，同时也以魏晋以来音乐中的"雅""俗"建构为依据。

作为乐器的"阮咸"，其命名由来即源自阮咸其人。

《旧唐书》卷二十九《音乐二》载：

> 阮咸，亦秦琵琶也，而项长过于今制，列十有三柱。武太后时，蜀人蒯朗于古墓中得之，晋《竹林七贤图》阮咸所弹与此类，因谓之阮咸。咸，晋世实以善琵琶知音律称。[2]

又《太平广记》卷二百三《乐一》引《出国史异纂》载：

> 元行冲宾客为太常少卿时，有人于古墓中得铜物似琵琶而身正圆，莫有识者。元视之曰："此阮咸所造乐也。"乃令匠人改以木。为声清雅，今呼为阮咸者是也。[3]

又《太平广记》卷二百三《乐一》引《卢氏杂说》载：

> 晋书称阮咸善弹琵琶。后有发咸墓者，得琵琶。以瓦为之，时人不识。以为于咸墓中所得，因名阮咸。近有能者不少，以琴合调，多同之。[4]

---

[1] 杨哲峰：《略谈七贤壁画与七贤名次的排列》，《考古学研究》第二辑，北京大学出版社，1994年，第201～205页。
[2] 《旧唐书》，第1076页。
[3] [宋]李昉等编：《太平广记》卷二百三《乐一·瑟·阮咸》，中华书局，1961年，第1542页。
[4] [宋]李昉等编：《太平广记》卷二百三《乐一·瑟·阮咸》，中华书局，1961年，第1542页。

从中可知，两晋绘画题材中已有《竹林七贤图》，应为墓葬图像的现实粉本。其中的阮咸即奏"秦琵琶"，唐代时可与琴合调而成为组合。唐代人们根据图像所示，方才将"秦琵琶"命名为"阮咸"，更有好事者称其为阮咸发明，这显然是附会。从前文所述中，刘宋顺帝命王僧虔重建礼乐制度时追赞"阮咸之清识"，可见阮咸虽位于主导玄学的竹林名士之列，但在六朝礼乐文化建设中却具有重要地位。事实上，作为乐器的阮咸是东汉以降胡乐本土化的产物，在东汉时期首先流行于皇室，魏晋时期流行于贵族阶层。其图像在吴晋时期的魂瓶中多以装饰形式加以塑造，在魏晋时期东北地区与河西地区的墓室壁画中则常与卧箜篌构成组合。

卧箜篌与竖箜篌有别，东汉时流行于贵族阶层，《孔雀东南飞》中所谓"十五弹箜篌"者即此类乐器。这类乐器流行于吴晋时期，南北方皆习之，常与阮咸及笛、鼓类乐器构成组合。关于卧箜篌的起源，目前并未有统一的认识。但是其标志性的通品结构与阮咸相似，并非华夏传统，很可能源自胡中。尽管琴、瑟、筝与卧箜篌等乐器外形上大致相似，在图像中较难辨识，但是其通品结构在魏晋时期的图像资料中常常被着意刻画。至北魏平城时代中后期，随着北魏的华夏化进程，音乐组合中的卧箜篌被替换为形制相似的古琴，这一转化在北魏宋绍祖墓石椁图像中有所表现。东晋时期开始出现的《竹林七贤图》中，卧箜篌亦被古琴取代，也反映出这种时代性变化。

那么，为何要将卧箜篌替换为古琴呢？其主要原因，恐怕由于古琴在符号意义上，比卧箜篌更具备"正统"和"高雅"的意涵。不过，这种意涵并非古已有之，而是魏晋时期才初步建构完成的。从考古材料可知，汉魏以降的古琴与战国时期曾侯乙墓及汉初马王堆汉墓所出古琴，在形制上皆有不同，首先即体现在全箱与半箱之别（图5-1）。先秦时期乐器的核心是钟、磬，琴类乐器不仅没有统一的规制，同时也并未占据礼乐的主导位置。正如《诗经》中"琴瑟友之"之言，古琴于时是民间流行文化的代表。

古琴的"正统""高雅"之意涵，恰恰是在东汉以降，随着礼乐重建过程中"乐"的"雅俗分野"而形成的。一方面，礼乐文化中对"古制"的偏执追求，使社会上层对这件古已有之且音响效果与金石相类的乐器有了新的偏爱，同时也使人们在形制上将其规制化。据传东晋画家顾恺之绘《斲琴图》中（图5-2：1），古琴的形制与唐宋以降相近，亦与"竹林七贤与荣启期"拼砌砖画所见基本一致，可见，这种规制化完成于东晋至南朝时期，与礼乐建设的进程是同步的。在南北对峙的背景下，古琴还作为"华夷之辨"过程中的一种话语而被赋予新的意义，于是"正统"的意涵也逐渐形成。另一方面，音乐审美中的"雅俗"往往由核心群体中的核心人物来引领，审美标准之上形成的"雅俗"观念反过来又会作用于乐器之上。因此，古琴所具备的"高雅"意涵，离不开魏晋时期士人集团的推动。特别是在曹魏后期，嵇康善弹古琴，并作《琴赋》而赋予古

图 5-1 战国秦汉时期的"半箱式"古琴
1. 曾侯乙墓出土"半箱式"十弦琴；2. 马王堆汉墓出土"半箱式"古琴

琴以特殊的人格属性。[1]这一时期文本中的伯牙、子期更是以高士形象赋予了古琴"雅"的特质。不仅是东晋、南朝，北朝社会的上层亦看重古琴。传为北齐杨子华所绘的《北齐校书图》中亦有抚琴人物，[2]其中的古琴与投壶，皆是北朝后期以来贵族生活的符号（图5-2：2）。可见，自魏晋至南北朝，古琴分别在礼制和审美层面具备了正统和高雅的指向性。

古琴如此，阮咸亦是如此。阮咸的具体起源仍有待考察，但至少在魏晋时期已经完全本土化。因此，相比北魏时期外来传入的四弦曲项琵琶与五弦琵琶，时人更乐于将其描绘为本土之传统，并追溯至"秦汉"之渊源中。但究其实质，南北朝图像中的琴、阮组合，实则是对东汉至魏晋时期流行音乐组合的截取和替换。其"雅"的内涵，是在这一时期礼乐文化"雅俗分野"的背景下建构而成的，其图像表现亦是延续了东汉至魏晋以来的诸多表现传统。换言之，"竹林七贤与荣启期"题材拼砌砖画中，"抚琴"与"奏阮"组合的出现，基于知识传统与工匠传统的嫁接，二者与嵇康、阮咸两位人物密切相关，具备着一种标签式的符号意义。在此意义下，音乐的表现方式反而是次要的。例如，宫山墓砖画图像中嵇康形象因制作时未作镜像处理，使得古琴呈现出持反的错误表现，但这并不影响这一符号意义的整体表达。同样，奏阮的方式究竟是拨弹还是手弹，也并不影响图像意义的呈现。

以审美为标准的雅俗观念融入礼乐文化的范畴之内，使得南朝礼乐文化的雅俗建构具备了双重标准，这是图像中"琴阮"组合形成的重要契机。由此也不难理解，从最初的嫁接与替换，到后来作为礼乐符号的组成，这种内涵与形式的转化是如此形成的。那么，南朝构建墓葬礼乐符号时，为何要选择"七贤"，并将其与"荣启期"相组合呢？

---

[1] 〔三国魏〕嵇康：《琴赋》，载所撰，戴明扬校注《嵇康集校注》，中华书局，2014年，第139～193页。
[2] 现存《北齐校书图》为北宋摹本残卷。据画卷题跋，其作者为北齐画家杨子华，唐代阎立本再稿，故本文在论其作者时使用"传北齐杨子华绘"。

图 5-2　南北朝绘画中的古琴形象

1. 传东晋顾恺之绘《斫琴图》（宋摹本局部）；2. 传北齐杨子华绘《北齐校书图（局部）》（摹本）

2. 南朝墓葬礼乐符号的成因

南朝构建墓葬礼乐符号时，理应考虑其礼制意义，却何以选择这样一个"纵谈玄学"的团体？对此，以往学者有两种基本认识：一是这一群像体现了南朝的神仙化倾向；[1]二是"七贤"的名士身份迎合了门阀士族的文化需求，这一群像也表现了南朝从汉代礼制秩序中解放出来，[2]同时也体现了统治者试图建立与士族一致的文化认同。[3]上述认识都有其合理之处，只是讨论的面向有所不同。不过，从前文的论述可以看出，齐梁时期礼制秩序的重新建立，其实与汉制并不冲突。同时，南北朝时期的礼制重建是时代性和结构性的，不仅在于南朝内部，也在于南北双方动态的对峙与平衡。倪润安先生在分析南北朝时期墓葬文化的变迁时，即指出了南北文化正统争夺这一重要背景。[4]因此，对这些符号性图像的讨论，要着眼于整个时代与南北双方。

南朝墓葬的礼乐符号由两部分组成，与北方相一致的是鼓吹乐组合，以"功成作乐"的方式彰显音乐的政治功能。在齐梁时期高等级墓葬中，以"家伎"呈现的鼓吹乐组合与"竹林七贤与荣启期"组合是同时出现的。宫山墓中未见鼓吹乐组合，且其年代究竟早在刘宋晚期还是晚至陈，目前亦未有明确的答案，故对其不可盲目进行解释。不过，在齐梁时期，这套符号由上述二元化的组合形式出现，是基本可以肯定的，这在丹阳金家村墓、吴家村墓以及南京狮子冲1号墓中都可以得到证实。对于南北朝时期礼乐符号建构的整体逻辑而言，"鼓吹乐"与"燕乐"组合分别指向音乐的政治和社会功能，那么在南朝墓葬中，"竹林七贤与荣启期组合"似乎就是对"燕乐"的替代，其内涵则指向音乐的社会功能。

"竹林七贤"诸人在身为文化名士的同时，其整体亦是一个政治团体，嵇康、阮咸如此，其他人亦是如此。在砖画图像中，"嵇康抚琴""阮咸奏阮"表现出的，是其作为音乐家的形象。二人的音乐作为"七贤"群体的代表，在体现其文化审美取向的同时，也表明了政治立场。嵇康精于音律，不仅作有《琴赋》，在理论层面还著有《声无哀乐论》。[5]前者表现了审美旨趣，而后者则不仅是一部音乐美学著作，更是一部个人政治宣言。杨立华即将嵇康《声无哀乐论》视作政治哲学文献，认为其根本指向在于否定音乐的政治功能。他指出，嵇康并不否认《礼记》所言音乐的社会功能，但认为"移风易俗必承衰敝之后"。真正能起到"移风易俗"作用的，是"君静于上，臣顺于下"的无为政

---

[1] 郑岩：《魏晋南北朝壁画墓研究（增订版）》，文物出版社，2016年，第207页。
[2] 韦正：《地下的名士图——论竹林七贤与荣启期墓室壁画的性质》，《民族艺术》2005年第3期，第89～98页。
[3] 李若晴：《再谈"竹林七贤与荣启期"画像砖成因——以刘宋初期陵寝制度与立国形势为中心》，《艺术探索》2017年第1期，第20～30页。
[4] 倪润安：《南北朝墓葬文化的正统争夺》，《考古》2013年第12期，第71～83页。
[5]〔三国魏〕嵇康：《声无哀乐论》，载所撰《嵇康集校注》，中华书局，2014年，第345～401页。

治，他将这样理想的政治体称作"无声之乐"。[1]嵇康的"无声之乐"，既是东晋、南朝"简敬"礼乐观的重要来源，同时也是"七贤"题材作为礼乐符号的核心主旨。阮咸对于礼乐文化的塑造之功曾一再被提起，其子阮孚更是对东晋增修礼乐发挥了巨大作用，他们在一定程度上实践了嵇康的礼乐观念。因此，其玄学名士的身份与其对礼乐文化的塑造实践并不冲突，将经过选择、替换、重塑后的琴、阮组合嫁接于嵇康、阮咸之上，也不仅仅是简单的时代风尚，更有其内在礼乐观念的渗透与外在政治环境的依托。在嵇康的礼乐观念中，"无声之乐"在去除音乐政治功能的同时，仍保留着音乐的社会功能，这种观念与"七贤"题材立足音乐社会功能的基本指向是一致的。可见，同样是表现音乐的社会功能，以"七贤"为代表的"无声之乐"取代合于酒食的"燕乐"，是南朝礼乐符号建构的基本逻辑。

"七贤"组合不仅代表了时代的文化风尚，也植根于其时的礼乐观念之中，在现实的必要性与理论的可行性面前，该组合进入墓葬即不难理解。然而，为何又要将其与"荣启期"相组合？解决这一问题的关键，或应从当时的生死观念出发。

以往研究多将荣启期与神仙相联系，指出其在墓葬中所具有的升仙功能。这一观点有其立论依据，但是忽略了南北朝时期生死观念的时代性变革。从东汉到魏晋，精英阶层已逐渐认识到"升仙"与"长生"的不可能，并逐渐由"追求升仙"转向"追求养生"。[2]曹操有"神龟虽寿，犹有竟时；腾蛇乘雾，终为土灰"之名句，[3]深刻地认识到升仙与长生的虚妄。事实上，曹魏、西晋制定"薄葬"政策，其出发点之一即是出于对生死的务实态度。东晋时期，王羲之在《兰亭集序》中明言"固知一死生为虚诞，齐彭殇为妄作"，[4]揭示出生命的本质与常态，将生死明确区分开来。因此，图像中人物形象的神仙化，更多的是一种文化因素的延续和现世的愿望，并不能反映时人的实际观念。

在这一前提下，我们再来审视荣启期这一形象的来源。关于荣启期的记载，见于《列子·天瑞》，杨伯峻先生对其史料来源进行了分析。[5]

《列子·天瑞》载：

> 孔子游于太山，见荣启期行乎郕之野，鹿裘带索，鼓琴而歌。孔子问曰："先生所以乐，何也？"对曰："吾乐甚多：天生万物，唯人为贵，而吾得为人，是一乐也。

---

[1] 杨立华：《时代的献祭》，《读书》2006年第7期，第124~131页。
[2] （美）余英时著，侯旭东译：《东汉生死观》，上海古籍出版社，2005年，第50~58页。
[3] 〔三国魏〕曹操：《曹操集》，中华书局，2013年，第11页。
[4] 《晋书》，第2099页。
[5] 其中所载"荣启期答孔子问"之事，于《艺文类聚》中另有所引，又陶渊明《饮酒诗》中亦用其典，知其事迹记载不晚于东晋，可在一定程度上反映其时的思想观念。

男女之别，男尊女卑，故以男为贵；吾既得为男矣，是二乐也。人生有不见日月、不免襁褓者，吾既已行年九十矣，是三乐也。贫者士之常也，死者人之终也，处常得终，当何忧哉？"孔子曰："善乎！能自宽者也。"[1]

文本中，荣启期以"鼓琴"的形象出现，这大概是其图像中抚琴形象的来源。文中提到荣启期的"三乐"，本质上都具有浓厚的现世色彩，并在一定程度上透露出儒家的纲常观念。其中，荣启期言"贫者士之常也，死者人之终也"，言下之意明显对升仙之虚妄有着清醒认识，将持此种观念之人赋予升仙的内涵，实为背道而驰。不过，荣启期的"三乐"，与儒家经典中的"乐"仍然有所差别，《孟子·尽心章句》所载君子亦有"三乐"："君子有三乐，而王天下不与存焉。父母俱在，兄弟无故，一乐也。仰不愧于天，俯不怍于人，二乐也。得天下英才而教育之，三乐也。君子有三乐，而王天下不与存焉。"[2]

相对于《孟子》所言"入世"之乐，荣启期之乐实则是一种被动消极的接受，故孔子评价其为"能自宽者"，而"未许其深达至道"。[3]不过，荣启期的"三乐"，既符合其时人们的生死观念，与王羲之一辈的生死观念可谓互文。同时，它也与儒家伦理秩序相一致，符合礼乐文化的基本要求。因而，荣启期这一形象实际上处于纵玄高士与儒家先圣的过渡位置，客观上成为联结两个集团的纽带。这样一种身份，也与南朝礼乐文化路线的折中需要相暗合。

除了生死观念的影响，作为墓葬图像的一部分，其设置还会受到墓葬制度的制约。作为墓葬礼乐符号，图像组合本身需要通过数量差级而体现等级差序。"七贤"与"荣启期"组合，恰好构成八人组合，与高士系统中的"二人组合""四人组合"形成数级序列，在墓葬图像的设置上实现均衡的同时，也符合符号的阶序要求。

3. 南朝墓葬礼乐符号的消亡

用"鼓吹乐"以反映音乐的政治功能，用"高士雅音"替代"燕乐"以反映音乐的社会功能，这一逻辑揭示出，齐、梁政权对于墓葬礼乐符号的塑造，仍是采用了折中的思路。然而，这种简单折中的思路，与以嵇康为代表的竹林名士的礼乐观念，在本质上其实是冲突的。这种无法自洽的冲突，也伴随着南北政权政治、文化力量的消长，成为南朝墓葬礼乐符号消亡的内在原因。

"鼓吹乐"对于音声的强调，并不在于其旋律是否动人，而在于"乐"与"功"在

---

[1]《列子集释》，第22～23页。
[2]〔清〕阮元校刻：《十三经注疏·孟子注疏》卷十三上《尽心章句上》，中华书局，2009年，第6019页上栏。
[3]《列子集释》，第23页。

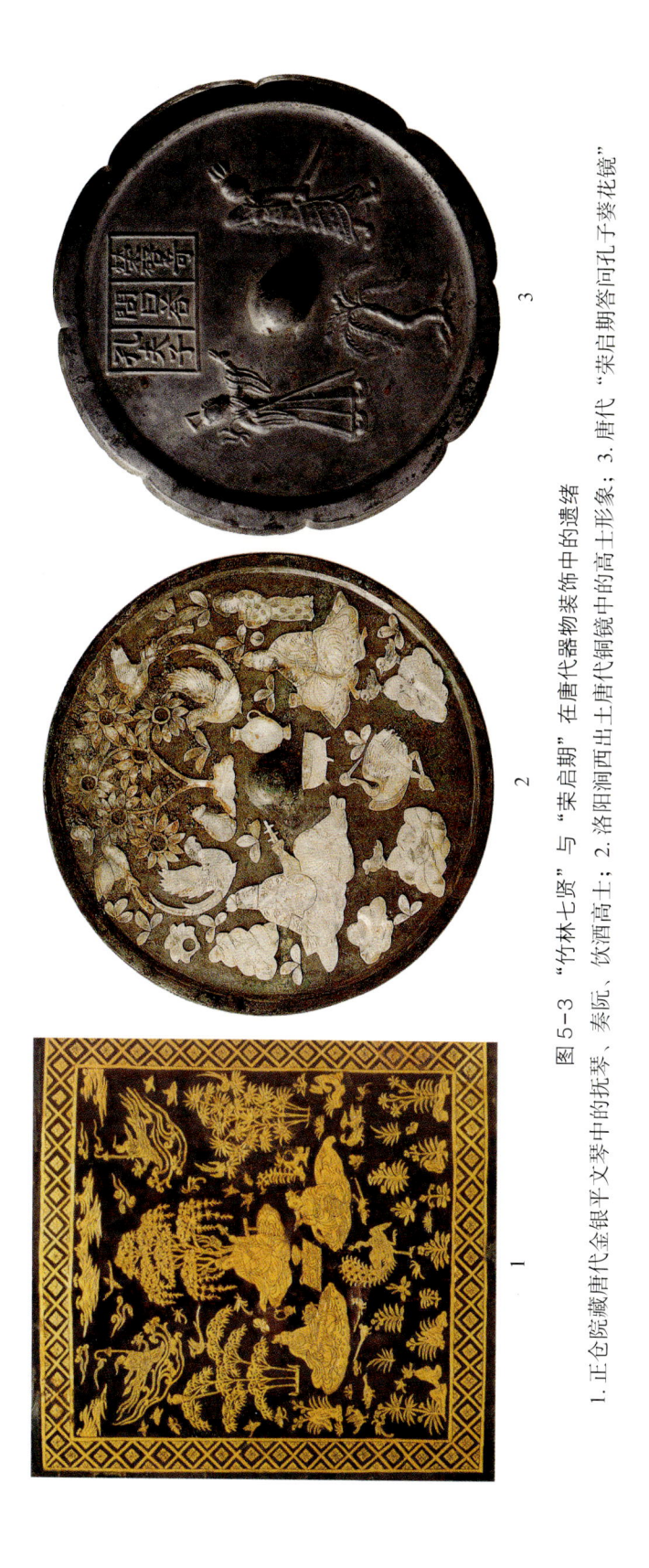

图 5-3 "竹林七贤"与"荣启期"在唐代器物装饰中的遗绪
1. 正仓院藏唐代金银平文琴中的抚琴、奏阮、饮酒高士；2. 洛阳涧西出土唐代铜镜中的高士形象；3. 唐代"荣启期答问孔子菱花镜"

伍 | 中古中国墓葬礼乐符号的重塑与构建　213

符号意义上的转化,以应和"功成作乐"之义。这种强调与重振皇权的诉求是相辅相成的。东晋至南朝初年"简敬"的礼乐路线背后,一方面是南北文化正统争夺的背景,另一方面也是出于平衡皇权与士族之考量。"七贤"组合所代表的"无声之乐",自然符合这一礼乐路线的题中之义。南朝墓葬图像中"鼓吹乐"组合的出现,从外在讲,或来自北朝的刺激;从内在讲,与齐、梁时期皇权开始重振是联系在一起的。特别是梁武帝时期,在礼乐文化的建设上施行了诸多举措,在音律、雅乐、燕乐中皆有建树,还特制佛曲,促进了宗教与世俗音乐的融合。其中,天监七年(508)的"鼓吹之议"尤应注意。

《隋书》卷十三《音乐上》载:

> 天监七年,将有事太庙。诏曰:"礼云'斋日不乐',今亲奉始出宫,振作鼓吹。外可详议。"八座丞郎参议,请舆驾始出,鼓吹从而不作,还宫如常仪。帝从之,遂以定制。[1]

对"斋日不乐"的传统进行修改,并在皇帝出宫时振作鼓吹,很大程度上是以音声来营造皇权的气势。鼓吹"从而不作"自是一种妥协,却可以体现出此前礼乐路线的某种动摇。由此观之,在整个拼砌砖画的图像中,作为礼乐符号组成部分的鼓吹乐组合的有无,似乎可以从逻辑上为墓葬的年代提供一种指向。

陈朝的礼乐建设已无章法,杂取各家而成。陈太建元年(569)进行的礼乐改革,确定了陈朝礼乐之基调,其主要内容是"祠用宋曲,宴准梁乐",鼓吹杂伎则"取晋、宋之旧,微更附益"。此外,陈朝还废除了旧元会中的一些舞伎,但是旋即复设,可见制度终究难以确立。至陈后主时,此前争夺正统性的南方本位则被完全放弃,后主甚至"遣宫女习北方箫鼓,谓之《代北》"。[2] 如此一来,南朝政权则与东晋以来"简敬"的礼乐路线彻底背道而驰,并进一步纳入北方政权礼乐文化的主流之中。南北政权虽然礼乐路线殊途,对墓葬礼乐符号亦有不同的建构,但其本质上却有着相同的立足点:在用乐逻辑上,双方皆截取了《礼记·乐记》对音乐政治与社会双重功能具象化。在墓葬制度层面,双方同样是对汉制因素进行不同的截取,对传统因素进行了选择性的嫁接与重塑。这些相同点,决定了二者的礼乐文化建设最终走向同归。

作为礼乐符号的"竹林七贤与荣启期"组合,无疑具有制度约束和等级指向,但其中某些涉及音乐的元素,在政治核心区之外的墓葬中也有出现。例如,在福建南安的六

---

[1]《隋书》,第305页。
[2]《隋书》,第309页。

朝墓葬中，同样以砖画的形式表现出阮咸的乐器形象。[1]这件乐器可谓"七贤"中阮咸的化身，它在该地区墓葬中出现，一方面表明这件乐器在东晋、南朝全境内的风靡；另一方面也暗示了"七贤"组合图像使用的等级界限，即在墓主身份不允许的条件下，对奏阮人物的形象只能进行减省。因此，墓葬装饰中出现"阮咸"这一乐器并非偶然，也不仅仅是社会风尚使然。

随着南朝墓葬礼乐符号走向瓦解，作为其重要组成部分的"竹林七贤与荣启期"题材拼砌砖画，也逐渐走向式微。但是，其中的人物形象，则作为一种文化遗绪继续流传，同时也对其后的墓葬装饰和器物装饰产生着影响。[2]"竹林七贤与荣启期"在现实中应当是屏风画，这种绘画形式在山东临朐北齐崔芬墓中有所表现。[3]崔芬墓是一座斜坡墓道石砌墓。墓室呈3.58米见方，墓室东壁绘制7曲屏风，除北端为一人牵马外，其余各曲皆绘制高士，其中即有高士抚琴、饮酒的形象。崔芬本人虽然官阶并不高，但墓中出现高士题材屏风画，表明该题材的使用基于士族文化与审美取向，而不受北朝墓葬制度的约束。

唐代器物装饰中也常常见到"七贤"或"荣启期三问"题材之遗绪。例如，现藏日本正仓院的金银平文古琴是由唐廷传入的，其琴腹装饰中即刻画树下高士形象，分别抚琴、奏阮、饮酒，依稀可见"七贤"中嵇康、阮咸和刘伶的身影（图5-3：1）。又如，唐代铜镜中可见一类"高士宴乐铜镜"，其中描绘的高士奏阮形象，正是从"七贤"中的阮咸而来（图5-3：2）。此外，唐代铜镜中还可见到"荣启期三问"题材图像，但是画面中仅出现孔子和荣启期两人，并且荣启期并非以抚琴形象出现（图5-3：3）。"七贤"与"荣启期"组合的分离，也使其失去了原来作为礼乐符号的制度意义，更多的只是作为装饰样式，传达着一种审美取向和时代风尚。

三、小结：南北朝墓葬礼乐符号的殊途同归

魏晋南北朝时期是中国古代礼制的新建期。[4]与礼制的重建相应的，是礼乐文化的全面复兴。表现在物质文化层面，即是在传统的礼制组合中融入了音乐的内容。在南北

---

[1] 福建博物院、泉州市博物馆、南安市博物馆：《福建南安市皇冠山六朝墓群的发掘》，《考古》2014年第5期，第59页。
[2] 杨泓：《北朝"七贤"屏风壁画》，载于所撰《寻常的精致》，辽宁教育出版社，1996年，第118~122页。
[3] 山东省文物考古研究所、临朐县博物馆：《山东临朐北齐崔芬壁画墓》，《文物》2002年第4期，第4~26页。
[4] 顾涛：《汉唐礼制因革谱》，上海书店出版社，2018年。

朝后期礼制重建的背景下，礼乐文化的建设均被提上日程。在此背景下，南北双方在截取前代的基础上，重塑或构建出不同的礼乐符号，并将其刻画于墓葬之中。北方政权立足于汉魏传统，将音乐元素嫁接于汉代"宴飨+出行"结构中，从而形成"鼓吹乐+燕乐"的二元式礼乐符号。南方政权则将音乐元素嫁接于高士题材中，建立起"高士雅音组合"，并将其与东汉传统鼓吹乐组合相结合，从而形成了"鼓吹乐+高士雅音"的礼乐符号形式。

礼乐之事之所以能在这一时期引起南北政权的共同重视，一方面基于现实环境的需求，另一方面则是基于音乐在政治与社会层面的双重功能。南北政权在礼乐路线上的差别，归根结底是政治和文化正统话语的争夺。南方政权言"汉氏以来，主非钦明，乐既非人臣急事，故言者寡"，实则否定了汉代对于礼乐重建的努力，其目的是建立自身对于"礼乐"之事的话语主导。因而，他们试图重构与汉制有别的墓葬礼乐符号形式。但在现实操作层面，其礼乐符号实际上并未完全脱离汉制轨道。北方所走的路线则更加务实，直接在汉制传统上，截取"功成作乐"与"移风易俗"两重面向，以附会《礼记》中的音乐内涵。

南北政权虽然礼乐路线殊途，对墓葬礼乐符号亦有不同的塑造与构建，但这一过程却有相同的立足点。在用乐逻辑上，双方皆截取了《礼记·乐记》对音乐政治与社会双重功能具象化。在墓葬制度层面，双方同样是对汉制因素进行不同的截取。这种相同决定其最终走向同归。需要指出的是，中古时期的墓葬礼乐符号虽受礼乐文化与观念所支配，其组成与内容在很大程度上来自对现实的摹写，但是并不能直接反映实际的音乐形式，并且其与现实中庙祭、墓祭用乐在操作层面均不能完全对应。

陆

墓葬礼乐符号与中古时期的礼乐建设

「雅俗分野」与礼乐秩序的重构
「胡汉并流」与华夷秩序的重建
墓葬礼乐符号与现实礼乐建设

在第伍章中，我们将墓葬中所见音乐文物视作"墓葬礼乐符号"。这一符号体系将音乐元素嫁接于墓葬情境之中，并被赋予礼制内涵。不同系统的音乐组合经历融合与分离、重塑与构建后，在南北朝晚期逐渐合流。合流后的礼乐符号，在塑造和使用逻辑上形成统一性和制度化指向。礼乐符号具体的形式变化，既映射着音乐本体的变化，更体现着各政权在不同时期内的政治环境、礼乐路线与文化氛围。此外，在墓葬语境之下，礼乐符号的呈现方式还受到墓葬制度的制约。

总体来看，在隋唐帝国形成前，墓葬礼乐符号的塑造与建构经历了"自发期"与"自觉期"两个阶段。"自发期"即东汉至北魏平城时期，这一时期又可以西晋灭亡为界分为前后两期。前一时期内，随着礼乐观念与墓葬制度的变化，墓葬中各个系统的音乐组合都保留了较多的汉制遗绪；后一时期内，随着胡族政权纳入华夏体系内，其通过对汉制因素截取、嫁接，并与自身文化系统相协调，从而建立自身之正朔。"自觉期"即北魏洛阳时代以降的南北朝后期，这一时期内，伴随着南北文化正统争夺，南北双方分别建立起不同形式的礼乐符号。其礼乐路线虽有差别，但礼乐观念皆截取《礼记·乐记》而来，礼乐制度的建立亦以《周礼》所提供的框架为蓝本。

礼乐观念的发展是"墓葬礼乐符号"形成的内在动力。伴随着南北朝时期礼制重建的进程，南北方政权对礼乐文化正统性进行了持续的争夺，胡汉政权亦在彼此的碰撞中实现交融。于是，在礼乐观念层面，形成了"雅俗"与"胡汉"两种话语。这两种话语的形成，在纵向上体现着礼乐秩序的重构；在横向上则体现着汉唐时期华夷秩序的重建。两种话语在纵向和横向上的作用，影响着统治者对于墓葬礼乐符号的组合结构的选择。在这一过程中，作为礼乐文化中的一环，"乐"在两个层面上表现出时代性特点。其一，南北文化正统的争夺，从外部催化了"乐"的"雅俗分野"，由此形成了隋唐以降"雅乐"与"俗乐"的分立。其二，在华夷双方碰撞与交融的过程中出现"乐"的"胡汉并流"，由此形成了隋唐以降"胡乐"与"汉乐"的并举。在上述概念中，"雅乐"与"俗乐"又通常寓于"汉乐"之中，故在隋唐时期形成了"雅乐""俗乐"与"胡乐"三乐并立的格局。这一格局既是隋唐统治者制定礼乐路线时所面临的现实形势，也是汉唐时期礼乐文化发展的核心脉络。

一、"雅俗分野"与礼乐秩序的重构

前文中提到，汉代时的音乐常被笼统泛称为"鼓吹"，并不使用《周礼》中"恺乐""燕乐""散乐"这些概念来对音乐进行划分。直至东汉末，才出现蔡邕之"汉乐四品",对汉代礼乐框架进行全面总结和划分。其时虽有"雅乐"之名,但尚无"雅乐""俗乐"之对立。"乐"的"雅俗分野"虽由隋文帝明确提出,[1]但这种格局实际在南北朝时期,即已随着南北对峙与礼乐新建而成为暗流。事实上,与俗乐相对的"雅乐",在概念上涉及两个划分标准。其一是作为审美标准而言,存在着"雅郑"或"雅俗"之分。其二则是作为音乐品名,雅乐专指用于祭祀和大型朝会的礼仪性音乐。然而,两种标准往往在使用中存在着混淆,造成我们对于"雅乐"之名理解有误。

先秦时期,"雅"与"夏"相同,王畿之地的音乐被称为"雅乐"。[2]因此,以"雅"为正的观念是以地域划分而产生的。至东周时期,在"礼崩乐坏"的时代语境下,"雅乐"的概念从周代王畿之乐进一步扩展为"合于礼制"的音乐,即所谓"先王之乐""古乐""德音"。由此,"雅乐"从一个地域性的概念发展为一个伦理性的概念。两汉时期宫廷音乐中的"雅乐",最早见于《后汉书》所列《汉乐四品》中,其划分标准在于仪式场合的差别。可见,先秦两汉礼乐制度中的"雅乐",并非出于审美,而是植根于礼乐观念之中。汉魏以降,"雅"成了历代郊庙等仪式音乐的基本规范要求,以娱乐性为主旨的俗乐与不合古制的胡乐,也就自然被排斥在"雅乐"范畴之外。

魏晋时期,随着文学之风的转变与玄学的兴起,不同的名士集团相继出现,以审美为标准的"雅俗"观念出现。符合名士集团所倡导的审美取向则为雅,反之即为俗。所谓的琴、阮等乐器,正是于此时被建构为"雅士"的符号。至南北朝时期,在礼制重建的背景下,出于文化正统争夺的需要,南北方分别建立了不同的礼乐符号。由此,以审美为标准的雅俗观念融入礼乐文化的范畴之中。礼乐文化的"雅俗分野"由此产生,进而成为建构文化正统与等级界线的基础与来源。

在礼乐符号的系统中,权力支配者所使用的符号,往往会成为符号秩序的主流。但是这种符号的表现,亦随着权力的消长而发生变化。换言之,所谓的"雅"与"俗",在不同功能指向的音乐组合中,其具体的表现形式会随着政治主导和社会结构的变化而改变。第伍章中,刘宋的王僧虔通过强调"雅俗之分"以重建礼乐,即是将"雅俗"作为话语的一种体现。隋文帝对音乐的"雅俗之分",一方面是出于巩固关陇贵族集团政治话语主导权的需要,另一方面也是对魏晋南北朝以来形成的"雅俗分野"这一客观事实的承认。那么,在中古礼乐文化视野中,"雅俗分野"的格局是如何形成的呢?

---

[1]《新唐书·礼乐志》载:"自周、陈以上,雅郑淆杂而无别,隋文帝始分雅、俗二部,至唐更曰'部当'。"详《新唐书》卷二十二《礼乐十二》,第473页。
[2] 王灼撰,彭东焕、王映珏笺证:《碧鸡漫志笺证》,巴蜀书社,2019年,第281页。

（一）"雅俗分野"的形成

自西汉末年，上古礼乐制度几近式微。东汉明帝时期开启了中古时期礼乐重建的先声，其后建立起所谓"汉乐四品"的礼乐框架。综观东汉，礼乐文化皆呈现出"雅俗杂驳"的特点，故"乐"之"雅俗"，无关大体。汉魏之际的礼乐重建，始自曹操平定荆州后令杜夔等人创定"雅乐"，由此"雅乐"与"俗乐"分野之势初现。

《晋书》卷二十二《乐上》载：

> 汉自东京大乱，绝无金石之乐，乐章亡缺，不可复知。及魏武平荆州，获汉雅乐郎河南杜夔，能识旧法，以为军谋祭酒，使创定雅乐。时又有散骑侍郎邓静、尹商善训雅乐，歌师尹胡能歌宗庙郊祀之曲，舞师冯肃、服养晓知先代诸舞，夔悉总领之。远详经籍，近采故事，考会古乐，始设轩悬钟磬。而黄初中柴玉、左延年之徒，复以新声被宠，改其声韵。[1]

又《晋书》卷二十《礼中》载：

> 魏武以正月崩，魏文以其年七月设妓乐百戏，是则魏不以丧废乐也。[2]

从中可见，曹丕以魏代汉后，对曹操所立"雅乐"复以新声，改其声韵。同时又兴百戏俗乐，废除"因丧废乐"之制。曹魏两代人之间的反复，恰恰体现出音乐的"雅""俗"之分虽然出现端倪，但尚无明确界线。

西晋初年，礼乐制度延续东汉、曹魏而来，明堂礼乐"权用魏仪"，"但改乐章而已"。荀勖以笛律重新调定乐律，西晋礼乐建设方才提上日程。

《晋书》卷二十二《乐上》载：

> 荀勖又作新律笛十二枚，以调律吕，正雅乐，正会殿庭作之，自谓宫商克谐，然论者犹谓勖暗解。时阮咸妙达八音，论者谓之神解。咸常心讥勖新律声高，以为高近哀思，不合中和。每公会乐作，勖意咸谓之不调，以为异己，乃出咸为始平相。后有田父耕于野，得周时玉尺，勖以校己所治钟鼓金石丝竹，皆短校一米，于此伏

---

[1]《晋书》卷二十二《乐上》，第679页。
[2]《晋书》卷二十《礼中》，第618页。

咸之妙，复征咸归。勖既以新律造二舞，次更修正钟声。会勖薨，未竟其业。元康三年，诏其子藩修定金石，以施郊庙。寻值丧乱，莫有记之者。[1]

荀勖所谓"正雅乐"之举，从乐律上讲不可能实现，故阮咸讥之而最终"未竟其业"。其以新律"正雅乐"，并非为制造"雅俗"界线，实质上是西晋试图摆脱汉魏礼乐框架的象征性举措。通过上述分析来看，从汉末纷乱至西晋统一，在礼乐重建的自发期，"乐"之"雅俗"尚混为一谈，并无分野之实。在北方地区，直至北魏平城时代皆是如此。

《魏书》卷一百九《乐志五》载：

> 太祖初，冬至祭天于南郊圆丘，乐用《皇矣》，奏《云和》之舞，事讫，奏《维皇》，将燎；夏至祭地祇于北郊方泽，乐用《天祚》，奏《大武》之舞。正月上日，飨群臣，宣布政教，备列宫悬正乐，兼奏燕、赵、秦、吴之音，五方殊俗之曲。四时飨会亦用焉。
>
> ……
>
> 高宗、显祖无所改作，诸帝意在经营，不以声律为务，古乐音制，罕复传习，旧工更尽，声曲多亡。[2]

将宫悬正乐间杂五方殊俗之声，表现出北魏初年"雅乐""俗乐"杂糅之态。同时，诸帝意在经营与征伐，礼乐之事尚未提上日程。随着北魏统一北方，南北格局基本奠定，制礼作乐成为北魏政权融入华夏体系的当务之急。在北魏孝文帝积极汉化的背景下，两项重要的战略举措提上日程：一是完善北魏早期即开始进行的六镇防线的建设，对北方进行全面的战略布局。[3] 二是进行礼乐建设，在文化层面对北魏早期的礼乐制度进行全面整合与调整。要言之，其中礼乐建设可分为三个阶段。

太和初年是第一个阶段，其核心在于"修广器数，甄立名品"。

《魏书》卷一百九《乐志五》载：

> 太和初，高祖垂心雅古，务正音声。时司乐上书，典章有阙，求集中秘群官议定其事，并访吏民，有能体解古乐者，与之修广器数，甄立名品，以谐八音。诏"可"。虽经众议，于时卒无洞晓声律者，乐部不能立，其事弥缺。然方乐之制及四

---

[1]《晋书》卷二十二《乐上》，第693页。
[2]《魏书》卷一百九《乐志五》，第2827～2828页。
[3] 周杨：《北魏六镇防线的空间分析》，《中国国家博物馆馆刊》2017年第12期，第25～36页。

夷歌舞，稍增列于太乐。金石羽旄之饰，为壮丽于往时矣。[1]

初，高祖讨淮、汉，世宗定寿春，收其声伎。江左所传中原旧曲，《明君》《圣主》《公莫》《白鸠》之属，及江南吴歌、荆楚四声，总谓《清商》。至于殿庭飨宴兼奏之。其圆丘、方泽、上辛、地祇、五郊、四时拜庙、三元、冬至、社稷、马射、籍田，乐人之数，各有差等焉。[2]

（太和）五年，文明太后、高祖并为歌章，戒劝上下，皆宣之管弦。

（太和）七年秋，中书监高允奏乐府歌词，陈国家王业符瑞及祖宗德美，又随时歌谣，不准古旧，辨雅、郑也。[3]

从中可知，其时乐律不通，乐部不立，乐制无存。但求壮丽于"往时"，而不论"雅""俗"之分。乐府歌词，皆不辨"雅""郑"。

太和十一年至十六年是孝文帝礼乐建设的第二阶段。随着汉化政策的推行与礼乐建设的推进，"厘革时弊，稽古复礼"成为当务之急。

《魏书》一百九《乐志五》载：

十一年春，文明太后令曰："先王作乐，所以和风改俗，非雅曲正声不宜庭奏。可集新旧乐章，参探音律，除去新声不典之曲，裨增钟悬铿锵之韵。"

……

十五年冬，高祖诏曰："乐者所以动天地，感神祇，调阴阳，通人鬼。故能关山川之风，以播德于无外。由此言之，治用大矣。逮乎末俗陵迟，正声顿废，多好郑卫之音以悦耳目，故使乐章散缺，伶官失守。今方厘革时弊，稽古复礼，庶令乐正雅颂，各得其宜。今置乐官，实须任职，不得仍令滥吹也。"遂简置焉。[4]

太和十一年的文明太后令中明言："非雅曲正声不宜庭奏"，并在一年后付诸实践。"雅乐"与"俗乐"分野之势，至此开始形成。

太和十六年至北魏迁洛是孝文帝礼乐建设的第三阶段。在明辨"雅""俗"的基础上，基于音乐的政治与社会功能，北朝礼乐文化亦开始朝着"雅""俗"两个方向发展。

《魏书》卷一百九《乐志五》载：

---

[1]《魏书》卷一百九《乐志五》，第 2828～2829 页。
[2]《魏书》卷一百九《乐志五》，第 2843 页。
[3]《魏书》卷一百九《乐志五》，第 2829 页。
[4]《魏书》卷一百九《乐志五》，第 2829 页。

十六年春又诏曰:"礼乐之道,自古所先,故圣王作乐以和中,制礼以防外。然音声之用,其致远矣,所以通感人神,移风易俗……但礼乐事大,乃为化之本,自非通博之才,莫能措意。中书监高闾器识详富,志量明允,每间陈奏乐典,颇体音律,可令与太乐详采古今,以备兹典,其内外有堪此用者,任其参议也。"[1]

从中可知,孝文帝的两项战略布局,皆由高闾所建议承担,这事实上也是迁都洛阳的配套准备。然而,其结果却因迁洛的仓促,加之孝文帝和高闾的相继逝世而最终未果。孝文帝的礼乐建设从后来看,结果仍是"金石虚悬、宫商未会"的尴尬境地。

北魏迁洛后,礼乐重建作为前一时期的遗留问题继续存在,并继续受到讨论。

《魏书》卷一百九《乐志五》载:

永平二年(509)秋,尚书令高肇,尚书仆射、清河王怿等奏言:"案太乐令公孙崇所造八音之器并五度五量,太常卿刘芳及朝之儒学,执诸经传,考辨合否,尺寸度数悉与《周礼》不同。问其所以,称必依经文,声则不协,以情增减,殊无准据。窃惟乐者皇朝治定之盛事,光赞祖宗之茂功,垂之后王。不刊之制,宜宪章先圣,详依经史。且二汉、魏、晋历诸儒哲,未闻器度依经,而声调差谬。臣等参议,请使臣芳准依《周礼》更造乐器,事讫之后,集议并呈,从其善者。"[2]

从乐律规则上讲,其中的"必依经文,声则不协"确属实情,高肇、元怿不晓乐律而准依《周礼》,必然是徒劳之举。由此也可以明晓,对于当时的统治者而言,制礼作乐的核心在于是否合乎经传所载的"古制",乐律是否合乎情理则在其次。"古制"所能提供的是符号化和象征性的意义,换言之,即政权的合法性以及具有制度性意义的统治阶序。明确了这一点,就不难理解数年之后清河王元怿在为叔母刘氏举行葬礼时关于鼓吹的提请和讨论,也就不难理解在此之后墓葬中鼓吹乐俑作为礼乐符号的广泛使用。

高闾逝世后,公孙崇、刘芳等人皆未能考定古乐,宣武帝时期新造钟磬,言其"异世同符",实则仅是沿袭附会,用以达到"功成作乐、彰显功德"之效。时有陈仲儒者自江南归国,精于乐律,其言"度量衡历,出自黄钟,虽造管察气,经史备有,但气有盈虚,黍有巨细,差之毫厘,失之千里。自非管应时候,声验吉凶,则是非之原,谅亦难定"。[3]根据陈仲儒的认识,应当依准调绝对音高,以琴律调相对音高,以此确定音阶。

---

[1]《魏书》卷一百九《乐志五》,第2829～2830页。
[2]《魏书》卷一百九《乐志五》,第2832页。
[3]《魏书》卷一百九《乐志五》,第2834页。

其方法虽亦有局限,但参照《续汉书》及京房准术,得出仅靠经传不可求得成均体系的认识是客观而清醒的。遗憾的是,北魏官方并不接受陈仲儒之说。

《魏书》卷一百九《乐志五》载:

> 时尚书萧宝夤奏言:"金石律吕,制度调均,中古已来鲜或通晓。仲儒虽粗述书文,颇有所说,而学不师授,云出己心;又言旧器不任,必须更造,然后克谐。上违成敕用旧之旨,辄持己心,轻欲制作。臣窃思量,不合依许。"诏曰:"礼乐之事,盖非常人所明,可如所奏。"[1]

官方不用其说原因有二,一则其非出名师,二则其认为旧器不能用,此二者皆与官方制礼作乐之目的背道而驰。由此可以窥见,北魏官方制定礼乐,重在"礼"而不在"乐",其在于强调文化正统性及政权合法性,故言"礼乐之事,盖非常人所明"。非是陈仲儒不明乐,而是其明"乐"却不达"礼"。前文所言丧葬中丧葬鼓吹"备而不奏"亦可表明,其时作为制度一部分的"礼乐",实则是重礼而轻乐。

又《魏书》卷一百九《乐志五》载:

> 正光中,侍中、安丰王延明受诏监修金石,博探古今乐事,令其门生河间信都芳考算之。属天下多难,终无制造。芳后乃撰延明所集《乐说》并《诸器物准图》二十余事而注之,不得在乐署考正声律也。[2]

由此可见,从孝文帝礼乐建设的第三阶段至北魏末正光年间,北魏一朝的礼乐路线始终未能形成统一。其礼乐建设以"复《周礼》"为名,实则是政治集团间争夺政治话语的杠杆。在这一背景下,北魏洛阳时代的礼乐建设中,"雅俗之分"虽然存在,但并不是关乎大节的问题所在。

然而,对于南朝而言,"雅俗之分"却是与北方争夺文化正统的同时,用以建立自身政权内统治秩序的立论基础。前文所述南朝刘宋王僧虔针对"宴飨用宫悬不合雅体"之表奏,实则是南朝对"雅俗分野"这一现实的公开宣示。音乐中的"雅"与"俗",实则是一种人为建构,上古音律和乐制的混乱,早在西汉时期即已是昭然若揭的事实。在南北对峙的现实情境下,"雅俗分野"不过是一种重新建立礼乐秩序的托词。因而,南北政

---

[1]《魏书》卷一百九《乐志五》,第2836页。
[2]《魏书》卷一百九《乐志五》,第2836页。

权于此时在礼乐重建问题上并无高下之分，但政治与文化的对立将音乐的"雅俗问题"放大，并加剧了其背向而行。"雅俗之分"以音乐为名建立同质性集团，对于南北朝后期的南朝如此，对于以"祖述周官"凝聚起来的关陇贵族集团亦是如此。正因如此，隋文帝在统一全国后，在文化弱势的处境下，依然要通过礼乐文化中的"雅俗分野"，来保持自身对于文化正统的话语权。

（二）"雅俗分野"的表现

汉之乐舞，一源自楚声，二来自巴渝。东汉以来，蜀中乐舞繁荣，是魏晋礼乐重建过程中乐舞元素的重要来源地，这在前文所述的考古材料中有所体现，在文献中亦有详细记载。

《晋书》卷二十二《乐上》载：

> 汉高祖自蜀汉将定三秦，阆中范因率賨人以从帝，为前锋。及定秦中，封因为阆中侯，复賨人七姓。其俗喜舞，高祖乐其猛锐，数观其舞，后使乐人习之。阆中有渝水，因其所居，故名曰《巴渝舞》。舞曲有《矛渝本歌曲》《安弩渝本歌曲》《安台本歌曲》《行辞本歌曲》，总四篇。其辞既古，莫能晓其句度。魏初，乃使军谋祭酒王粲改创其词。粲问巴渝帅李管、种玉歌曲意，试使歌，听之，以考校歌曲，而为之改为《矛渝新福歌曲》《弩渝新福歌曲》《安台新福歌曲》《行辞新福歌曲》，《行辞》以述魏德。
>
> 黄初三年，又改《巴渝舞》曰《昭武舞》。至景初元年，尚书奏，考览三代礼乐遗曲，据功象德，奏作《武始》《咸熙》《章斌》三舞，皆执羽籥。及晋又改《昭武舞》曰《宣武舞》，《羽籥舞》曰《宣文舞》。[1]

从中可知，曹魏之《昭武舞》始自西汉之《巴渝舞》，为中古时期对三代礼乐中"武舞"的重新确立。《昭武舞》与《宣文舞》以文、武二舞来彰显文德、武功之举从此开始，直至后来隋唐一以贯之。作为雅乐的组成部分，其基本元素却多由俗乐而来。雅、俗杂糅，是汉魏时期礼乐文化的突出特点。这一特点表现在礼乐符号层面，则是代表雅乐传统的"燕乐组合"与代表俗乐传统的"百戏组合"相互杂糅混合，形成"乐舞百戏组合"。这一组合形式寓于宴飨情境中，是东汉墓葬中的流行元素。

三国时期，"雅俗分野"之势初现，但尚未形成明显界线。这一特点表现在墓葬礼乐符号层面，即东汉墓葬中"乐舞百戏组合"的延续。以朱然墓所出漆案为例，由于漆案

---

[1]《晋书》卷二十二《乐上》，第693~694页。

出于蜀郡，实际上代表了三国时期蜀国的用乐特色，反映出蜀国对汉制因素的直接继承。杨泓先生在指出漆案是对汉代传统的延续之外，还提出它可能是吴、蜀两国以结盟或交战的方式由蜀国进入吴国，并出现在上层墓葬中的。[1]无论哪种方式，其规格之高、制作之精美都呈现出一种等级指向性。又有研究者提出，朱然墓漆案体现了东汉末年到三国时期的士大夫和新政权对于汉代旧礼的追忆，兼具礼仪与审美的双重内涵。[2]其中的"乐舞百戏组合"内容丰富，表明蜀国上层并未形成"雅俗之分"，而对"百戏组合"进行排斥。不过与此同时，孙吴高等级墓葬中以乐俑形式塑造"燕乐组合"，其中"百戏组合"已然分离而出，暗示孙吴地区"雅俗之分"已初现其势。

十六国时期，文献中关于礼乐建设之记述不多，但从墓葬俑群中"燕乐组合"与"百戏组合"分离、女坐乐俑被着意塑造这一现象来看，前秦、后秦政权在音乐的"雅俗问题"上已经开始有意识地区分。

北魏平城时代早期，由于雅乐未习，更不得礼乐之本，故其礼乐文化尚且处于因循模仿阶段。音乐中"兼奏燕、赵、秦、吴之音，五方殊俗之曲"，具体表现在"百戏组合"同时杂糅于"燕乐组合"和"鼓吹乐组合"中，河西、辽东墓葬中的各类因素皆融汇其间。同时，"鼓吹乐组合"亦失去了关中地区十六国墓葬所呈现的制度化指向，这在沙岭M7壁画图像中有集中体现。在其后的梁拔胡墓、解兴墓等，则反映出这一融合重塑的过程，总体上皆表现出"雅俗杂糅"之态。

在北魏孝文帝礼乐建设的第一阶段，在推进现实礼乐建设与墓葬制度"晋制化"的双重影响下，墓葬礼乐符号呈现出对此前因素选择性使用的特点。其将"百戏组合"与十六国时期关中地区的"鼓吹乐组合"与"燕乐组合"相融合，并立足于自身本位，以鲜卑式的"合欢帽"与"鸡冠帽"分别塑造"燕乐组合乐俑"与"鼓吹乐俑"。同时，在不同等级的墓葬中，鼓吹乐俑的数量呈现阶序化形态，司马金龙墓、宋绍祖墓、雁北师院M52即提供了一个等级梯队。其礼乐符号相对明确的制度化指向，表现出北魏太和初年至太和十一年这十年间的礼乐发展进程。

北魏孝文帝礼乐建设的第二阶段，即太和十一年以后。目前已刊布的材料不多，受"稽古复礼"的礼乐路线影响，其墓葬制度的"晋制化"程度加深。迁洛之后，墓葬中呈现出西晋初年墓葬中的"禁乐"现象。此时，礼乐符号受制于墓葬制度，在政治核心区内暂时不再出现。礼乐符号的暂时消失并不能说明"雅俗之分"已经明确出现，但至少可以说明"雅俗混杂"之态受到了一定限制。

---

[1] 同前揭《三国考古的新发现——读朱然墓简报札记》，第22页。
[2] 邵韵霏：《双重视角下的复合意涵——朱然墓宫闱宴乐图漆案研究》，《古代墓葬美术研究》第三辑，湖南美术出版社，2013年，第169～189页。

在北魏洛阳时代后期，礼乐符号重新出现于墓葬之中，并且表现为关中地区十六国时期"鼓吹乐"与"燕乐"相结合的组合逻辑。在政治核心区内，无论是以王温墓为代表的壁画，还是以杨机墓、元邵墓、染华墓为代表的乐俑，都完全将"百戏组合"排除在外。但在文化缓冲区内，燕乐组合则以平城地区太和以前的形式出现。这种反差也揭示出北魏洛阳时代的礼乐文化出现"雅俗分野"的走向。有学者指出，以乐舞作背景的墓主夫人像以壁画形式在北朝末期墓葬中再现，是"河阴之变"后国家失序背景下墓葬制度松弛的一种表现，[1]这种认识有其合理性。不过还应注意到另一层面，即在墓葬制度松弛的同时，在礼乐文化中"雅俗分野"的背景下，中古墓葬礼乐符号系统已经初步形成。此时的南朝，"雅俗分野"则作为礼乐建设的核心议题被讨论。这一客观形势，实则揭示出魏晋南北朝后期的礼乐秩序开始正式走上重建之路。

二、"胡汉并流"与华夷秩序的重建

魏晋南北朝时期，伴随着军事的冲突、文化的交流与人群的迁徙，"胡化"与"汉化"的问题成为时代性议题。胡汉问题既涉及种族，更关乎文化。随着胡族进入中原建立政权，旧有的华夷秩序被打破。在此背景下，春秋时期出现的"华夷之辨"再次被提上日程。不断涌入的外来乐器与乐舞形式，也因文化与政治的差异而被贴上"胡乐"的标签。

如果说中古时期的"雅"与"俗"是一种基于文化正统争夺与礼乐秩序重建语境下的人为建构，那么所谓"胡"与"汉"，则是客观体征与主观认同相互作用而成的结果。班茂燊先生在《唐代中国的民族认同》一书中就唐代胡人与汉人的民族认同问题进行了系统论述；[2]荣新江先生则在此基础上，通过细致梳理文献中对族属的"自认"与"他认"，指出唐代文献所谓"胡人"者，绝大多数是指粟特人。[3]从中古中国墓葬所见音乐文物来看，其中所谓"胡乐"者，多以来自中亚粟特地区的四弦曲项琵琶与竖箜篌组合为特征。不过，其中亦可见源自南亚系统中的五弦琵琶、贝、答腊鼓等乐器，因而本文"胡乐"的范畴并不局限于粟特一系，而是指来自汉唐时期中原地区之外的域外之乐。

---

[1] 倪润安：《北朝墓主人图像的显与隐》，载北京大学中国考古学研究中心编《两个世界的徘徊——中古时期丧葬观念风俗与礼仪制度学术研讨会论文集》，科学出版社，2016年，第267页。
[2] （美）班茂燊著，耿协峰译：《唐代中国的民族认同》，人民出版社，2017年。
[3] 荣新江：《何谓胡人？——隋唐时期胡人族属的自认与他认》，《乾陵文化研究》第12辑，三秦出版社，2008年，第3~9页。

"胡乐"与"汉乐"是相对而言的，并且随着外来乐器的本土化，这一概念并不是一成不变的。此外，音乐有其自身的复杂性，由于节奏与旋律的缺失，"胡乐"与"汉乐"本身并不能简单确认。因而，我们以考古材料分析"胡乐"与"汉乐"的问题，就不能机械地将胡族乐器简单视为"胡乐"，或将汉式乐器简单视为"汉乐"，而要视其整体的音乐组合、乐人形象及所在语境来定。事实上，与"雅俗分野"相似，"胡乐"与"汉乐"的区分亦是在特定历史契机下形成的。那么，这种契机是什么呢？

（一）"胡汉并流"的形成

自东汉明帝击败匈奴、重新打通西域，外来文化伴随着商业往来与佛教传播进入内地，所谓"胡化"因素也在这一过程中逐渐对中原本土文化产生影响。至东汉后期，外来文化对社会上层已经产生了巨大影响。

《后汉书·五行志》载：

> 灵帝好胡服、胡帐、胡床、胡坐、胡饭、胡空侯、胡笛、胡舞，京都贵戚皆竞为之。[1]

从中可见，"胡化"因素在汉末成为社会上层的一种流行文化，不但"胡""汉"尚未形成分化，融合之势反而成为一时之盛。魏晋十六国时期，"胡乐"与"汉乐"在音乐形式上形成杂糅之态，但彼此并未刻意区分。这种概念上的区分，直至十六国后期始现端倪。

《魏书》卷一百九《乐志五》载：

> 天兴元年冬，诏尚书吏部郎邓渊定律吕，协音乐。[2]
> 凡乐者乐其所自生，礼不忘其本，掖庭中歌《真人代歌》，上叙祖宗开基所由，下及君臣废兴之迹，凡一百五十章，昏晨歌之，时与丝竹合奏。郊庙宴飨亦用之。[3]

据此可知，北魏在礼乐初建时，以《真人代歌》作为其口传历史，并通过丝竹合奏而以音乐形式呈现，郊庙、宴飨皆用之，旨在不忘其本。这一做法，实际上在礼乐文化层面拉开了"胡乐""汉乐"并流的序幕。礼乐文化视野下的"胡汉并流"，从源头上讲即是胡族政权在融入华夏体系过程中，用以平衡胡、汉集团的一种手段。

---

[1]《后汉书》志第十三《五行一》，第 3272 页。
[2]《魏书》卷一百九《乐志五》，第 2827 页。
[3]《魏书》卷一百九《乐志五》，第 2828 页。

《魏书》卷一百九《乐志五》载：

> 世祖破赫连昌，获古雅乐，及平凉州，得其伶人、器服，并择而存之。后通西域，又以悦般国鼓舞设于乐署。[1]

从中可见，汉乐用于郊庙、社稷之"雅乐"，在北魏初年与西域之胡乐相互融合。在音乐元素上，四方之乐皆尽融入，但并不明确以"胡乐""汉乐"进行区分。同时，以"胡乐"之实冠以"汉乐"之名者亦有出现，隋代所立"七部乐"中的"西凉乐"即是此种情况。

《隋书》卷十五《音乐下》载：

> 西凉者，起苻氏之末，吕光、沮渠蒙逊等，据有凉州，变龟兹声为之，号为秦汉伎。魏太武既平河西得之，谓之"西凉乐"。至魏、周之际，遂谓之"国伎"。[2]

从文献中可知，"西凉乐"实则由西域胡乐中"龟兹乐"的声律体系化用而来，其实体为"胡乐"。然而，其以"秦汉"为名，显然是将自身包装为"汉乐"之遗声。北魏初年太武帝平河西后得之，方才命为"西凉乐"。其就音乐组合而言，当为胡汉交融之乐，在纳入北魏礼乐体系后，与北魏自身"真人代歌"并行，进入"胡汉并流"之轨道。由此开始，北方礼乐文化中"胡汉并流"的格局初步形成。

音乐中的胡、汉界线，在南朝则以另一种形式表现，即对"胡乐"的明确排斥，此节从南朝文献中对乐器的叙述可见一斑。

《宋书》卷十九《乐志一》载：

> 琵琶，傅玄《琵琶赋》曰："汉遣乌孙公主嫁昆弥，念其行道思慕，故使工人裁筝、筑，为马上之乐。欲从方俗语，故名曰琵琶，取其易传于外国也。"《风俗通》云："以手琵琶，因以为名。"杜挚云："长城之役，弦鼗而鼓之。"并未详孰实。其器不列四厢。[3]

南朝文献中所言琵琶"并未详孰实"，可知其所言"琵琶"并非后来被称为"阮咸"的秦琵琶，而是北魏平定北凉后传入的西亚系统的四弦曲项琵琶。"阮咸"在东汉时传入后即

---
[1]《魏书》卷一百九《乐志五》，第2828页。
[2]《隋书》卷十五《音乐下》，第378页。
[3]《宋书》卷十九《乐志一》，第556页。

受众于上层，至魏晋时已跻身于"汉乐"之行列，故南朝以之塑造"阮咸奏阮"的形象作为墓葬礼乐符号的一部分。经龟兹传入的"四弦曲项琵琶"作为其时胡族乐器的代表，在宫悬中不列于四厢，表明其在南朝并非礼乐重器，甚至为与北方区别而刻意排除在外。

又《宋书》卷十九《乐志一》载：

> 空侯，初名坎侯。汉武帝赛灭南越，祠太一后土用乐，令乐人侯晖依琴作坎侯，言其坎坎应节奏也。侯者，因工人姓尔。后言空，音讹也。古施郊庙雅乐，近世来专用于楚声。宋孝武帝大明中，吴兴沈怀远被徙广州，造绕梁，其器与空侯相似，怀远后亡，其器亦绝。[1]

中古时期自西域传入的"竖箜篌"，显然与"琴"在形制上有别。此处所言"箜篌"依琴而作，当为东汉时期流行的卧箜篌，而非"胡乐"系统下的"竖箜篌"。《宋书》所列乐器有卧箜篌而不载竖箜篌，亦是将"胡乐"排除于体系之外。

又《宋书》卷十九《乐志一》载：

> 今有胡篪，出于胡吹，非雅器也。[2]

其所谓"胡篪"者，即出自西域的横吹之笛。"汉乐"中笛类乐器的主流是竖笛，但横吹之笛亦有，即六孔之"篪"，与"胡乐"中横吹的五孔之笛有别。刘宋将其刻意区别，且认为"胡乐"横吹之笛非雅器，仍是将"雅俗"与"胡汉"的概念相互嫁接，从中表现出南朝对"胡乐"的排斥。

从上述梳理中可以看出，南北朝中后期开始，"胡乐"与"汉乐"开始被区分开来，且南北政权有不同的处理方式。北朝在"区分胡汉"的基础上将二者并流式融合，南朝则在"区分胡汉"的基础上排斥"胡乐"。如果说文献中对"胡乐"与"汉乐"的记载常会引起概念上的混淆，考古材料则会呈现出更为直观的现象。那么，"胡汉并流"格局的形成在墓葬礼乐符号中是如何表现的呢？

（二）"胡汉并流"的表现

从文献可知，东汉灵帝积极接受胡族文化，并身体力行地进行推广，在此背景下，

---
[1]《宋书》卷十九《乐志一》，第556页。
[2]《宋书》卷十九《乐志一》，第558页。

"胡乐"为上层所接纳。"胡筚篥"（即竖箜篌）、"胡簴"（即横笛）、"阮咸"（即秦琵琶）皆是在这一时期传入，但因其传播尚局限于上层，因而并未出现于墓葬礼乐符号中。墓葬图像中的音乐组合，在一定时期内延续了东汉"乐舞百戏组合"的基本形式。魏晋时期，随着"雅俗分野"初现，墓葬图像中"燕乐组合"与"百戏组合"开始分离。与此同时，东汉时期传入的"阮咸"在名士的加持下，已经本土化而纳入"汉乐"体系中。"燕乐组合"中"阮咸、卧箜篌、竖笛、节鼓"等乐器构成的基本组合，整体上仍以"汉乐"为主导。

前秦和后秦政权在塑造墓葬燕乐组合时，其乐器组合参考西晋而来，人物服饰则参照东晋，整体组合具有较为突出的"汉乐"特点；在塑造鼓吹乐组合时，则放弃了汉乐四品中的"黄门鼓吹"与"短箫铙歌"，而使用具有"胡乐"特点的"鼓角横吹"。其统治者出自"胡族"，但礼乐符号却兼顾"胡汉"，因而初具"胡汉并流"之特点。至十六国后期，其伎乐俑整体出现胡装化的特点，这一特点在后秦及北魏平城墓葬中皆有体现。

从前节可知，在"胡汉并流"格局形成的过程中，"西凉乐"扮演着重要的角色，实际上构成了"胡乐"与"汉乐"联结的纽带。西凉乐在魏晋十六国时期的河西地区，一度作为"华夏遗声"保留，在墓葬图像中即表现为东汉晚期以来流行的"阮咸、卧箜篌、竖笛组合"。北魏之"西凉乐"是十六国时期"西凉乐"与西域"龟兹乐"融合的产物。这种融合既体现在乐律、调式的借用上，在乐器组合上也有所体现。解兴墓石堂所见燕乐组合即为这种融合的表现，既在组合形式上延续了河西魏晋十六国墓葬中"汉乐组合"的基本形式，又多了西域"胡乐"中"四弦曲项琵琶与竖箜篌"组合。此时的"西凉乐"实则是"胡汉并流"之乐，北魏太和年间墓葬中的伎乐俑组合，即是其摹写。除了在礼乐符号的塑造上，"胡乐"之风还表现在墓葬及葬具装饰上。在司马金龙墓的屏风石座上，"五弦琵琶、横笛、答腊鼓"组成的兼具多文化系统元素的乐器组合，表现出鲜明的"胡乐"特点；其石棺床图像装饰所表现出的伎乐组合，在同时期龟兹、敦煌壁画中亦有出现，同样表现出有别于"传统汉乐"的胡乐色彩。

在北魏平城时代，从沙岭M7壁画燕乐组合中的"汉乐传统"，到解兴墓石堂图像所体现出的"胡汉并流"，再到司马金龙墓墓葬装饰中的胡乐开始占据主导，这一过程反映出，北魏统治者虽出身于胡族，但对于"胡乐"这一符号的接受却是渐进式的。这种渐进一方面受到墓葬制度的制约，另一方面也体现出"胡汉并流"背景下，胡族政权通过音乐这一符号表现自身定位及平衡胡、汉政治集团的尝试。在图像组合中，从阮咸到琵琶，从节鼓到腰鼓，从竖笛到觱篥，这种在图像中对同类型乐器音乐组合的替换，既表现出音乐体系的变化，同时也是社会风尚的变化。在与制度直接关联的墓葬语境下，这种变化则暗示了两种政治集团的交织与并立，代表了统治者的文化定位与统治策略。

北魏迁都洛阳前，在北方修筑六镇防线以抵御柔然。随着孝文帝迁都洛阳，北魏逐渐以中原王朝自居。在这一过程中，伴随着礼乐文化中的"雅俗分野"，"胡乐"与"汉乐"的分化也逐渐加剧。北魏平城时代后期，"胡乐"已然开始占据主导；至洛阳时代，"胡乐"与"汉乐"在一定程度上达成平衡。在鼓吹乐组合中，实际形成了以"平巾帻"为特点的"卤簿系鼓吹"与以风帽为特点的"风帽系鼓吹"，这两种组合分别继承"黄门鼓吹—短箫铙歌"与"鼓角横吹"而来，分别具有"汉乐"与"胡乐"之指向。其中鼗鼓的使用是对汉制的一种回归。在燕乐组合中，奏乐者均头戴汉式平巾帻，而改变了平城时代的鲜卑装，同样表现出对汉制的回归。但与此同时，组合所用乐器则呈现出"胡乐""汉乐"并重的特点。这一时期，北朝礼乐符号初步完备，在其二元式组合中均表现出"胡汉并流"之态，与这一时期的礼乐文化特点相一致。

不过，胡乐的兴起已成为时代之潮流，这一潮流随着北齐与隋朝的发展，在唐代成为流行文化。正如陈寅恪所言："唐之胡乐多因于隋，隋之胡乐又多传自北齐，而北齐胡乐之盛实由承袭北魏洛阳之胡化所致。"[1]音乐的"胡化"与"汉化"是一个动态发展的过程，而非单一线性式的发展轨迹，这种动态的过程在整体上呈现出的状态即本文所言"胡汉并流"。这种动态发展模式自北魏洛阳时代形成后，在北朝晚期及隋唐时期成了礼乐文化中的另一时代特征，也成了隋唐帝国统治者在礼乐建设中需要平衡和解决的现实问题。

综上所述，"雅"与"俗"，"胡"与"汉"，这是汉唐时期礼乐文化发展的两条线索，"雅俗关系"反映着纵向层面的礼乐秩序，"胡汉关系"则体现出横向层面上的华夷秩序。"礼制"与"礼俗"这两个相互影响的用乐传统，正是在纵横两个层面的综合作用下形成的。

三、墓葬礼乐符号与现实礼乐建设

通过前文分析可见，中古中国礼乐文化视野下"雅俗分野"与"胡汉并流"格局，均奠定于北魏洛阳时代晚期。其形成过程，皆以南北朝时期礼制新建为背景，二者本身也相辅相成。前者是一种纵向式的，在外部基于南北文化正统争夺之需要，在内部则基于巩固自身统治秩序之考量。后者是一种横向式的，在外部出于华夷秩序重建之客观诉求，在内部则出于平衡胡汉政治力量之主观目的。"雅俗"与"胡汉"在两个面向上交

---

[1] 陈寅恪：《隋唐制度渊源略论稿·唐代政治史述论稿》，商务印书馆，2014年，第128页。

织，除此之外还有宗教因素，它们共同构成了中古时期礼乐文化的基本面貌。至隋朝统一后，"雅乐""俗乐"与"胡乐"三乐并立的格局初步形成。

墓葬礼乐符号出于墓葬语境之中，受墓葬制度制约，只能在一定程度上反映现实的礼乐文化。墓葬制度本身又有一套系统渊源。陈寅恪在论及隋唐制度之渊源时指出，"隋唐之制度虽极广博纷复，然究其因素，不出三源：一曰（北）魏、（北）齐，二曰梁、陈，三曰（西）魏、周"。[1] 墓葬制度的地缘性分布，与之在很大程度上重合；礼乐文化的建设，同样是在这三种制度框架下展开的。在第伍章中，我们分别讨论了南北政权下墓葬礼乐符号的形成问题。南朝墓葬礼乐符号主要反映的即梁、陈之制；北朝墓葬礼乐符号则植根于北魏洛阳时代制度层面的新旧交替，其在东、西政权分野后，在不同传统墓葬制度土壤下各自生长，共同奠定了隋唐礼乐符号的萌芽。在不同的阶段，面对"三乐并立"的现实，统治者采取了不同的礼乐路线。那么，其礼乐路线与现实措施在墓葬礼乐符号中是如何表现的呢？

（一）北朝礼乐路线的东西之争

东魏—北齐与西魏—北周政权虽同出于北魏，但是自洛阳分道扬镳后，由于关东与关陇地区所面临的现实政治环境有所差异，双方也根据自身政治集团的特点建立了不同的发展路线，这种差别在墓葬制度与文化上有所表现。关于东魏—北齐墓葬与西魏—北周墓葬，目前已有学者进行了系统的研究。[2] 在其基础上，我们将以墓葬礼乐符号为线索，结合双方礼乐建设的过程，探讨墓葬礼乐符号是如何反映其礼乐路线的。

1."斟酌缮修、戎华兼采"：东魏—北齐的礼乐路线与其礼乐符号

东魏迁至邺城后，基本延续了北魏的礼乐路线。北齐文宣帝践阼，损益魏典，将北朝礼乐文化推进到一个新的阶段。其时，尚乐典御祖珽上书概述了北魏至北齐礼乐建设的历程。

《隋书》卷十四《音乐中》载：

---

[1] 陈寅恪：《隋唐制度渊源略论稿·唐代政治史述论稿》，第3页。
[2] 倪润安：《光宅中原：拓跋至北魏的墓葬文化与社会演进》，上海古籍出版社，2017年（初版）、2020年（二版）、2022年（三版）；李梅田：《魏晋北朝墓葬的考古学研究》，商务印书馆，2009年；李梅田：《葬之以礼：魏晋南北朝丧葬礼俗与文化变迁》，上海古籍出版社，2021年；李梅田：《中古丧葬模式与礼仪空间》，上海古籍出版社，2022年；杨效俊：《东魏北齐墓葬的初步研究》，中国社会科学院考古研究所硕士学位论文，1996年；沈丽华：《邺城地区六世纪墓葬的考古学研究》，《考古学报》2017年第1期，第97～118页；王音：《北朝晚期墓葬形制研究——以北魏洛阳时代至北齐都城地区的墓葬为例》，《故宫博物院院刊》2018年第3期，第92～104页。

> 魏氏来自云、朔，肇有诸华，乐操土风，未移其俗。至道武帝皇始元年，破慕容宝于中山，获晋乐器，不知采用，皆委弃之。天兴初，吏部郎邓彦海，奏上庙乐，创制宫悬，而钟管不备。乐章既阙，杂以簸逻回歌。初用八佾，作皇始之舞。至太武帝平河西，得沮渠蒙逊之伎，宾嘉大礼，皆杂用焉。此声所兴，盖苻坚之末，吕光出平西域，得胡戎之乐，因又改变，杂以秦声，所谓秦汉乐也。至永熙中，录尚书长孙承业，共臣先人太常卿莹等，斟酌缮修，戎华兼采，至于钟律，焕然大备。自古相袭，损益可知，今之创制，请以为准。[1]

其中所言"簸逻回歌"即鲜卑大角曲，本属于"鼓吹乐"之范畴。北魏初年，庙乐杂用鼓吹，可见杂糅之态。"河西之伎"即北魏平城时代的"西凉乐"。北魏时期自平城至洛阳的礼乐建设，均是在"斟酌缮修、戎华兼采"的过程中进行的，至洛阳时代晚期形成"雅俗分野"与"胡汉并流"之格局，此节前文已有所述。

就北齐礼乐建设问题，祖珽主张延续北魏永熙以来"斟酌缮修，戎华兼采"的基本路线。其观点的立足点是"（北魏）安丰王延明及信都芳等所著《乐说》"。这一基本出发点反映到物质文化层面，即"雅俗分野"与"胡汉并流"的进一步延续。与南朝不同，北朝统治者自身的内亚背景，决定了其在制礼作乐时，既要明辨"雅""俗"，同时又要兼顾"胡""汉"。这一差别在其雅乐定名问题上同样有突出表现。南朝宋、齐、梁、陈之雅乐，或名《雅》，或名《韶》，均法古而述；而北齐则名《广成》，以乐之名显示出其兼纳各方的胸怀。北齐诸舞则不立名号，继续坚持"洛阳旧乐"。

表现在墓葬礼乐符号中，东魏—北齐延续了北魏洛阳时代奠定的"鼓吹乐＋燕乐"二元式组合，但在整体组合和具体细节上，都表现出对汉制传统的吸纳。其一，其鼓吹乐组合延续北魏洛阳时代形成的"卤簿系"与"军乐系"二元式形式，从而体现出"胡汉并流"之特点。在"卤簿系鼓吹"的表现上，在其服饰中以"笼冠"取代"平巾帻"，这一形式的转变或承自南朝而来，在元素上是对汉制鼓吹乐组合的摹写。其二，北齐虽恢复鲜卑语、鲜卑服，但是在礼乐路线上却积极进行汉化，特别是对上古时期编钟、编磬这一礼乐符号的塑造和恢复，当是对华夏正声的刻意塑造。由此可见，东魏—北齐政权在礼乐建设上，针对北魏后期"雅俗分野"与"胡汉并流"的现实情况双管齐下，并在一定程度上向汉制回归。

东魏—北齐礼乐路线的制定，直接出发点基于其特殊的地缘政治格局。北齐在政治上建立起"邺城—晋阳"二元体制，这种"二元体制"对汉人士族聚居的东方地区虽然

---

[1]《隋书》卷十四《音乐中》，第313～314页。

具有合力作用，但对于内部而言却存在一种离心作用，客观上造成了文化和政治认同的分离。这种离心作用亦表现在墓葬礼乐符号中。

在鼓吹乐组合中，在"胡汉并流"背景下，将"卤簿系鼓吹"与"军乐系鼓吹"融于同一处，是其组合的内在逻辑。在遵循这一逻辑的前提下，在邺城地区、晋阳地区及东方地区都根据其地域传统形成了着装相异、风格不同的组合类型。由此可见，具有制度化意义的鼓吹乐组合虽然被地方所接受，但是政治上的接受却未能形成文化上的统一。

即便在各地区内部，鼓吹乐的使用也未能形成统一的制度。在邺城地区，"二元式"鼓吹乐组合仅用于皇室成员中，对于地方官员或因军功受赏者，则不使用"卤簿系鼓吹"，而仅使用"军乐系鼓吹"。在晋阳地区，鼓吹乐符号不仅出现在俑群组合中，也出现于壁画仪仗队列中。其鼓吹乐组合在形制上与邺城地区有别暂且不论，娄睿、徐显秀同为王级，其壁画仪仗队列中鼓吹乐组合所标识的身份指向亦有差别。就北齐墓葬的等级问题，此前有学者将砖室墓划分为三个等级，指出土洞墓的墓主身份多属于中低级官吏。[1]也有学者曾将晋阳与邺城地区墓葬对比，并将其分为三个等级，其主要依据是墓葬的规模。[2]如果将墓室壁画中鼓吹乐组合的使用作为一种标识参考，那么朔州水泉梁墓壁画中鼓吹乐组合所揭示的墓主身份，则存在僭越的可能。凡此特点，皆表现出晋阳与邺城两地在同一制度框架下的分离暗流。

面对两个政治中心在同一制度框架下的差别，中间地带的表现亦值得关注。厍狄迴洛墓位于两个政治中心交界处的边缘地带，其在政治和文化取向上也具有双重性特点。一方面采用了"邺城规制"下的墓葬基本形态，接受了邺城地区所流行的燕乐俑群，而排斥晋阳地区在墓室壁画中表现的"燕乐"形式；另一方面在其鼓吹乐俑的塑造上，却接受了晋阳地区流行的基本组合样式。上述诸般，折射出其在两个政治中心之间保持平衡的微妙心态。

对于东方士族，鼓吹乐的使用同样游离于政治核心区的制度框架外。高雅出身渤海高氏，其墓葬采用了东方大族的圆形墓葬式。[3]其官阶不高，随葬鼓吹当为"受诏"改葬时代表"殊礼"之标识。与高雅墓相同，常文贵墓采用了北朝时期青齐地区流行的圆形墓。其墓主官阶不高，但墓葬规模较大，并且随葬鼓吹乐俑。从其墓志知官方屡次诏赠其官，表明鼓吹乐俑亦为"葬以殊礼"之证。吴桥M3墓主身份不明，但从其现状来看，应与上述情况相似。由此可知，北齐在东方地区通过"诏葬"形式进行礼遇，用以安抚东方士族集团，从而巩固统治，鼓吹乐俑即是其中一种符号表现。此外，对于东方

---

[1] 李梅田：《北齐墓葬文化论析》，《中国历史文物》2004年第6期，第59～68、87～93、2页。
[2] 同前揭《光宅中原——拓跋至北魏的墓葬文化与社会演进》，第271～273页。
[3] 同前揭《中国古代物质文化史·隋唐五代卷》，第148页。

地区内靠近南朝的青齐之地，以崔芬墓为例，低等级墓葬中无法使用鼓吹乐组合者，通过使用南朝墓葬中用以标识身份的礼乐符号，即屏风画中的"高士雅音组合"对自身进行标榜。

综上所述，晋阳地区墓葬文化所呈现出的，与其说是与邺城地区之"文质"相应的"武风"，倒更像是对邺城地区"汉化"倾向的一种有意抵触，进而表现出对北魏以来地域文化的固守。邺城地区表现出的积极的"汉制化"推进，与晋阳地区保守的"鲜卑化"回流，加之东方士族自身的独立化与南朝化倾向，三者可谓三足鼎立。了解了这样一种现实格局，也就不难理解北齐"斟酌缮修、戎华兼采"的礼乐路线从何而来。三种政治力量伴随着"雅乐""俗乐""胡乐"三种音乐话语反复交织，并在墓葬礼乐符号中表现出来。

不过，"戎华兼采"的结果是"胡乐"的滥用。

《隋书》卷十四《音乐中》载：

> 杂乐有西凉鼙舞、清乐、龟兹等。然吹笛、弹琵琶、五弦及歌舞之伎，自文襄以来，皆所爱好。至河清以后，传习尤盛。后主唯赏胡戎乐，耽爱无已。于是繁手淫声，争新哀怨。故曹妙达、安未弱、安马驹之徒，至有封王开府者，遂服簪缨而为伶人之事。后主亦自能度曲，亲执乐器，悦玩无倦，倚弦而歌。别采新声，为《无愁曲》，音韵窈窕，极于哀思，使胡儿阉官之辈，齐唱和之，曲终乐阕，莫不殒涕。虽行幸道路，或时马上奏之，乐往哀来，竟以亡国。[1]

在皇帝自上而下的带动下，胡乐无疑蔚然成风。在这种氛围下，甚至在东方地区以崔芬墓为代表的汉人士族墓葬中，其屏风画所绘"高士雅音组合"中也出现了以"胡旋舞"为代表的胡乐符号，而这种符号正是南朝墓葬所排斥的。

2."革魏之乐，以臻雅正"：西魏—北周的礼乐路线与其礼乐符号

西魏在长安立足后，相比东魏在政治与文化上皆处于弱势，内部各集团亦需要团结和统一。在此背景下，宇文泰奉行"关中本位政策"，并在文化上复古《周礼》。这种复古不仅体现在官制设立上以周礼为纲，在其礼乐建设中，郊庙用乐的乐名甚至直接取自《周礼》。不过，其礼乐未备，所谓乐名也不过"虽著其文，竟未之行"。明帝践阼，"虽革魏氏之乐，而未臻雅正"。从这一过程可以看出，北周在礼乐建设中欲与北魏"划清界

---

[1]《隋书》卷十四《音乐中》，第331页。

线",明确强调"雅俗之分",与南朝政权的思路不谋而合。可见,西魏的礼乐建设,其直接目的还不只是针对南方政权,还要与北齐政权争夺文化话语权。

《隋书》卷十四《音乐中》载:

> 建德二年（573）十月甲辰,六代乐成,奏于崇信殿。群臣咸观。其宫悬,依梁三十六架……宣帝嗣位,郊庙皆循用之,无所改作。[1]

据此可知,北周的宴飨用乐,以高昌之乐为基础,与西域康国乐、龟兹乐相融合而成,有着鲜明的胡乐色彩。

又《隋书》卷十四《音乐中》载:

> 太祖辅魏之时,高昌款附,乃得其伎,教习以备飨宴之礼。[2]

由此可见,在"雅俗分野"与"胡汉并流"大形势下,不仅南北政权存在政治与文化正统争夺,在北方政权内部,这种话语权之争更甚。北周政权虽托"周礼"之名,但其礼乐之实仍是南梁之庙乐与飨宴之胡乐。这一实际情况亦反映在墓葬中,墓葬所见北周礼乐文化之面貌,显然不可与北齐同日而语。北周在礼乐方面打着"复周礼"的幌子,其实在墓葬制度层面总体上走的是"晋制化"的道路。[3]

与东魏北齐的墓葬形成差别,北周墓葬自明帝以来即有"薄葬"的惯例与传统,北周明帝武成二年（560）遗诏中即明言:"葬日,选择不毛之地,因地势为坟,勿封勿树。"周武帝遗诏中亦言:"丧事资用,须使俭而合礼。墓而不坟,自古通典。随吉即葬,葬讫公除。"在武帝之弟宇文俭墓志中亦有"率由古礼,不封不树"的记载,其墓上确无封树。可见,北周的"薄葬"之风是自上而下倡导并贯彻的,与魏晋时期的"薄葬"之风有异曲同工之义。

不过,与魏晋墓葬的"禁乐"现象不同,北周所谓"革魏氏之乐",反映在墓葬中即革除北魏墓葬中的具有"胡化"倾向的"燕乐组合"与具有"俗乐"内涵的"百戏组合"。这项措施自北周武帝登基后在现实中与墓葬符号中皆得到了落实。明帝武成二年

---

[1]《隋书》卷十四《音乐中》,第332～333页。
[2]《隋书》卷十四《音乐中》,第342页。
[3] 齐东方概括了中国古代丧葬中"晋制"的特点,详前揭《中国古代丧葬中的晋制》。需要指出的是,所谓"晋制",更确切地说不是一套具体的制度,而是"薄葬之风"引导下的一种概念。因此,它是客观存在的一种现象化的"制度",而非典章化的"制度"。

（560）始用的"百戏"，在武帝保定元年（561）被罢；武帝天和六年（571），又罢掖庭之"四夷乐"。[1]因而在政治核心区墓葬中，燕乐组合基本不见，但对于标识身份的"鼓吹乐组合"，北周武帝不仅没有废除，还利用其政治功能强化等级阶序的建立。

墓葬鼓吹制度在西魏—北周的建立并不是一蹴而就的。在北魏墓葬中，五品以上官员方有随葬鼓吹乐俑之资格。至西魏时，以侯义墓为例，侯义官阶并不高，仅为从七品，本不具备随葬鼓吹的资格。然而，其墓葬中鼓吹乐俑规模却颇可观。若结合其墓志所载家世背景，我们便不难理解，这恰是宇文泰在平衡关中政治背景下，对北魏旧勋元从葬以殊荣之反映。作为俑群组成部分的鼓吹乐组合逾制使用，应是一种政治妥协的产物，墓葬鼓吹制度尚未真正确立。

以目前所见，以北周时期鼓吹乐俑为代表的墓葬鼓吹制度，实则见于建德元年（572）至宣政元年（578）间，是北周武帝自上而下建立起的墓葬制度的组成部分，深刻反映出北周武帝自亲政至暴亡时期在礼乐建设层面所作的努力，我们不妨称其为"建德之制"。其鼓吹乐组合的形式与内容我们在第壹章中已有叙述。以下将结合墓主身份、墓葬规模（墓室尺寸）及随葬鼓吹乐俑的规模，对其中记录明确者进行综合观察（见表6-1）。

表6-1 北周墓葬规模及其随葬鼓吹统计表

等级梯队	墓葬名称	墓主身份	墓室尺寸（米）	骑马鼓吹俑数量	步行鼓吹俑数量
第一梯队	北周武帝孝陵	北周武帝宇文邕	3.8×3.8	24	81
第二梯队	李贤墓	河西公、柱国	3.85×4	21	68
	叱罗协墓	骠骑大将军、开府仪同三司、大都督、南阳郡开国公	3.8×3.8+2.7×1.7	7	47
	宇文俭墓	谯忠孝王、大冢宰	3.6×3.6	20	不明
第三梯队	王德衡墓	使持节仪同大将军、新市县开国侯	4.35×3.06	12	26
	独孤宾	使持节骠骑大将军、开府仪同三司、大都督赠并冀二州诸军事并州刺史，武阳县开国伯	2.45×2.6	11	不明
	若干云墓	骠骑大将军、上开府仪同大将军、任城郡公	2.6×1.3	11	16

---

[1]《隋书》卷十四《音乐中》，第342页。

根据上表，我们可以将北周时期随葬鼓吹乐组合的墓葬分为三个等级梯队。在每一梯队中，鼓吹乐俑的数量、墓室尺寸均与其身份等级呈正相关。其中叱罗协墓现存骑马鼓吹乐俑数量不全，但从步行鼓吹俑规模来看，基本符合这种等级差序。其中较为特殊的是位于第二梯队中的叱罗协墓与李贤墓，在"薄葬"背景下，二人均以厚葬，并在地面进行了封树。李贤出身关陇贵族集团，身份极为显贵，同时与宇文泰、宇文邕等北周高层关系密切。其墓葬不但随葬品奢华，还以壁画形式表现出北周礼乐框架下革除的"燕乐组合"。叱罗协的厚葬背景倪润安先生已有详述。[1] 从上可见，在"建德之制"下，墓葬鼓吹乐组合已表现出相对完备阶序化和制度化指向。在制度框架下，出于凝聚关陇贵族之需要，又会对身份特殊者予以厚待。相比东魏—北齐墓葬鼓吹制度流于形式，北周则最大限度地表现出其制度的针对性与简洁性。这种更为明确的制度化指向，在客观上有利于北周核心集团的凝聚，并在一定程度上暗示了东、西之争的结局。

遗憾的是，周宣帝即位后，大肆增修百戏。其用乐无章无度，完全背离了北周武帝的礼乐路线。

《隋书》卷十四《音乐中》载：

> 及宣帝即位，而广召杂伎，增修百戏。鱼龙漫衍之伎，常陈殿前，累日继夜，不知休息。好令城市少年有容貌者，妇人服而歌舞相随，引入后庭，与宫人观听。戏乐过度，游幸无节焉。
> ……宣帝时，革前代鼓吹，制为十五曲……宣帝晨出夜还，恒陈鼓吹。尝幸同州，自应门至赤岸，数十里间，鼓乐俱作。祈雨仲山还，令京城士女，于衢巷奏乐以迎之，公私顿敝，以至于亡。[2]

墓葬中虽不能直接反映出宣帝时期对"乐"的滥用，但是其时武帝时期墓葬中形成的鼓吹之制无从考察，很大程度上源自宣帝对于殿庭音乐的滥用无度。

综上所述，墓葬礼乐符号反映出的北朝东、西之争，其实存在于两个层面。一是礼乐建设层面，即基于北魏后期形成的"雅俗分野"与"胡汉并流"背景下的政治和文化正统之争；二是墓葬制度层面，即中古丧葬中的"汉制"与"晋制"之争。这两种差别，本质上均是双方针对自身现实处境而制定的策略，但是"雅乐""俗乐"与"胡乐"三乐并立的格局进一步呈现出来，在礼乐建设中如何平衡，本质上仍是一个没有解决的难题。

---

[1] 同前揭《北周墓葬俑群研究》，第44页。
[2] 《隋书》卷十四《音乐中》，第342～343页。

其中，相比"雅俗"问题，"胡乐"在全社会的影响已超出前代。特别是北朝政权以"复古"之名，实际上发展的乃"胡乐"之实，自北魏平城时代后期兴起的胡乐，在此时不仅代表着一种政治话语，同时也开始成为一时代之风尚。在安阳北齐范粹墓与固原窖藏[1]中，分别出土有黄釉联珠纹乐舞扁壶与绿釉联珠纹乐舞扁壶，其上均装饰有以胡腾舞为中心的胡乐组合。扁壶所出背景没有等级指向，又分别位于北齐与北周政权内，从中即可管窥北朝晚期胡乐对社会之影响。与此同时，在北周制度框架下被革除的"燕乐组合"，以另一种语境出现于入华粟特人石质葬具中，从中同样亦可见胡乐在北方的盛行。那么，针对这样的现实情况，隋唐统治者在完成华夏帝国的重建后，在礼乐建设上又是如何做的？其礼乐路线又是如何反映在墓葬礼乐符号中的呢？

（二）隋代礼乐文化的整合

隋朝完成统一使命的同时，也开始对整个中古时期的礼乐文化进行全面整合。隋代虽然短祚，但隋文帝与隋炀帝的礼乐路线大不相同；隋文帝在灭陈前后，礼乐路线亦有差别。以此前章节中对音乐文物的分类为基础，我们将结合文献对各阶段的礼乐路线详细论述。

1. 祖述周官，以求正统：隋文帝初期的礼乐路线

隋文帝践祚之初，"制氏全出于胡人，迎神犹带于边曲"。[2]此种情形，无疑是北魏以来礼乐建设中"胡汉并流"与"雅俗分野"交织作用下的遗留问题。对此，尚未完成统一的隋政权是如何面对的呢？

《隋书》卷十四《音乐中》载：

> 开皇二年（582），齐黄门侍郎颜之推上言："礼崩乐坏，其来自久。今太常雅乐，并用胡声，请冯梁国旧事，考寻古典。"高祖不从，曰："梁乐亡国之音，奈何遣我用邪？"是时尚因周乐，命工人齐树提检校乐府，改换声律，益不能通。俄而柱国、沛公郑译奏上，请更修正。于是诏太常卿牛弘、国子祭酒辛彦之、国子博士何妥等议正乐。然沦谬既久，音律多乖，积年议不定。高祖大怒曰："我受天命七年，乐府犹歌前代功德邪？"命治书侍御史李谔，引弘等下，将罪之。谔奏："武王克殷，至周公相成王，始制礼乐。斯事体大，不可速成。"高祖意稍解。[3]

---

[1] 马东海：《固原出土绿釉乐舞扁壶》，《文物》1988年第6期，第52页。
[2] 《隋书》卷十三《音乐上》，第287页。
[3] 《隋书》卷十四《音乐中》，第345页。

从中可知，隋文帝在政权新建时沿袭北周的礼乐路线，在文化上不仅与南朝对立，同时固守"关中本位政策"，对关东地区的北齐文化同样加以排斥。此外，出于政治话语更替的需要，他对北周之乐也有所不满。然而，北朝诸政权自十六国以来便面临着民族融合之背景，其乐多胡戎之声，早在北魏时即已是事实。隋初"太常雅乐，并用胡声"的局面，只是北朝礼乐文化中"胡汉并流"的结果。面对这种结果，隋文帝希望造新声的同时，又不肯放弃既定的路线，试图以此来平衡内部势力。

从隋文帝在代周之初对制礼作乐的态度可以窥见两点：其一，军事征伐上的胜利，使其坚持北周固有的礼乐路线，将南梁之礼乐，亦视为"亡国之音"。其二，他将礼乐之事视作"彪炳功成"之举，而非治国之根本，故有"乐府犹歌前代功德"之反问。这种忽视礼乐之大体的偏见，还体现在他对牛弘等人建议"悉停戎声"时的推诿上。

《隋书》卷十五《音乐下》载：

> 前克荆州，得梁家雅曲。今平蒋州，又得陈氏正乐。史传相承，以为合古。且观其曲体，用声有次，请修缉之，以备雅乐。其后魏洛阳之曲，据《魏史》云"太武平赫连昌所得"，更无明证。后周所用者，皆是新造。杂有边裔之声，戎音乱华，皆不可用，请悉停之。
>
> 制曰："制礼作乐，圣人之事也，功成化洽，方可议之。今宇内初平，正化未洽，遽有变革，我则未暇。"晋王广又表请，帝乃许之。[1]

从上可知，在上表制礼作乐之事时，牛弘以宏论溯礼乐之源流，[2]其目的在于阐明"制礼作乐，须合古体"，如此方为正统。他认为北魏洛阳以来历代之乐，虽自言其传承古雅，实无明证，且多为胡戎之声，难成礼乐大体，故应停废。在雅乐用律上，牛弘继承郑译而反何妥的主张，即反对只用"黄钟一宫，不假余律"；在音律成均上，其舍弃西晋荀勖所定笛律，沿用东汉章帝至顺帝所用二均制的遗绪；在悬挂钟磬之法上，其建议"每虡准之，悬八用七，不取近周之法悬七"。所有主张的最终目的，其实是摒弃北周有名无实的礼乐路线，回归到汉制轨道之上。这与北周以来奉行的"祖述周官，以求正统"的路线显然不合，因而也注定会遭到"关陇集团"的反对。

郑译根据苏祇婆七调更立隋之七均，于是便有郑译与苏夔关于"七调为均"与"五调为均"的争论。[3]这场争论揭示的实质问题是，北方久染胡声，旧乐鲜传，从前作为

---

[1]《隋书》卷十五《音乐下》，第351页。
[2]《隋书》卷十五《音乐下》，第351~352页。
[3]《隋书》卷十四《音乐中》，第345~347页。

正统之声的乐音体系，已经无法协调新的音乐模式。故隋代在礼乐建设中需要解决的问题，其实并不是谁为正统，而是如何用正统的话语体系来诠释新的乐音体系。郑译所言所行皆切中了当时朝堂上下的政治心态，故得以行之。

其时牛弘虽总知乐事，但他并不精音律。在具体调定律吕高低时，郑译、苏夔与何妥等人有异议，其背后则是以"议论乐制"为名各立朋党，为争夺政治话语而相互掣肘。隋初论乐之结果，即"唯奏黄钟一宫，郊庙飨用一调，迎气用五调"，这实为妥协之举。由此可见，政治话语才是其时礼乐建设的背后推手，这一情形与南北朝时期并无本质区别。郑译虽定七调为均，但皇权初振，律吕之制其实质并非乐音之高低，而是所谓"君臣之义"。在隋初文化保守的路线下，政治核心区墓葬呈现出的北周式的惯性也就不难理解。

在礼乐建设上，隋文帝仍以《周礼》为纲以求正统，但在具体操作上则刻意与北周有别，此节从其订立"悬钟磬之法"即可看出。

《隋书》卷十四《音乐中》载：

> 又有识音人万宝常，修洛阳旧曲，言幼学音律，师于祖孝徵，知其上代修调古乐。周之璧翣，殷之崇牙，悬八用七，尽依《周礼》备矣。[1]

> 又据汉成帝时犍为水滨得石磬十六枚，此皆悬八之义也。悬钟磬法，每虡准之，悬八用七，不取近周之法悬七也。[2]

从中可知，在"祖述周官，以求正统"的礼乐路线下，隋文帝又采取了以下两方面的举措。在雅乐建设上，隋置文舞、武舞，皆依《周礼》；同时又依《礼记·乐记》象德拟功。对此，文帝虽言"不须象功德，直象事可"而故作推诿，实则依然沿用拟象功德之举。文、武二舞自生以来，其用为是。文帝罢高祖以来沿用《矛俞》《弩俞》，称其"既非正典"而皆罢之，并在此前牛弘等人远承汉制的过程中一度消极，此后诸举皆参照《周礼》。以周制为理想蓝本而损益之，而不以汉制为纲，旨在跳出南北朝以来南北文化正统争夺的窠臼，而寻其根本的意图和野心。在俗乐的处理上，隋文帝在开皇初年便遣散百戏。《隋书》卷十五《音乐下》载：

> 始齐武平中，有鱼龙烂漫、俳优、朱儒、山车、巨象、拔井、种瓜、杀马、剥驴等，奇怪异端，百有余物，名为百戏。周时郑译有宠于宣帝，奏征齐散乐人，并

---

[1]《隋书》卷十四《音乐中》，第347页。
[2]《隋书》卷十五《音乐下》，第355页。

会京师为之。盖秦角抵之流者也。开皇初，并放遣之。[1]

隋文帝吸取北周之教训，放遣百戏，其更为内在的考虑其实在于，要通过抑制俗乐来巩固雅乐的主导地位。

从上可见，隋初的礼乐建设虽仍伴随着政治话语的争夺，但官方已开始着手解决北朝礼乐文化发展所产生的基本问题。从客观上讲，无论是北周之礼还是北齐之礼，都不能涵盖隋代在礼乐建设中的全部。倪润安先生在其研究中详细归纳了北周至唐初的墓葬文化，并提出隋文帝在开皇初便试图以齐礼取代北周礼。[2]综合前文来看，取代北周礼是言之有理的，但以隋文帝之考量，北齐文化的介入或只是平衡策略下的默许，而非一开始便处于主动。但无论如何，北齐文化因素开始重新塑造关中地区墓葬礼乐。

这一时代背景反映在墓葬礼乐符号中，最突出的即是北周政治核心区墓葬中被革除的"燕乐组合"重新复归。位于政治核心区内的开皇六年（586）侯子钦墓中，鼓吹乐俑延续了关中北周墓葬的基本形式，但与之相对的"燕乐组合"则在北魏初年之后，阔别百余年再次出现。其用乐组合亦是以排箫、笙为代表的"汉乐组合"与以竖箜篌、琵琶为代表的"胡乐组合"并列融合。

隋文帝虽然通过制定"祖述周官"的礼乐路线来建立新的秩序，同时确立自身的正统。但在现实中，胡乐的盛行却不可改变，胡乐与俗乐相结合，更是风靡朝野。

《隋书》卷十五《音乐下》载：

> 龟兹者，起自吕光灭龟兹，因得其声。吕氏亡，其乐分散，后魏平中原，复获之。其声后多变易。至隋有《西国龟兹》《齐朝龟兹》《土龟兹》等，凡三部。开皇中，其器大盛于闾闬。时有曹妙达、王长通、李士衡、郭金乐、安进贵等。皆妙绝弦管，新声奇变，朝改暮易，持其音技，估衒公王之间，举时争相慕尚。高祖病之，谓群臣曰："闻公等皆好新变，所奏无复正声，此不祥之大也。自家形国，化成人风，勿谓天下方然，公家家自有风俗矣。存亡善恶，莫不系之。乐感人深，事资和雅，公等对亲宾宴饮，宜奏正声；声不正，何可使儿女闻也！"帝虽有此敕，而竟不能救焉。[3]

自北朝以来，龟兹乐可谓"胡乐"之领袖，对中国音乐的丰富有巨大作用。隋初源自龟兹乐器的繁复之况，仅是琵琶一类从敦煌莫高窟壁画中便可见一斑。文帝既强调"公等对

---

[1]《隋书》卷十五《音乐下》，第380~381页。
[2] 倪润安：《唐李寿墓壁画的"贞观探索"》，《考古》2016年第11期，第107页。
[3]《隋书》卷十五《音乐下》，第378~379页。

亲宾宴饮，宜奏正声"，主要出发点在于"胡乐"对"雅乐"主导地位的影响，与其"寻求正统"的礼乐路线产生冲突。这种冲突表现在墓葬中，在北齐故地青齐地区的徐敏行夫妇墓中有直接体现。

山东嘉祥隋开皇四年（584）徐敏行夫妇墓中所绘"燕乐图"，虽为宴饮情境，但在基本图像结构上，延续了北齐晋阳地区墓葬的文化特征。在音乐组成上，画面核心的蹴鞠之舞实际上从属于"百戏系统"，一旁的伴奏乐队则是竖箜篌与横笛组成的"胡乐组合"。由此可见，其表面上是"燕乐图"，但实际上却使用了代表俗乐的"百戏组合"和标识胡乐的"胡乐组合"。这一做法明显与隋文帝的礼乐路线背道而驰，同时也与青齐地区的士人风尚有所差别。

结合徐敏行墓志、徐之范墓志以及《北齐书·徐之才传》可知，徐敏行祖父徐雄曾仕南齐兰陵太守，其伯父徐之才是北齐开国元勋，其父徐之范曾在南梁为官，因侯景之乱北上仕齐。作为南朝北上之人，徐敏行与其父均有深厚的北齐背景。入隋之后，徐敏行作为太子杨勇幕僚，深为晋王杨广集团所忌。杨广本人自诩为隋文帝礼乐路线拥护者，在另一方面也利用礼制重建的契机，对太子集团加以打击，此节我们可以从潼关税村墓中管窥。

潼关税村墓未出纪年材料，目前学界普遍认为他是废太子杨勇之墓。沈睿文先生通过考察，分析了废太子杨勇被废、致死的根本原因是其与隋文帝政治、文化路线的背离。[1] 太子杨勇之死与税村墓的面貌，为我们考察徐敏行墓提供了一种参照。从中可以看出，太子杨勇在被废之前，心中实有深刻的北齐情结，这与其对汉魏传统文化的推崇不无关联。废太子杨勇对汉魏传统的推崇，客观上也造成了其对关陇集团的离心，事实上也使他成了北齐以降关东士人的代表。

在关东士族内部，亦有士家大族与一般家族的分别。北方大族中门望最高者当推博陵崔氏与清河崔氏，其墓葬中坚持"圆形墓"的使用，长期与政治核心区形成差别，可见其对家族和地域性的固守。徐敏行家族显然不可与崔氏同日而语，据罗新先生考证，徐氏一族从徐熙到徐敏行的父辈徐之才、徐之范，数代都以医术知名。[2] 医术于时并不入流，但却可成为徐氏一门跻身政治的途径。据《魏书》卷九一《术艺·徐謇传》，徐之范叔祖徐謇，曾在东阳被北魏军队俘虏后送至平城，因医术而先后得到献文帝的信任。[3] 据徐之范墓志可知，徐之范释褐任"南康嗣王府参军事"，即其起家为梁南康嗣王萧会理

---

[1] 沈睿文：《废太子勇与圆形墓——如何理解考古学中的非地方性知识》，第75～95页；沈睿文：《中国古代物质文化史·隋唐五代卷》，第103、123页。
[2] 罗新、叶炜：《新出魏晋南北朝墓志疏证》，中华书局，2016年，第212页。
[3] 《魏书》卷九一《术艺·徐謇传》，第1966～1968页。

之三班幕僚，后又与刘孝胜、刘孝先兄弟同入梁武陵王萧纪府中。侯景之乱爆发后，"梁室遭厄，江左沸腾"，萧纪称帝未果，为萧绎所杀。徐之范被迫北上，在其兄徐之才举荐下入仕北齐。徐敏行墓志所载"天保云季，来仪河朔"，即言其随父北上。由此可见，徐氏家族凭借医术立世，其文化取向在很大程度上裹挟于其政治选择之中。换言之，身处关东士人群体的边缘地位，徐氏并不会像崔氏家族一般，固守家族和地域性；但同时也会出于现实政治、文化环境的考虑，对于"关东集团"主流导向进行某种依附。

明白此节就不难理解，同时兼具"关东士族"与"杨勇幕僚"双重身份的徐敏行，其家族在为其营建墓葬时，何以排斥使用当时体制所要求的模式。不仅如此，隋文帝于时刻意制造"雅""俗"界线，并推行"复古崇雅"的礼乐路线。在这种背景下，徐敏行墓壁画"宴乐图"中却刻意强调代表世俗化和娱乐性的"百戏组合"，更显示出其对体制的抵触。事实上，在体制框架下对中央主流文化的抵触，也是太子杨勇被废的根源。

前文已述，作为关东高门代表的崔氏，其成员如崔芬者，纵然官阶不高，依然选择"南朝传统"下的"青齐模式"来营建墓葬。此举无疑是恪守家族与地域文化，并以此进行自我标榜。那么，作为其时关东集团的一员，徐敏行墓既然排斥使用"洛阳传统"下的"邺城模式"，其墓葬为何未如崔芬墓一般，选择"南朝传统"下的"青齐模式"呢？我们认为这当与其在王朝更迭背景下的自我定位与处世心理有关。从徐敏行墓志来看，其中有三个值得注意的细节，一是志文中未书写其籍贯，二是志文中未书写其父徐之范的名讳，三是志文中未书写其妻室姓氏。这些微小的细节，显然有悖于北朝至隋唐时期墓志的书写格式，但也透露出其中的重大隐情。我们知道，墓葬中以"竹林七贤与荣启期"为代表的高士题材，产生于南北朝时期南北方文化正统争夺的语境中。[1] 对于此类题材的使用，与墓主的文化认同有直接联系。据《北齐书·徐之才传》与徐之范墓志可知，徐氏原籍是山东姑幕，至十二世祖时才迁往江南，《北齐书》因此将其籍贯写作"丹阳"。可见，徐敏行对"丹阳"并没有足够的心理认同。因而，在墓葬中刻意回避南朝模式，也就合乎情理。

此外，有学者考证，出身于医术世家的徐敏行，其家族很可能信奉天师道。[2] 东魏—北齐政权延续洛阳传统，皆以佛教立国，佛道之争一度升级。东魏武定六年（548），高澄奏请取消道坛；至北齐天保六年（555），文宣帝高洋下令废除道教，北齐境内的天师道团随之瓦解。在官方的打击下，信奉天师道的徐氏家族究竟何去何从，我们无从知晓其间细节。但是，从徐敏行墓壁画"燕乐图"的设置来看，我们可以推测其采取了折中与回避的

---

[1] 倪润安：《南北朝墓葬文化的正统争夺》，《考古》2013年第12期，第71~83页。
[2] 陈昊：《墓志所见南北朝医术世家的身份认同与宗教信仰》，《文史》2008年第2辑，第77~104页；章红梅：《六朝医家徐氏考辨——以墓志为主要材料》，《史林》2011年第3期，第50~55、189页。

策略。在墓葬中设置深受平城传统与西域胡风影响的"晋阳模式",与其说是受北齐胡风的直接影响,倒不如说是在政治与宗教的严峻形势面前被迫的一种应对与调试。

从徐敏行墓壁画的燕乐图中,我们可以钩稽出大时代变革之下的个人抉择。这些不起眼的细节也可以揭示出,隋代初年礼乐建设仍然面临着社会层面的复杂形势。

2. 斟酌梁、代,以求折中:隋文帝灭陈之后的礼乐路线

随着平陈战争的胜利与全国的统一,无论隋文帝本人是否愿意,打破文化保守、重新调整礼乐路线以适应新的文化格局,迫在眉睫。

《隋书》卷十五《音乐下》载:

> 开皇九年平陈,获宋、齐旧乐,诏于太常置清商署,以管之。求陈太乐令蔡子元、于普明等,复居其职。[1]

从中可知,隋文帝专设清商署以统宋、齐旧乐,甚至以陈故吏管理,说明其对于所谓华夏正声的清商之乐并不了解,但专设机构又表明其融合新、旧之乐以实现礼乐改革的决心。又《隋书》卷十五《音乐下》载:

> (开皇)十四年(594)三月,乐定……仪同三司、东宫学士饶阳伯刘臻等奏曰:"……曩代所不服者,今悉服之,前朝所未得者,今悉得之。化洽功成,于是乎在。臣等伏奉明诏,详定雅乐,博访知音,旁求儒彦,研校是非,定其去就,取为一代正乐,具在本司。"[2]

正是在全国统一的背景下,隋代详定雅乐得以提上日程。南北朝音乐形式、乐器类型皆尽烦乱,故制礼作乐之时,当定其去就。其目标所谓"取为一代正乐",亦是为建立华夏帝国新的统治秩序张本。

《太平广记》卷二百三《乐一》"隋文帝条"引《出洽闻记》载:

> 隋文帝开皇十四年,于翟泉获玉磬十四,悬之于庭。[3]

---

[1]《隋书》卷十五《音乐下》,第349页。
[2]《隋书》卷十五《音乐下》,第359页。
[3]《太平广记》卷二百三《乐一》"隋文帝条"引《出洽闻记》,第1532页。

隋文帝将出土之"玉磬"悬于殿庭，无疑是为其"乐定"做一种政治修辞。由此可知，至开皇十四年（594）时，隋文帝基本完成了礼乐改革。那么，在这五年中，隋文帝都进行了哪些调整呢？

如果说隋初的礼乐路线是为了在巩固新政权的基础上，平衡关陇贵族与文帝集团的利益诉求，那么这一时期的礼乐路线则是针对现实情况，从正面平衡北朝以来"胡汉并流"与"雅俗分野"所造成的"三乐并立"的格局。对此，隋文帝在"宴飨雅乐"方面大做文章。

其一，隋文帝针对南朝梁武帝时期"简敬"的礼乐路线，通过恢复梁武帝时废弃的"登歌"，将南朝礼乐纳入自身体系之中。[1]

隋非梁武，还登歌"以嘉庆用之"，其制依照北周登歌组合，且认为燕乐用登歌符合《仪礼》之义。其登歌十四人，分别坐于阶上、立于阶下，故有坐、立之分。隋之"登歌"可用于祀神、宴会及释奠之礼。[2]唐初及玄宗时期确立、改进的"坐、立二部伎"，盖亦受登歌之制的影响。隋文帝恢复宴飨殿上登歌之制，在墓葬礼乐符号中亦有所体现。在开皇十四年（594）"乐成"之后，开皇十五年（595）的安阳张盛墓及与其大约同时的安阳置度村M8中分别出现表现坐部与立部的"燕乐组合"伎乐俑。不过需要注意的是，这一组合尚不能等同为唐朝以降的"坐、立部伎"。同时，虽然深受北齐邺城地区墓葬文化的影响，但这种"燕乐组合"的出现，其实是在隋文帝礼乐建设第二阶段的特殊语境下出现的，其出现固然有文化传统的继承，但并非文化因素的简单延续。

其二，在南朝诸乐的处理上，隋文帝在截取其元素的基础上，对南朝音乐元素与汉魏音乐传统进行了选择性的继承。

《隋书》卷十五《音乐下》载：

> 《清乐》其始即《清商三调》是也，并汉来旧曲。乐器形制，并歌章古辞，与魏三祖所作者，皆被于史籍。属晋朝迁播，夷羯窃据，其音分散。苻永固平张氏，始于凉州得之。宋武平关中，因而入南，不复存于内地。及平陈后获之。高祖听之，善其节奏，曰："此华夏正声也。昔因永嘉，流于江外，我受天明命，今复会同。虽赏逐时迁，而古致犹在。可以此为本，微更损益，去其哀怨，考而补之。以新定律吕，更造乐器。"其歌曲有《阳伴》，舞曲有《明君》《并契》。其乐器有钟、磬、琴、瑟、击琴、琵琶、箜篌、筑、筝、节鼓、笙、笛、箫、篪、埙等十五种，为一部，工二十五人。[3]

---

[1]《隋书》卷十五《音乐下》，第357～358页。

[2] 入唐后，释奠之礼不仅奏陈雅乐，而且有京兆府供食、教坊杂乐倡优助兴。这种用教坊杂乐的风俗，一直延续到宋朝。

[3]《隋书》卷十五《音乐下》，第377～378页。

隋文帝一方面非梁武，一方面改变了其在开皇初年将南梁之乐视为"亡国之音"的态度，将南朝之"清商乐"视为华夏正声。这种态度的转变，亦是新的政治、文化环境与礼乐文化发展综合作用的结果。"并汉来旧曲"，以其"古致"为本，微更损益，实际上暗示其已经开始放弃早先的文化保守路线，为礼乐文化的折中作了铺垫。这种路线的调整从文献中虽然难以直接表现，但墓葬中的蛛丝马迹仍然可以为我们勾稽一二。

《旧唐书》卷二十九《音乐二》载：

> 《清乐》筝，用骨爪长寸余以代指。[1]

清乐筝之"骨爪"，在隋李静训墓中即有随葬。[2]李静训曾祖父即在北周享有崇高地位的李贤，其祖父李崇为隋文帝杨坚立下战功并为国捐躯，其父李敏自幼即被杨坚养于宫中。李敏本人"歌舞管弦，无不通解"，对于李静训的培养可想而知。李静训虽年幼早殇，墓中随葬《清乐》筝之骨爪，可知其幼年已习《清乐》。此事虽小，却可看出自隋文帝后期，特别是炀帝登基后，隋代礼乐文化在宫廷内已悄然转向。

在保留并发展南朝"清商乐"的同时，隋文帝对汉魏传统的舞蹈进行了取舍。首先即是对汉制传统的"巴渝舞"予以废止。

《旧唐书》卷二十九《音乐二》载：

> 巴渝，汉高帝所作也。帝自蜀汉伐楚，以版楯蛮为前锋，其人勇而善斗，好为歌舞，高帝观之曰："武王伐纣歌也。"使工习之，号曰"巴渝"。渝，美也。亦云巴有渝水，故名之。魏、晋改其名，梁复号"巴渝"，隋文废之。[3]

他在废止巴渝舞的同时，保留汉代宴飨中作为杂舞、但在魏晋以降颇为流行的"鞞""铎""巾""拂"四舞。

《隋书》卷十五《音乐下》载：

> 其后牛弘请存鞞、铎、巾、拂等四舞，与新伎并陈。因称："四舞，按汉、魏以来，并施于宴飨……故梁武报沈约云："鞞、铎、巾、拂，古之遗风。"杨泓云："此舞本二八人，桓玄即真，为八佾。后因而不改。"齐人王僧虔已论其事。平陈所得

---

[1]《旧唐书》卷二十九《音乐二》，第1076页。
[2] 同前揭《唐长安城郊隋唐墓》，图版一〇。
[3]《旧唐书》卷二十九《音乐二》，第1063页。

者，犹充八佾，于悬内继二舞后作之，为失斯大。检四舞由来，其实已久。请并在宴会，与杂伎同设，于西凉前奏之。"帝曰："其声音节奏及舞，悉宜依旧。惟舞人不须捉鞞、拂等。"[1]

牛弘所论"汉魏四舞"，在南朝沈约所作《宋书》中亦有记载，但二者已有出入。《宋书》卷十九《乐志一》载：

> 鞞舞，未详所起，然汉代已施于燕享矣。傅毅、张衡所赋，皆其事也。曹植《鞞舞哥序》曰："汉灵帝《西园故事》，有李坚者，能鞞舞。遭乱，西随段煨。先帝闻其旧有技，召之。坚既中废，兼古曲多谬误，异代之文，未必相袭，故依前曲改作新哥五篇，不敢充之黄门，近以成下国之陋乐焉。"晋鞞舞哥亦五篇，又铎舞哥一篇，幡舞哥一篇，鼓舞伎六曲，并陈于元会。今幡、鼓哥词犹存，舞并阙。鞞舞，即今之鞞扇舞也。
>
> 又云晋初有杯盘舞、公莫舞。史臣按：杯盘，今之齐世宁也。张衡《舞赋》云："历七盘而纵蹑。"王粲《七释》云："七盘陈于广庭。"近世文士颜延之云："递间关于盘扇。"鲍昭云："七盘起长袖。"皆以七盘为舞也。《搜神记》云："晋太康中，天下为晋世宁舞，矜手以接杯盘反复之。"此则汉世唯有盘舞，而晋加之以杯，反复之也。
>
> 公莫舞，今之巾舞也。相传云项庄剑舞，项伯以袖隔之，使不得害汉高祖。且语庄云："公莫。"古人相呼曰"公"，云莫害汉王也。今之用巾，盖像项伯衣袖之遗式。按《琴操》有《公莫渡河曲》，然则其声所从来已久，俗云项伯，非也。[2]
>
> 江左初，又有拂舞。旧云拂舞，吴舞。检其哥，非吴词也。皆陈于殿庭。扬泓《拂舞序》曰："自到江南，见白符舞，或言白凫鸠舞，云有此来数十年。察其词旨，乃是吴人患孙皓虐政。思属晋也。"[3]

牛弘所列"四舞"中，"铎舞"在《宋书》中并无记载，而以"杯盘舞"出现。从第贰章中归纳的中古时期音乐文物中的"燕乐组合"可以发现，"杯盘舞"在汉代极为盛行，至魏晋以降墓葬图像中即已不多见。由此可知，所谓"铎舞"者，应是南北朝以降对汉代"杯盘舞"的一种替代。

---

[1]《隋书》卷十五《音乐下》，第377页。
[2]《宋书》卷十九《乐志一》，第551页。
[3]《宋书》卷十九《乐志一》，第551～552页。

"鞞、铎、巾、拂"四舞为汉魏燕乐传统的一部分，本为杂舞之列。在南梁时被视为"古之遗风"而保留，在开皇年间亦作为雅正之乐舞而延续。可见，汉魏传统中的"雅俗"之实，在隋文帝礼乐建设中已经被重新定义，不可与早前同日而语。若综合文献还可发现，《旧唐书》中所载"巴渝舞"，即《隋书》中载"鞞舞"。《隋书》中强调隋文帝令"鞞""拂"二舞中"舞人不须捉鞞拂"。《旧唐书》则载"隋文废巴渝"。由此似乎暗示，"鞞""拂"二舞与"巴渝舞"本自同源，隋文帝令舞人"不须捉鞞拂"，实则是为作区别的欲盖弥彰之举。此事虽不起眼，却关乎隋文帝礼乐路线之关节。正是由于隋文帝在礼乐建设上"追复周礼"这一根深蒂固的理念，与汉制乐舞有着深刻渊源的巴渝舞便需调整甚至停废。沿用"四舞"之名，亦是保留汉魏传统，但在新的语境下去除其形式化表现，则是折中之举。

这一折中之举在墓葬礼乐符号中有所表现。在以张盛墓与置度村M8为代表的处于隋礼乐建设第二阶段的墓葬中，舞者作为燕乐组合的一部分，以持巾或长袖舞蹈的形象出现。作为墓葬礼乐符号，这一组合的雏形虽在北魏洛阳时代后期即已出现，但至隋代中期以新的形式表现，实则还有隋文帝重塑汉魏"四舞"的影响。

在上述两步中，隋文帝借整合南朝诸乐与汉魏传统之机，重新划定"雅""俗"之界线，实际上针对的即是南北朝以来南北对峙中的"雅俗"问题。另一方面，在"胡乐"与"汉乐"的平衡上，隋文帝定立"七部乐"，以此建立起隋代"燕乐"之框架。

《隋书》卷十五《音乐下》载：

> 始开皇初定令，置七部乐：一曰《国伎》，二曰《清商伎》，三曰《高丽伎》，四曰《天竺伎》，五曰《安国伎》，六曰《龟兹伎》，七曰《文康伎》。又杂有疏勒、扶南、康国、百济、突厥、新罗、倭国等伎。[1]

隋初所建立的以七部乐为主体的"燕乐"体系，实际上是截取《周礼》所记"燕乐"中的"四夷乐"而来，并结合北朝"胡汉并流"的传统，将以《清商乐》为代表的南方汉乐、以《国伎》（即西凉伎）为代表的北方汉乐，以及其时的四夷诸乐并立一处最终形成的。如果说他对"雅俗"问题的处理方式，是在折中基础上继续加深"雅俗分野"的程度，使其各安其位，那么对"胡汉"问题的处理方式，则是在"胡汉并流"的基础上继续加以平衡。两种处理方式都是在"燕乐"的框架下实施的，并在墓葬礼乐符号中若隐若现地表现。

---

[1]《隋书》卷十五《音乐下》，第376〜377页。

在庙祭用乐上，隋文帝则表现出了另一种态度，即废止庙祭鼓吹的使用。

《隋书》卷十五《音乐下》载：

> 故事，天子有事于太庙，备法驾，陈羽葆，以入于次。礼毕升车，而鼓吹并作。开皇十七年，诏曰："昔五帝异乐，三王殊礼，皆随事而有损益，因情而立节文。仰惟祭享宗庙，瞻敬如在，罔极之感，情深兹日。而礼毕升路，鼓吹发音，还入宫门，金石振响。斯则哀乐同日，心事相违，情所不安，理实未允。宜改兹往式，用弘礼教。自今以后，享庙日不须设鼓吹，殿庭勿设乐悬，在庙内及诸祭，并依旧。其王公已下，祭私庙日，不得作音乐。"[1]

隋文帝废止"庙祭鼓吹"，表面上言"心事相违，情所不安"，其实针对的是北朝后期以来利用"鼓吹乐"标榜功德的无序局面。从该阶段对礼乐路线的整体设计来看，其与北周武帝时期弱化燕乐、利用鼓吹乐所代表的政治功能建立统治秩序的思路已然不同。隋文帝的礼乐路线，主要立足于音乐的社会功能。在政治层面，其弱化音乐在统治秩序建立层面的作用，主要是出于巩固中央集权的考虑。

开皇十七年（597）废止"庙祭鼓吹"的诏令，对墓祭鼓吹的使用产生了影响，同时也作用于墓葬礼乐符号的使用上。从现有材料看，开皇十七年斛律徹墓中使用了具有地方特点的鼓吹乐组合，此举恰逢诏令颁布之际。此后直至隋炀帝登基，墓葬中鼓吹乐组合基本未再出现。

隋文帝在平陈前后礼乐路线的制定与调整，实际上是从现实情况出发，针对北朝礼乐文化的双重特点所进行的选择。其过程在主观上带有鲜明的文化保守色彩，但客观上则是对北周"关陇本位"的摆脱。在其以"周礼"为纲，斟酌南北，以此对礼乐文化加以整合的过程中，时代文化也开始从保守走向突破。

3. 增多大益，并令新制：隋炀帝时期的礼乐路线

隋文帝在位后期，礼乐路线由保守走向开放的同时，"胡乐"与"汉乐"的协调问题也日益加剧。隋文帝以北齐旧人教于太乐，以代周歌，是隋文帝对北周礼乐路线的全面转向。其间乐人，以来自中亚粟特裔的曹妙达为代表，所善之乐自多胡音。除此之外，隋代此前庙祀之乐多梁、陈旧曲，歌辞亦多浮华艳丽。对此，初登太子之位的隋炀帝进表"请更议定"之言，切中了隋文帝"礼乐复古"背后的政治意图，但其真正上位后的

---

[1]《隋书》卷十五《音乐下》，第382页。

一系列举措，却与隋文帝完全相悖。

《隋书》卷十五《音乐下》载：

> 大业元年（605），炀帝又诏修高庙乐……帝又以礼乐之事，总付秘书监柳顾言、少府副监何稠、著作郎诸葛颍、秘书郎袁庆隆等，增多开皇乐器，大益乐员，郊庙乐悬，并令新制……又遣秘书省学士，定殿前乐工歌十四首，终大业世，每举用焉。帝又诏博访知钟律歌管者，皆追之。时有曹士立、裴文通、唐罗汉、常宝金等，虽知操弄，雅郑莫分，然总付太常，详令删定。议修一百四曲……其曲大抵以诗为本，参以古调，渐欲播之弦歌，被之金石，仍属戎车，不遑刊正，礼乐之事，竟无成功焉。[1]

从上述记载可知，炀帝虽有制礼作乐之宏愿，但像北朝以来历代礼乐建设所面临的境况一样，胡戎之声难以勘正是客观事实。隋炀帝大业年间的礼乐建设，仍未能解决"胡乐"与"汉乐"的矛盾问题。对此，隋炀帝采取了治标不治本的方法，即本节所谓"增多大益，并令新制"。

《隋书》卷十五《音乐下》载：

> 及周并齐，隋并陈，各得其乐工，多为编户，至六年，帝乃大括魏、齐、周、陈乐人子弟，悉配太常，并于关中为坊置之，其数益多前代。顾言等又奏，仙都宫内，四时祭享，还用太庙之乐，歌功论德，别制其辞。七庙同院，乐依旧式。又造飨宴殿庭宫悬乐器，布阵箕簸，大抵同前，而于四隅各加二建鼓、三案。又设十二镈，镈别钟磬二架，各依辰位为调，合三十六架。至于音律节奏，皆依雅曲，意在演令繁会，自梁武帝之始也，开皇时，废不用，至是又复焉。高祖时，宫悬乐器，唯有一部，殿庭飨宴用之。平陈所获，又有二部，宗庙郊丘分用之。至是并于乐府，藏而不用。更造三部，五郊二十架，工一百四十三人。庙庭二十架，工一百五十人。飨宴二十架，工一百七人。舞郎各二等，并一百三十二人。[2]

隋炀帝将文帝和陈朝旧时宫悬乐器藏而不用，同时将全国乐工调于关中，新造宫悬乐器，新制庙乐歌辞，可见其另起炉灶之心。然而，在理论层面不能根本解决现实问题的情况下，其礼乐建设逐渐走上劳民伤财、好大喜功之路。具体而言，隋炀帝进行了以下几方面的工作。

---

[1]《隋书》卷十五《音乐下》，第373页。
[2]《隋书》卷十五《音乐下》，第373～374页。

其一，隋炀帝对文帝所建"七部乐"进行了增修，并发展为"九部乐"。
《隋书》卷十五《音乐下》载：

> 及大业中，炀帝乃定《清乐》《西凉》《龟兹》《天竺》《康国》《疏勒》《安国》《高丽》《礼毕》，以为九部。乐器工衣创造既成，大备于兹矣。[1]

前文已述，魏晋十六国时期的"西凉乐"作为北方汉乐之遗绪，与西域龟兹乐结合，在北魏前称作"秦汉伎"，作为北方所谓"华夏正乐"之代表。北魏将其纳入后复称"西凉乐"，是为"胡汉并流"之乐。西魏、北周时期将其定为《国伎》，并沿用至隋。这一过程在墓葬"燕乐组合"中可以明确勾勒出发展轨迹。隋炀帝将《国伎》复改为《西凉》，将《清商乐》改为《清乐》，将《文康伎》改为《礼毕》，并增设《疏勒》。这一名称上的细微改动，将《西凉乐》与《文康伎》以及诸四夷胡乐并列，客观上提高了《清乐》作为"华夏正乐"的地位，也暗示出其个人对南朝礼乐文化的接受。在四夷诸乐的定位上，隋炀帝亦表现出一种傲视之态，并将其作为威服四夷的手段。

《隋书》卷十五《音乐下》载：

> 六年，高昌献《圣明乐》曲，帝令知音者于馆所听之，归而肄习。及客方献，先于前奏之，胡夷皆惊焉。[2]

高昌于时尚未归附，故其乐尚未纳入"燕乐"体系中。隋炀帝以高昌之乐奏于殿庭，实际上带有政治挑衅之意。在发展燕乐体系的同时，隋炀帝不解音律，但滥造新乐，大兴百戏。

《隋书》卷十三《音乐上》载：

> 炀帝矜奢，颇玩淫曲，御史大夫裴蕴，揣知帝情，奏括周、齐、梁、陈乐工子弟，及人间善声调者，凡三百余人，并付太乐。倡优獶杂，咸来萃止。其哀管新声，淫弦巧奏，皆出邺城之下，高齐之旧曲云。[3]

---

[1]《隋书》卷十五《音乐下》，第377页。
[2]《隋书》卷十五《音乐下》，第379页。
[3]《隋书》卷十三《音乐上》，第287页。

又《隋书》卷十五《音乐下》载：

> 令乐正白明达造新声……帝悦之无已，谓幸臣曰："多弹曲者，如人多读书。读书多则能撰书，弹曲多即能造曲，此理之然也。"因语明达云："齐民偏隅，曹妙达犹自封王。我今天下大同，欲贵汝，宜自修谨。"[1]
>
> ……及大业二年，突厥染干来朝，炀帝欲夸之，总追四方散乐，大集东都。
>
> 三年，驾幸榆林，突厥启民，朝于行宫，帝又设以示之。六年，诸夷大献方物，突厥启民以下，皆国主亲来朝贺。乃于天津街盛陈百戏，自海内凡有奇伎，无不总萃。崇侈器玩，盛饰衣服，皆用珠翠金银，锦罽絺绣，其营费钜亿万。关西以安德王雄总之，东都以齐王暕总之，金石匏革之声，闻数十里外，弹弦擫管以上，一万八千人。大列炬火，光烛天地，百戏之盛，振古无比。自是每年以为常焉。[2]

唐人认为，北周百戏、秦之角抵，皆不入流。隋文帝放遣北齐百戏乐人以求正乐，本是出于移风易俗以达巩固中央之效。炀帝大兴百戏，一方面是图耳目之娱，另一方面基于其以百戏幻术威服四夷的心理。故高昌献乐，其使人暗中潜习以惊服之；染干、启民来朝，其以幻术骇之。然后在此过程中，他不但对乐工随意提拔，严重破坏了官僚系统的阶序，同时也无端消耗民力，造成了社会的疲敝。

不过，或出于目前考古材料的局限，文献所记现实情况并未在墓葬礼乐符号中得到充分表现。但从韦裔墓所出乐俑及李静训墓所出骨爪等零星材料中，还是能够看出这一时期乐器的改进与"汉乐"地位的提高。此外，隋炀帝还增修"房中乐"，并益其钟、磬，以强调华夏古器之正统。可见，炀帝在现实礼乐建设中虽存在各种过度之举，但也并非全是肆意妄为，其礼乐路线客观上仍朝着强调"汉乐"、抑制"胡乐"的方向发展。因而，不能简单地对隋炀帝时期的礼乐建设全盘否定。

从墓葬礼乐符号来看，隋炀帝登基后，不但对隋文帝后期废止的墓葬鼓吹乐组合进行了恢复，还对其进行了大规模的重塑，使其摆脱了北周时代的造型特点。税村墓（杨勇墓）中所见特点鲜明的"卤簿系"与"军乐系"二元式鼓吹乐组合，奠定了唐墓鼓吹乐组合的基本形式。除了用于出行仪仗队列，隋炀帝还将"鼓吹乐"用于殿庭宴飨中。

《隋书》卷十五《音乐下》载：

---

[1]《隋书》卷十五《音乐下》，第379页。
[2]《隋书》卷十五《音乐下》，第381页。

至大业中，炀帝制宴飨设鼓吹，依梁为十二案。案别有錞于、钲、铎、军乐鼓吹等一部。案下皆熊罴貙豹，腾倚承之，以象百兽之舞。[1]

鉴于中古时期"鼓吹乐"所具"军事征伐"与"功成作乐"的双重内涵，隋炀帝此举显然是出于彰显功德之意。然而，脱离理论框架的礼乐建设，实为无源之水，因而也注定会随着"人亡"而走向"政息"。

（三）唐代中前期礼乐建设的破立与徘徊

隋亡之教训，即唐代政治与礼乐建设之开端。若在墓葬语境下观察，唐初墓葬所见礼乐符号之情状，恰恰是隋炀帝礼乐建设之结果。隋代二帝的礼乐路线虽大相径庭，但客观上各有其作用。隋文帝的礼乐建设，在整合的基础上，将中古时期前半段形成的"三乐并立"之格局重新纳入《周礼》的蓝本之上，并在一定程度上归入魏晋南北朝以来"五礼"的框架之中。隋炀帝在一定程度上平衡了"胡乐"与"汉乐"之地位，其对"九部乐"的调整，实则反映出将"雅乐"视为"国乐"的理念。这一理念伴随新的礼乐框架为李唐王朝所继承，并在破立与徘徊中走向制度化，中古时期的礼乐制度随之定型，礼乐文化亦随之粲然。

唐代中前期的礼乐建设大体上经历了"贞观礼""显庆礼"与"开元礼"三个阶段，其间又经历了"武周革命"与"李唐反正"两个特殊阶段，故可分为五个时期。每个时期的礼乐路线固然有所差别，但面对礼乐文化中"三乐并立"的针对性以及利用音乐双重功能的指向性，则是各时期共通的。在墓葬语境下，前文归纳的几大系统的墓葬礼乐符号在此时基本定型。其既是一种手段，同时也是一种指标，可供我们观察在唐代礼乐建设破立与徘徊背后，礼乐文化的时代走向。

1. 平其散滥，以为折中：唐太宗时期的礼乐路线

李唐初建，因"军国多务"，礼乐沿用隋制。唐高祖在礼乐建设方面的活动，在"燕乐"与"鼓吹乐"两个方面。燕乐方面，其沿用隋代"九部乐"并分为"立、坐"二部。[2] 此举并非新创，而是沿用隋文帝对宴飨登歌的坐、立之分。鼓吹乐方面，高祖以平阳公主葬礼为契机，再次展开一场女性在丧葬活动中能否使用鼓吹乐的讨论。

《唐会要》卷三十八载：

---

[1]《隋书》卷十五《音乐下》，第382页。
[2]《旧唐书》卷二十九《音乐二》，第1059页。

> 武德六年二月十二日，平阳公主葬，诏加前后鼓吹。太常奏议，以礼妇人无鼓吹。高祖谓曰："鼓吹是军乐也。往者公主于司竹举兵，以应义军。既常为将，执金鼓，有克定功。是以周之文母，列于十乱。公主功参佐命，非常妇人之匹也，何得无鼓吹？宜特加之，以旌殊绩。"[1]

从上述讨论可以看出，其时鼓吹乐的使用在理论上应有相对明确的性别界线，但高祖以"鼓吹乐"为"军乐"，用以彰显功德为名并强行使用。此种情状与北魏末年清河王元怿奏请使用鼓吹相似，恰反映出制度初建时的不完备。

唐代的礼乐建设，从贞观时期方才开始提上日程。

《旧唐书》卷二十八《音乐一》载：

> 武德九年，始命孝孙修定雅乐，至贞观二年六月奏之。太宗曰："礼乐之作，盖圣人缘物设教，以为撙节，治之隆替，岂此之由？"御史大夫杜淹对曰："前代兴亡，实由于乐。陈将亡也，为《玉树后庭花》，齐将亡也，而为《伴侣曲》，行路闻之，莫不悲泣，所谓亡国之音也。以是观之，盖乐之由也。"太宗曰："不然，夫音声能感人，自然之道也，故欢者闻之则悦，忧者听之则悲。悲欢之情，在于人心，非由乐也。将亡之政，其民必苦，然苦心所感，故闻之则悲耳。何有乐声哀怨，能使悦者悲乎？"[2]

唐太宗与魏徵等人在总结前代兴亡的基础上，得出了"悲欢之情，在于人心，非由乐也"及"乐在人和，不由音调"之认识，以更加务实的态度审视政治与礼乐的关系。然而，他们并没有从根本上否定音乐的政治功能以及"声与政通"的原则。相反，还通过沿用前代礼乐建设中"文""武"之乐的框架。

《旧唐书》卷二十八《音乐一》载：

> 贞观元年，宴群臣，始奏《秦王破阵》之曲。太宗谓侍臣曰："朕昔在藩，屡有征讨，世间遂有此乐，岂意今日登于雅乐。然其发扬蹈厉，虽异文容，功业由之，致有今日，所以被于乐章，示不忘于本也。"
>
> ……太宗曰："朕虽以武功定天下，终当以文德绥海内。文武之道，各随其时，

---

[1]〔宋〕王溥撰《唐会要》卷三十八，中华书局，1960年，第691页。
[2]《旧唐书》卷二十八《音乐一》，第1040~1041页。

公谓文容不如蹈厉,斯为过矣。"[1]

在礼制建设上,唐太宗君臣在备考旧礼的基础上,以"五礼"框架初建起唐代的礼制体系,是为"贞观礼"。

《唐会要》卷三十七载:

> 至贞观初,诏中书令房元龄、秘书监魏徵、礼官学士备考旧礼,著吉礼六十一篇,宾礼四篇,军礼二十篇,嘉礼四十二篇,凶礼六篇,国恤礼五篇,总一百三十八篇,分为一百卷。[2]

在礼制框架下,作乐亦随之进行。太宗君臣通过斟酌南北、考以古音,以期建立"大唐雅乐"。在具体实施上,根据祖孝孙所奏,他采取了以下几项行动:以十二律各顺其月,旋相为宫,五郊、朝贺、飨宴,则随月用律为宫,远追《周礼》,建立旋宫之法。[3] 其后,协律郎张文收复采《三礼》,言祖孝孙"虽创其端,至于郊禋用乐,事未周备",终于贞观十四年(640)制定庙乐。从这一系列的活动中可以看出,初唐的礼乐路线实际上重新回到了隋文帝开皇年间"祖述周官"的旧路上来。

太宗制定庙乐后,升《秦王破阵乐》为雅乐,以"示不忘于本",实则有凝聚开国元从之意。其言"以武功定天下,终当以文德绥海内",故延续了周、汉以来的文武二舞,拟舞以象功德。《秦王破阵乐》《七德舞》为"武",《功成庆善乐》《九功舞》为"文",太宗殿庭用之,以示其功德。

除了庙享用乐外,唐太宗还在雅乐框架下增修"燕乐",即所谓"宴飨雅乐"者。贞观十一年(637),废除隋"九部乐"中的《礼毕》;贞观十四年(640),新作《䜩乐》,以为"九部乐"之首;贞观十六年(642),随着唐廷完成对高昌的征服,《高昌乐》纳入"燕乐体系",隋代"九部乐"由此发展为"十部乐"(见表6-2)。[4]

北朝历代所修礼乐,名为"雅乐"者,盖始自西凉之乐。其乐从创立之初便兼有华夷之声。隋唐七部乐、九部乐与十部乐的根源,肇始于《周礼》所谓"四夷之乐"。从隋文帝至唐代宗,雅乐框架下的"燕乐体系"的确立,一方面是对《周礼》传统的截取,另一方面则承担着彰显通达四夷、威服四方之功能,本质上是用音乐语言建立起华夷秩

---

[1]《旧唐书》卷二十八《音乐一》,第1045页。
[2]《唐会要》卷三十七,第669页。
[3]《通典》卷一百四十三《乐三》,第3655页。
[4] 据《通典》卷一百四十六《乐六》及《旧唐书》卷二十九《音乐二》制作。

表6-2　唐十部乐一览表

乐部名	来　源	内　容
䜩乐	十四年，有景云见，河水清。张文收采古《朱雁》《天马》之义，制《景云河清歌》，名曰䜩乐，奏之管弦，为诸乐之首，元会第一奏者是也。	工人绯绫袍，丝布袴。舞二十人，分为四部：《景云乐》《庆善乐》《破阵乐》《承天乐》。玄宗时仅存《景云舞》。
清商乐	南朝旧乐。永嘉之乱，五都沦覆，遗声旧制，散落江左。宋、梁之间，南朝文物，号为最盛；人谣国俗，亦世有新声。后魏孝文、宣武，用师淮、汉，收其所获南音，谓之《清商乐》。隋平陈，因置清商署，总谓之清乐，遭梁、陈亡乱，所存盖鲜。隋室已来，日益沦缺。	《白雪》《清商三调》《公莫舞（巾舞）》《巴渝（鞞舞）》《明君》《凤将雏》《明之君》《白鸠》《白纻》《子夜》《前溪》《阿子》《欢闻》《团扇》《懊憹》《长史变》《督护》《读曲》《乌夜啼》《石城》《莫愁乐》《襄阳乐》《栖乌夜飞》《估客乐》《杨伴》《骁壶》《常林欢》《三洲》《采桑》《春江花月夜》《玉树后庭花》《堂堂》《泛龙舟》。
西凉乐	后魏平沮渠氏所得也。晋、宋末，中原丧乱，张轨据有河西，苻秦通凉州，旋复隔绝。其乐具有钟磬，盖凉人所传中国旧乐，而杂以羌胡之声也。魏世共隋咸重之。	工人平巾帻，绯褶。白舞一人，方舞四人。白舞今阙。方舞四人，假髻，玉支钗，紫丝布褶，白大口袴，五彩接袖，乌皮靴。乐用钟一、架磬一、弹筝一、搊筝一、卧箜篌一、竖箜篌一、琵琶一、五弦琵琶一、笙一、箫一、觱篥一、小觱篥一、笛一、横笛一、腰鼓一、齐鼓一、檐鼓一、铜拔一、贝一。编钟今亡。
高丽乐	宋世有高丽、百济伎乐。魏平冯跋，亦得之而未具。周师灭齐，二国献其乐。百济乐不预。	工人紫罗帽，饰以鸟羽，黄大袖，紫罗带，大口袴，赤皮靴，五色绦绳。舞者四人，椎髻于后，以绛抹额，饰以金珰。二人黄裙襦，赤黄袴，极长其袖，乌皮靴，双双并立而舞。乐用弹筝一、搊筝一、卧箜篌一、竖箜篌一、琵琶一、义觜笛一、笙一、箫一、小觱篥一、大觱篥一、桃皮觱篥一、腰鼓一、齐鼓一、檐鼓一、贝一。
天竺乐	张重华时，天竺重译贡乐伎，后其国王子为沙门来游，又传其方音。	工人皂丝布头巾，白练襦，紫绫袴，绯帔。舞二人，辫发，朝霞袈裟，行缠，碧麻鞋。袈裟，今僧衣是也。乐用铜鼓、羯鼓、毛员鼓、都昙鼓、觱篥、横笛、凤首箜篌、琵琶、铜拔、贝。
龟兹乐	后魏有曹婆罗门，受龟兹琵琶于商人，世传其业，至孙妙达，尤为北齐高洋所重，常自击胡鼓以和之。周武帝聘虏女为后，西域诸国来媵，于是龟兹、疏勒、安国、康国之乐，大聚长安。	工人皂丝布头巾，白丝布袴，锦襟褾。舞二人，白袄，锦袖，赤皮靴，赤皮带。乐用竖箜篌、琵琶、五弦琵琶、横笛、箫、觱篥、答腊鼓、腰鼓、羯鼓、鸡娄鼓。
康国乐		工人皂丝布头巾，绯丝布袍，锦领。舞二人，绯袄，锦领袖，绿绫浑裆袴，赤皮靴，白袴帑。舞急转如风，俗谓之胡旋。乐用笛二、正鼓一、和鼓一、铜拔一。
安国乐		工人皂丝布头巾，锦褾领，紫袖袴。舞二人，紫袄，白袴帑，赤皮靴。乐用琵琶、五弦琵琶、竖箜篌、箫、横笛、觱篥、正鼓、和鼓、铜拔、箜篌。

续表

乐部名	来源	内容
疏勒乐	后魏有曹婆罗门，受龟兹琵琶于商人，世传其业，至孙妙达，尤为北齐高洋所重，常自击胡鼓以和之。周武帝聘虏女为后，西域诸国来媵，于是龟兹、疏勒、安国、康国之乐，大聚长安。	工人皂丝布头巾，白丝布袴，锦襟褾。舞二人，白袄，锦袖，赤皮靴，赤皮带。乐用竖箜篌、琵琶、五弦琵琶、横笛、箫、觱篥、答腊鼓、腰鼓、羯鼓、鸡娄鼓。
高昌乐	唐太宗于贞观十四年平定高昌后收其乐。	舞二人，白袄锦袖，赤皮靴，赤皮带，红抹额。乐用答腊鼓一、腰鼓一、鸡娄鼓一、羯鼓一、箫二、横笛二、觱篥二、琵琶二、五弦琵琶二、铜角一、箜篌一。

序。这种华夷秩序的建立自北魏平城时代后期开始，伴随着礼乐文化中"雅俗分野"与"胡汉并流"的交互作用，至唐代最终确立。

在"鼓吹乐"方面，经过隋代的整合与唐初的折中，墓葬鼓吹乐组合趋于定型。至此，从周、齐时代开始形成的以"笼冠"为代表的"卤簿系鼓吹"与以"风帽"为代表的"军乐系鼓吹"相互结合，以"二元化"的形式构成墓葬鼓吹乐组合的基本形态。不过，"鼓吹乐组合"于贞观时仅能提供一种等级指向性，并不构成制度化意义，相比周、齐时代，其呈现的阶序化标识作用尚未完全恢复。"鼓吹乐组合"的不完备，反映出中央与地方的统治秩序尚未完全确立。贞观年间礼乐路线的实行，主要写照于墓葬壁画与葬具图像的"燕乐组合"中，在李寿墓壁画与石椁图像及李思摩墓壁画图像中有突出表现。

关于李寿墓所呈现出的多源头文化因素汇集的现象，此前已有研究者进行讨论，并将其壁画风格归纳为"杂糅东西南北的拼贴画"；[1]也有学者指出李寿墓壁画背后多层次、多方面的政治意图和贞观年间的礼制探索。[2]关于其乐舞图像，亦有学者进行讨论，孙机先生对其中涉及的乐舞与乐器进行了考证；[3]秦旭先生从伎乐组合形式着眼，认为其中的乐舞图像表现的并不是坐、立部伎，而是俗乐系的"女乐"。[4]关于李思摩墓壁画，此前亦有学者进行讨论，结合其身份与族属分析初唐壁画的布局与组合。[5]

---

[1] 程义：《李寿墓壁画的内容、布局及其渊源——兼论唐代早期壁画的特点》，《西安电子科技大学学报（社会科学版）》2006年第6期，第93～97页。
[2] 倪润安：《唐李寿墓壁画的"贞观探索"》，《考古》2016年第11期，第104～112页。
[3] 孙机：《唐李寿墓石椁线刻〈仕女图〉〈乐舞图〉散记》，《文物》1996年第5期，第33～49页；第6期，第56～68页。
[4] 秦旭：《唐李寿墓石刻壁画与坐、立部伎的出现年代》，《中国音乐学》1991年第2期，第7～15页。
[5] 沈睿文、艾佳：《唐李思摩墓甬道壁画考释》，《乾陵文化研究》2014年，第31～37页；杨瑾：《唐李思摩墓甬道壁画考释》，《乾陵文化研究》2015年，第56～68页。

李寿本人身份具有双重性，既是李唐宗室，同时又是开国元从；李思摩则作为唐太宗元从，同时又兼具胡族背景，对二者的不同处理，恰恰可以反映出贞观时期礼乐路线的特点。因而综合前人观点，并立足于贞观年间礼乐建设之背景，我们认为对其间乐舞组合的讨论，首先应当置于礼制框架下，文化因素相对于制度因素处于从属地位。

从前文论述可知，贞观时期墓葬礼乐符号的两种基本组合形式，直接承隋炀帝时期而来。李寿墓壁画中的燕乐组合，与隋大业年间韦裔墓乐俑在用乐形式与服饰造型上基本一致，立于坐乐之后的四位女舞伎，分别表现隋文帝时期保留的"汉魏四舞"。其石椁内壁的乐舞图亦承自隋文帝以来确定的"宴飨登歌分为坐、立"的传统，乐舞相间，乐器极尽所有。这些内容反映出的现象与隋文帝灭陈以来的礼乐建设相一致，各种细节均是在礼乐制度框架下展开的，是隋唐"燕乐"（宴飨雅乐）体系的组成部分，而不应被视为"俗乐"。

在"燕乐组合"的表现形式上，以壁画及葬具图像替代俑群组合，这是唐太宗"贞观礼"在墓葬制度层面区别于隋"开皇礼"的基本思路。这一思路的出发点，实际上植根于前文所述北朝礼乐路线的东西之争。隋代"燕乐组合"中的伎乐俑，实际上直接来源于北齐系统墓葬文化，而以壁画形式表现"燕乐组合"，则源自北周关陇集团在文化缓冲区墓葬中的文化传统。唐太宗的礼乐框架继承隋代二帝而来，但在墓葬语境下，对同一形制的组合，选择北周系统的墓葬制度传统而抑制北齐系统，则表现出唐太宗"贞观礼"的施行背后，在有意识地抑制关东地区政治力量，回到"关中本位"的传统上来。由此来看，唐太宗在默认音乐政治功能的前提下，与群臣对音乐与政治的讨论，事实上针对的是前文所述"雅俗分野"之现实。在墓葬礼乐符号的使用上进行东、西传统的折中，同时在礼乐观念层面指明"乐在人和，不由音调"，则从理论与实践两个层面否定了"雅俗分野"的根基，由此实现"雅乐"与"俗乐"的平衡。

李思摩墓壁画中的乐伎组合形式，除了可与克孜尔石窟壁画相参照外，在中亚片治肯特一处7～8世纪的居室壁画中亦有发现，[1]在很大程度上融入了中亚的传统形式。其中乐伎分别持琵琶与竖箜篌，亦为典型的"胡乐组合"，带有鲜明的胡族色彩。这一组合被放置于初唐流行的"树下人物"题材之中，则带有胡、汉两个传统相互交融的特点。对于元从集团内身份不同的人用性质相同、内容不同的墓葬礼乐符号进行标识，体现出唐太宗"折中"式礼乐路线下对"胡乐"与"汉乐"的处理方式，即对"胡汉并流"的现实情况加以承认，并以"华夷同序"的态度一视同仁，由此平衡"胡乐"和"汉乐"。

---

[1] 宿白：《西安地区唐墓壁画的布局和内容》，《考古学报》1982年第2期，第142页。

通过以上分析可见，从墓葬礼乐符号观察，尽管贞观时期礼乐制度尚未完备，但已经表现出唐太宗"平其散乱，以为折中"的礼乐路线。针对礼乐文化中"三乐并立"的格局，其采取了消弭界线并加以平衡的策略，由此为华夷秩序的巩固奠定了基础。

2. 新旧并行，前后有序：唐高宗时期礼乐改革的目标

从墓葬礼乐符号来看，"贞观礼"在礼乐建设上的基本方向，带有很强的"折中"色彩。高宗即位后，其礼乐建设要解决两方面的问题：一方面，要继续沿着前期的目标前进，将隋唐帝国建立起的华夷秩序进一步制度化。另一方面，则要实现统治集团内部阶序的建立，实现这一目标所要直接面对的便是新旧元从的更替与制衡。对此，高宗对太宗朝礼乐制度进行了一系列损益和改革，这些内容在墓葬礼乐符号层面亦有突出的表现。

以咸亨三年（672）为界，高宗的礼乐建设大致分为前后两个阶段，前一阶段以"显庆礼"的颁布为标志。《唐会要》卷三十七载：

> 永徽二年，议者以贞观礼未备……勒成一百三十卷二百二十九篇。至显庆三年正月五日，奏上之。高宗自为之序，诏中外颁行焉。[1]

从文献记载来看，制定"显庆礼"的直接契机是议者称"贞观礼"未得详备，于是以许敬宗、李义府为首的众人开始重加辑定，是为"显庆礼"。直观来看，"显庆礼"较于"贞观礼"最大的变化之一，便是将"国恤礼"删去。为此，朝上曾有一场关于删去"国恤礼"的讨论。其中萧楚材、孔志约以"国恤礼"为预凶事，非臣子之宜言。许敬宗、李义府深然之，于是删而定之。不过，这一做法也曾遭到反对。

反对者的意见在于，五礼仪注前后相沿，吉凶备举，国恤之礼乃周汉传统之正礼，不应废去。那么现实情况究竟如何呢？从考古材料来看，作为墓葬礼乐符号的鼓吹乐组合，正是凶礼的组成部分。这一组合恰从高宗永徽年间开始，在全国范围内形成制度，此节我们在第壹章中已有详论。在"显庆礼"中删去"国恤礼"，但在现实操作层面却利用鼓吹乐组合这一墓葬礼乐符号加以替代，可见"国恤礼"并未真正删去，而以另一种形式加以转化。

这一时期，墓葬"鼓吹乐组合"这一礼乐符号的使用，具有等级与身份的限制，即用以葬赐李唐宗室、开国元从以及一般官员。从墓葬材料来看，墓主职事官在四品以上者方可使用，与其时现实中鼓吹仪仗的使用等级标准相一致。同北周武帝时期相似，在

---

[1]《唐会要》卷三十七，第670页。

符合标准的情况下，不同等级、身份之人，随葬鼓吹乐俑的数量亦呈现差序，具有制度化指向。由于制度约束，低等级官员即使自身财力雄厚，也不得逾制。以咸亨元年（670）张文俱墓为例，墓主张文俱生前任职"慎州司仓"（正八品下）和"窦州潭峨县丞"（正八品），均属于低等级官吏，但从墓中随葬品之丰厚可见其财力之丰。在不得使用"鼓吹乐组合"的情况下，其采取"折中"之手段，大量随葬"骑马侍俑"来彰显自身身份。此外，在制度框架约束之外，在对外军事征伐的过程中，高宗还会使用"鼓吹乐组合"，来对有军功者葬以殊礼，刘智虽职事官品级不高，但因其军功，亦享此殊荣。

在使用地域上，墓葬"鼓吹乐组合"不仅在政治核心区使用，高宗还将其推广至全国。对于帝国范围内各个方向上，通过班赐鼓吹的形式建立统治话语。由此可见，墓葬"鼓吹之制"于此真正形成制度，不仅在纵向上成为等级阶序之标识，同时反映出中央对地方的统治力。至此，隋唐帝国所建立的新秩序方真正确立。由此可见，高宗所制"显庆礼"虽然删去"国恤礼"一节，却在墓葬中用"鼓吹乐组合"表现其实际意义，这是高宗礼乐建设中的重要一步。这也同时说明"国恤礼"之删除只是一个引子，其实并非"贞观礼"至"显庆礼"转变的关节所在。那么这种转变的实际意图何在呢？对此，我们应当注意到高宗在礼乐建设中的另外几项举措。

其一，高宗改庙乐中的"文""武"之舞。显庆元年正月，高宗改《破阵乐舞》为《神功破阵乐》；至麟德二年（665），更郊庙享宴"文""武"之舞；至上元三年（676），再次对郊庙祠享用乐进行了改革。然而，随着"显庆礼"的制定与推行，新礼在其具体落实中却与"贞观礼"发生了诸多冲突，由此也引起了仪凤年间韦万石等人的奏议。[1]此外，在后来仪凤三年（678）的宴会上，韦万石又奏：

《破阵乐舞》者，是皇祚发迹所由，宣扬宗祖盛烈，传之于后，永永无穷。自天皇临驭四海，寝而不作，既缘圣情感怆，群下无敢关言。臣忝职乐司，废缺是惧。依礼，祭之日，天子亲总干戚以舞先祖之乐，与天下同乐之也。今《破阵乐》久废，群下无所称述，将何以发孝思之情？"

……高宗涕泗交流，臣下悲泪，莫能仰视。久之，顾谓两王曰："不见此乐，垂三十年，乍此观听，实深哀感。追思往日，王业艰难勤苦若此，朕今嗣守洪业，可忘武功？古人云：'富贵不与骄奢期，骄奢自至。'朕谓时见此舞，以自诫勖，冀无盈满之过，非为欢乐奏陈之耳。"[2]

---

[1]《旧唐书》，第1048~1049页。
[2]《旧唐书》，第1050页。

从这一事件的前后细节可以窥探出，高宗废太宗之《破阵乐》不用并坚持执行新的礼乐路线，实则与其守成反正、另开新风的意图有关。韦万石履奏不止，则揭示出旧时元从势力于今尚存，新旧博弈仍在进行。高宗虽然涕零，言其"嗣守洪业、不忘武功"，但并不改变其既定路线。

从某种程度讲，"显庆礼"的颁布不仅基于高宗初年的政治格局，同样还与武则天有密切联系，此节亦有学者论及。[1] 许敬宗、李义府作为推倒旧元从的核心，同时也充当着制定"显庆礼"的实际幕后推手。因此，以"显庆礼"替代"贞观礼"的实质，是初唐新旧元从的话语权之争，也注定伴随着摇摆和反复。唐高宗在推行"显庆礼"期间，墓葬中的燕乐组合一改隋唐以来的关陇传统，由壁画转而以俑群组合的形式呈现，而这一传统的渊源可追溯至北齐。在此背景下，不仅政治核心区墓葬中，全国范围内的墓葬中都重新兴起燕乐俑群。这一微妙举动暗示出，高宗在文化取向上放弃了唐太宗立足关陇的路线，重新向关东地区敞开门户，用以加强对东方士族的文化怀柔。然而，随着"废王立武"与"二圣时代"的到来，武后集团迅速崛起。高宗自身的话语权尚未得到巩固，其礼乐路线则在内外形势交迫下，不得不改弦更张。反映在物质文化层面，自麟德以降，墓葬中乐舞题材的表现出现了向关陇传统反复的态势，即以壁画表现乐舞，基本形式为"二女对舞、乐舞相伴、突出胡乐"。这种变化，从一个侧面揭示出其时的礼乐文化向"贞观礼"回归。

其二，高宗在更改庙乐之前，还试图复兴"琴乐"。

《旧唐书》卷二十八《音乐一》载：

（显庆）二年，太常奏《白雪》琴曲。先是，上以琴中雅曲，古人歌之，近代已来，此声顿绝，虽有传习，又失宫商，令所司简乐工解琴笙者修习旧曲……六年二月，太常丞吕才造琴歌《白雪》等曲，上制歌辞十六首，编入乐府。[2]

《旧唐书》卷二十九《音乐二》载：

自周、隋已来，管弦杂曲将数百曲，多用西凉乐，鼓舞曲多用龟兹乐，其曲度皆时俗所知也。惟弹琴家犹传楚、汉旧声，及《清调》《瑟调》，蔡邕杂弄，非朝廷郊庙所用。故不载。[3]

---

[1] 吴丽娱：《〈显庆礼〉与武则天》，《唐史论丛》第10辑，三秦出版社，2008年，第1～16页。
[2] 《旧唐书》卷二十八《音乐一》，第1046～1047页。
[3] 《旧唐书》卷二十九《音乐二》，第1068页。

"琴"乃华夏旧器，其在汉魏时期多为高士所喜，特别是在南北朝时期"雅俗分野"与南北对峙的过程中，被赋予"中原雅器"之内涵，与胡戎之器形成对比，此节我们已有详述。在这一时期墓葬中，张士贵墓与贾敦颐墓中皆随葬有一类抱持古琴的男侍俑。这类侍俑应属于"燕乐组合"的一部分，用以表现高宗"琴乐"复兴的具体实施。作为"华夏正声"之符号，高宗既兴琴曲，则表明其礼乐路线是要重新划定"雅""俗"与"胡""汉"之界线的。这种行动并不是孤立的。与此相应，高宗还大力抑制以幻术为主体的"散乐"和"百戏"。

《旧唐书》卷二十九《音乐二》载：

> 大抵散乐、杂戏多幻术，幻术皆出西域，天竺尤甚。汉武帝通西域，始以善幻人至中国。安帝时，天竺献伎，能自断手足，刳剔肠胃，自是历代有之。我高宗恶其惊俗，敕西域关令不令入中国。[1]

其时，以参军戏为代表的"百戏""散乐"早已在西域盛行，从前文所述新疆阿斯塔那墓地所出戏弄俑即可见一斑。高宗对其加以限制，固然是出于移风易俗之考虑，但更重要的是要通过抑制"俗乐"来振兴"雅乐"。

由此可见，在全面确立华夷秩序的同时，高宗试图在礼乐文化层面重新建立"雅乐""俗乐"之界线，并在"胡汉并流"的现实下，将"雅乐"凌驾于"胡乐"之上。在此语境下，采用关陇传统的壁画形式还是关东传统的乐俑形式表现燕乐组合，用乐组合是用胡乐组合还是传统清乐，这些内容不仅在文化上体现着高宗的态度，也在政治上暗示着高宗的选择。

在高宗推行新礼受阻的关键节点，恰逢韦贵妃逝世，对其如何安葬，不仅出于个人感情之需要，更关系到唐高宗礼乐路线的大方向。在墓葬制度准许的条件下，折中地加以"皇后之礼"，暗示了高宗坚持其礼乐路线的意图和决心。我们在前文中提到，韦贵妃墓壁画中的乐舞图，无论是绘制的位置还是具体的乐舞组合形式，相较于同时期墓葬，都存在特殊之处。其中以壁画形式的清乐组合替代实物形式的编钟、编磬，实际上是唐高宗对于"房中乐"的一种变通，借以体现"皇后之礼"，韦贵妃毕竟只是贵妃，终究不是皇后。因而壁画在用乐组合上，仅绘编磬而不见编钟。在绘制的位置上，也未绘于墓室之中，而仅含蓄地绘于后甬道两壁。这一微妙的细节，也表现出韦贵妃墓在营建过程中，彰显身份的意图与墓葬制度的限制并有所折中。

---

[1]《旧唐书》卷二十九《音乐二》，第1073页。

咸亨元年（670）对唐廷来说无疑是多事之秋，同时也是高宗礼乐路线全面调整的转折点。吐蕃在上半年联合于阗攻陷龟兹，高宗被迫诏罢安西四镇；高宗遣薛仁贵出兵吐蕃，于大非川遭遇惨败，吐蕃由此尽占吐谷浑故地。国际形势的急转直下，使得初唐时期建立起的华夷新秩序也面临着严峻挑战。至咸亨三年（672）许敬宗逝世，唐高宗的礼乐路线被迫反复。在此前后，我们看到，总章二年（669）李爽墓以壁画形式表现"燕乐组合"，其中以间隔人物表现燕乐组合的形式，甚至可以追溯至北周时期李贤墓的墓室壁画中，是"关陇传统"的再现。咸亨二年（671）燕妃墓中"乐舞图"的形式和内容回归到了贞观年间的旧传统之中，即标示着高宗礼乐路线的整体转向。

值得注意的现象是，在政治核心区墓葬中"燕乐组合"向壁画形式复归的同时，文化缓冲区墓葬中"燕乐组合"却普遍以伎乐俑的形式表现。出土此类伎乐俑的墓葬，集中分布于长江中游、下游以及环渤海地区墓葬中，年代普遍集中于高宗后期，下限可至武周前期。其中，环渤海地区墓葬中乐俑造型存在一致性，且其墓葬形制多采用圆形结构。如果说对圆形墓的使用反映出藩镇势力的强大及其对中央的藐视，那么在礼乐文化视野下，在墓葬礼乐符号的使用上反中央而行之，则表现出对中央礼乐路线的反抗。对比高宗前期对关东地区的文化开放，可以看出，这种反抗正是在高宗时代前后期礼乐路线的反复与落差下激化而成的。

在长江中游荆楚地区墓葬中，伎乐俑组合同样在这一背景下集中出现。不过相比关东地区对中央的政治对抗，这一地区表现的更多的是文化层面上的惯性发展。这一时期该地区出土伎乐俑的墓葬中，普遍未随葬鼓吹乐俑，表明其身份大多不高；同时，在太宗后期及高宗前期，随着李泰的分封和高宗"显庆礼"的推行，该地区已经形成制作伎乐俑的传统。因此，长江中游墓葬中的伎乐俑当为高宗前期礼乐文化之遗绪。

政治核心区与文化缓冲区墓葬中礼乐符号的形式差别，揭示的实质问题是高宗后期礼乐路线难以维持全国性的文化秩序。特别是随着武则天逐渐把控朝政，以环渤海地区为代表的地方势力逐渐强大，政治离心力进一步加剧。

3. 淡化古曲，自制新乐：武周时期的礼乐路线

高宗逝世后，武则天先后废黜中宗、睿宗，并于天授元年（690）改国号为周，自立为帝，史称"武周革命"。事实上，在此之前武则天即已长期把控朝政。早在高宗显庆以降，武则天便陆续杀戮、贬黜了一大批李唐皇族和不肯附己的关陇集团大臣，同时大力拔擢出身较低层或投靠武氏集团的人任要职。从某种意义上说，高宗时代"显庆礼"的

推行，客观上即是在为武氏崛起张本。由此也不难理解，高宗在咸亨以降调整礼乐路线向"贞观礼"复归，实际目的亦是抑制武氏集团的发展。但这一转向直接加剧了关东地区的离心，与自己前期的"礼乐复古"可谓背道而驰，武则天也由此开始占据礼乐建设的话语主导。

《旧唐书》卷二十八《音乐一》载：

> 调露二年正月二十一日，则天御洛城南楼赐宴，太常奏《六合还淳》之舞。[1]

这一事件极具象征性，武则天在东都以宴飨形式令太常奏《六合还淳》之舞，实际上是向李唐宣示自己在礼乐建设上的话语权，由此也宣告高宗时代的礼乐建设落下帷幕。在此背景下，关东地区的离心进一步加剧，从前文所述环渤海地区墓葬中随葬"燕乐组合"伎乐俑的无序则可见一斑。至垂拱年间，河北元氏县吕众墓在其墓志中，甚至书写"隋大业十二年"。这种书写在某种意义上讲，是通过对北齐及炀帝时期关东文化传统的认同，来表达对武周中央的反抗。

掌握了礼乐建设话语权的武则天，继续加大对李唐宗室的打压力度。墓葬中"鼓吹乐组合"，在这一时期即能够反映出李唐宗室与武周在政治上的博弈。永徽三年（652）李泰逝世时，高宗遣人予以厚葬，并葬赐鼓吹，墓葬中的"鼓吹乐组合"与"燕乐组合"俑群均可表现其礼遇。然而，李泰之子李徽、李欣，皆先后于永淳、垂拱年间暴亡，作为宗室成员，其墓中皆未出现应有的墓葬礼乐符号。李泰之妻阎婉于武则天登基同年逝世，其墓中甚至连陶俑都未随葬，则应是武则天刻意为之。

垂拱二年（686），武则天为显示其"务在仁不在广，务在养不在杀，将以此息边鄙，休甲兵，行三皇五帝之事者也"，下令放弃安西四镇。由此，中央丧失了对西域的实际控制。正是在此背景下，张雄之子张怀寂为其母合葬时新开壁龛，并放置高宗时代具有等级标识作用的"鼓吹乐组合"。其虽为木俑，但是符合"卤簿系"与"军乐系"相结合的形式。为其母葬私自以"二元式"鼓吹来彰显功德，在高宗时代是逾制之举。通过第壹章梳理可知，自唐初至高宗永淳以前，"二元式"的组合为葬赐皇室成员、开国元从及中高等级官员的惯例；"一元式"组合则具有某种权宜之考量，用以葬赐以怀柔边庭，或是笼络地方大族及以军功上位者。但随着垂拱时期中央无力鞭及，张氏也就有恃无恐了。在高宗时代，内徙的张氏一族逐渐失去了当年的显赫地位，龙门石窟中发现的总章二年

---

[1]《旧唐书》卷二十八《音乐一》，第1050页。

(669)"高昌张安造像题记",即反映出高宗前期因为统一而对过去享有特权的怀旧感。[1]至此,随着中央力量的减弱,作为张氏一族成员,张怀寂在怀旧之余,也大概将其作为一个重新宣示的契机。同样是位于文化缓冲区内,仆固乙突墓所出鼓吹乐组合与张雄夫妇墓所出鼓吹乐组合的意义是不同的,前者昭示了华夷秩序的建立,而后者恰恰体现出高宗时代确立的华夷秩序走向瓦解。

自十六国至唐,现实中鼓吹仪仗的使用通常有性别限制,墓葬"鼓吹乐组合"的使用亦然,这种限制早在关中地区十六国墓葬中即有所反映。正因如此,才有了北魏晚期及唐高祖时期对女性使用鼓吹的讨论。然而,由于武则天自身作为女性登基称帝的需要,女性使用鼓吹的界线被打破,王雄诞夫人魏氏墓中的鼓吹乐俑即为明证。不仅如此,其中还塑造了一组女骑乐俑,其从属于鼓吹乐队列中,亦是对性别的强调。

改唐为周后,武则天首先摧毁唐代庙乐。《旧唐书》卷二十九《音乐二》载:

> 自《破阵舞》以下,皆雷大鼓,杂以龟兹之乐,声振百里,动荡山谷。《大定乐》加金钲,惟《庆善舞》独用《西凉乐》,最为闲雅。《破阵》《上元》《庆善》三舞,皆易其衣冠,合之钟磬,以享郊庙。以《破阵》为武舞,谓之《七德》;《庆善》为文舞,谓之《九功》。自武后称制,毁唐太庙,此礼遂有名而亡实。[2]

武后毁唐庙,自太宗以来所立"文""武"之舞有名无实。在此基础上,武则天着手自制新曲,其规模之大,为前代所不能比。《旧唐书》卷二十八《音乐一》载:

> 长寿二年正月,则天亲享万象神宫。先是上自制《神宫大乐》,舞用九百人,至是舞于神宫之庭。[3]

武则天虽制新乐,但礼乐建设并无章法,甚至随意更改。《通典》卷一百四十七《乐七》载:

> 大唐武太后天册万岁二年,清边道大总管建安王攸宜平契丹凯旋,欲以十二月诣阙献俘。内史王及善以为:"军将入城,例有军乐。今既属先帝忌月,请备而不奏。"鸾台侍郎王方庆奏曰:"臣按《礼经》,但有忌日,而无忌月。军乐是军容,与

---

[1] 朱雷:《龙门石窟高昌张安题记与唐太宗对麹朝大族之政策》,载所撰《敦煌吐鲁番文书论丛》,上海古籍出版社,2012年,第95~104页。
[2] 《旧唐书》卷二十九《音乐二》,第1060页。
[3] 《旧唐书》卷二十八《音乐一》,第1050页。

常乐不等。臣谓振作，于事无嫌。"从之。[1]

客观上讲，军乐是"丧葬用乐"与"功成作乐"之间的一个灰色地带。西晋时在"因丧废乐"的约束下，强调"军乐"与"常乐"等同。至武则天时，需要通过"军乐"彰显其功德，又强调"军乐"与"常乐"不同。这种现实中对鼓吹乐的随意使用，也反映在墓葬礼乐符号层面。例如，独孤思贞兄弟依附武周政权，其墓存在明显的僭越，高宗时代作为礼乐制度组成部分的"鼓吹乐组合"，已开始成为武则天笼络人心的手段。此外，在鼓吹乐组合的组成形式上，从高宗后期到武周时期的墓葬在原有的"二元式"组合上，还将头戴幞头、满面虬髯的胡人组合纳入鼓吹队列中，使"鼓吹乐组合"具有更强的"胡化"色彩。

至武周后期，武则天不仅"自制新曲"，同时亦"不重古曲"。《旧唐书》卷二十九《音乐二》载：

> 自长安已后，朝廷不重古曲，工伎转缺，能合于管弦者，唯《明君》《杨伴》《骁壶》《春歌》《秋歌》《白雪》《堂堂》《春江花月》等八曲。旧乐章多或数百言，武太后时，《明君》尚能四十言，今所传二十六言，就之讹失，与吴音转远。刘贶以为宜取吴人使之传习。以问歌工李郎子，李郎子北人，声调已失，云学于俞才生。才生，江都人也。今郎子逃，《清乐》之歌阙焉。又闻《清乐》唯《雅歌》一曲，辞典而音雅，阅旧记，其辞信典。汉有盘舞，今隶散乐部中。又有幡舞、扇舞，并亡。[2]

从中可知，自南朝至唐前期，作为"华夏正乐"的《清乐》于武周后期已多散佚。高宗时代所复古之雅曲亦多不存。隋初牛弘主张存用于宴飨雅乐的"汉魏四舞"，仅盘舞尚存，却隶属于散乐部，难登大雅之堂，而其他三舞则由此亡没。如此结局一方面表明了高宗时代"礼乐复古"的全面失败，另一方面也开始打破隋初以来建立的"雅""俗"界线。

不过，墓葬礼乐符号并不能直接反映现实中的这一现象。大足元年（701）的洛阳孟津岑氏墓所出伎乐俑组合，从整体上看基本延续了此前乐舞形式，然而衣着、发式等却表现出极尽前代所有之特点。此外，在"燕乐组合"中又融入"百戏组合"。从这些现象可以推知，武则天时代所制"新曲"，实为前代诸乐之杂糅，此前雅俗各部至此，皆尽混淆。

此外，武周时期酷吏政治一度兴起，其时遂有《离别难》之曲，用以寄托哀情。《乐府杂录》"离别难"条载：

---

[1]《通典》卷一百四十七《乐七》，第3769页。
[2]《旧唐书》卷二十九《音乐二》，第1067~1068页。

陆 | 墓葬礼乐符号与中古时期的礼乐建设　269

天后朝，有士人陷冤狱，没家族，其妻配入掖庭。本初善吹觱篥，乃撰此曲，以寄哀情。始名《大郎神》，盖取良人行第也，既畏人知，遂三易其名，亦名《悲切子》，终号《怨回鹘》。[1]

一面是武则天杂制新曲以述功德，一面却是士人哀切之声，一曲撰后三易其名，从另一个方面表现出武周时期的政治高压。墓葬壁画中以"草木假山"与乐伎相结合的新样式，正是在这种背景下产生的。以淮南大长公主墓为例，其墓室壁画中的"燕乐组合"不再置于宴飨语境下，而是以间隔式人物出现，并在其间绘饰草木、假山。这样一种形式，其实是关陇墓葬人物壁画传统与初唐"树下人物图"相结合的产物。以"草木""假山"等元素营造出的园林之景，在武周对李唐政治打压的语境下出现，其实暗示了李唐宗室成员在政治漩涡中，试图表现隐逸以求自保的心态。

武周时期"淡化古曲、自制新曲"的礼乐路线与针对李唐的高压政治，既打破了高宗时期的礼乐秩序，同时也对隋唐前期建立起的燕乐体系造成了冲击。不过，这在客观上也再次削弱了"雅""俗"与"胡""汉"之界线。在此背景下，代表俗乐的"百戏—散乐"系统有了充分发展的机会。在墓葬礼乐符号层面，尽管这一时期的材料尚未可观，但从"燕乐组合"关东与关中表现形式的差异来看，自北朝晚期形成的东西文化对峙，继续以另一种形式延续。这一阶段形成的新题材，也成为下一阶段礼乐符号塑造的基本来源。

4. 以俗代雅，以功代乐：李唐反正期的礼乐建设

武周政权对隋唐礼乐框架的冲击，在墓葬礼乐符号中有不同程度的表现。其中"鼓吹乐"的滥用，直接破坏了其用以建立统治秩序的政治性意涵。在墓葬情境下，"鼓吹乐组合"的使用也开始脱离高宗建立起的制度性框架，甚至开始脱离此前整个时期的功能范畴，仅作为笼络人心之手段而使用。脱离传统地滥制新曲，盲目追求规模，杂乱无章地使用各乐部，凡此种种都破坏了原有的"燕乐"体系，不同身份者往往无视身份界限私蓄女乐。在此背景下，自高宗后期至武周时期，环渤海地区墓葬中"燕乐组合"跨越身份界限的随意使用，都使得原有的礼乐秩序混乱无章。

李唐反正后，中宗着手重建礼乐秩序，首先即对女乐进行了限制。《唐会要》卷三十四《论乐杂录》载：

（神龙二年）九月，敕三品已上，听有女乐一部；五品已上，女乐不过三人。皆

---

[1] 〔唐〕段安节撰，吴企明点校：《乐府杂录》，辑自《教坊记（外三种）》，中华书局，2014年，第142页。

不得有钟磬。[1]

此处所谓"女乐",当为此前"燕乐"部分延续而来。但需要注意的是,此处的"女乐"已不可与武周以前具有雅乐性质的"燕乐"同日而语。随着武则天打破"雅""俗"界线,此前之"燕乐"(宴飨雅乐)开始走向"俗乐化",此处之"女乐"实为"俗乐"范畴。将"俗乐系"之"女乐"纳入礼乐制度之框架下,虽然有整饬风气之目的,实则进一步加剧了隋唐礼乐框架的瓦解。在俗乐化的音乐组合中,强调"钟磬"这一"雅乐"符号,更无异于画蛇添足。

虽不知其现实中整饬的效果究竟如何,但是就墓葬来看,此前作为墓葬礼乐符号的"燕乐组合"彻底完成了形式的转化。不仅源自北齐传统的伎乐俑组合消失,高宗时期墓葬壁画中的"二女对舞、乐舞相伴"式的乐舞组合以及源自关陇系统的间隔人物式燕乐组合亦随之不见。随着"雅""俗"界线被打破,以关陇和关东地区不同传统表现的"燕乐组合"似乎也同时被打破,进而被新的形式所替代。

这一时期墓葬中的"燕乐组合"皆以墓葬壁画或葬具图像表现。葬具图像以洛阳伊川所出石椁为例,其门楣上线刻一组"女乐图",共五人,无钟磬,其墓主身份当在三品以上。墓葬壁画则分为两种形式:第一种即以懿德太子墓为代表的"夜宴图";第二种即承自前文所述淮南大长公主墓壁画所见的"园林人物式奏乐"。

懿德太子墓壁画所见"夜宴图"中的"燕乐组合",在人物塑造和用乐表现上,都与高宗前期墓葬"燕乐组合"伎乐俑与侍俑相一致。对懿德太子的改葬既倾注了唐中宗的个人情感,同时也是重建李唐话语的一种宣示。因而,懿德太子墓壁画中的"夜宴图"从某种意义上说,是对高宗时期礼乐路线的一种回敬。与之相比,这一时期的主流是第二种,在章怀太子墓、永泰公主墓、节愍太子墓中皆以这种形式表现。事实上,这种形式已经不能严格算作"燕乐组合"。这种具有"宫廷歌舞教习"特点的表现形式,既突出了贵族生活中的音乐元素,同时也淡化了"宴飨"之主题,与其时动荡的政治环境相符合。

与"燕乐组合"的转变相同步,"百戏组合"继武周时期重现后,继续出现在墓葬礼乐符号中。以安菩墓为例,其中以"参军戏俑"为代表的戏弄俑,应从属于"百戏组合",是与此前"燕乐"相对的"俗乐"之代表。这同样在一定程度上体现着这一时期"以俗代雅"的特点。

在鼓吹乐的使用上,自中宗重登皇位后,不但没有以制度形式规范其使用,倒不如说是在武周时代的基础上,进一步破坏了先前制度。唐中宗景龙二年(708),皇

---

[1]《唐会要》卷三十八《论乐杂录》,第628页。

后上言请求对"妃主及五品以上母妻"特给鼓吹,由此引起了又一场关于鼓吹使用的讨论。《旧唐书》卷二十八《音乐一》载:

> (中宗)景龙二年(708),皇后上言:"自妃主及五品以上母妻,并不因夫子封者,请自今迁葬之日,特给鼓吹,宫官亦准此。"侍御史唐绍上谏曰:"窃闻鼓吹之作,本为军容,昔黄帝涿鹿有功,以为警卫。故棡鼓曲有《灵夔吼》《鵰鹗争》《石坠崖》《壮士怒》之类。自昔功臣备礼,适得用之。丈夫有四方之功,所以恩加宠锡。假如郊祀天地,诚是重仪,惟有宫悬,本无案架。故知军乐所备,尚不洽于神祇;钲鼓之音,岂得接于闺阃。准式,公主王妃已下葬礼,惟有团扇、方扇、彩帷、锦障之色,加至鼓吹,历代未闻。又准令,五品官婚葬,先无鼓吹,惟京官五品,得借四品鼓吹为仪。今特给五品已上母妻,五品官则不当给限,便是班秩本因夫子,仪饰乃复过之,事非伦次,难为定制,参详义理,不可常行。请停前敕,各依常典。"上不纳。[1]

此次讨论,与此前北魏晚期与唐武德年间的讨论,实为同一问题,仍是女性使用鼓吹的权限问题。特给鼓吹于公主、王妃及五品以上母妻并不因夫子封者,虽违历代之制,甚至可能使甫正的李唐重新走上女性执政的道路,但对于中宗而言,却是一个借以政治宣示及建立威信的机会,因而中宗拒绝了唐绍的上谏。

现实中中宗使用鼓吹的态度,同样反映在墓葬中。唐中宗时期在丧葬领域进行了一系列的改葬活动。这些改葬虽然主要针对的是李唐宗室,但从这一时期的墓葬来看,其礼遇有着明显的差别,此节我们在第壹章中已有叙述。齐东方先生甚至指出,中宗时期的改葬"不是抑武扬李、恢复礼法,也不是厚葬功臣、弘扬功勋,而是私情为重、厚葬子女,借此维护自己失而复得的地位与权力",同时双室砖墓的埋葬形制甚至"变成宫廷斗争中的得势者用以炫耀自己、扩大影响的工具"。[2] 与双室砖墓相对应的另一个层面即是墓葬"鼓吹乐组合"的使用。如果说武周时期,墓葬鼓吹乐组合已经沦为笼络人心之手段,那么在这一时期,这一礼乐符号则进一步成为炫耀权力之工具,其制度化意义已然无存。这一点对于其后的睿宗时期而言,同样适用。由此,"鼓吹乐组合"作为墓葬礼乐符号走向崩溃则是必然。不过,出于强调权力与恩信的目的,这一时期的"鼓吹乐组合"在造型上被重新塑造,同时鼓吹队列中以"幞头系"为特征的胡人组合也被排除于鼓吹乐组合之外。

---

[1]《旧唐书》卷二十八《音乐一》,第1050~1051页。
[2] 同前揭《略论西安地区发现的唐代双室砖墓》,第860~861页。

综观这一时期的礼乐建设，从墓葬礼乐符号来看，表现出两种特点：从"鼓吹乐组合"中可以看出，音乐的政治功能已彻底被"功劳"与"权力"所取代；从"燕乐组合"中可以看出，随着"雅""俗"界线被打破，早先从属于"雅乐"范畴的"燕乐"，已经开始走上"俗乐化"道路。

5. 兼顾胡汉，整合雅俗：唐玄宗时期的礼乐建设

武周革命对"雅乐"框架的冲击以及对"雅乐"框架下燕乐体系的破坏，客观上为"俗乐"与"胡乐"的发展创造了空间。李唐反正后的礼乐建设，不但没有对此进行有效调整，反而顺势进一步加剧了这种不平衡。由此，"俗乐"与"胡乐"融合加深，并由此重塑"雅乐"的现实就不可避免了。这种现实，也成为玄宗进行礼乐建设所要面临的局面。

针对唐玄宗时代的礼乐建设，我们将开元十四年（726）以前定为玄宗礼乐建设前期，将开元十四年（726）至开元二十九年（741）定为玄宗礼乐建设中期，将天宝以降至安史之乱定为玄宗礼乐建设后期，分别叙述每个时期内玄宗的具体举措，并讨论这些现实措施如何与墓葬礼乐符号形成互动。

在礼乐建设前期，由于睿宗集团政治根基尚未稳固，出于稳定形势与整饬礼乐框架之目的，玄宗推行了相对保守的礼乐路线。针对"雅""俗"与"胡""汉"界线的不明，他采取了两大措施：限制散乐，禁断"乞寒"。

首先，通过限制散乐，玄宗重新建立"雅乐"与"俗乐"之秩序。《旧唐书》卷二十九《音乐二》载：

> 歌舞戏，有《大面》《拨头》《踏摇娘》《窟礧子》等戏。玄宗以其非正声，置教坊于禁中以处之。[1]

《新唐书》卷三十八《百官三》载：

> 开元二年……京都置左右教坊，掌俳优、杂技，自是不隶太常。以中官为教坊使。[2]

玄宗将歌舞戏等百戏视为"非正声"，并置教坊以处之，同时认为太常礼司不宜典俳优杂技，表明玄宗对于"雅""俗"之乐尚有明确定位，其主要针对的即是武周以来

---

[1]《旧唐书》卷二十九《音乐二》，第1073页。
[2]《新唐书》卷四十八《百官三》，第1244页。

"雅""俗"无序之局面。他划定礼俗纲常，当是整饬礼乐的重要步骤，其目的既是完善礼乐制度，同时也将个人用乐需求与制度相协调。

其次，玄宗通过禁断"乞寒"，重新建立"俗乐"与"胡乐"之界线。《通典》卷一百四十六《乐六》载：

> 乞寒者，本西国外蕃之乐也……至先天二年十月，中书令张说谏曰："韩宣适鲁，见周礼而叹；孔子会齐，数倡优之罪。列国如此，况天朝乎！今外国请和，选使朝谒，所望接以礼乐，示以兵威。虽曰戎夷，不可轻易，焉知无驹支之辩，由余之贤哉！且乞寒、泼胡，未闻典故，裸体跳足，盛德何观；挥水投泥，失容斯甚。法殊鲁礼，褻比齐优，恐非干羽柔远之义，樽俎折冲之道。愿择刍言，特罢此戏。"至开元元年十二月敕："腊月乞寒，外蕃所出，渐浸成俗，因循已久。自今以后，无问蕃汉，即宜禁断。"[1]

从中可见，"乞寒"本胡乐，张说提出禁断"乞寒""泼胡"之乐的出发点在于移风易俗，以正礼乐。对于玄宗而言，他接受张说的建议，同时对于"乞寒"的使用，不论蕃汉皆以禁断，则表现出重建华夷秩序的决心。

以此观之，这一时期在现实层面，玄宗的礼乐建设已经开始形成明确目标。针对"三乐"的现实格局，其在两个方面的举措皆出于为重建礼乐秩序扫清障碍之目的。然而这一时期毕竟是李唐反正至新礼乐秩序建立的过渡期，新的墓葬礼乐符号尚未塑造成型。因此，墓葬礼乐符号的形式表现出对前一阶段的延续。

一方面，鼓吹乐组合继续沿用，既用以完成对各政治集团之间的平衡，同时对于因军功受勋者，亦葬以殊荣。另一方面，前一阶段表现"园林式间隔人物"壁画的形式与初唐"树下老人"题材相融合，南北朝时期的"高士雅音"题材重现。"园林式人物奏乐"的形式被放置于"屏风画"这一特殊情境下，从而形成了以南里王村韦氏墓所见的"屏风式奏乐图"，与南北朝晚期崔芬墓壁画中的"屏风奏乐图"遥相呼应。这两种形式的再现皆以武周革命以来的政治环境为契机，在审美取向上都带有自娱或隐逸的指向性。如果说这一形式在南北朝时期的出现，是世家大族在文化正统争夺之中的一种符号化宣示，那么在这一时期表现，则或多或少出于一种在政治漩涡中的自处之心理。这些都体现出玄宗礼乐建设第一阶段内，旧时风波尚未完全平息。那么，在此环境下，"雅""俗"与"胡""汉"诸因素又是如何表现的呢？

---

[1]《通典》卷一百四十六《乐六》，第 3724～3725 页。

作为李唐集团的长辈，金乡县主历经数次政治风波得以自保。就个人经历而言，其采取了"纵情音声"以示远离政治漩涡的策略。其中除了女骑马出行、狩猎、侍从等组合，用以表现出行骑猎的贵族生活场景外，其墓葬中的音乐元素众多。男骑马鼓吹俑则着重表现出行仪仗，百戏、散乐极为丰富。但值得注意的是，其中并没有出现中宗以前的"燕乐组合"伎乐俑，而是将"燕乐组合"分解至"鼓吹乐组合"与"百戏—散乐组合"中。其中的"女骑乐组合"作为"鼓吹乐组合"的一部分，使用的并非"卤簿""军乐"所用乐器，这些乐器均"燕乐"中所常用。其中的"百戏—散乐组合"涵盖了歌舞与戏弄，具有鲜明的"俗乐"色彩。由此可见，至开元前期，隋代至高宗时期的"燕乐体系"已经名存实亡。尽管玄宗在现实中对"散乐"加以限制，但这并不能阻止"俗乐系"音乐对于"雅乐"的重塑，"百戏—散乐组合"纳入礼乐符号框架下并且蔚然发展，即是明证。

在墓葬中，三彩载乐骆驼的"胡乐"与"汉乐"之分，表现出同一艺术题材下的不同审美取向。作为此前墓葬"燕乐"符号的替代物，其从另一个角度也揭示出"胡乐"与"俗乐"与旧时"燕乐"已经混为一体。由此来看，玄宗在其礼乐建设的前期，虽以制度形式重新建立"三乐"的秩序，但并不能阻止"俗乐"与"胡乐"对"雅乐"的冲击。因此，在接下来的中期，玄宗调整了策略，由限制转为顺势平衡。

在玄宗礼乐建设中期，随着《开元礼》的制定提上日程，玄宗开始重新平衡"三乐"，其举措之一即是在"燕乐"（宴飨雅乐）中重新确立"坐部伎"与"立部伎"。坐部伎与立部伎的出现，源自隋文帝时对宴飨、祭祀所用登歌的坐、立之分，但在唐代以后各时期皆有调整和重建。在《新唐书》《旧唐书》《乐府杂录》的记载中，"二部伎"的内容皆有出入，因此不能简单、静止地看待。

《旧唐书》卷二十九《音乐二》载：

> 《安乐》等八舞，声乐皆立奏之，乐府谓之立部伎，其余总谓之坐部伎。则天、中宗之代，大增造坐立诸舞，寻以废寝。[1]

又《新唐书》卷二十二《礼乐十二》载：

> （玄宗）又分乐为二部：堂下立奏，谓之立部伎；堂上坐奏，谓之坐部伎。太常阅坐部，不可教者隶立部，又不可教者，乃习雅乐。[2]

---

[1]《旧唐书》卷二十九《音乐二》，第1061页。
[2]《新唐书》卷二十二《礼乐十二》，第475页。

又《乐府杂录》载：

> 凡奏曲登歌，先引诸乐逐之。其乐工皆戴平帻，衣绯大袖，每色十二，在乐悬内。以上谓之坐部伎。八佾舞则六十四人，文武各半，皆着画帻，俱在乐悬之北。文舞居东，手执翟，状如凤毛；武舞居西，手执戚。文衣长大，武衣短小。其钟师及磬师、登歌、八佾舞并诸色舞，通谓之立部伎。[1]

从文献记载可见，玄宗重新确立的"坐部伎"与"立部伎"，是在李唐反正的新形势下重新建立起来的，与初唐时高祖沿用隋炀帝时期燕乐并进行坐、立之分的"二部伎"已不可同日而语。唐高祖时，作为宴飨雅乐的组成部分，"二部伎"被纳入雅乐框架下。至玄宗时，"二部伎"与"雅乐"已有所分别，这表明此前之"燕乐"已经从"雅乐"中分离出来，成为联结"雅乐"与"俗乐"的中间部分。由此造成的结果可想而知，即"雅乐"进一步走向"俗乐化"。从玄宗所立"坐、立部伎"内的曲目、出处及内容来看（见表6-3），立部伎自《破阵舞》以下，皆雷大鼓，杂以龟兹之乐，惟《庆善舞》独用《西凉乐》。坐部伎自《长寿乐》以下皆用龟兹乐，惟《龙池》备用雅乐，而无钟磬。可见，玄宗重新建立的燕乐体系中，占据主导的是龟兹乐。

由此看来，在唐玄宗礼乐建设的第二阶段，"汉乐"地位已然式微，"胡乐"占据主导。同时，随着"燕乐"的"俗乐化"，"雅乐"亦被"胡""俗"之乐所充斥。因此，随着"三乐"走向合流，唐玄宗的礼乐路线也真正展开。

在《开元礼》制定提上日程的翌年，唐玄宗礼葬嗣虢王李邕时，在壁画中以新的形式表现"燕乐组合"。该组合将前一时期的"园林式人物奏乐"的形式重新置于"燕乐"框架下，是为此后"胡部新声"之蓝本。遗憾的是，由于墓葬遭到破坏，未能窥得画面全貌。

开元十四年（726），张说请奏对五礼进行折中删改，至开元二十年（732）《大唐开元礼》正式颁布实施。[2]《大唐开元礼》既是中古时期礼乐建设的集成式总结，也成为唐宋以后礼乐建设参考的直接蓝本。玄宗时代墓葬壁画中乐舞图的形成，正是以《大唐开元礼》的编修为历史契机的。这些图像作为墓葬中的一种符号语言，反映着唐玄宗中后期的礼乐建设。

自开元二十年《大唐开元礼》颁布后，开元二十四年"胡部"被升于堂上，从而正式纳入"宴飨雅乐"的范畴。由此，玄宗时代的礼乐框架基本建立起来，与之相应，自

---

[1]《教坊记（外三种）》，第117～118页。
[2]《通典》卷四十一《礼一》，第1122页。

表 6-3　唐玄宗所立坐、立部伎内容[1]

	乐　名	作　者	出处及内容
立部伎	《安乐》	北周武帝平齐所作	行列方正，象城郭，周世谓之城舞。舞者八十人，刻木为面，狗喙兽耳，以金饰之，垂线为发，画猱皮帽，舞蹈姿制，犹作羌胡状。
	《太平乐》（五方狮子舞）	出于西南夷天竺、师子等国	缀毛为之，人居其中，像其俯仰驯狎之容。二人持绳秉拂，为习弄之状。五师子各立其方色，百四十人歌《太平乐》，舞以足，持绳者服饰作昆仑象。
	《破阵乐》	太宗所造	太宗为秦王之时，征伐四方，人间歌谣《秦王破阵乐》之曲。及即位，使吕才协音律，李百药、虞世南、褚亮、魏徵等制歌辞，百二十人披甲持戟，甲以银饰之，发扬蹈厉，声韵慷慨，享宴奏之，天子避位，坐宴者皆兴。
	《庆善乐》	太宗所造	太宗生于武功之庆善宫，既贵，宴宫中，赋诗，被以管弦。舞者六十四人，衣紫大袖裙襦，漆髻皮履。舞蹈安徐，以象文德洽而天下安乐也。
	《大定乐》	出自《破阵乐》	舞者百四十人，被五彩文甲，持槊。歌和云"八纮同轨乐"，以象平辽东而边隅大定也。
	《上元乐》	高宗所造	舞者百八十人，画云衣，备五色，以象元气，故曰"上元"。
	《圣寿乐》	高宗武后所造	舞者百四十人，金铜冠，五色画衣。舞之行列必成字，十六变而毕。有"圣超千古，道泰百王，皇帝万年，宝祚弥昌"字。
	《光圣乐》	玄宗所造	舞者八十人，鸟冠，五彩画衣，兼以《上元》《圣寿》之容，以歌王迹所兴。
坐部伎	《谯乐》	张文收所造	工人绯绫袍，丝布袴。舞二十人，分为《景云乐》《庆善乐》《破阵乐》《承天乐》四部。玄宗时仅存《景云舞》。
	《长寿乐》	武则天长寿年所造	舞十有二人，画衣冠。
	《天授乐》	武则天天授年所造	舞四人，画衣五采，凤冠。
	《鸟歌万岁乐》	武则天所造	武太后时，宫中养鸟能人言，又常称万岁，为乐以象之。舞三人，绯大袖，并画鸲鹆，冠作鸟像。
	《龙池乐》	玄宗所造	玄宗龙潜之时，宅在隆庆坊，宅南坊人所居，变为池，望气者亦异焉。故中宗季年，泛舟池中。玄宗正位，以坊为宫，池水逾大，弥漫数里，为此乐以歌其祥也。舞十有二人，人冠饰以芙蓉。
	《破阵乐》	玄宗依立部伎《破阵乐》所造	舞四人，金甲胄。

---

[1] 根据《旧唐书》及《通典》所载制成，参见《旧唐书》卷二十九《音乐二》，第 1059～1063 页；《通典》卷一百四十六《乐六》，第 3718～3722 页。

开元十五年李邕墓壁画开始形成的乐舞图，至开元二十六年趋于定型并流行于天宝年间。这一新式的乐舞图，是唐玄宗礼乐路线的集中体现，代表了唐玄宗"兼顾胡汉、整合雅俗"的政治愿景。

唐玄宗时代墓葬中的乐舞图，虽不能与"胡部新声"简单对应，但与其形成过程互为关联，二者构成了一种互文关系，在一些细节中得以体现。例如，在开元十五年李邕墓壁画中，乐舞组合相较于前代，最大的差别在于伴奏乐队以男性乐伎代替此前的女乐，同时开始呈现出胡汉杂糅的特点。在玄宗时代，内外教坊完备之后，太常乐工限于男性，而内外教坊则男女皆有。[1]以男乐工取代女乐，表明图中所绘是归太常所辖的燕乐组合，即"宴飨雅乐"。至开元二十八年（740）韩休墓中，乐舞图中以女乐伎组成的"汉乐组合"与以男乐伎组成的"胡乐组合"并立，这正反映出"升胡部于堂上"的过程。同时，这种形式既表现出胡汉之乐的二分与融合，同时也暗示着图中所绘乐工应出自教坊。可见，至开元后期，"宴飨雅乐"与"俗乐"在人员管理和配置上，界线已不明确。另外，壁画在天宝初年因韩休夫人之下葬而进行了改绘，其中画面中原来的"嬉戏童子"被"竹竿子"所替代。对于这一现象，周伟洲、郑岩先后进行了详细分析。[2]两位学者均认为"竹竿子"的出现基于整个乐舞组合的需要，是必不可少的一部分，而此前的"嬉戏童子"则可有可无。"竹竿子"这一角色本出自唐代"参军戏"中，从属于散乐系统。这一角色在燕乐系统的音乐组合中成为必不可少的组成部分，从另一个角度说明了燕乐的散乐化。至天宝四载（745）的苏思勖墓壁画中，分别代表胡乐与汉乐的男女舞伎，被替换为一位胡人形象的胡腾舞乐伎，揭示出此时胡乐的一元化趋势，而这也直观地显示出河西"新声"取代旧乐的过程。

除了兼顾"雅""俗""胡"三乐，玄宗甚至试图将"释""道"等诸乐融入其中，以实现所谓"三教合流"，故天宝年间有"诏道调、法曲与胡部新声合作"之举。而在此之前，利用安葬其宠爱的武惠妃之机会，在武惠妃敬陵石椁"房中乐"的描绘上，即已表现出这样一种思路。故敬陵石椁上的音乐组合，呈现出"胡乐"与佛、道因素杂糅之现象。

在开元后期，唐玄宗开始对丧葬活动加以整顿，卢亚辉对这一时期的整顿进行了系统归纳，并指出这一时期墓葬中胡人俑的使用急剧减少。[3]事实上，这一变化恰恰是伴随着玄宗的礼乐建设展开的。换言之，与胡人俑的减少相对应的是礼乐符号中"胡乐"

---

[1]《教坊记笺订》，第20页。
[2] 周伟洲：《唐韩休墓"乐舞图"探析》，《考古与文物》2015年第6期，第73~79页；郑岩：《试析唐代韩休墓壁画乐舞图的绘制过程》，《文物》2019年第1期，第76~83页。
[3] 卢亚辉：《武则天时代墓葬的考古学研究——基于初、盛唐墓葬与政治文化集团的考察》，北京大学博士学位论文，2018年，第167~170页。

色彩的增强，这种现象上的矛盾，实际上体现出政治话语在物质文化层面的转变。

唐玄宗本人喜好胡乐，但并不能简单地认为开元、天宝年间胡乐的盛行完全与其个人喜好有关。通过前节分析可见，唐玄宗开元年间的"胡部新声"，实质上是将以龟兹乐和胡部为代表的"胡乐"与汉魏以来由百戏发展而来的"散乐"，共同纳入燕乐的框架系统下，并以制度的形式确定下来。以雅乐的主导为前提，散乐进入燕乐系统，实质是通过燕乐的散乐化，实现燕乐本身的兼容性，进而强化音乐的社会功能。唐玄宗天宝十载（751）敕文言"五品已上正员清官、诸道节度使及太守等，并听当家畜丝竹，以展欢娱，行乐盛时"，[1]正是通过这种功能来建立纵向的秩序。以胡部取代西凉乐，则通过将胡乐俗乐化，进一步实现其本土化，从而在既有的华夷秩序之下强化音乐的政治功能。唐玄宗天宝十三载（754）将大量胡曲之名改为华夏之名，亦应出于这种考虑。强化音乐的"为用"观念，才是玄宗的真正意图，这亦符合《大唐开元礼》的内在要求。然而，与目的相冲突的是结果，在唐玄宗"兼及三教、整合雅俗"的礼乐路线下，雅乐、俗乐与胡乐之间的秩序不仅没能稳定下来，相反走向了合流与混融。

相比开元前期，在此之后墓葬礼乐符号中"百戏—散乐"组合的大量出现，无疑是玄宗本人带动的结果。在此过程中，唐玄宗充分发挥了自己的音乐才能，制定新曲的同时也新制乐器，至天宝年间，新制乐器亦成为一种政治话语，进而成为地方官员献媚之手段。据《明皇杂录·逸闻》载："安禄山自范阳入觐，亦献白玉箫管数百事，安皆陈于梨园。"[2]梨园及梨园别教院皆为玄宗设立，用以训练音声人，二者均以"内官"掌之。[3]此种机构的设立，名为"训练"，实际成为凌驾于礼乐制度框架外的独立空间，在其名目时，实则聚集了一批游离于体制内外的政治力量，其成立进一步加剧了诸乐对"雅乐"的冲击，同时也为"伶官乱声"破坏礼乐之制埋下了伏笔。

不过，这也在客观上为中晚唐散乐的兴起提供了来自上层的动力。与"胡""俗"力量同时兴起的，即胡族政治集团的崛起与地方藩镇势力的壮大。墓葬礼乐符号只是晴雨表，其背后的政治格局变动，则是推动其礼乐路线徘徊的实际推动力。随着安史之乱的爆发，不仅玄宗时代建立的礼乐符号走向瓦解，整个中古时期所形成的"二元式"礼乐符号也走向全面崩溃。

（四）中晚唐以降墓葬礼乐符号的时代余声

安史之乱以后，唐代墓葬中礼乐符号开始全面瓦解。自唐玄宗礼乐建设后期开始，

---

[1]《唐会要》卷三四《论乐》，第630页。
[2]〔唐〕郑处诲撰，田延柱点校：《明皇杂录》，中华书局，1994年，第51页。
[3]《旧唐书》卷二十八《音乐一》，第1051～1052页。

"燕乐组合"基于其社会性面向,反映出整个时代"以俗代雅"的转向;"鼓吹乐组合"基于其政治性面向,用以建立阶序的意义被削弱,揭示出其时藩镇割据、等级阶序名存实亡的现实。在安史之乱中,教坊、梨园等机构受到冲击,乐人离散至民间,客观上使中央所掌控的"音乐元素"与民间相互混融。与此同时,对于"安史之乱"始作俑者安禄山与史思明,其胡族背景成为中央重建后用以构建"胡""汉"对立的话语来源。

《太平广记》卷二百四《乐二》引《出开天传信记》载:

> 及上幸蜀回京师,乐器多亡失,独玉磬偶在。[1]

又《太平广记》卷二百四《乐二》引《出传载录》载:

> 天宝中,乐章多以边地为名,若凉州、甘州、伊州之类是焉。其曲遍繁声,名入破。后其地尽为西蕃所没破,乃其兆矣。[2]

这两则记载作为政治隐喻,表现出安史之乱后人们对于礼乐文化中"雅俗"与"胡汉"问题的态度。"乐器多亡,玉磬偶在",针对的是玄宗后期大兴百戏和散乐,造成"雅乐"之于"俗乐"的弱势,以此隐喻地方藩镇对中央政府的冲击。后一则记载则是以"胡乐"对"雅乐"的破坏,隐喻胡人对华夷秩序的破坏。在现实政治中,"胡汉对立"的建立导致中古以来"胡汉并流"的格局被打破,"胡乐"与"俗乐"已然在融合中产生了压倒性的优势,表现在墓葬礼乐符号中,即是"散乐组合"的兴起。

1. 胡汉对立,以俗为尚:中晚唐礼乐建设的现实困境

安史之乱无疑对现实政治与礼乐建设造成了巨大的冲击,在此过程中,礼乐文化中出现了两股潮流,一是"胡汉对立",二是"以俗为尚"。"胡汉对立"的潮流源自"胡乐乱华"的观念。安史之乱爆发后,人们在归结其原因时,多将胡乐作为一种话语与胡族等同起来。这种观念在中唐以降影响甚大。例如,元稹在《立部伎》诗中将"胡部"等同于"胡乐",并将胡族诸乐与华夏正声相对立,认为"胡人乱华"源自"胡乐乱华"。[3] 又如杜佑在《通典》中言:"而人间胡戎之乐,久习未革。古者因乐以著教,

---

[1]《太平广记》卷二百四《乐二》引《出开天传信记》,第1545页。
[2]《太平广记》卷二百四《乐二》引《出传载录》,第1545页。
[3] 元稹著,冀勤点校:《元稹集》,中华书局,2010年,第327页。

其感人深，乃移风俗。将欲闲其邪，正其颓，唯乐而已矣。"[1]他在肯定音乐社会功能的同时，将胡戎之声与古之正乐对立起来。针对所谓的"胡乐乱华"，肃宗至文宗间历代皆"重定钟磬"，其目的即是利用"华夏正乐"这一话语重建统治秩序。[2]以"钟磬"强调"雅乐"地位，塑造"胡汉对立"以抑制胡乐，恰恰是基于现实情境而提出来的政治策略。

事实上，随着魏晋以来长期的融合，所谓"胡乐"与"汉乐"已难分彼此。就乐器而言，昔日源自"胡乐"系统的曲项琵琶、竖箜篌、觱篥等，其时早已成为唐代音乐的核心，无论"雅乐""俗乐"还是"胡乐"皆可用之。元稹在《和李校书新题乐府十二首·法曲》一诗中写道："自从胡骑起烟尘，毛毳腥膻满咸洛。女为胡妇学胡妆，伎进胡音务胡乐。火凤声沉多咽绝，春莺啭罢长萧索。胡音胡骑与胡妆，五十年来竞纷泊。"[3]王建在《凉州行》中则言："城头山鸡鸣角角，洛阳家家学胡乐。"[4]这些皆反映出自天宝以来至德宗前后现实中胡乐盛行的现状。与此同时，胡风盛行更以不可阻挡之势蔓延上下。在物质文化层面，无论是墓葬中还是窖藏中所出各类物之上，皆有"胡乐"特征的装饰形式出现。何家村窖藏所出金银器装饰与具有等级标识意义的蹀躞带装饰中出现有"胡乐组合"（图6-1）。可见，"胡乐"于时已不仅在民间风行，在上层更是一种时代风尚。

然而，在"胡汉对立"的格局中，胡乐还是遭到了抑制。与此同时，俗乐则得到了进一步发展。相比之下，礼乐文化中的"胡汉对立"只是外衣，在中央与地方藩镇矛盾逐渐升级的现实下，"俗乐"对于"雅乐"的冲击则是结构性的。唐德宗时期在礼乐建设中，一方面自制新舞，另一方面对地方节度使的"献乐"活动加以专门强调，[5]都是基于这一现实。除此之外，《乐府杂录》中所记一则故事也反映出这种现实。《乐府杂录》"觱篥条"载：

> 觱篥者，大龟兹国乐也，亦曰悲栗。德宗朝，有尉迟青，官至将军，时青州有王麻奴者，善此伎，河北推为第一手。恃其艺，倨傲自负，戎帅外，莫敢轻易请者。从事台拜入京，临岐把酒，请吹一曲相送。麻奴偃蹇，大以为不可。从事怒曰："汝艺亦不足称，殊不知上国有尉迟将军，冠绝今古。"麻奴怒曰："某此艺，海内岂有

---

[1]《通典》卷一百四十一《乐一》，第3588页。
[2]《旧唐书》卷二十八《音乐一》，第1052页。
[3]《元稹集》，第325页。
[4] 王建著，尹占华校注：《王建诗集校注》，巴蜀书社，2006年，第1页。
[5]《旧唐书》卷二十八《音乐一》，第1052～1053页。

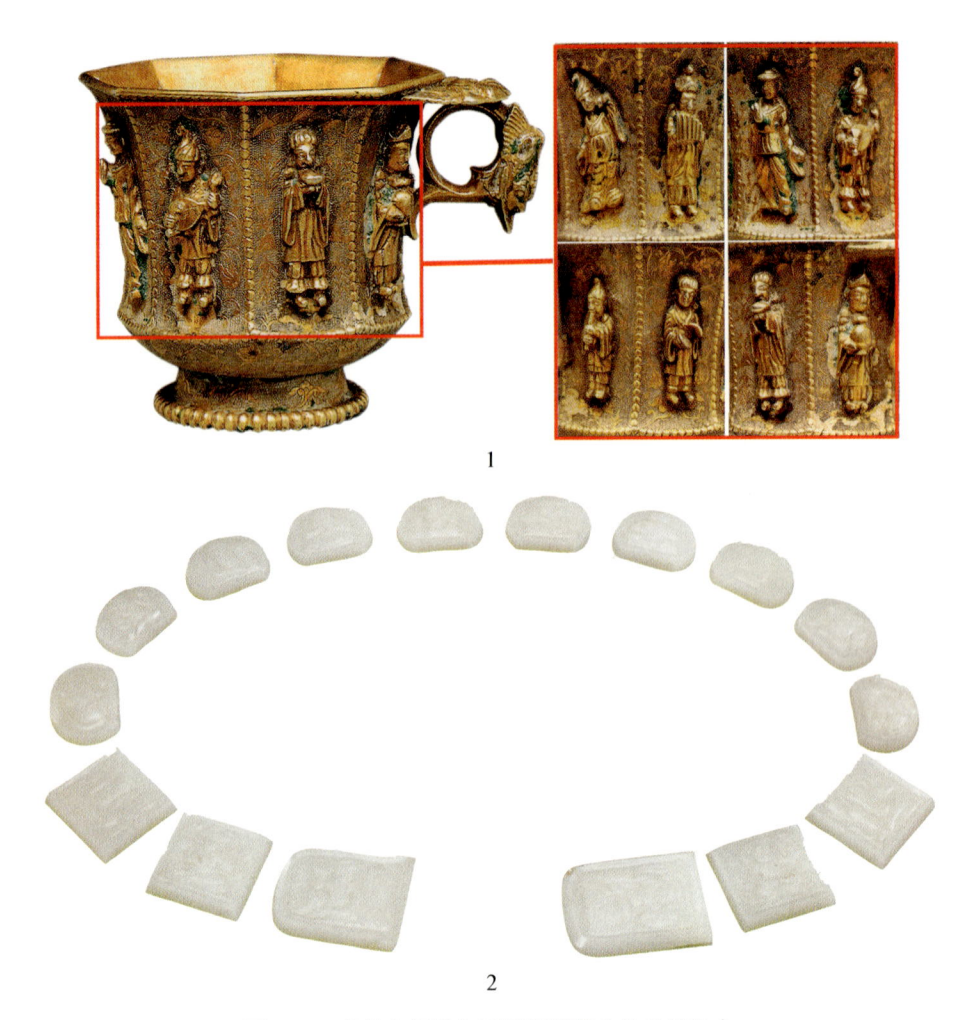

图 6-1 唐代金银器与玉质蹀躞带上的胡乐组合

及者也。今即往彼,定其优劣。"不数月到京,访尉迟青所居,在常乐坊。乃侧近僦居,日夕加意吹之。尉迟每经其门,如不闻。麻奴不平,乃求谒见,阍者不纳,厚赂之即引见青。青即席地令坐,因于高般涉调中吹《勒部羝曲》。曲终,汗洽其背。尉迟领颐而已,谓曰:"何必高般涉调也。"即自取银字管于平般涉调吹之。麻奴涕泣,愧谢曰:"边鄙微人,偶学此艺,实谓无敌。今日悉闻天乐,方悟前非。"乃碎乐器,自是不复言音律矣。[1]

上述文献中的觱篥本出自"胡乐"。作为河北第一乐手的王麻奴,与京城将军尉迟青表面

---

[1]《教坊记(外三种)》,第136~137页。

上是切磋技艺，实则是借音乐之事争夺话语权，其背后则以政治力量为推手。王麻奴所奏曲目《勒部羝曲》当属"胡乐"，其用高般涉调吹奏则带有一争高下的挑战意味。尉迟青所用"银字管"，在《新唐书·礼乐志》中亦有记载："倍四本属清乐，形类雅音，而曲出于胡部。复有银字之名，中管之格，皆前代应律之器也。"[1] 可见，所谓"银字管"，虽与"觱篥"同属，且用于演奏"胡乐"，但因其"清乐"之渊源，而具有"雅乐"之内涵。尉迟青面对王麻奴的挑战，使用"银字管"并以低于高般涉调的"平般涉调"吹之，其实际用意即用"雅乐"回击"胡乐"。因而，这一音乐上的较量，实际上揭示出河北藩镇对于中央政权的挑战。尉迟青的胜利，实则是德宗朝重建礼乐的一种政治隐喻。由此可见，礼乐文化层面的"胡汉之争"只是外衣，其背后实质是唐廷中央与地方藩镇之间的矛盾。或许这一事件本身也不一定真实发生，而只是用于构建话语的塑造，但它反映出在河北藩镇对中央进行挑战的过程中，相比"胡汉对立"，礼乐文化层面上的"雅俗之争"才是当时更为实质性的冲突。

"以俗为尚"的时代风尚正是伴随俗乐的兴起而出现的。尽管肃宗、代宗、德宗都在礼乐建设上有所努力，但他们并不能扭转这种局面。从考古材料来看，唐代宗大历年间贝国太夫人任氏墓与唐德宗兴元年间唐安公主墓所出伎乐俑，都呈现出一种散乐化面貌，反映出俗乐对于燕乐的渐染。至文宗以降的晚唐，现实中的礼乐建设愈流于形式，宣宗、懿宗虽有制乐之心，却无实际能力，乐工或因其演奏失误而亡，[2] 或将错就错对其逢迎。[3] 在此背景下，"雅乐"之不存，可想而知。在"俗乐"的浸染下，即使是燕乐中被视作"华夏正乐"的"清乐"，此时在用乐组合上也开始发生变化。《乐府杂录》所载"清乐部"的乐器，与《通典》等所载九、十部伎之"清乐""清乐伎"有异。其以丝、竹为主而无钟无磬，同时还有玄宗以来俗乐系的跋膝、拍板。[4] 可见，初唐时作为"宴飨雅乐"的《清乐》，此时已经"俗乐化"，并与散乐杂糅一处。正是由于"以俗为尚"的风尚，散乐与燕乐的融合程度加深，由此也反向促成了散乐由"杂乐"向"正乐"的转变。

伴随着这种转变，散乐组合作为礼乐符号的指向性也有所变化。五代十国时期墓葬中的散乐组合，实际是在唐代燕乐组合的基础上重新建构而成的。在唐代中期墓葬鼓吹乐组合消失后，这套组合取代燕乐组合，同时也开始兼具音乐的政治、社会与娱乐三重功能，北朝以来形成的"雅俗"与"胡汉"两条线索也走向重合。礼乐符号所具有的礼制意义，取决于支配者的政治实力与整个社会的基本结构。当五代十国走向统一后，这

---

[1]《新唐书》卷二十二《礼乐十二》，第474页。
[2]《教坊记（外三种）》，第147页。
[3]《教坊记（外三种）》，第148页。
[4]《教坊记（外三种）》，第119页。

套组合也就再度失去了礼制意义,转而成为世俗生活的组成部分。这种从"礼制"范畴到"礼俗"范畴的转变,伴随着散乐组合脱离雅俗框架而为大众所享有。这种转变,最终使得其突破了适用场合的界限。辽宋时期,它又突破了使用者等级和身份的限制,该过程揭示出唐宋间礼乐文化的时代转向。

2. 雅俗共赏,礼俗接通:五代十国以降礼乐文化的时代走向

"雅"与"俗","胡"与"汉",这是本书讨论礼乐文化发展的两条线索,"雅俗关系"反映着纵向层面的礼乐秩序,"胡汉关系"则体现出横向层面上的华夷秩序。"礼制"与"礼俗"这两个相互影响的用乐传统,正是在纵横两个层面的综合作用下形成的。以中古中国的长时段尺度观之,唐宋间墓葬图像中的散乐组合的发展与变化,实则反映出两个用乐传统的联结。这种联结在接通制度层面的同时,也在音乐的审美层面建立起一座桥梁。在礼乐文化视野下,散乐组合体现着俗乐的指向。作为俗乐,它在音乐功能的层面与"雅乐"相对;在适用场合上,则作为"礼俗"之用而与"礼制"相对。在唐宋之间,散乐组合的发展之于这两种相对关系,呈现出"雅俗共赏"与"礼俗接通"两大特点。这两大特点相较北朝至隋唐以来的礼乐文化,呈现出明显的转向,并与唐宋时期的时代变化相一致。

在墓葬礼乐符号的系统中,权力支配者所使用的符号,往往会成为符号秩序的主流。但是这种符号的表现,亦会随着权力的消长而改变。换言之,所谓的"雅"与"俗",在不同功能指向的音乐组合中,其具体的表现形式,会随着政治主导和社会结构的变化而改变。在墓葬礼乐符号中,作为俗乐指向且多杂以胡戎之声的散乐组合,自中晚唐至五代十国时期逐渐取代燕乐组合,并一度开始具备等级指向与政治功能,正是伴随着中晚唐政治结构与权力支配者的变化而发生的。

《新五代史》卷三十七《伶官传》载:

> 庄宗既好俳优,又知音,能度曲,至今汾晋之俗,往往能歌其声,谓之"御制"者皆是也。其小字亚子,当时人或谓之亚次。又别为优名以自目,曰"李天下"。自其为王,至于为天子,常身与俳优杂戏于庭,伶人由此用事,遂至于亡。[1]

后晋庄宗以汾晋之俗为"御制",并将其列于殿廷之上,既表现出五代时在地方割据政权主导下,官方与民间在音乐上存在礼俗互动,也揭示出所谓的"雅""俗"在一定的情

---

[1] 《新五代史》卷三十七《伶官传》,第398页。

境下是可以转化的。辽、宋之散乐，皆承自五代而来，但双方对此态度迥异。宋人在作《新五代史》时特作《伶官传》，并将后晋之亡归结于"伶人用事"，既是从中吸取教训，同时也表明了宋代官方对于五代"雅俗不分"的批判态度。宋人陈旸作《乐书》以重建乐统，亦是基于这种背景。但是，辽人却将其视作"汉乐府之遗声"，[1]可见同样的用乐形式也可以因为"礼制"与"礼俗"两种用乐传统的不同，其内涵发生变化。

随着墓葬中散乐组合在唐宋间内涵的转变，以"鼓吹乐"与"燕乐"组成的二元式礼乐符号，也与墓葬的情境相分离。"鼓吹乐"组合自安史之乱后，不再作为礼乐符号出现于墓葬中。与之相应，"燕乐组合"也被"散乐组合"替代。但在现实中，"鼓吹乐"作为"功成之恺乐"，用以显示功德和威仪，在其他语境下仍然出现。例如，敦煌莫高窟第156窟壁画所绘晚唐"张议潮统军出行图"与"宋国夫人出行图"中，即刻画了一组将"散乐"与"百戏"用于出行仪仗之中的队列（图6-2）。至晚唐、五代时，鼓吹乐已打破等级界限，在中下层接待宾客、婚丧嫁娶中皆可使用。在审美层面，唐宋之际文学艺术中"以俗为尚"的观念成为一时之风，这种时代风尚同时也模糊了"礼制"与"礼俗"的界线。五代十国墓葬图像中的散乐组合，在形式上具有极强的写实性和世俗性特点，使用场合也更加多样，这些在音乐功能和审美层面表现出礼乐文化"雅俗共赏"的特点。

辽墓所见"散乐图"与宋墓所见"开芳宴奏乐图"中，其构图模式与乐队配置，皆可直接追溯至五代十国时期北方地区节度使墓葬所见"散乐图"中，其组合明显是对其中的女乐与头戴幞头的男乐所进行的截取。但至辽宋，墓葬中的散乐组合，已经不再具备等级和身份的指向。以宣化辽墓为例，其墓主除张世卿身份为中下级官吏外，其余多无官职或仅为富商，其墓葬壁画多见"散乐图"。又以白沙宋墓为例，其墓主身份为地主或富商，其壁画亦可见名为"开芳宴"的散乐组合。由此观之，自中晚唐至辽宋，在官方政治自上而下的推动与市井文化自下而上的渗透过程中，散乐组合由"杂乐"转变为"正乐"，复再度世俗化，成为金元时期散曲、杂剧的先声。墓葬图像中的散乐组合，亦逐渐从墓葬礼制转变为一般的葬俗，普遍地出现于日常生活而不仅限于特定的仪式场合。这些则反映出礼乐文化视野下的"礼俗接通"。

此外，除了鼓吹乐组合、燕乐组合与散乐组合外，在作为墓葬礼乐符号的"高士雅音组合"中，"高士"也开始与"音乐"分离。在内蒙古阿鲁科尔沁旗宝山1号辽墓壁画所绘《高逸图》中，高士的形象已不是南朝的竹林七贤，而且其中人物均不演奏乐器，表现出高士形象的转变。综合以上现象，墓葬礼乐符号在墓葬情境下打破等级与身份的

---

[1]《辽史》，第891页。

图 6-2 《张议潮统军出行图》与《宋国夫人游春图》中的音乐组合

界线，音乐元素与传统墓葬图像组合走向分离，音乐组合的形式打破审美层面的人为建构，标志着中古时期礼乐文化的全面转型。

值得注意的是，五代十国至辽宋时期的散乐与墓葬中的散乐图像，其乐器组合与粉本流传至日本，对日本雅乐的塑造和描绘均产生了巨大影响。日藏《信西古乐图》中的音乐组合，与五代时期墓葬所见散乐图像中的音乐组合基本一致（图6-3）。这表现出中古礼乐文化在转型过程中对于邻邦的影响，同时也传承了中古中国墓葬音乐文物的余声。

图6-3 日藏《信西古乐图》所见日本"雅乐组合"

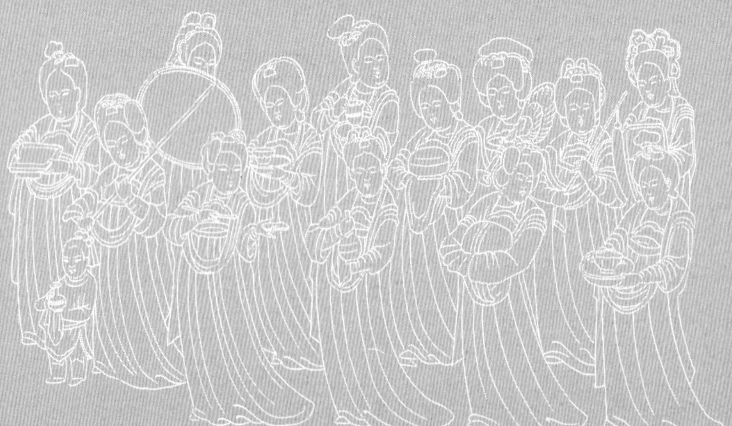

结语

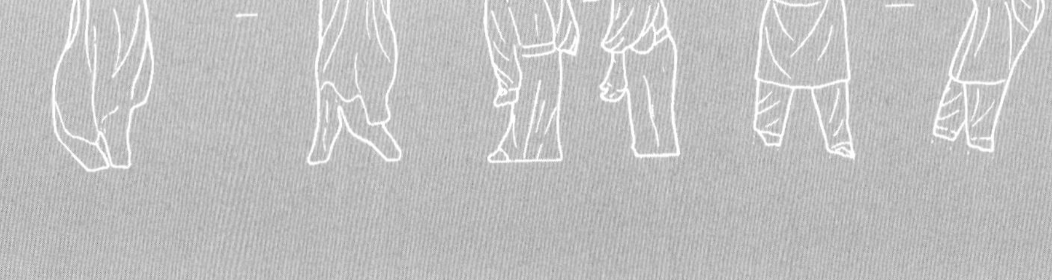

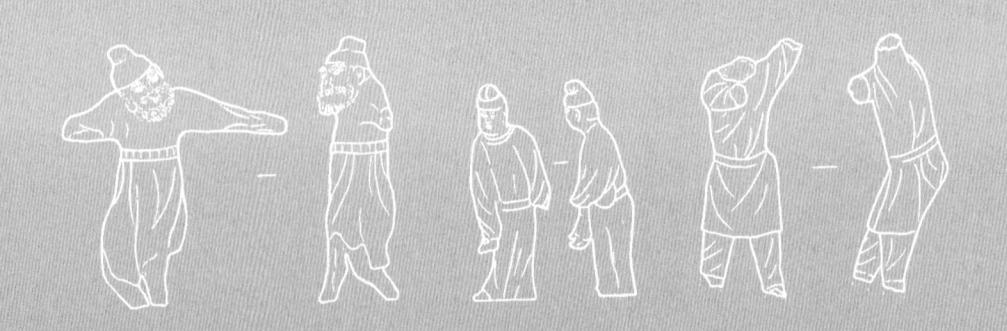

音乐文物是与音乐文献互补的一类实物资料，墓葬则是观念与物质交汇的礼俗空间。对中古中国墓葬中的音乐文物进行系统梳理，可以为我们审视这一时期的礼乐文化提供全新的视角，让我们以一种可视化的方式发现文献中不易呈现的历史细节。

通过全书的论述可以归纳出，中古时期墓葬所见音乐文物虽然形式繁复，但总体上可以归为四大系统，即"鼓吹乐""燕乐""百戏—散乐"与"高士雅音"。在不同的系统下，它们分别以音乐组合的形式出现，并在形式上具备一定的程式化与符号化特点。在"声与政通"的观念之下，中国古代的音乐被人们赋予了政治、社会、娱乐等不同层面的功能，并形成了"礼制"与"礼俗"两个不同的用乐传统，它们为不同类型音乐组合的划分提供了理论来源和现实意义。这些符号化的音乐组合，在墓葬中并不是个人化的艺术创作，它们是礼乐文化与礼乐观念的物质载体，代表着超出个人喜好的制度要求，反映着礼制与礼俗的不同层面。

作为墓葬的组成部分，这些符号化的音乐组合在塑造过程中，以墓葬礼俗的传统为现实来源，以音乐的功能为理论依据，以礼乐观念的发展为内在动力。它们是华夏礼乐制度与礼乐文化在墓葬中的具象表现，也是中古时期各政权用以建立统治秩序与文化正统的手段之一，因而可以被视为中古中国墓葬中的"礼乐符号"。这些礼乐符号的建构过程经历了"自发期"与"自觉期"两个阶段：前一个阶段基于胡族政权华夏化的推进而展开，后一个阶段则伴随着南北诸政权的政治博弈、军事碰撞与文化交流。在此过程中，南北双方分别建立起不同形式的墓葬礼乐符号。北方政权立足于汉魏传统，将音乐元素嫁接于汉代墓葬图像"宴飨+出行"的结构中，从而形成"鼓吹乐+燕乐"的二元式礼乐符号，其基于音乐的政治与社会功能，用以建立现实中的等级与伦理秩序。南方政权则将音乐元素嫁接于高士题材中，建立起"高士雅音组合"，并将其与东汉传统鼓吹乐组合相结合，从而形成了"鼓吹乐+高士雅音"的礼乐符号形式。其在建立等级秩序的同时，以建构雅俗的方式，标榜自身的文化正统。两类组合在形式与技术传统上虽然有所差别，但建构的基本逻辑都以《周礼》所提供的框架为蓝本，并基于《礼记·乐记》中对音乐功能的理解。因此，墓葬中的礼乐符号不仅反映着音乐与舞蹈的形式，更体现着中古时期不同政权在不同的地缘环境、地域文化与制度传统中，对礼乐经典的理解和对自身的定位。

通过梳理墓葬礼乐符号建构过程，可以看到中古时期礼乐文化发展的两条线索："雅"与"俗"，"胡"与"汉"。"雅俗关系"反映着纵向层面的礼乐秩序，"胡汉关系"则体现出横向层面的华夷秩序。两条线索相互交织，在北魏洛阳时代初步形成了礼乐文化"雅俗分野"与"胡汉并流"的特征，并在隋唐之际奠定了"雅乐""俗乐""胡乐"三乐并立的格局。三者的互动与发展，既彰显着审美层面的时代风尚，更体现着各时期不同政治与社会群体话语权的此消彼长。隋唐帝国在包容、接纳外来文化的同时，也在不断对其进行平衡和调适，由此制定出不同的礼乐路线。唐玄宗"兼顾胡汉、整合雅俗"的礼乐路线，为唐宋间礼乐文化的转型奠定了基础。中晚唐以降，魏晋南北朝以来形成的墓葬礼乐符号式微，并被以往认为是冗杂之乐的散乐组合所替代。散乐组合在此间的发展变化，为我们揭示出"雅俗"与"胡汉"这两条线索在唐宋间的时代走向。在官方政治自上而下的推动与市井文化自下而上的渗透过程中，礼乐文化呈现出"雅俗共赏"和"礼俗接通"新特点。

在物质文化的视野下观察，音乐文物的塑造基于三个传统：一是工匠传统，对于同一主题的音乐组合，是以壁画、画像砖、线刻还是陶俑形式表现，既涉及不同的技术手段，同时与不同的地域文化和群体技艺相关。二是知识传统，样式纷繁的音乐文物在具体情境下，都有一些共性的内涵，构成了我们将其与文本进行勾连的基础。三是观念传统，文本中呈现的飘忽的礼乐观念，往往可以通过音乐文物这种物质载体来具象呈现。正是基于物质文化的这三种传统，使我们能够从墓葬中破碎零散的音乐文物切入观察，并将其与文献缀合起来，进而反观现实中的礼乐建设。不过需要指出的是，葬制与葬俗只是现实礼俗的一种映射，并不能完全涵盖礼制之全貌。同样，墓葬礼乐符号是一种非纪实性话语，并不能完全反映礼乐制度与礼乐文化的全部内容。

从音乐文物与文献记载的联结来看，以北魏平城时代与唐玄宗时代为重要节点，礼乐文化在中古时期经历了重建与转型两个阶段。但无论是重建还是转型，其实都是在继承前代的基础上产生的。以更宽的时间尺度来看，尽管作为"制度"的礼乐自西周以来经历反复破立，但作为文化的"礼乐"却始终延续传承，塑造着中华文明的精神内核。中古时期是礼乐制度发展的新阶段，如何平衡雅乐、俗乐与胡乐的礼乐文化格局，是南北朝至隋唐统治者们所面对的重要议题，其背后则是如何建立和维系统一多民族国家的时代命题。从这个意义上讲，这些尘封于无声世界的音乐图景，无时无刻不在向我们传达着历史上被淹没的声音。

插图索引

图 1-1　东汉墓葬图像所见鼓吹乐组合　27
1 为四川成都扬子山 M1 出土，采自中国画像砖全集编辑委员会编《中国美术分类全集·中国画像砖全集·四川汉画像砖》，图四五，四川美术出版社，1997 年；2 为四川成都新都区马家乡出土，采自中国画像砖全集编辑委员会编《中国美术分类全集·中国画像砖全集·四川汉画像砖》，图四九，四川美术出版社，1997 年；3 为山东临沂北寨村出土，图采自信立祥编《中国美术全集·画像石（一）》，黄山书社，2010 年，第 183 页。

图 1-2　魏晋十六国墓葬中的鼓吹乐俑　30
1～5 为中央民族大学刘达博士根据中国国家博物馆馆藏实物手绘；6、7 采自宁夏固原博物馆《彭阳新集北魏墓》，《文物》1988 年第 9 期，图八，4、5；8～10 采自咸阳市文物考古研究所编著《咸阳十六国墓》，文物出版社，2006 年，图七九、图七八。

图 1-3　冬寿墓壁画所见鼓吹乐组合　31
分别采自洪晴玉《关于冬寿墓的发现与研究》，《考古》1959 年第 1 期，图三、十一、十二。

图 1-4　山西大同北魏沙岭壁画墓出土车马出行图　32
采自罗世平编《中国美术全集·墓室壁画（一）》，黄山书社，2010 年，第 204 页。

图 1-5　北魏平城时代墓葬所见"鸡冠帽"鼓吹乐俑　33
1 采自《中国美术全集·墓葬及其他雕塑（一）》，第 230 页；2 采自大同市文物考古研究所、刘俊喜主编《大同雁北师院北魏墓群》，文物出版社，2008 年，图版八〇至八三；3 为笔者拍于山西大同市博物馆。

图 1-6　北魏洛阳时代墓葬所见鼓吹乐俑　37
1 采自《中国音乐文物大系·河南卷》，第 210 页；2 为笔者根据简报线图手绘。

图 1-7　江苏丹阳金家村南朝墓出土画像砖所见鼓吹乐组合　38
采自《中国美术分类全集·中国画像砖全集》，四川美术出版社，2006 年，第 17 页。

图 1-8　南朝文化缓冲区墓葬出土鼓吹乐俑　39
1 采自《陕西安康长岭南朝墓清理简报》，封三；2 采自《陕西安康市张家坎南朝墓葬发掘纪要》，图版一三；3 采自《邓县彩色画像砖墓》，图五一、图五二。

图 1-9　河南邓县学庄墓出土画像砖所见鼓吹乐组合　40
1 采自《邓县彩色画像砖墓》，图一〇；2 采自《邓县彩色画像砖墓》，图一四。

图 1-10　东魏—北齐邺城地区墓葬中的鼓吹乐俑　44
1 采自《中国音乐文物大系Ⅱ·河北卷》，第 156～157 页；2 采自《安阳北朝墓葬》，

图版一九；3 采自《磁县湾漳北朝壁画墓》，图版 17～20；4 分别采自《河北磁县北齐高润墓》，图四，及《中国音乐文物大系Ⅱ·河北卷》，第 181 页。

图 1-11　北齐娄睿墓所见鼓吹乐俑　　　　　　　　　　　　　　　　　　　　　45
　　　　采自《北齐东安王娄睿墓》，图版一〇四至一一二。

图 1-12　东魏—北齐东方地区墓葬所见鼓吹乐俑　　　　　　　　　　　　　　　48
　　　　1、3、4 分别采自《中国音乐文物大系Ⅱ·河北卷》，第 160～161、150、182 页；2 采自《河北省吴桥四座北朝墓葬》，第 37 页，图七〇。

图 1-13　北周原州地区墓葬所见鼓吹乐俑　　　　　　　　　　　　　　　　　　48
　　　　1 采自宁夏文物考古研究所、耿志强《宁夏固原北周宇文猛墓发掘报告与研究》，第 52～60 页及彩版；2 分别采自宁夏回族自治区博物馆、宁夏固原博物馆《宁夏固原北周李贤夫妇墓发掘简报》，《文物》1985 年第 11 期，图七，及宁夏固原博物馆编《固原历史文物》，北京：科学出版社，2004 年，第 198 页。

图 1-14　隋初墓葬所见鼓吹乐俑　　　　　　　　　　　　　　　　　　　　　　50
　　　　1 采自《中国北周珍贵文物》，图版二九七、三〇二、三〇三；2 采自《西安长安隋张綝夫妇合葬墓发掘简报》，图七至图一〇；3 采自《大音希声——陕西古代音乐文物》，第 153 页。

图 1-15　陕西潼关税村墓出土鼓吹乐俑　　　　　　　　　　　　　　　　　　　52
　　　　采自陕西省考古研究院编著《潼关税村隋代壁画墓》，图版一九至图版三一。

图 1-16　唐高宗前期墓葬中的鼓吹乐俑　　　　　　　　　　　　　　　　　　　56
　　　　1 采自《咸阳文物精华》，第 105～106 页；2 采自《陕西西安唐刘智夫妇墓发掘简报》，图一三至一八；3 采自《朝阳隋唐墓葬发现与研究》，图版七；4 采自《四川万县唐墓》，图版一；5 采自 Эртний нүүдэлчдийн бунхант булшны малтлага, судалгаа: Төв аймгийн Заамар сумын Шороон бумбагар дурсгалын малтлага судалгаа（《古代游牧民族墓葬发掘与研究：中央省扎木尔苏木墓葬发掘与研究》），2013, т. 6, 144；6 采自 Эртний нүүдэлчдийн бунхант булшны малтлага, судалгаа: Булган Аймгийн Баяннуур Сумын Улаан Хэрмийн шороон бумбагарын малтлагын тайлан（《古代游牧民族墓葬发掘与研究：布尔干省巴彦诺尔苏木乌兰赫尔墓葬发掘简报》），2013, т. 251, 253。

图 1-17　唐高宗后期至武周时期墓葬中的鼓吹乐俑　　　　　　　　　　　　　60
　　　　1 采自《唐王雄诞夫人魏氏墓》，图一一四、一三五至一三八、一五六、一六二、一六八、一六九；2 采自《唐殷仲容夫妇墓发掘简报》，图八、十一；3 采自《岐山郑家村唐元师奖墓清理简报》，图三；4 为笔者拍于新疆维吾尔自治区博物馆；5 采自《唐长安城郊隋唐墓》，图版四八、四九。

图 1-18　唐懿德太子墓中的鼓吹乐俑　　　　　　　　　　　　　　　　　　　　62
　　　　采自陕西省考古研究院、乾陵博物馆《唐懿德太子墓发掘报告》，图二二五、图二三二、图二三七、图二五三、图二五四、图二五九，文物出版社，2016 年。

图 2-1　战国至西汉时期墓葬所见燕乐组合　　　　　　　　　　　　　　　　　72
　　　　1、3 分别采自周昌富、温增源主编《中国音乐文物大系·山东卷》，大象出版社，2001 年，第 203、210 页；2 采自金维诺主编《中国美术全集·墓葬及其他雕塑（一）》，第 40 页。

图 2-2　西汉高等级墓葬出土燕乐组合　　　　　　　　　　　　　　　73
　　1 采自汉阳陵博物馆编《汉阳陵》，文物出版社，2016 年，图 47、48、49、66；2 分别采自前揭书《中国美术全集·墓葬及其他雕塑（一）》，第 100 页及吕章申主编《秦汉文明》，北京时代华文书局，2017 年，第 152、154、155 页；3 采自湖南省博物馆编《长沙马王堆汉墓陈列》，中华书局，2017 年，第 104～105 页。

图 2-3　西汉晚期至东汉墓葬壁画所见燕乐图　　　　　　　　　　　74
　　1、2、3、4 分别采自信立祥编《中国美术全集·画像石（一）》，黄山书社，2010 年，第 226、228、65、629 页；5 采自康兰英、朱青生主编《汉画总录 1》，广西师范大学出版社，2012 年，第 193～194 页。

图 2-4　汉代画像石（砖）所见乐舞百戏组合　　　　　　　　　　　75
　　1 采自罗世平《中国美术全集·墓室壁画（一）》，第 28 页；2 采自金维诺主编《中国墓室壁画全集·汉魏晋南北朝卷》，河北教育出版社，2010 年，第 61 页；3 采自《中国美术全集·墓室壁画（一）》，第 69 页。

图 2-5　东汉时期政治核心区墓葬乐舞百戏俑　　　　　　　　　　　78
　　1、2 分别采自《中国音乐文物大系·河南卷》，第 201、205 页。

图 2-6　东汉时期文化缓冲区墓葬出土伎乐俑　　　　　　　　　　　79
　　1 采自前揭书《中国音乐文物大系Ⅱ·河北卷》，第 138 页；2 采自前揭书《中国音乐文物大系·山西卷》，214 页；3 采自冀东山主编《神韵与辉煌——陕西历史博物馆国宝鉴赏（陶俑卷）》，三秦出版社，2006 年，第 54 页；4、5、6 分别采自《中国美术全集·墓葬及其他雕塑（一）》，第 149、147、148 页；7 采自孔义龙、刘成基编《中国音乐文物大系·广东卷》，大象出版社，2010 年，第 225 页。

图 2-7　西汉诸侯王墓出土玉舞人　　　　　　　　　　　　　　　　80
　　1、2、3、5 分别采自金维诺主编《中国美术全集·玉器（二）》，黄山书社，2010 年，第 425、410、422、423 页；4 采自前揭书《中国音乐文物大系Ⅱ·河北卷》，第 149 页。

图 2-8　魏晋十六国时期墓葬出土伎乐俑　　　　　　　　　　　　　86
　　1 采自南京市博物馆、南京市江宁区博物馆《南京江宁上坊孙吴墓发掘简报》，2008 年第 12 期，图三〇、三一及封面；2 采自王子初主编《中国音乐文物大系·湖北卷》，大象出版社，1999 年，第 173 页；3 为笔者拍于湖北省荆州市博物馆；4 采自偃师市文物旅游局、洛阳市文物考古研究院《河南偃师大冢头西晋墓发掘简报》，《文物》2016 年第 9 期，图二六、二八；5 采自前揭书《大音希声——陕西古代音乐文物》，第 127～137 页；6、8 分别采自前揭书《中国美术全集·墓葬及其他雕塑（一）》，第 232、207 页；7 采自西安市文物保护考古研究院《陕西西安洪庆原十六国梁猛墓发掘简报》，《考古与文物》2018 年第 4 期，图一二；9 采自《西安凤栖原十六国墓发掘简报》，《文博》2014 年第 1 期，第 7 页。

图 2-9　河西地区魏晋十六国墓壁画所见燕乐组合　　　　　　　　　89
　　1、4、6、7 分别采自徐光冀主编《中国出土壁画全集 9·甘肃、宁夏、新疆卷》，科学出版社，2012 年，第 10～11、18、79、99 页；2 分别采自《嘉峪关壁画墓发掘报告》，文物出版社，1985 年，图版六二，及《中国出土壁画全集 9·甘肃、宁夏、新

疆卷》，第 61 页；3 采自《嘉峪关壁画墓发掘报告》，图版六二；5 采自前揭书《中国美术全集·墓室壁画（一）》，第 113 页。

图 2-10　东北地区魏晋十六国墓壁画所见燕乐组合　　　　　　　　　　　　　　　　90
1 采自李文信《辽阳发现的三座壁画古墓》，《文物参考资料》1955 年第 5 期，第 17 页，插图五；2 采自前揭文《关于冬寿墓的发现与研究》，图四。

图 2-11　安徽马鞍山朱然墓出土漆案所见乐舞百戏图　　　　　　　　　　　　　　　92
采自金维诺主编《中国美术全集·漆器家具（一）》，黄山书社，2010 年，第 211 页。

图 2-12　山西大同北魏沙岭 7 号墓壁画中的乐舞百戏组合　　　　　　　　　　　　92
采自《中国美术全集·墓室壁画（一）》，第 205 页。

图 2-13　平城时代前期墓葬壁画"燕乐组合"的发展　　　　　　　　　　　　　　　93
1 采自山西省考古研究所、大同市考古研究所《山西大同南郊仝家湾北魏墓（M7、M9）发掘简报》，《文物》2015 年第 12 期，图三三；2 为笔者拍于山西大同市博物馆。

图 2-14　北魏平城时代墓葬所见伎乐俑　　　　　　　　　　　　　　　　　　　　96
1 采自前揭书《中国音乐文物大系 II·内蒙古卷》，第 230 页；2、3 分别采自《大同雁北师院北魏墓群》，图版一八、一九、二〇与图二五；4 采自《山西大同云波路北魏墓（M10）发掘简报》，《文物》2017 年第 12 期，第 11～14 页；5 为笔者分别拍自山西博物院与山西省大同市博物馆；6 采自陕西省考古研究所《西安北郊北朝墓清理简报》，《考古与文物》2005 年第 1 期，第 11 页。

图 2-15　平城时代墓葬葬具图像所见燕乐组合　　　　　　　　　　　　　　　　　97
1 为笔者根据《大同雁北师院北魏墓群》图六〇、六一及彩版五一、五二改制；2 为笔者根据山西省考古研究所张庆捷老师提供图片制作。

图 2-16　北魏洛阳时代墓葬出土伎乐俑　　　　　　　　　　　　　　　　　　　　100
1、2 均采自前揭书《中国音乐文物大系·河南卷》，第 210 页；3 采自洛阳市文物工作队《洛阳孟津北陈村北魏壁画墓》，《文物》1995 年第 8 期，图五：5；4 采自洛阳博物馆《洛阳北魏杨机墓出土文物》，《文物》2007 年第 11 期，图一六至二三、二七、二八、二九。

图 2-17　山西榆社河峪乡出土石棺所见乐舞百戏图　　　　　　　　　　　　　　　101
采自《中国音乐文物大系·山西卷》，第 181 页。

图 2-18　东魏—北齐邺城地区墓葬出土燕乐组合　　　　　　　　　　　　　　　　104
1 采自吴东风、苗建华主编《中国音乐文物大系 II·河北卷》，大象出版社，2008 年，第 156、159 页；2 采自《河北磁县东魏茹茹公主墓发掘简报》，图六：1、2；3 采自图《磁县湾漳北朝壁画墓》，图版 24、37～40；4 采自《磁县湾漳北朝壁画墓》，图 103：5、6、7、8。

图 2-19　北齐晋阳地区墓葬壁画中的燕乐组合　　　　　　　　　　　　　　　　　106
1 采自《中国出土壁画全集 2·山西卷》，第 90 页；2 采自《北齐东安王娄叡墓》，第 15 页，图九，笔者据以改制。

图 2-20　北周墓葬图像中的燕乐组合　　　　　　　　　　　　　　　　　　　　　107
1 采自前揭书《中国出土壁画全集 9·甘肃、宁夏、新疆卷》，第 161、163、164、165 页；2 采自陕西省考古研究院《北周郭生墓发掘简报》，《文博》2009 年第 5 期，图七。

图 2-21　隋代政治核心区墓葬出土伎乐俑　110
1 采自前揭书《中国北周珍贵文物》，图版二九八；2 采自张全民《略论关中地区隋墓陶俑的演变》，《文物》2018 年第 1 期，图一六、一七。

图 2-22　唐李寿墓壁画"庭院图"所见燕乐组合　111
采自陕西省博物馆《唐李寿墓发掘简报》，《文物》1974 年第 9 期，第 83 页，图二五；方建军、刘东升主编《中国音乐文物大系·陕西卷、天津卷》，大象出版社，1999 年，第 145 页。笔者根据二图改制。

图 2-23　唐李寿墓石椁线刻图像所见燕乐组合　114
采自沈睿文《中国古代物质文化史·隋唐五代卷》，第 239 页；《中国音乐文物大系·陕西卷、天津卷》，第 140～141 页。笔者据以改制。

图 2-24　唐李思摩墓壁画燕乐图与 7 世纪克孜尔石窟壁画天宫伎乐对比　115
1 采自昭陵博物馆编《昭陵唐墓壁画》，文物出版社，2006 年，第 48～49 页；2 采自王子初、霍旭初主编《中国音乐文物大系·新疆卷》，大象出版社，1999 年，第 38 页。

图 2-25　隋代文化缓冲区（北齐旧都）墓葬所见伎乐俑　117
1 采自前揭书《中国音乐文物大系·河南卷》，第 214 页；2 采自安阳市文物考古研究所《河南安阳市置度村八号隋墓发掘简报》，《考古》2010 年第 4 期，图版一二、一三；3 采自山西省考古研究所、太原市文物考古研究所、太原市晋源区文物旅游局《太原虞弘墓》，文物出版社，2005 年，图 73、74、76、79、80、84、85。

图 2-26　甘肃天水石马坪墓出土伎乐俑　117
采自郑汝中、董玉祥主编《中国音乐文物大系·甘肃卷》，大象出版社，1998 年，第 266、273～274 页。

图 2-27　山东嘉祥徐敏行夫妇墓壁画中的"燕乐图"　119
采自《中国音乐文物大系·山东卷》，第 225～226 页。

图 2-28　唐代燕乐组合"确立期"政治核心区墓葬中的伎乐俑　122
1 采自洛阳市文物考古研究院《唐代洛州刺史贾敦颐墓的发掘》，《中国国家博物馆馆刊》2013 年第 8 期，图三八、三九、四三至四五；2、4 采自陕西咸阳市文物局编《咸阳文物精华》，文物出版社，2002 年，第 107～108、91 页；3 采自洛阳市文物考古研究院《唐代张文俱墓发掘报告》，《中原文物》2013 年第 5 期，彩版一。

图 2-29　唐代燕乐组合"确立期"文化缓冲区墓葬中的伎乐俑　123
1 采自前揭文《四川万县唐墓》，图版四：7、8；2 采自《中国音乐文物大系·河南卷》，第 216 页；3 采自朝阳市博物馆《朝阳纺织厂唐墓发掘简报》，《边疆考古研究（第 8 辑）》，图一〇、一一。

图 2-30　唐代燕乐组合"调整期"墓葬壁画中的乐舞图　126
1 采自《中国美术全集·墓室壁画（二）》，第 316 页；2 采自中国美术全集编委会《中国美术全集·绘画编 12》，文物出版社，1989 年，第 215 页；3 采自前揭书《昭陵唐墓壁画》，第 172～173 页。

图 2-31　唐代燕乐组合"调整期"文化缓冲区纪年墓葬所见伎乐俑　127
1 采自前揭书《中国音乐文物大系Ⅱ·河北卷》，第 184 页；2 采自辛明伟、李振奇《河北南和唐代郭祥墓》，《文物》1993 年第 6 期，图一四、一五；3 采自刘超英、冀

插图索引　297

艳坤《元氏县大孔村唐吕众墓》，《文物春秋》1999年第2期，图4、6、7。

图 2-32　洛阳孟津岑氏墓出土武周时期伎乐俑　　　　　　　　　　　　　　　　131
采自《中国音乐文物大系·河南卷》，第217页。

图 2-33　唐懿德太子墓后室东壁壁画所见燕乐组合　　　　　　　　　　　　　　134
采自《唐懿德太子墓发掘报告》，图一一二、图版二一，笔者据以改制。

图 2-34　洛阳伊川石椁线刻图像所见燕乐组合　　　　　　　　　　　　　　　　135
采自洛阳市文物考古研究院《洛阳伊川昌营唐代石椁墓发掘简报》，《文物》2016年第6期，图四、六、九。笔者据以改制。

图 2-35　汉唐时期的载乐骆驼形象　　　　　　　　　　　　　　　　　　　　　137
1采自《中国美术全集·画像石、画像砖（三）》，第642页；2、3分别采自《中国美术全集·墓葬及其他雕塑（二）》，第333、334页。

图 2-36　唐李邕墓后室东壁壁画所见燕乐组合　　　　　　　　　　　　　　　　138
采自陕西省考古研究院：《唐嗣虢王李邕墓发掘报告》，科学出版社，2012年。笔者根据图五七至五九及图版二三至二五改制。

图 2-37　南里王村韦氏墓壁画奏乐图　　　　　　　　　　　　　　　　　　　　139
采自《中国出土壁画全集7·陕西卷》，第395、398页。

图 2-38　唐玄宗时期墓葬壁画中的乐舞图　　　　　　　　　　　　　　　　　　142
1采自陕西省考古研究院《唐嗣虢王李邕墓发掘报告》，图版二三；2采自《唐李宪墓发掘报告》，第151页，图一五九；3采自《富平县新发现的唐墓壁画》，第9页，图一；4采自《中国音乐文物大系·陕西卷、天津卷》，第147～148页；5采自《西安郭庄唐韩休墓发掘简报》，封一。

图 3-1　北魏墓葬中的百戏组合　　　　　　　　　　　　　　　　　　　　　　　147
1采自《中国美术全集·墓室壁画（一）》，第204页；2采自大同市文物考古研究所、刘俊喜主编《大同雁北师院北魏墓群》，文物出版社，2008年，图版八六、八七；3采自《大同雁北师院北魏墓群》，图版二三、二四、二五；4采自山西省考古研究所、大同市考古研究所《山西大同南郊仝家湾北魏墓（M7、M9）发掘简报》，《文物》2015年第12期，图三三；5采自大同市考古研究所《山西大同云波路北魏墓（M10）发掘简报》，《文物》2017年第12期，图十五至十七。

图 3-2　唐代墓葬出土陶俑中的百戏与散乐组合　　　　　　　　　　　　　　　150
1采自《中国美术全集·墓葬及其他雕塑（二）》，第388～389页；2采自《西安南郊唐墓（M31）发掘简报》，图六二，及《中国美术全集·墓葬及其他雕塑（二）》，第350页；3、4分别采自《中国音乐文物大系·陕西卷、天津卷》，第166、168页；5采自陈安利、马咏钟《西安王家坟唐代唐安公主墓》，《文物》1991年第9期，图二六、二七；6采自《唐孙承嗣夫妇墓发掘简报》，图一一。

图 3-3　唐金乡县主墓出土陶俑中的百戏组合　　　　　　　　　　　　　　　　151
采自西安市文物保护考古所、王自力、孙福喜《唐金乡县主墓》，文物出版社，2002年，图版106～116。

图 3-4　唐代杨玄略墓壁画中的散乐组合　　　　　　　　　　　　　　　　　　154
采自《神韵与辉煌·唐墓壁画卷》，第236～238页。

| 图 3-5 | 唐代的瓷质腰鼓 | 155 |

1 采自赵世纲主编《中国音乐文物大系·河南卷》，第 41 页；2 采自陕西省考古研究所《唐李宪墓发掘报告》，科学出版社，2005 年，彩版八；3 采自李辉柄主编《中国美术全集·陶瓷器（二）》，黄山书社，2010 年，第 372 页；4 采自奈良国立博物馆《正仓院展（第 56 回）》，日本奈良国立博物馆，2004 年，第 37 页。

| 图 3-6 | 河北曲阳五代王处直墓浮雕图像中的散乐组合 | 157 |

采自《五代王处直墓》，第 37 页，图二三；第 39 页，图二四。

| 图 3-7 | 五代李茂贞夫人刘氏墓砖雕散乐图 | 158 |

采自宝鸡市考古研究所《五代李茂贞夫妇墓》，科学出版社，2008 年，图 50～67。笔者据以改制。

| 图 3-8 | 五代冯晖墓砖雕散乐图 | 159 |

采自咸阳市文物局《咸阳文物精华》，文物出版社，2002 年，第 138 页；《五代冯晖墓》图版。笔者据以改制。

| 图 3-9 | 前蜀王建墓石棺床伎乐组合 | 162 |

采自郑以墨《前蜀王建墓研究》，载北京大学中国考古学研究中心编《两个世界的徘徊——中古时期丧葬观念风俗与礼仪制度学术研讨会论文集》，科学出版社，2016 年，第 313～342 页。笔者据此改制。

| 图 3-10 | 辽宋墓葬壁画中的散乐组合 | 163 |

1 采自《宣化辽墓：1974—1993 年考古发掘报告》，彩版五八；2 采自《中国美术全集·墓室壁画（二）》，第 457 页；3 采自《中国美术全集·墓室壁画（二）》，第 459 页；4 采自宿白《白沙宋墓》，文物出版社，2002 年，图版四。

| 图 4-1 | 高士形象与音乐元素的结合 | 169 |

1 采自《中国美术全集·墓室壁画（一）》，第 124 页；2 采自陈振裕、蒋迎春、胡德生主编《中国美术全集·漆器家具（一）》，黄山书社，2010 年，第 231 页；3 采自河南省文化局文物工作队《邓县彩色画像砖墓》，文物出版社，1958 年，图二七、图二八。

| 图 4-2 | 南京西善桥宫山墓"竹林七贤与荣启期"拼砌砖画拓本 | 172 |

采自《中国美术分类全集·中国画像砖全集·全国其他地区画像砖》，第 1 页。

| 图 4-3 | 临朐崔芬墓屏风壁画中的高士奏乐形象 | 173 |

分别采自前揭《魏晋南北朝壁画墓研究》，第 111 页插图；前揭《山东临朐北齐崔芬墓壁画》图三四、三五。笔者据以改制。

| 图 4-4 | 隋炀帝萧后墓出土铜制编钟、编磬 | 177 |

由南京市考古研究院马涛先生提供。

| 图 4-5 | 唐太宗韦贵妃墓出土"房中乐"题材壁画线图 | 178 |

采自陕西省考古研究院、昭陵博物馆《唐昭陵韦贵妃墓发掘报告》，科学出版社，2017 年，图九〇、九一。

| 图 4-6 | 唐武惠妃敬陵石椁及其上乐舞图像 | 181 |

采自陕西历史博物馆《皇后的天堂：唐敬陵贞顺皇后石椁研究》，文物出版社，2015 年，第 24、80、100～105 页。

图 4-7	王雄诞夫人魏氏墓出土女骑乐俑	184
	采自前揭《唐王雄诞夫人魏氏墓》，图一一四、一三五、一三六、一三七。	
图 4-8	唐金乡县主墓出土女骑乐俑	184
	采自前揭《唐金乡县主墓》，图59、61、64、65、66。	
图 4-9	中古时期墓葬装饰中的音乐元素	185
	1采自《中国美术全集·墓葬及其他雕塑（一）》，第240页；2采自《中国音乐文物大系·山西卷》，第176~178页；3采自谷城县博物馆《湖北谷城六朝画像砖墓发掘简报》，《文物》2013年第7期，第26~37页，图六、七；4采自《邓县彩色画像砖墓》，第38页；5采自福建博物院、泉州市博物馆、南安市博物馆《福建南安市皇冠山六朝墓群的发掘》，《考古》2014年第5期，第59页。	
图 4-10	中古时期墓葬出土器物装饰中的音乐元素	185
	1采自《中国音乐文物大系·北京卷》，大象出版社，第172页；2采自金维诺主编《中国美术全集·瓷器（二）》，黄山书社，2010年，第309页；3采自《中国音乐文物大系·上海、江苏卷》，大象出版社，1997年，第272页；4采自金维诺主编《中国美术全集·玉器（三）》，黄山书社，2010年，第511页；5采自北京大学考古文博学院、青海省考古文物研究所《都兰吐蕃墓》，科学出版社，2005年，图版三四。	
图 5-1	战国秦汉时期的"半箱式"古琴	208
	1、2分别采自《中国美术全集·漆器家具（一）》，第47、186页。	
图 5-2	南北朝绘画中的古琴形象	209
	1采自中国历代艺术编辑委员会编《中国历代艺术·绘画编（上）》，人民美术出版社，1994年，第124页，图111；2采自同书，第127页，图113。	
图 5-3	"竹林七贤"与"荣启期"在唐代器物装饰中的遗绪	213
	1采自前揭《中国美术全集·漆器家具（一）》，第223页；2采自孙华主编《中国美术全集·青铜器（四）》，黄山书社，2010年，第1146页；3采自前揭《中国青铜器全集16·铜镜卷》，第165页。	
图 6-1	唐代金银器与玉质蹀躞带上的胡乐组合	282
	1采自齐东方主编：《中国美术全集·金银器玻璃器（一）》，黄山书社，2010年，第108~109页；2采自孙华主编：《中国美术全集·玉器（三）》，黄山书社，2010年，第509页。	
图 6-2	《张议潮统军出行图》与《宋国夫人游春图》中的音乐组合	286
	1、2分别采自敦煌文物研究所编《中国石窟·敦煌莫高窟》，文物出版社，1987年，图136、138。	
图 6-3	日藏《信西古乐图》所见日本"雅乐组合"	287
	采自中国音乐研究所《信西古乐图》，音乐出版社，1958年。笔者据以改制。	

表格索引

表1-1	魏晋十六国时期墓葬出土鼓吹乐俑一览表	29
表1-2	北魏洛阳时期墓葬出土鼓吹乐俑统计表	36
表1-3	东魏—北齐邺城地区墓葬出土鼓吹乐俑一览表	42
表1-4	晋阳地区墓葬出土鼓吹乐俑一览表	46
表1-5	唐定制期政治核心区鼓吹乐俑统计表	55
表1-6	唐玄宗时期墓葬出土鼓吹乐俑一览表	65
表2-1	西汉晚期至东汉墓葬壁画燕乐图	76
表2-2	东汉时期政治核心区墓葬中的伎乐俑示例	77
表2-3	唐代燕乐组合"调整期"文化缓冲区非纪年墓葬伎乐俑一览表	128
表6-1	北周墓葬规模及其随葬鼓吹统计表	239
表6-2	唐十部乐一览表	259
表6-3	唐玄宗所立坐、立部伎内容	277

参考文献

历史文献

〔汉〕司马迁《史记》，北京：中华书局点校本，2003年。
〔汉〕班固撰，〔唐〕颜师古注《汉书》，北京：中华书局点校本，1962年。
〔三国魏〕曹操撰《曹操集》，北京：中华书局，2013年。
〔三国魏〕嵇康撰，戴明扬校注《嵇康集校注》，北京：中华书局，2014年。
〔西晋〕崔豹《古今注》，北京：中华书局，1985年。
〔东晋〕陆翙《邺中记》，丛书集成初编《邺中记·晋纪辑本》，上海：商务印书馆，1937年。
〔南朝宋〕范晔编撰《后汉书》，北京：中华书局点校本，1965年。
〔南朝齐〕沈约撰《宋书》，北京：中华书局点校本，1974年。
〔南朝梁〕萧子显撰《南齐书》，北京：中华书局点校本，1972年。
〔北齐〕魏收撰《魏书》，北京：中华书局，1974年。
〔唐〕崔令钦撰，任中敏笺订：《教坊记笺订》，南京：凤凰出版社，2013年。
〔唐〕杜佑撰，王文锦、王永兴等点校《通典》，北京：中华书局点校本，1988年。
〔唐〕段安节撰，吴企明点校《乐府杂录》，辑自《教坊记（外三种）》，北京：中华书局，2014年。
〔唐〕房玄龄等撰《晋书》，北京：中华书局点校本，1974年。
〔唐〕李林甫等撰，陈仲夫点校《唐六典》，北京：中华书局，2016年。
〔唐〕王建著，尹占华校注《王建诗集校注》，成都：巴蜀书社，2006年。
〔唐〕魏徵、令狐德棻《隋书》，北京：中华书局点校本，1973年。
〔唐〕元稹著，冀勤点校《元稹集》，北京：中华书局，2010年。
〔唐〕郑处诲撰，田延柱点校《明皇杂录》，北京：中华书局，1994年。
〔后晋〕刘昫等撰《旧唐书》，北京：中华书局点校本，1975年。
〔北宋〕欧阳修、宋祁《新唐书》卷二十二《礼乐十二》，北京：中华书局点校本，1975年。
〔北宋〕陈旸撰《乐书》，台北：商务印书馆，1969年。
〔北宋〕郭茂倩编《乐府诗集》，北京：中华书局，1979年。
〔北宋〕李昉等编《太平广记》，北京：中华书局，1961年。
〔北宋〕欧阳修等撰，〔宋〕徐无党注《新五代史》，北京：中华书局点校本，1974年。
〔北宋〕沈括撰、金良年点校《梦溪笔谈》，北京：中华书局，2015年。
〔北宋〕王溥撰《唐会要》，北京：中华书局，1960年。
〔北宋〕郑樵《通志》，北京：中华书局，1987年。
〔南宋〕王灼撰，彭东焕、王映珏笺证：《碧鸡漫志笺证》，巴蜀书社，2019年。
〔元〕脱脱等撰《辽史》，北京：中华书局点校本，1974年。

〔清〕高步瀛《文选李注义疏》，北京：中华书局，1985年。
〔清〕孙诒让著，汪少华整理《周礼正义》，北京：中华书局，2015年。
〔清〕阮元校刻《十三经注疏·礼记正义》，北京：中华书局，2009年。
〔清〕阮元校刻《十三经注疏·孟子注疏》，北京：中华书局，2009年。

考古资料

A

阿·敖其尔、勒·额尔敦宝力道著，萨仁毕力格译：《蒙古国布尔干省巴彦诺尔突厥壁画墓的发掘》，《草原文物》2014年第1期，第4～23页。

安康历史博物馆：《陕西安康市张家坎南朝墓葬发掘纪要》，《华夏考古》2008年第3期，第47～54页。

安徽省文物考古研究所、马鞍山市文化局：《安徽马鞍山东吴朱然墓发掘简报》，《文物》1986年第3期，第1～15页。

安金槐、王与刚：《密县打虎亭汉代画象石墓和壁画墓》，《文物》1972年第10期，第49～62页。

安阳市博物馆：《唐杨偘墓清理简报》，《文物资料丛刊》1982年第6期，第130～133页。

安阳市博物馆：《安阳市第二制药厂唐墓发掘简报》，《中原文物》1986年第3期，第44～49页。

安阳市文物考古研究所：《河南安阳市置度村八号隋墓发掘简报》，《考古》2010年第4期，第48～57页。

B

宝鸡市考古队：《岐山郑家村唐元师奖墓清理简报》，《考古与文物》1994年第3期，第48～55页。

宝鸡市考古研究所：《五代李茂贞夫妇墓》，北京：科学出版社，2008年。

C

沧州地区文化局、王敏之：《黄骅县北齐常文贵墓清理简报》，《文物》1984年第9期，第39～42页。

常一民：《太原市神堂沟北齐贺娄悦墓整理简报》，《文物季刊》1992年第3期，第33～38页。

长武县博物馆：《陕西长武郭村唐墓》，《文物》2004年第2期，第40～53页。

朝阳市博物馆：《朝阳纺织厂唐墓发掘简报》，《边疆考古研究（第8辑）》，北京：科学出版社，2009年，第365～387页。

朝阳市博物馆：《朝阳唐孙则墓发掘简报》，刊于辽宁省文物考古研究所、日本奈良文化财研究所《朝阳隋唐墓葬发现与研究》，北京：科学出版社，2012年，第7～18页。

陈安利、马咏钟：《西安王家坟唐代唐安公主墓》，《文物》1991年第9期，第15～27页。

陈志谦：《昭陵唐墓壁画》，《陕西历史博物馆馆刊》第一辑，西安：三秦出版社，1994年，第114～119页。

程旭、师小群：《唐贞顺皇后敬陵石椁》，《文物》2012年第5期，第74～97页。

磁县文化馆：《河北磁县东陈村东魏墓》，《考古》1977年第6期，第391～400页。

磁县文化馆：《河北磁县北齐高润墓》，《考古》1979年第3期，第235～243、234页。

磁县文化馆：《河北磁县东魏茹茹公主墓发掘简报》，《文物》1984年第4期，第1～9页。

磁县文化馆：《河北磁县东陈村北齐尧峻墓》，《文物》1984年第4期，第16～22页。

磁县文物保管所：《河北磁县北齐元良墓》，《考古》1997年第3期，第33～39、85页。

D

大同市考古研究所：《山西大同沙岭北魏壁画墓发掘简报》，《文物》2006年第10期，第4～24页。
大同市文物考古研究所、刘俊喜主编：《大同雁北师院北魏墓群》，北京：文物出版社，2008年。
大同市考古研究所：《山西大同云波里路北魏壁画墓发掘简报》，《文物》2011年第12期，第13～25页。
大同市考古研究所：《山西大同云波路北魏墓（M10）发掘简报》，《文物》2017年第12期，第4～20页。
段泽兴编：《中国音乐文物大系Ⅱ·内蒙古卷》，郑州：大象出版社，2007年。
敦煌文物研究所编：《中国石窟·敦煌莫高窟》，北京：文物出版社，1987年。

F

方建军、刘东升主编：《中国音乐文物大系·陕西卷、天津卷》，郑州：大象出版社，1999年。
冯汉骥：《前蜀王建墓发掘报告》，北京：文物出版社，1964年。
福建博物院、泉州市博物馆、南安市博物馆：《福建南安市皇冠山六朝墓群的发掘》，《考古》2014年第5期，第37～63页。
富平县博物馆、陕西省博物馆、文物管理委员会：《唐李凤墓发掘简报》，《考古》1977年第5期，第313～326页。

G

甘肃省博物馆：《酒泉、嘉峪关晋墓的发掘》，《文物》1979年第6期，第1～17页。
甘肃省文物队、甘肃省博物馆、嘉峪关市文物管理所：《嘉峪关壁画墓发掘报告》，北京：文物出版社，1985年。
甘肃省文物考古研究所　戴春阳主编：《敦煌佛爷庙湾画像砖墓》，北京：文物出版社，1998年。
甘肃省文物考古研究所：《酒泉十六国墓壁画》，北京：文物出版社，1989年。
甘肃省文物考古研究所：《甘肃酒泉西沟村魏晋墓发掘报告》，《文物》1996年第7期，第6～38页。
贵州省文物考古研究所：《贵州兴仁县交乐十九号汉墓》，《文物》2004年第3期，第51～58页。
谷城县博物馆：《湖北谷城六朝画像砖墓发掘简报》，《文物》2013年第7期，第26～37页。

H

汉阳陵博物馆编：《汉阳陵》，北京：文物出版社，2016年。
河北省文管处：《河北景县北魏高氏墓发掘简报》，《文物》1979年第3期，第17～31页。
河北省沧州地区文化馆：《河北省吴桥四座北朝墓葬》，《文物》1984年第9期，第23～38页。
河北省文物研究所、保定市文物管理处：《五代王处直墓》，北京：科学出版社，1998年。
河北省文物研究所、保定市文物管理处、安国市文物管理所：《河北省安国市梨园唐墓发掘简报》，《文物春秋》2001年第3期，第27～35页。
河北省文物研究所：《宣化辽墓——1974～1993年考古发掘报告》，北京：文物出版社，2001年。
何介均、文道义：《湖南长沙牛角塘唐墓》，《考古》1964年第12期，第633～634页。

河南省文化局文物工作队：《邓县彩色画像砖墓》，北京：文物出版社，1958年。
河南省博物馆：《济源泗涧沟三座汉墓的发掘》，《文物》1973年第2期，第46～54页。
河南省文物研究所：《密县打虎亭汉墓》，北京：文物出版社，1993年。
河南省文物考古研究所、巩义市文物保管所：《巩义市北窑湾汉晋唐五代墓葬》，《考古学报》1996年第3期，第361～397页。
河南省文物局：《安阳北朝墓葬》，北京：文物出版社，2013年。
贺梓城：《唐墓壁画》，《文物》1959年第8期，第31～33页。
湖北省文物管理委员会：《武昌东郊何家垅188号唐墓清理简报》，《文物参考资料》1957年第12期，第47～49、51页。
湖南省文物管理委员会：《湖南长沙唐墓清理记》，《考古通讯》1956年第6期，第43～47页。
湖南省博物馆：《长沙两晋南朝隋墓发掘报告》，《考古学报》1959年第3期，第75～105页。
湖南省博物馆：《湖南长沙咸嘉湖唐墓发掘简报》，《考古》1980年第6期，第506～511页。
湖南省博物馆编：《长沙马王堆汉墓陈列》，北京：中华书局，2017年。
淮阴市博物馆：《淮阴高庄战国墓》，《考古学报》1988年第2期，第189～232页。

J

冀东山：《神韵与辉煌·唐墓壁画卷》，西安：三秦出版社，2006年。
金维诺主编：《中国美术全集》，合肥：黄山书社，2010年。
金维诺主编：《中国墓室壁画全集·汉魏晋南北朝卷》，石家庄：河北教育出版社，2010年。
江西省文物考古研究所、南昌市博物馆：《南昌火车站东晋墓葬群发掘简报》，《文物》2001年第2期，第12～41页。
井增利、王小蒙：《富平县新发现的唐墓壁画》，《考古与文物》1997年第4期，第8～17页。

K

康兰英、朱青生主编：《汉画总录1》，南宁：广西师范大学出版社，2012年。
考古研究所安阳发掘队：《安阳隋张盛墓发掘记》，《考古》1959年第10期，第541～545页。
孔义龙、刘成基编：《中国音乐文物大系·广东卷》，郑州：大象出版社，2010年。

L

廊坊市文物管理所：《河北文安麻各庄唐墓》，《文物》1994年第1期，第84～93页。
李启良、徐信印：《陕西安康长岭南朝墓清理简报》，《考古与文物》1986年第3期，第16～21页。
李文信：《辽阳发现三座壁画古墓》，《李文信考古文集》，辽宁人民出版社，2009年，第258～259页。
李万、张亚：《扬州出土一批唐代彩绘俑》，《文物》1979年第4期，第1～5页。
李域铮：《西安西郊唐俾失十囊墓清理简报》，《文博》1985年第6期，第1～4页。
林树中主编：《海外藏中国历代名画》第一卷，长沙：湖南美术出版社，1998年。
刘超英、冀艳坤：《元氏县大孔村唐吕众墓》，《文物春秋》1999年第2期，第31～36页。
辽宁省文物考古研究所、朝阳市博物馆：《辽宁朝阳市黄河路唐墓的清理》，《考古》2001年第8期，第59～70页。
洛阳区考古发掘队：《洛阳烧沟汉墓》，北京：科学出版社，1959年。

洛阳博物馆：《洛阳北魏元邵墓》，《考古》1973年第4期，第218～243页。
洛阳博物馆：《洛阳涧西七里河东汉墓发掘简报》，《考古》1975年第2期，第116～123页。
洛阳博物馆：《洛阳北魏杨机墓出土文物》，《文物》2007年第11期，第56～69页。
洛阳市文物工作队：《洛阳烧沟西14号汉墓发掘简报》，《文物》1983年第4期，第29～35页。
洛阳市文物工作队：《洛阳孟津北陈村北魏壁画墓》，《文物》1995年第8期，第26～35页。
洛阳市第二文物工作队、偃师县文物管理委员会：《河南偃师唐柳凯墓》，《文物》1992年第12期，第21～33页。
洛阳市第二文物工作队：《洛阳苗南新村528号汉墓发掘简报》，《文物》1994年第7期，第36～43页。
洛阳市第二文物工作队：《洛阳市南昌路东汉墓发掘简报》，《中原文物》1995年第4期，第17～27页。
洛阳市文物工作队：《洛阳孟津北陈村北魏壁画墓》，《文物》1995年第8期，第26～35页。
洛阳市第二文物工作队：《唐安国相王孺人壁画墓发掘报告》，郑州：河南美术出版社，2008年。
洛阳市文物工作队：《洛阳东北郊东汉墓发掘简报》《文物》2000年第8期，第33～40页。
洛阳师范学院河洛文化国际研究中心：《洛阳考古集成·隋唐五代卷》，北京：北京图书馆出版社，2005年。
洛阳市文物考古研究院：《唐代张文俱墓发掘报告》，《中原文物》2013年第5期，第4～16页。
洛阳市文物考古研究院：《唐代洛州刺史贾敦颐墓的发掘》，《中国国家博物馆馆刊》2013年第8期，第28～58页。
洛阳市文物考古研究院：《洛阳红山唐墓》，郑州：中州古籍出版社，2014年。
洛阳市文物考古研究院：《洛阳伊川昌营唐代石椁墓发掘简报》，《文物》2016年第6期，第30～40页。
洛阳市文物考古研究院：《唐王雄诞夫人魏氏墓》，郑州：中州古籍出版社，2016年。
吕章申主编：《秦汉文明》，北京：北京时代华文书局，2017年。

M

马得志、张正龄：《西安郊区三个唐墓的发掘简报》，《考古通讯》1958年第1期，第42～52页。
马东海：《固原出土绿釉乐舞扁壶》，《文物》1988年第6期，第52页。
苗建华、吴东风主编：《中国音乐文物大系Ⅱ·河北卷》，郑州：大象出版社，2008年。

N

南京博物院：《沂南古画像石墓发掘报告》，北京：文化部文物管理局，1956年。
南京博物院、南京市文物保管委员会：《南京市西善桥南朝墓及其砖刻壁画》，《文物》1960年第8、9期合刊，第37～42页。
南京博物院：《江苏丹阳胡桥南朝大墓及砖刻壁画》，《文物》1974年第2期，第44～56页。
南京博物院、扬州市文物考古研究所、苏州市考古研究所：《江苏扬州市曹庄隋炀帝墓》，《考古》2014年第7期，第71～77页。
南京大学历史系考古专业、湖北省文物考古研究所、鄂州市博物馆：《鄂城六朝墓》，北京：科学出版社，2006年。

南京大学历史学院、信阳师范学院历史文化学院、洛阳市文物考古研究院：《河南洛阳市瞿家屯汉墓 C1M9816 发掘简报》，《考古》2016 年第 1 期，第 54～67 页。

南京市博物馆、南京市江宁区博物馆：《南京江宁上坊孙吴墓发掘简报》，《文物》2008 年第 12 期，第 4～34 页。

南京市考古研究所：《南京栖霞狮子冲南朝大墓发掘简报》，《东南文化》2015 年第 4 期，第 33～48 页。

内蒙古文物工作队、内蒙古博物馆：《和林格尔发现一座重要的东汉壁画墓》，《文物》1974 年第 1 期，第 8～23 页。

内蒙古博物馆　郭素新：《内蒙古呼和浩特北魏墓》，《文物》1977 年第 5 期，第 38～41 页。

宁夏回族自治区博物馆、宁夏固原博物馆：《宁夏固原北周李贤夫妇墓发掘简报》，《文物》1985 年第 11 期，第 1～20 页。

宁夏回族自治区博物馆：《宁夏盐池唐墓发掘简报》，《文物》1988 年第 9 期，第 43～56 页。

宁夏固原博物馆：《彭阳新集北魏墓》，《文物》1988 年第 9 期，第 26～42 页。

宁夏固原博物馆：《固原历史文物》，北京：科学出版社，2004 年。

S

310 国道孟津考古队：《洛阳孟津西山头唐墓》，《文物》1992 年第 3 期，第 1～8 页。

山东省博物馆：《山东嘉祥英山一号隋墓清理简报——隋代墓室壁画的首次发现》，《文物》1981 年第 4 期，第 28～33 页。

山东省文物考古研究所、临朐县博物馆：《山东临朐北齐崔芬壁画墓》，《文物》2002 年第 4 期，第 4～26 页。

山西省大同市博物馆、山西省文物工作委员会：《山西大同石家寨北魏司马金龙墓》，《文物》1972 年第 3 期，第 20～29 页。

山西省考古研究所、太原市文物管理委员会：《太原北齐娄叡墓发掘简报》，《文物》1983 年第 10 期，第 1～23 页。

山西省考古研究所：《唐代薛儆墓发掘报告》，北京：科学出版社，2000 年。

山西省考古研究所、大同市考古研究所：《大同市北魏宋绍祖墓发掘简报》，《文物》2001 年第 7 期，第 19～39 页。

山西省考古研究所、太原市文物考古研究所：《太原北齐徐显秀墓发掘简报》，《文物》2003 年第 10 期，第 4～40 页。

太原市文物考古研究所：《北齐徐显秀墓》，北京：文物出版社，2005 年。

山西省考古研究所、太原市文物考古研究所、太原市晋源区文物旅游局：《太原隋虞弘墓》，北京：文物出版社，2005 年。

山西省考古研究所、太原市文物考古研究所：《北齐东安王娄睿墓》，北京：文物出版社，2006 年。

山西省考古研究所、山西博物院、朔州市文物局、崇福寺文物管理所：《山西朔州水泉梁北齐壁画墓发掘简报》，《文物》2010 年第 12 期，第 26～42 页。

山西省考古研究所、大同市考古研究所：《山西大同南郊仝家湾北魏墓（M7、M9）发掘简报》，《文物》2015 年第 12 期，第 4～22 页。

山西省考古研究所：《太原沙沟隋代斛律彻墓》，北京：科学出版社，2017 年。

陕西省文物管理委员会：《西安羊头镇唐李爽墓的发掘》，《文物》1959年第3期，第43～53页。
陕西省博物馆：《唐李寿墓发掘简报》，《文物》1974年第9期，第71～88页。
陕西省文物管理委员会：《西安羊头镇唐李爽墓的发掘》，《文物》1959年第3期，第43～53页。
陕西省文物管理委员会：《西安南郊草厂坡村北朝墓的发掘》，《考古》1959年第6期，第285～287页。
陕西省文物管理委员会：《长安县南里王村唐韦泂墓发掘记》，《文物》1959年第8期，第8～18页。
陕西省考古所唐墓工作组：《西安东郊唐苏思勖墓清理简报》，《考古》1960年第1期，第30～36页。
陕西省文物管理委员会：《西安西郊中堡村唐墓清理简报》，《考古》1960年第3期，第34～38页。
陕西省文物管理委员会：《西安东郊韩森寨汉墓清理简报》，《文物》1960年第5期，第72页。
陕西省社会科学院考古研究所：《陕西咸阳唐苏君墓发掘》，《考古》1963年第9期，第493～498页。
陕西省文物管理委员会：《唐永泰公主墓发掘简报》，《文物》1964年第1期，第7～33页。
陕西省博物馆、礼泉县文教局唐墓发掘组：《郑仁泰墓发掘简报》，《文物》1972年第7期，第33～41页。
陕西省博物馆、乾县文教局唐墓发掘组：《唐章怀太子墓发掘简报》，《文物》1972年第7期，第12～25页。
陕西历史博物馆编：《皇后的天堂——唐敬陵贞顺皇后石椁研究》，北京：文物出版社，2015年。
陕西省文管会、昭陵文管所：《陕西礼泉唐张士贵墓》，《考古》1978年第3期，第168～178、224～228页。
陕西省考古研究所、咸阳市考古研究所：《北周武帝孝陵发掘简报》，《考古与文物》1997年第2期，第8～28页。
陕西省考古研究所：《北周宇文俭墓清理发掘简报》，《考古与文物》2001年第3期，第27～40页。
陕西省考古研究所：《西安西郊陕棉十厂唐壁画墓清理简报》，《考古与文物》2002年第1期，第16～37、98页。
陕西省考古研究所：《西安北周安伽墓》，北京：文物出版社，2003年。
陕西省考古研究所、西安市文物保护考古所：《唐长安南郊韦慎名墓清理简报》，《考古与文物》2003年第6期，第26～39页。
陕西省考古研究所、富平县文物管理委员会：《唐节愍太子墓发掘报告》，北京：科学出版社，2004年。
陕西省考古研究所、陕西历史博物馆、礼泉县昭陵博物馆：《唐新城长公主墓发掘报告》，北京：科学出版社，2004年。
陕西省考古研究所：《西安北郊北朝墓清理简报》，《考古与文物》2005年第1期，第7～16页。
陕西省考古研究所：《唐李宪墓发掘报告》，北京：科学出版社，2005年。
陕西省考古研究所、西安市文物保护考古所：《唐孙承嗣夫妇墓发掘简报》，《考古与文物》2005年第2期，第18～28页。
陕西省考古研究所：《唐殷仲容夫妇墓发掘简报》，《考古与文物》2007年第5期，第18～30页。
陕西省考古研究院：《陕西潼关税村隋代壁画墓线刻石棺》，《考古与文物》2008年第3期，第33～47页。
陕西省考古研究院：《北周郭生墓发掘简报》，《文博》2009年第5期，第3～9页。
陕西省考古研究院：《北周独孤宾墓发掘简报》，《考古与文物》2011年第5期，第30～37页。
陕西省考古研究院：《北周莫仁相、莫仁诞墓发掘简报》，《考古与文物》2012年第3期，第3～15页。

陕西省考古研究院：《唐嗣虢王李邕墓发掘报告》，北京：科学出版社，2012年。
陕西省考古研究院：《潼关税村隋代壁画墓》，北京：文物出版社，2013年。
陕西省考古研究院、乾陵博物馆：《唐懿德太子墓发掘报告》，北京：文物出版社，2016年。
陕西省考古研究院、西北大学考古学系：《陕西西安唐刘智夫妇墓发掘简报》，《考古与文物》2016年第3期，第18~33页。
陕西省考古研究院、昭陵博物馆：《唐昭陵韦贵妃墓发掘报告》，北京：科学出版社，2017年。
陕西省考古研究院、陕西历史博物馆、西安市长安区旅游民族宗教文物局：《西安郭庄唐韩休墓发掘简报》，《文物》2019年第1期，第4~43页。
四川大学考古系、河南省文物局南水北调文物保护办公室：《河南卫辉市大司马村隋唐乞扶令和夫妇墓》，《考古》2015年第2期，第32~70页。
四川省博物馆：《四川万县唐墓》，《考古学报》1980年第4期，第503~514页。
四川省文物考古研究所、德阳市文物考古研究所、中江县文物保护管理所：《四川中江塔梁子崖墓发掘简报》，《文物》2004年第9期，第4~33页。
宿白：《朝鲜安岳所发现的冬寿墓》，《文物参考资料》1952年第1期，第101~104页。
宿白：《白沙宋墓》，北京：文物出版社，2002年。

T

太原市文物考古研究所：《太原北齐贺拔昌墓》，《文物》2003年第3期，第11~25页。

W

王克林：《北齐库狄迴洛墓》，《考古学报》1979年第3期，第377~402页。
王敏之、高良谟、张长虹：《河北献县唐墓清理简报》，《文物》1990年第5期，第28~33页。
王太明、贾文亮：《山西榆社县发现北魏画像石棺》，《考古》1993年第8期，第767页。
王子初：《中国音乐文物大系·湖北卷》，郑州：大象出版社，1999年。
王子初、霍旭初：《中国音乐文物大系·新疆卷》，郑州：大象出版社，1999年。
吴东风、苗建华：《中国音乐文物大系Ⅱ·河北卷》，郑州：大象出版社，2008年。
武汉市文物管理处：《武昌石牌岭唐墓清理简报》，《江汉考古》1985年第2期，第34~38页。

X

西安市文物管理处：《西安西郊热电厂基建工地隋唐墓葬清理简报》，《考古与文物》1991年第4期，第50~95页。
西安市文物保护考古所　王自力、孙福喜：《唐金乡县主墓》，北京：文物出版社，2002年。
西安市文物保护考古所：《西安南郊唐墓（M31）发掘简报》，《文物》2004年第1期，第31~61页。
西安市文物保护研究所：《西安理工大学西汉壁画墓发掘简报》，《文物》2006年第5期，第7~44页。
西安市文物保护考古研究所：《西安南郊北魏北周墓发掘简报》，《文物》2009年第5期，第21~49页。
西安市文物保护考古研究院：《西安凤栖原十六国墓发掘简报》，《文博》2014年第1期，第10~17页。
西安市文物保护考古研究院编著、杨军凯著：《北周史君墓》，北京：文物出版社，2014年。

西安市文物保护考古研究院：《西安长安隋张綝夫妇合葬墓发掘简报》，《文物》2018年第1期，第26～46页。

西安市文物保护考古研究院：《陕西西安洪庆原十六国梁猛墓发掘简报》，《考古与文物》2018年第4期，第42～52页。

咸阳市文管会、咸阳博物馆：《咸阳市胡家沟西魏侯义墓清理简报》，《文物》1987年第12期，第57～68页。

咸阳市考古研究所：《五代冯晖墓》，重庆：重庆出版社，2001年。

咸阳市文物局：《咸阳文物精华》，北京：文物出版社，2002年，第105～108页。

咸阳市文物考古研究所：《咸阳十六国墓》，北京：文物出版社，2006年，第87～102页。

咸阳市文物事业管理局：《咸阳市文物志》，西安：三秦出版社，2008年。

项阳、陶正刚：《中国音乐文物大系·山西卷》，郑州：大象出版社，1996年。

新疆维吾尔自治区博物馆、西北大学历史系考古专业：《1973年吐鲁番阿斯塔那古墓群发掘简报》，《文物》1975年第7期，第8～18页。

辛明伟、李振奇：《河北南和唐代郭祥墓》，《文物》1993年第6期，第20～27页。

信立祥：《定县南关唐墓发掘简报》，《文物资料丛刊》1982年第6期，第110～116页。

徐光冀：《中国出土壁画全集》，北京：科学出版社，2011年。

Y

偃师市商城博物馆：《河南偃师两座北魏墓发掘简报》，《考古》1993年第5期，第414～425页。

偃师市文物旅游局、洛阳市文物考古研究院：《河南偃师大冢头西晋墓发掘简报》，《文物》2016年第9期，第28～38、72页。

扬州市博物馆：《扬州邗江县杨庙唐墓》，《考古》1983年第9期，第799～802页。

扬州市博物馆：《扬州平山养殖场汉墓清理简报》，《文物》1987年第1期，第26～36页。

尤振克：《江苏丹阳县胡桥、建山两座南朝墓葬》，《文物》1980年第2期，第1～17页。

于豪亮：《记成都扬子山一号墓》，《文物参考资料》1955年第9期，第70～84页。

袁荃猷：《中国音乐文物大系·北京卷》，郑州：大象出版社，1999年。

云希正：《天津军粮城发现的唐代墓葬》，《考古》1963年第3期，第147～148页。

负安志、王学理：《唐司马睿墓清理简报》，《考古与文物》1985年第1期，第44～49页。

负安志：《中国北周珍贵文物》，北京：陕西人民美术出版社，1993年。

Z

张卉英：《天水市发现隋唐屏风石棺床墓》，《考古》1992年第1期，第46～54页。

张家口市宣化区文物保管所、刘海文主编：《宣化下八里Ⅱ区辽壁画墓考古发掘报告》，北京：文物出版社，2008年。

张庆捷：《北魏石堂棺床与附属壁画文字——以新发现解兴石堂为例探讨丧葬文化的变迁》，载北京大学中国考古学研究中心编《两个世界的徘徊——中古时期丧葬观念风俗与礼仪制度学术研讨会论文集》，北京：科学出版社，2016年，第234～249页。

张正岭：《西安韩森寨唐墓清理记》，《考古通讯》1957年第5期，第58～59页。

昭陵博物馆：《唐安元寿夫妇墓发掘简报》，《文物》1988年第12期，第37～49页。

昭陵博物馆：《唐李承乾墓发掘简报》，《文博》1989年第3期，第17～21页。
昭陵博物馆：《唐昭陵李勣（徐懋功）墓清理简报》，《考古与文物》2000年第3期，第3～14页。
昭陵博物馆：《昭陵唐墓壁画》，北京：文物出版社，2006年。
昭陵文物管理所：《唐越王李贞墓发掘简报》，《文物》1977年第10期，第41～49页。
赵力光、王九刚：《长安县南里王村唐壁画墓》，《文博》1989年第4期，第3～9、19页。
赵世纲：《中国音乐文物大系·河南卷》，郑州：大象出版社，1996年。
赵晓斌、陈新平：《魏晋写照——荆州八岭山西晋墓陶瓷》，《收藏》2010年第12期，第20～23页。
镇江市博物馆、金坛县文化馆：《江苏金坛出土的青瓷》，《文物》1977年第6期，第60～63页。
郑汝中、董玉祥：《中国音乐文物大系·甘肃卷》，郑州：大象出版社，1998年。
中国画像砖全集编辑委员会：《中国美术分类全集·中国画像砖全集·四川汉画像砖》，成都：四川出版集团、四川美术出版社，1997年。
中国历代艺术编辑委员会编：《中国历代艺术·绘画编（上）》，北京：人民美术出版社，1994年。
中国美术全集编委会：《中国美术全集·绘画编12》，北京：文物出版社，1989年。
中国科学院考古研究所：《新中国的考古收获》，北京：文物出版社，1962年。
中国科学院考古研究所洛阳发掘队：《洛阳西郊汉墓发掘报告》，《考古学报》1963年第2期，第1～58页。
中国社会科学院考古研究所：《西安郊区隋唐墓》，北京：科学出版社，1966年。
中国社会科学院考古研究所：《唐长安城郊隋唐墓》，北京：文物出版社，1980年。
中国社科院考古研究所、河北省文物研究所：《磁县湾漳北朝壁画墓》，北京：科学出版社，2000年。
中国社会科学院考古研究所：《偃师杏园唐墓》，北京：科学出版社，2001年。
中国音乐研究所：《信西古乐图》，北京：音乐出版社，1958年。
周昌富、温增源：《中国音乐文物大系·山东卷》，郑州：大象出版社，2001年。

研究论著

B
柏红秀：《唐代宫廷音乐文艺研究》，南京：南京大学出版社，2010年。
柏进波：《北朝墓葬音乐文物的考古发现与研究》，北京大学硕士学位论文，2006年。
柏互玖：《唐代礼乐大曲研究》，《中国音乐学》2013年第2期，第56～61页。
拜根兴：《也论苏君墓当为苏定方墓》，《考古与文物》2005年第5期，第78～82页。
（美）班茂燊著，耿协峰译：《唐代中国的民族认同》，北京：人民出版社，2017年。

C
蔡经纬：《牛进达石墓门图像研究》，北京大学学士学位论文，2013年。
曹昭：《长江中下游地区隋唐墓葬研究》，武汉大学博士学位论文，2018年。
常怀颖：《西周钟镈组合与器主身份、等级研究》，《考古与文物》2010年第2期，第51～59页；《论商周之际铙钟随葬》，《江汉考古》2014年第1期，第54～64页。
常任侠：《丝绸之路与西域文化艺术》，上海：上海文艺出版社，1981年。
陈海涛：《胡旋舞、胡腾舞与柘枝舞——对安伽墓与虞弘墓中舞蹈归属的浅析》，《考古与文物》2003年第3期，第56～60、91页。

陈戍国：《中国礼制史·魏晋南北朝卷》，长沙：湖南教育出版社，2011年。
陈寅恪：《隋唐制度渊源略论稿·唐代政治史述论稿》，北京：商务印书馆，2014年。
陈尊祥、郭盼生：《唐李爽墓志铭补考》，《考古与文物》1995年第5期，第63～66页。
程旭：《唐武惠妃石椁纹饰初探》，《考古与文物》2012年第3期，第87～101页。
程旭：《唐韩休墓〈乐舞图〉属性及相关问题研究》，《文博》2015年第6期，第21～25页。
程旭：《唐韵胡风——唐墓壁画中的外来文化因素及其反映的民族关系》，北京：文物出版社，2016年。
程义：《李寿墓壁画的内容、布局及其渊源——兼论唐代早期壁画的特点》，《西安电子科技大学学报（社会科学版）》2006年第6期，第93～97页。
迟乃鹏：《王建墓石刻乐伎弄佛曲说探证》，《四川文物》1997年第3期，第18～22页。

D

东草：《关于〈扬州邗江县扬庙唐墓〉一文之商榷》，《东南文化》1986年第2期，第218～220页。

F

冯恩学：《蒙古国出土金微州都督仆固墓志考研》，《文物》2014年第5期，第83～88页。
冯汉骥：《前蜀王建墓内石刻伎乐考》，《四川大学学报》1957年第1期，第1～27页。
冯健：《洛阳唐代安菩墓出土的男立俑探析》，《洛阳大学学报》2005年第3期，第9～10页。

G

高崇文：《古礼足征——礼制文化的考古学研究》，上海：上海古籍出版社，2016年。
葛承雍：《祆教圣火艺术的新发现——隋代安备墓文物初探》，《美术研究》2009年第3期，第14～18页。
葛承雍：《唐贞顺皇后（武惠妃）石椁浮雕线刻画中的西方艺术》，《唐研究》第16卷，北京大学出版社，2010年，第305～324页。
葛承雍：《再论唐武惠妃石椁线刻画中的希腊化艺术》，《中国国家博物馆馆刊》2011年第4期，第90～105页。
葛承雍：《唐代宫廷女性画像与外来的艺术手法——以新见唐武惠妃石椁女性线刻画为典型》，《故宫博物院院刊》2012年第4期，第93～102页。
（法）葛乐耐著，毛铭译：《驶向撒马尔罕的金色旅程》，桂林：漓江出版社，2016年。
葛晓音：《初盛唐清乐从属关系质疑》，《北京大学学报（哲学社会科学版）》1994年第4期，第94～97、128页。
葛晓音：《从日本雅乐看唐参军和唐大曲的表演形式》，《北京大学学报（哲学社会科学版）》2015年第3期，第114～126页。
耿朔：《层累的图像——拼砌砖画与南朝艺术》，北京：人民美术出版社，2020年。
（日）谷川道雄：《魏晋南北朝隋唐史学的基本问题》，北京：中华书局，2012年。
顾涛：《汉唐礼制因革谱》，上海：上海书店出版社，2018年。
郭海文：《唐淮南大长公主墓志铭研究》，《社会科学战线》2017年第10期，第84～93页。
郭美玲：《西安地区玄宗时代墓室壁画经营与布局》，《西部考古》2017年第2期，第231～247页。

H

哈尔滨师范大学中文系古籍整理研究室：《燕乐三书》，哈尔滨：黑龙江人民出版社，1986年。

韩香：《中西文化的交融与借鉴——唐武惠妃石椁"胡人驯兽图"再探讨》，《唐史论丛》2014年第2期，第77～96页。

韩志刚：《宁夏盐池唐墓石刻所反映的胡旋舞》，《文博》1994年第3期，第64～66页。

黄敬刚：《中国先秦音乐文物考古与研究》，北京：人民出版社，2018年。

黄翔鹏：《溯流探源——中国传统音乐研究》，北京：人民音乐出版社，1993年。

黄云：《隋唐粟特乐器研究——以西安地区6～8世纪墓葬为例》，中国艺术研究院硕士学位论文，2010年。

贺华：《读杨玄略墓志》，《碑林集刊》1996年，第115～118页。

贺志凌：《新疆出土箜篌的音乐考古学研究》，中国艺术研究院硕士学位论文，2005年。

洪晴玉：《关于冬寿墓的发现和研究》，《考古》1959年第1期，第27～35页。

华阳：《论薛儆墓的形制及等级问题》，《北方文物》2011年第4期，第46～48页。

霍巍：《蹇人与羌胡——四川中江塔梁子东汉崖墓榜题补释》，《文物》2009年第6期，第69～72页。

霍旭初：《克孜尔石窟壁画乐舞形象考略》，《文艺研究》1995年第5期，第138～146页。

胡鸿：《能夏则大与渐慕华风——政治体视角下的华夏与华夏化》，北京：北京师范大学出版社，2017年。

胡戟：《中华文化通志·礼仪志》，上海：上海人民出版社，1998年。

J

济南市博物馆：《试谈济南无影山出土的西汉乐舞、杂技、宴饮陶俑》，《文物》1972年第5期，第19～24页。

贾嫚：《西安地区出土文物中唐代箜篌图像研究》，《文艺研究》2011年第8期，第53～61页；《唐代长安乐舞研究：以西安地区出土文物乐舞图像为中心》，北京：中国社会科学出版社，2014年。

蒋赞初：《南京史话（上）》，南京：南京出版社，1995年。

金维诺：《和林格尔东汉壁画墓年代的探索》，《文物》1974年第1期，第47～50页。

金维诺、李遇春：《张雄夫妇墓与初唐傀儡戏》，《文物》1976年第12期，第44～50页。

金智铉：《北齐复色釉陶初论》，《边疆考古研究》2017年第2期，第241～247页。

L

李纯一：《中国古代音乐史稿（第一分册）》，北京：音乐出版社，1958年。

李丹婕：《冥心净域——敬陵石椁花鸟人物图像内涵试释》，《唐研究》第23卷，北京：北京大学出版社，2017年，第397～420页。

李方元、李渝梅：《北魏宫廷音乐机构考》，《音乐研究》1999年第2期，第40～46页。

李宁民：《天水出土屏风石棺床再探讨》，《中原文物》2013年第3期，第85～91页。

李梅田：《论南北朝交接地区的墓葬——以陕南、豫南鄂北、山东地区为中心》，《东南文化》2004年第1期，第27～31页。

李梅田：《北齐墓葬文化论析》，《中国历史文物》2004年第6期，第59～68页。

李梅田：《魏晋北朝墓葬的考古学研究》，北京：商务印书馆，2009 年。
李梅田：《西曲歌与文康舞：邓县南朝画像砖墓乐舞图新释》，《故宫博物院院刊》2016 年第 4 期，第 82～94、161～162 页。
李凭：《北魏平城时代》，上海：上海古籍出版社，2011 年。
李强、宋博年：《丝绸之路音乐研究》，乌鲁木齐：新疆人民出版社，2010 年。
李如森：《汉代丧葬礼俗》，沈阳：沈阳出版社，2003 年。
李若晴：《再谈"竹林七贤与荣启期"画像砖成因——以刘宋初期陵寝制度与立国形势为中心》，《艺术探索》2017 年第 1 期，第 20～30 页。
李西林：《唐代音乐文化研究》，北京：文化艺术出版社，2014 年。
李星明：《唐代墓室壁画研究》，西安：陕西人民美术出版社，2005 年。
李曰训：《山东章丘女郎山战国出土乐舞陶俑及有关问题》，《文物》1993 年第 3 期，第 1～6 页。
李雨生：《山西唐代薛儆墓几个问题的再思考》，《中国国家博物馆馆刊》2013 年第 5 期，第 6～15 页。
李云河：《关中地区东汉至北周墓葬的考古学研究》，北京大学博士学位论文，2018 年。
（日）林谦三著，钱稻孙译：《东亚乐器考》，北京：人民音乐出版社，1999 年。
梁满仓：《魏晋南北朝五礼制度考论》，北京：社会科学文献出版社，2009 年。
梁勉：《试析唐韩休墓乐舞图》，《文物天地》2016 年第 6 期，第 32～34 页。
林树中：《从"战马"画像砖题字考证邓县墓的年代与墓主》，《南京艺术学院学报（美术与设计）》2015 年第 1 期，第 1～3 页。
刘斌：《六朝鼓吹乐及其与"五礼"制度的关系研究（上）》，《天津音乐学院学报》2007 年第 1 期，第 41～50、66 页。
刘斌：《六朝鼓吹乐及其与"五礼"制度的关系研究（下）》，《天津音乐学院学报》2007 年第 2 期，第 11～17 页。
刘洋：《唐代宫廷乐器组合研究》，中国艺术研究院博士学位论文，2008 年。
刘怀荣：《南北朝及隋代乐府官署演变考》，《黄钟》2004 年第 2 期，第 53～59 页。
柳涵：《邓县画像砖墓的时代和研究》，《考古》1959 年第 5 期，第 255～263 页。
卢亚辉：《咸阳苏君墓献疑》，《中国国家博物馆馆刊》2017 年第 4 期，第 81～91 页。
卢亚辉：《武则天时代墓葬的考古学研究：基于初、盛唐墓葬与政治文化集团的考察》，北京大学博士学位论文，2018 年。
鲁礼鹏：《吐鲁番阿斯塔那墓地 M336 年代及相关问题探析》，《西部考古》第 12 辑，北京：科学出版社，2016 年，第 399～406 页。
罗丰：《隋唐间中亚流传中国之胡旋舞——以新获宁夏盐池唐墓石门胡舞图为中心》，《传统文化与现代化》1994 年第 2 期，第 50～59 页。
罗丰：《五代后周冯晖墓出土彩绘乐舞砖雕考》，《考古与文物》1998 年第 6 期，第 66～81 页。
罗新：《十六国北朝的五德历运问题》，《中国史研究》2004 年第 3 期，第 47～56 页。
罗新、叶炜：《新出魏晋南北朝墓志疏证》，北京：中华书局，2005 年。
吕净植：《北魏音乐研究》，吉林大学博士学位论文，2016 年。

M

马琳燕：《甘肃天水隋唐彩绘围屏石榻的保护与修复》，《文物》2013 年第 7 期，第 83～89 页。

蒙默：《也谈四川万县唐冉仁才墓》，《四川文物》1989年第1期，第3~6页。

N

倪润安：《南北朝墓葬文化的正统争夺》，《考古》2013年第12期，第71~83页。
倪润安：《北周墓葬俑群研究》，《考古学报》2015年第1期，第27~54页。
倪润安：《北齐墓葬文化格局论》，《故宫博物院院刊》2015年第2期，第49~72页。
倪润安：《北朝墓主人图像的显与隐》，载北京大学中国考古学研究中心编《两个世界的徘徊——中古时期丧葬观念风俗与礼仪制度学术研讨会论文集》，北京：科学出版社，2016年，第250~281页。
倪润安：《唐李寿墓壁画的"贞观探索"》，《考古》2016年第11期，第104~112页。
倪润安：《光宅中原——拓跋至北魏的墓葬文化与社会演进》，上海：上海古籍出版社，2017年（2020、2022年相继再版）。
宁夏文物考古研究所　耿志强：《宁夏固原北周宇文猛墓发掘报告与研究》，银川：黄河出版传媒集团，2015年。
牛龙菲：《敦煌壁画乐史资料总录与研究》，敦煌：敦煌文艺出版社，1996年。

P

庞怀靖：《读元师奖墓志》，《文博》1993年第5期，第56~60页。

Q

齐东方：《隋唐考古》，北京：文物出版社，2002年。
齐东方：《唐代的丧葬观念习俗与礼仪制度》，《考古学报》2006年第1期，第59~81页。
齐东方：《试论西安地区唐代墓葬的等级制度》，《纪念北京大学考古专业三十周年论文集》，北京：文物出版社，1990年，第286~309页。
齐东方：《略论西安地区发现的唐代双室砖墓》，《考古》1990年第9期，第858~862页。
齐东方：《书评〈唐代薛儆墓发掘报告〉》，《唐研究》第8卷，北京：北京大学出版社，2002年，第539~542页。
齐东方：《中国古代丧葬中的晋制》，《考古学报》2015年第3期，第345~366页。
齐纪：《唐代石椁研究》，北京大学硕士学位论文，2003年。
秦方瑜：《王建墓石刻伎乐与霓裳羽衣舞》，《四川文物》1986年第2期，第15~20页。
秦序：《唐李寿墓石刻壁画与坐、立部伎的出现年代》，《中国音乐学》1991年第2期，第7~15页。
秦旭、李宏锋、曹贞华等：《中国古代物质文化史·乐器卷》，北京：开明出版社，2015年。
屈利军：《新发现庞留唐墓壁画初探》，《文博》2009年第5期，第25~29页。
权奎山：《试析南方发现的唐代壁画墓》，《南方文物》1992年第4期，第52~68页。

R

任半塘：《唐戏弄》，上海：上海古籍出版社，1984年。
任爽：《唐代礼制研究》，长春：东北师范大学出版社，1999年。
任中敏著，张长彬校理：《敦煌曲研究》，南京：凤凰出版社，2013年。

任中敏著，樊昕、王立增辑校：《唐艺研究》，南京：凤凰出版社，2013年。

荣新江：《何谓胡人？——隋唐时期胡人族属的自认与他认》，《乾陵文化研究》第12辑，西安：三秦出版社，2008年，第3～9页。

孺子莘：《中国石窟寺乐舞艺术》，北京：人民音乐出版社，2009年。

S

沈从文：《花花朵朵、坛坛罐罐——沈从文谈艺术与文物》，北京：中信出版集团，2016年。

沈丽华：《邺城地区六世纪墓葬的考古学研究》，《考古学报》2017年第1期，第97～118页。

沈睿文：《唐陵的布局——空间与秩序》，北京：北京大学出版社，2009年。

沈睿文：《重读安菩墓》，《故宫博物院院刊》2009年第4期，第6～21页。

沈睿文：《唐宋墓葬神煞考源——中国古代墓葬太一出行系列研究之三》，《唐研究》第18卷，北京：北京大学出版社，2012年，第201～223页。

沈睿文：《废太子勇与圆形墓——如何理解考古学中的非地方性知识》，刊于包伟民主编《唐宋史评论》第1辑，北京：社会科学文献出版社，2014年，第75～95页。

沈睿文、艾佳：《唐李思摩墓甬道壁画考释》，《乾陵文化研究》2014年，第31～37页。

沈睿文：《唐代丧葬画像与绘画的关系》，刊于上海博物馆《于阗六篇——丝绸之路上的考古学案例》，北京：北京大学出版社，2014年，第127～168页。

沈睿文：《中国古代物质文化史·隋唐五代卷》，北京：开明出版社，2015年。

沈睿文：《葬以殊礼：弩机与世家大族墓葬》，《故宫博物院院刊》2015年第5期，第75～86页。

沈睿文：《天水石马坪石棺床墓的若干问题》，刊于《粟特人在中国——考古发现与出土文献的新印证（下）》，北京：科学出版社，2016年，第466～500页。

沈睿文：《安禄山服散考》，上海：上海古籍出版社，2016年。

沈睿文：《唐哀皇后所见陶礼器》，《唐研究》第23卷，北京：北京大学出版社，2017年，第421～440页。

邵磊：《南京栖霞山千佛崖释迦多宝并坐像析》，《南方文物》2000年第3期，第56～57页。

施和金：《北齐地理志》，北京：中华书局，2008年。

邵韵霏：《双重视角下的复合意涵——朱然墓宫闱宴乐图漆案研究》，《古代墓葬美术研究》第三辑，长沙：湖南美术出版社，2013年，第169～189页。

师若予：《南北朝晚期大型墓葬出土胡人驱傩画像砖和俑研究》，《中国国家博物馆馆刊》2016年第5期，第72～83页。

师若予：《古代丝路上的佛教假面艺术交流》，《中国国家博物馆馆刊》2018年第8期，第73～85页。

师小群、呼啸：《唐贞顺皇后敬陵被盗壁画初释》，《文博》2011年第3期，第20～23页。

宋治民：《四川中江县塔梁子M3部分壁画考释》，《考古与文物》2005年第5期，第53～55页。

孙机：《唐李寿墓石椁线刻〈仕女图〉〈乐舞图〉散记（上）》，《文物》1996年第5期，第33～49页。

孙机：《唐李寿墓石椁线刻〈仕女图〉〈乐舞图〉散记（下）》，《文物》1996年第6期，第56～68页。

孙力楠：《东北地区公元2—6世纪墓葬壁画研究》，吉林大学博士学位论文，2008年。

孙伟刚、梁勉：《考古陕西——陕西古代音乐文物》，西安：陕西人民出版社，2016年。

孙晓辉：《两唐书礼乐志研究》，扬州大学博士学位论文，2001年。

宿白：《西安地区唐墓壁画的布局和内容》，《考古学报》1982年第2期，第137～154页。

宿白：《西安地区的唐墓形制》，《文物》1995年第12期，第41～50页。
宿白：《中国石窟寺研究》，北京：文物出版社，1996年（2019年由生活·读书·新知三联书店再版）。
苏哲：《西安草厂坡1号墓的结构、仪卫俑组合及年代》，《宿白先生八秩华诞纪念文集》，北京：文物出版社，2002年，第185～200页。
索德浩、刘羽茂：《汉代胡人形象面具考——从成都金堂李家梁子M23出土一件胡人形象面具谈起》，《考古与文物》2011年第5期，第60～65页。
索德浩：《四川汉晋陶俑的初步研究》，《考古学报》2018年第1期，第69～88页。

T

（日）田边尚雄著，陈清泉译：《中国音乐史》，上海：上海书店，1984年。
（日）町田章著，劳继译：《南齐帝陵考》，《东南文化》第2辑，1987年，第43～63页。

W

王光祈：《王光祈音乐论著二种》，上海：上海书店出版社，2011年。
王恒：《司马金龙墓石雕乐伎乐器研究》，《文物天地》2000年第5期，第32～35页。
王清雷：《也谈海昏侯墓编钟》，《中国音乐》2017年第3期，第83～92页。
王庆卫：《墓葬中的窣堵波：再论武惠妃石椁勇士神兽图》，《敦煌学辑刊》2014年第1期，第145～158页。
王仁波、何修龄、单暐：《陕西唐墓壁画之研究》（下），《文博》1984年第2期，第44～55页。
王叔岷：《列仙传校笺》，北京：中华书局，2007年。
王素：《高昌史稿·统治编》，北京：文物出版社，1998年。
王希丹：《集安高句丽音乐文化研究》，《乐府新声（沈阳音乐学院学报）》2014年第1期，第197～201页。
王秀臣：《礼藏于乐：礼乐文化的形态原型》，《湖南大学学报（社会科学版）》2006年第1期，第56～60页。
王音：《北朝晚期墓葬形制研究——以北魏洛阳时代至北齐都城地区的墓葬为例》，《故宫博物院院刊》2018年第3期，第92～104页。
王贞平：《唐代宾礼研究》，上海：中西书局，2017年。
王子初：《中国音乐考古学》，福州：福建教育出版社，2004年。
王子初：《音乐考古》，北京：文物出版社，2006年。
王子初：《中国音乐考古80年》，上海：上海音乐学院出版社，2012年。
王志高：《简议西善桥"竹林七贤"砖印壁画墓时代及墓主身份》，《中国文物报》1998年12月30日第3版。
魏晶：《唐以前制度文化中中原与西域的音乐交流与传播》，中国艺术研究院硕士学位论文，2005年。
韦正：《南京西善桥宫山"竹林七贤"壁画墓的时代》，《文物》2005年第4期，第99～111页。
韦正：《汉水流域四座南北朝墓葬的时代和归属》，《文物》2006年第2期，第33～39页。
韦正：《试谈酒泉丁家闸5号壁画墓的时代》，《文物》2011年第4期，第41～74页。
邬文玲：《"商山四皓"形象的塑造与演变》，《形象史学研究》第3辑，北京：社会科学文献出版社，2013年，第62～71页。

吴丽娱：《〈显庆礼〉与武则天》，《唐史论丛》（第 10 辑），西安：三秦出版社，2008 年，第 9～24 页。
吴丽娱：《终极之典——中古丧葬制度研究》，北京：中华书局，2012 年。
吴洁：《从丝绸之路上的乐器、乐舞看我国汉唐时期胡、俗乐的融合》，上海音乐学院博士学位论文，2017 年。
武家昌：《冬寿墓壁画中的乐器及相关问题》，《博物馆研究》2006 年第 1 期，第 41～52 页。
武小菁：《唐韩休墓乐舞壁画的文化诠释》，《交响（西安音乐学院学报）》2016 年第 4 期，第 32～37 页。

X

向达：《唐代长安与西域文明》，重庆：重庆出版社，2009 年。
项阳：《中国礼乐制度四阶段论纲》，《音乐艺术》2010 年第 1 期，第 6、11～20 页。
项阳：《俗乐的双重定位：与礼乐对应、与雅乐对应》，《音乐研究》2013 年第 4 期，第 89～106 页。
项阳：《以乐观礼》，北京：北京时代华文书局，2015 年。
项阳：《接通的意义——历史人类学视阈下的中国音乐文化史研究》，北京：中国文联出版社，2014 年。
萧亢达：《汉代乐舞百戏艺术研究》，北京：文物出版社，1991 年（2010 年由文物出版社再版）。
熊培庚：《唐苏思勖墓壁画舞乐图》，《文物》1960 年第 8～9 期，第 75 页。
徐坚：《时惟礼崇：东周之前青铜兵器的物质文化研究》，上海古籍出版社，2014 年。
徐效慧：《浅谈朝阳唐孙则墓出土的鼓吹俑》，《兰台世界》2015 年第 18 期，第 167～168 页。
许结：《五礼规制：中国古代礼乐制度（三）》，《古典文学知识》2002 年第 2 期，第 106～113 页。
许结：《雅乐新声：中国古代礼乐制度（四）》，《古典文学知识》2002 年第 3 期，第 108～112 页。

Y

阎步克：《服周之冕——〈周礼〉六冕礼制的兴衰变异》，北京：中华书局，2009 年。
杨伯峻：《列子集释》，北京：中华书局，2013 年。
杨富学：《唐代仆固部世系考——以蒙古国新出仆固氏墓志铭为中心》，《西域研究》2012 年第 1 期，第 69～76 页。
杨泓：《高句丽壁画石墓》，《文物参考资料》1958 年第 4 期，第 12～21 页。
杨泓：《逝去的风韵——杨泓谈文物》，北京：中华书局，2007 年。
杨瑾：《唐武惠妃墓石椁纹饰中的外来元素初探》，《四川文物》2013 年第 3 期，第 60～72 页。
杨瑾：《唐李思摩墓甬道壁画考释》，《乾陵文化研究》，2015 年，第 56～68 页。
杨立华：《时代的献祭》，《读书》2006 年第 7 期，第 124～131 页。
杨岐黄：《"唐韩休墓出土壁画学术研讨会"纪要》，《考古与文物》2014 年第 12 期，第 107～117 页。
杨唯伟：《魏晋南北朝黄门乐考》，《天津音乐学院学报》2011 年第 3 期，第 39～43、68 页。
杨树达：《汉代婚丧礼俗考》，上海：上海古籍出版社，2009 年。
杨效俊：《东魏北齐墓葬的初步研究》，中国社会科学院考古研究所硕士学位论文，1996 年。
杨荫浏：《中国音乐史纲》，上海：上海万叶书店，1952 年。
杨荫浏：《中国古代音乐史稿》，北京：人民音乐出版社，1981 年。
杨哲峰：《略谈七贤壁画与七贤名次的排列》，《考古学研究》（二），北京：北京大学出版社，1994 年，第 201～205 页。

殷宪：《贺多罗即破多罗考》，《学习与探索》2009 年第 5 期，第 227~233 页。

（美）余英时著，侯旭东译：《东汉生死观》，上海：上海古籍出版社，2005 年，第 50~58 页。

岳连建、柯卓英：《唐淮南大长公主墓志所反映的唐代历史问题》，《华夏考古》2008 年第 2 期，第 130~136 页。

岳起、刘卫鹏：《关中地区十六国墓的初步认定——兼谈咸阳平陵十六国墓出土的鼓吹俑》，《文物》2004 年第 8 期，第 41~53 页。

Z

（日）曾布川宽著，傅江译：《六朝帝陵——以石兽与砖画为中心》，南京：南京出版社，2004 年。

张丹阳：《教坊曲〈文溆子〉考》，《中国音乐学》2014 年第 3 期，第 46~51 页。

张全民：《略论关中地区隋墓陶俑的演变》，《文物》2018 年第 1 期，第 70~79 页。

张闻捷：《楚国青铜礼器制度研究》，厦门：厦门大学出版社，2015 年。

张闻捷：《周代葬钟制度与乐悬制度》，《考古学报》2017 年第 1 期，第 49~74 页。

张闻捷：《汉代乐钟编列制度初考》，《文物》2018 年第 3 期，第 26~35 页。

张勋燎、白彬：《前蜀王建永陵发掘材料中的道教遗迹》，《中国道教考古》九，北京：线装书局，2005 年，第 1033~1062 页。

张艳秋：《江苏出土汉代木俑类型与特点》，《中国国家博物馆馆刊》2018 年第 8 期，第 48~58 页。

张寅：《龟兹乐器的历史流变及音响特性——以达玛沟三弦琵琶为例》，天津：天津大学出版社，2013 年。

张英群：《安阳隋代张盛墓出土的舞乐俑试探》，《中原文物》1983 年第 4 期，第 78~81 页。

张小丽、张婷、罗晓艳：《西安出土北魏〈韦辉和墓志〉和〈韦乾墓志〉研读》，《文博》2016 年第 3 期，第 76~80 页。

张学锋：《扬州曹庄隋炀帝墓研究六题》，《唐史论丛》2015 年第 2 期，第 73~90 页。

赵昆雨：《北魏司马金龙墓乐器雕刻考索》，《乐器》1990 年第 2 期，第 3~5 页。

赵昆雨：《戎华兼采、鲜卑当歌——北魏平城时代乐舞文化中的鲜卑因素》，《中国音乐》2015 年第 4 期，第 7~14、33 页。

赵瑞民、刘俊喜：《大同沙岭北魏壁画墓出土漆皮文字考》，《文物》2006 年第 10 期，第 78~81 页。

赵维平：《丝绸之路上的音乐史研究：胡乐的传来及其历史迹象》，上海：上海音乐学院出版社，2021 年。

郑岩：《逝者的面具——汉唐墓葬艺术研究》，北京：北京大学出版社，2013 年。

郑岩：《魏晋南北朝壁画墓研究》，北京：文物出版社，2016 年。

郑岩：《论韩休墓壁画乐舞图的语言与意象》，《古代墓葬美术研究》第四辑，长沙：湖南美术出版社，2017 年，第 215~228 页。

郑岩：《试析唐代韩休墓壁画乐舞图的绘制过程》，《文物》2019 年第 1 期，第 76~83 页。

郑以墨：《前蜀王建墓研究》，载北京大学中国考古学研究中心编《两个世界的徘徊——中古时期丧葬观念风俗与礼仪制度学术研讨会论文集》，北京：科学出版社，2016 年，第 313~342 页。

郑祖襄：《唐宋"雅、清、燕"三乐辨析》，《音乐研究》2007 年第 1 期，第 38~49 页。

周伟洲：《西安地区部分出土文物中所见的唐代乐舞形象》，《文物》1978 年第 4 期，第 74~80 页。

周伟洲：《从郑仁泰墓出土的乐舞俑谈唐代音乐和礼仪制度》，《文物》1980 年第 7 期，第 42~46 页。

周伟洲：《唐韩休墓"乐舞图"探析》，《考古与文物》2015年第6期，第73～79页。

周伟洲：《新出土中古有关胡族文物研究》，北京：社会科学文献出版社，2016年。

周杨：《隋唐时期琵琶研究》，北京大学硕士学位论文，2013年。

周杨：《关中地区十六国墓葬出土坐乐俑的时代与来源——十六国时期墓葬制度重建之管窥》，《西部考古》第14辑，北京：科学出版社，2017年，第119～135页。

周杨：《北魏六镇防线的空间分析》，《中国国家博物馆馆刊》2017年第12期，第25～36页。

周杨：《风云山水外、大道棋局中——日本正仓院藏唐代琵琶捍拨画所见山水与高士主题》，《中国美术研究》2018年第2期，第120～125页。

朱国伟：《南京江宁上坊孙吴墓所出"抚琴俑"辨析》，《交响（西安音乐学院学报）》2011年第4期，第155～157页。

朱季海：《南齐书校议》，北京：中华书局，2013年。

朱雷：《龙门石窟高昌张安题记与唐太宗对麴朝大族之政策》，刊于所撰《敦煌吐鲁番文书论丛》，上海：上海古籍出版社，2012年，第95～104页。

朱晓峰：《唐代莫高窟壁画音乐图像研究》，兰州：甘肃教育出版社，2020年。

《榆林窟壁画乐舞图像及研究》，北京：文物出版社，2023年。

外文论著

（日）岸边成雄：《天平のひびき—正仓院的乐器》，音楽之友社，1984年。

（日）奈良国立博物馆：《正仓院展（第56回）》，2004年。

（日）平山郁夫总监修：《高句丽壁画古坟》，东京：共同通信社，2005年。

（日）渡边信一郎：《中国古代の楽制と国家》，京都：文理阁，2013年。

Очир А., Данилов С. В., Эрдэнэболд Л., Цэрэндорж Ц. *Эртний нүүдэлчдийн бунхант булшны малтлага, судалгаа: Төв аймгийн Заамар сумын Шороон бумбагар дурсгалын малтлага судалгаа.* Улаанбаатар, 2013.

Очир, А., Эрдэнэболд, Л., Харжаубай, С., Жантегин, Х. *Эртний нүүдэлчдийн бунхант булшны малтлага, судалгаа: Булган Аймгийн Баяннуур Сумын Улаан Хэрмийн шороон бумбагарын малтлагын тайлан.* Улаанбаатар, 2013.

后 记

　　这是一本关于声音的习作，尽管通篇没有一个音符。我曾一次次尝试去寻觅那一重重画面背后的声音，也曾一次次努力去揭示那些声音背后的诉求。

　　行文至此，我不禁再次合上双眼。那些逝去的画面在眼前跳跃，耳边则再次响起各种不同的声音。大兴安岭的风声，江南小巷的雨声，漠北草原的雷声，敦煌沙海的驼声，天山途中的笛声，欧陆教堂的钟声，岐山脚下的呼和声，燕山道上的喘息声，绿竹荫间的鸟鸣声，苍龙岭外的琴箫声，长城线上的呼啸声，戈壁滩上的咒骂声，青藏高原上的转轮声，粤海闽海的浪潮声，武夷山下的流水声，泉州港外的汽笛声，课堂上的陈词声，饭桌上的谈笑声，镁光灯下的欢呼声，绿茵场上的呐喊声，燕园清晨的诵读声，市井巷陌的叫卖声，资料室内的扫描声，博物馆中的快门声，灶火台前的碗碟声，牙医床上的电钻声，烛光下的教诲声，病榻前的嘱托声，孩童呱呱坠地的哭声与仰观世界的笑声……那些要感谢的人们呐，我的耳边回响起这些声音，心里默默念着你们的名字，脑海中则浮现起往昔幕幕。如果你们偶然读到此间，也一定会回忆起那些难忘的时光。人之相与，皆在俯仰之间，文字或许能够粉饰、欺骗，但音乐不会说谎。我们的相逢是一首歌，歌的名字并不重要，重要的是歌曲本身。有的人是其中的音符，有的人是其中的节拍，音符手拉手构成旋律，节拍肩并肩构成节奏。当声音渐渐淡去，周遭恢复平静，再壮美的音乐也很难寻迹；能深深刻在记忆中的，则是我们曾经一起舞蹈的身影。

　　在跌跌绊绊中，我完成了十年的考古学习，又走过了四年的执教时光。学与教的过程使我明白一个道理，人文领域的研究，固然有判断是非的标准，却没有绝对意义的对错。曾经灵光一闪的想法，迟早会被推翻；即使不被别人推翻，也会被自己打破。小到个人，大到群体，正是在这样自破自立的过程中前进的。然而，无论是自立过程中的艰难与得意，还是自破过程中的纠结与失意，本质上是相通的。无论得失，都要真诚地面对自己。能做到真诚，这段全心全意投入的时光，虽然充满艰难与困苦，终究不算是虚度。

　　书中的那些"音乐"，关乎制度，关乎文化，关乎上层的诉求；那些声音本身，也大多是在彰显功劳与身份。不过，在那些声音的背后，实则闪烁着无数无声者的面孔；在看似辉煌的和声间，也跃动着许多被压抑、被潜藏的叹息。在一个被封存的空间中，呐喊声、欢呼声，夹杂着忧愁声、暗恨声，共同组成了一个无声的世界。然而，此处无声胜有声，从无声中求声，或许便是考古人独特的浪漫。

本书是我往昔求学时光的一段总结，书中那些符号化的音乐并非音乐的本体。我或许可以把它们标榜为"无声之乐"，但是假如离开了对声音的感受与体验，无论怎么讲都显得矫情。因此，在本书写作的前后十年间，我不断在用音乐的方式记录着每一个感动的瞬间，在那背后是无数人对我的引导、陪伴与包容。

五岁那年，我的父亲送我去学五线谱，结果在第一节课上，我就因为对着蝌蚪文打瞌睡受到严厉批评，并很快结束了这段旅程。我的家族三代以内没有出过一个与音乐沾边的人，他也尊重了我还没开始就结束的选择，只是淡淡地说："只有持之以恒，你才能找到自己的路。学不学也不重要，但你要慢慢去理解它。"回过头来看，也许这句话我是听进去了，后来我也不断地去对这个最初的问题做出回应——你该如何去理解音乐？

上小学时，我在同学家中接触到了钢琴，聆听到了巴赫、海顿与贝多芬，也在老家乡下目睹了无数锣鼓喧天、唢呐齐鸣的场面，渐渐开始有了自觉尝试的冲动。后来，每当我提出要去买各种乐器，父母都是毫无保留地支持，尽管我也曾因为沉溺其间而耽误过学业。他们只会时不时提一句"你最近弹琴弹得有些乱"或是"你最近唱得没那么跑调了"云云。慢慢我才理解，他们从来没有想过让我掌握多么高超的技术来给人展示，只是想让我学会用自己的方式，去真诚地表达自己的内心。后来我也写了很多歌，也时常在那些歌中寻找一些来时的足迹。在音乐之中，人是没有半点虚伪和做作的。父亲临终时，最后的愿望是听我弹琴。但是那时，懦弱的自己终于还是没有勇气去面对，只是用手机播放了自己从前的一些习作。他终于还是带着各种遗憾离开。每当月明之夜，当我在湖畔和海边弹琴吟唱，淡淡的云朵都会将人带回往昔。也许您再也听不到这些声音了，但是我已经真正开始自己的道路了。

你该如何去理解音乐？第二个向我提出这个问题的，是我初中的音乐老师李和平老师。我至今也没想明白，她为何会在一众才华横溢的同龄人中，选中默默无闻的我去做她的课代表，但她充满激情与活力的姿态，以及充满想象力的表达，引导我走进了音乐这个我并不擅长的领域，并将其化作了我生命的一部分。在本书写作的过程中，每当看到壁画或陶俑中跃动昂扬的身影，我都会不自觉地想起她。其实，她在提出这个问题的那刻，就已经用行动给出了回答。

如果说父母给予我的是无声的关怀，那么老师们带给我的则是有声的指导。他们的指导大多不是规定好答案的边界让我亦步亦趋，而是提出问题让我自己去寻找答案，并在这个过程中学会自己去发问。我要感谢我的导师齐东方先生，与他的相处时光基本贯穿了我考古求学的整个阶段，相比具体的学业指导，他更以饱满的精神状态和充满智慧的人生思考，让我在每一个迷茫的时刻能够坚守本心，继续自己的道路。毕业后经常会在某些不经意的时刻，想起他以前说过的某些话。努力思考有时是徒劳的，因为领悟很多时候需要随着时间的积累，自然而然地形成，急于求成一定会弄巧成拙。做了老师之后，反复地想起他以前讲过的一个故事：有一所学校的校长，在毕业的时候穿着一件蹩脚的西装和一双蹩脚的皮鞋出席典礼。当别人问他为何这样着装时，他回答说："这些都是我们的毕业生做的，其中一位想要成为全国最好的裁缝，另一位想要成为全国最好的鞋匠。我穿着他们做的衣服和鞋出席典礼，尽管看起来似乎并不完美，但我相信他们有一天一定会实现自己的愿望。"我曾一次次望着他的背影，不管是在课堂上，还是在山野间。此前出去爬山，齐老师手持竹竿在前开路，当众人连滚带爬甚至咒骂道路难行时，他微笑着摊开手掌，上面全是被荆棘划破的血道。那种笑容让人明白什么叫作自适与从容。世界上从来就没有什么好走的路，然而人们总是要面带笑容独自上路的。他用他独特的方式让我学会如何自主地探索，如何在得意时保持淡然，又如何在失意时顺其自然。

我还要感谢最初引领我走上考古学道路的几位老师，他们是段清波老师、曹龙与杨岐黄叔姨、刘绪老师、徐天进老师、雷兴山老师与张敏老师。他们不仅是我进入考古学领域最初的引路人，也在本书写作的过程中给予了无私的帮助。

具体到本书的写作，我要感谢长期以来在学业上给予细致点拨的沈睿文老师、倪润安老师以及单月英师姐。如果说齐老师给我描绘出美妙旋律的蓝图，那他们则是乐曲的节奏与节拍，让我保持着稳定的学习状态，不赶不拖地稳步前行，并且在低谷与茫然时给我亲人般的鼓励与关怀。我还要感谢在硕士与博士期间历次担任开题或答辩委员的老师们，他们是郑岩老师、李梅田老师、张铭心老师、肖小勇老师、葛承雍老师、杨哲峰老师、王元林老师与赵永师兄，同时感谢曾经在学术会议发表及审稿过程中给予有益建议的老师们，他们是赵德云老师、霍宏伟老师、张建林老师、王磊老师、三田辰彦老师、李晴师姐等。在本书搜集材料的过程中，还有许多老师提供了帮助，他们是张庆捷老师、马涛老师、裴静蓉老师、王炜老师、宋国栋老师等。在本书写作过程中，我曾长期在北大资料室兼职，资料室的陈冲老师、方笑天老师和秘密老师给予了我许多关照，在此同样致以谢忱。

我至今仍然记得在我博士论文预答辩的会场上，郑岩老师提到，你可以想想音乐究竟是什么？这样的问题曾经一次次在我的脑海中浮现。彼时，我甚至忘记了自己是在答辩场上，而是置身于不同的现场——在布拉格的博物馆中，那把在战争与黑死病阴影下裹着黑纱的小提琴，缓缓地奏出无声的乐曲。布拉格广场上的雨声，和着教堂肃穆而悠长的钟声，在一种稳定的节奏与气息中无序地跳跃。在柏林的街角，一位民间艺人用玻璃杯奏出美妙的旋律，旁边一位中国小男孩央求着父母说："爸爸妈妈，他的表演打动了我，能不能再给我两欧元作为感谢？"直到后来，萧梅老师讲道："别心急，田野会慢慢为你打开。"是呀，当你走进其中，你会以为自己将有所得，但是当它慢慢为你打开的时候，你才会有真正的理解和领悟。

正如文首所提到的，我曾在广阔的山川与熙攘的人群中捕捉各种声音，试图去寻找一种答案，后来慢慢地觉得，与其给出一种答案，倒不如创造出新的可能。在后来我带学生进行田野发掘实习时，相比挖土本身，我更希望他们去倾听土被刮去、被剥离、被拾起的声音，也希望听到他们自己的声音，无论是欢笑、惊喜，还是咒骂；我也乐于看到他们在探方中工作时不同的姿态，有的化作雕塑，有的成为舞蹈，那些自然而然的状态，本身就是一种艺术，亦是一种可视化的音乐。

你该如何去理解音乐？音乐就是一种自然而然的状态，一种自然而然的表达。我要感谢在玩音乐的过程中自然而然走到一起的朋友们，感谢高中时的乐队 skip the soul，大学时曾教我混音的洪川学长，一起弹琴的焦一和博士，一起在音乐话题中畅谈的李东烨姐姐、王希丹老师与黄紫博士。还要感谢本科以来在学业和写作中给予过帮助的朋友们，他们是李林芳、石晨叶、达吾力江、黄莹、谢绮媚、何天白、耿朔、李雨生、范佳楠、李博扬、刘婷、贺逸云、王东、郁华良、郭美玲、蒋子谦、王正原、宋殷、王一凡、李昱龙、向金辉、赵献超、冯玥、马伟、曹昭、李澜、陈烨轩、谢能宗、陈思源、李云河、卢亚辉等。特别要感谢的是林崇诚老师，他既是我在师门中的师兄，也是一位超越年龄的朋友。在生活中，他更是一位为人敦厚、值得信赖的长者。他给予了我太多无私的关心与爱护，更教会了我无数为人处世的智慧。

在厦大工作后，我正式开始对博士论文进行修改。在此过程中，历史与文化遗产学院的张侃院长、刘淼老师、葛威老师、张闻捷老师作为领导或专业的同事，给予了我各种包容与帮助，使得本书得以顺利成稿出版。作为同研与同好，林昌丈老师与陈瑶老师给予了我许多研究领域的支持和精神上的鼓励，同时也开阔了我的研究视野。在教学过程中，我的研究生陶嘉洋、郝佩琦、匡正潇、钟泽宇和卢梓辰同学，协助我正式开始新的教学和研究工作，与他们教学相长的过程也使我受益匪浅。在书稿校对的过程中，研究生吴兴翔和孙雪童同学以及本科生薛海忻和张亦扬同学协助进行了本书的校对工作，在此一并向他们提出谢忱。特别要感谢上海古籍出版社的缪丹女史，作为同门的师姐，她见证了本书完成的全过程，也提出了许多宝贵的建议；作为本书的编辑，她的细致与巧思也使本书增色许多。

最后要感谢从小到大陪伴和关心我成长的亲人们，感谢你们认真倾听我的每一首歌，支持我的每一个选择，并包容我的任性与胡闹。特别要感谢我的妻子赖婷和幼子鹭川，你们使我的生活在琐碎和重复之外，更多了无穷的诗意与色彩；同时也让我相信，在无声的历史长河中，始终还是美妙的声音，为人们带来温馨与慰藉。无论现实怎样变化，我依然会用心记录每一种声音，把无声的留白交给未来去回答。

考古与礼

❖ **古礼足征**
礼制文化的考古学研究
高崇文　著
2015 年初版

❖ **鸡冠壶**
历史考古札记
刘　未　著
2019 年初版

❖ **葬之以礼**
魏晋南北朝丧葬礼俗与文化变迁
李梅田　著
2022 年初版

❖ **南北朝墓葬礼制研究**
韦　正　著
2022 年初版

❖ **礼与礼器**
中国古代礼器研究论集
张　辛　著
2022 年初版

❖ **墓葬中的礼与俗**
沈睿文　著
2022 年初版

❖ **中古丧葬模式与礼仪空间**
李梅田　著
2023 年初版

❖ **从飨宴到丧祭**
两汉至宋元墓葬家居随葬组合研究
李嘉妍　著
2023 年初版

❖ **无声胜有声**
中古中国墓葬音乐文物与礼乐文化
周　杨　著
2024 年初版

❖ **青铜器与宋代文化史**
陈芳妹　著
2024 年即将出版

上海古籍出版社

图书在版编目(CIP)数据

无声胜有声：中古中国墓葬音乐文物与礼乐文化／周杨著.—上海：上海古籍出版社,2024.5
ISBN 978-7-5732-1072-2

Ⅰ.①无… Ⅱ.①周… Ⅲ.①墓葬(考古)-音乐-历史文物-研究-中国-汉代-唐代②礼乐-文化研究-中国-汉代-唐代 Ⅳ.①K875.54②K892.9

中国国家版本馆CIP数据核字(2024)第070131号

书名题签：齐东方
责任编辑：缪　丹
装帧设计：阮　娟
技术编辑：耿莹祎

无声胜有声
中古中国墓葬音乐文物与礼乐文化

周　杨　著

上海古籍出版社出版发行

(上海市闵行区号景路159弄1-5号A座5F　邮政编码201101)
(1)网址：www.guji.com.cn
(2)E-mail：guji1@guji.com.cn
(3)易文网网址：www.ewen.co
上海丽佳制版印刷有限公司印刷
开本787×1092　1/16　印张21.5　插页4　字数419,000
2024年5月第1版　2024年5月第1次印刷
ISBN 978-7-5732-1072-2
K·3561　定价：158.00元
如有质量问题，请与承印公司联系